反电信网络诈骗工作
常用法律法规汇编

含典型案例

中国法制出版社

编写说明

当前，打击治理电信网络诈骗违法犯罪工作形势严峻。电信网络诈骗犯罪在刑事犯罪案件中占据很大比重，一些群众的看病钱、养老钱、上学钱被诈骗分子席卷一空，已经成为当前发案最高、损失最大、群众反响最强烈的突出犯罪，严重危害人民群众切身利益和社会和谐稳定。

习近平总书记和党中央高度重视打击治理电信网络诈骗工作，对坚持以人民为中心、统筹发展和安全、完善法律制度提出明确要求。从实践看，反电信网络诈骗工作综合治理、源头治理方面的制度措施还不充分，金融、通信、互联网等行业治理存在薄弱环节，需要加强法律制度建设。

在此背景下，2022 年 9 月 2 日，第十三届全国人民代表大会常务委员会第三十六次会议表决通过《中华人民共和国反电信网络诈骗法》，自 2022 年 12 月 1 日起施行。《反电信网络诈骗法》共七章 50 条，包括总则、电信治理、金融治理、互联网治理、综合措施、法律责任、附则等，坚持以人民为中心，统筹发展和安全，立足各环节、全链条防范治理电信网络诈骗，精准发力，为反电信网络诈骗工作提供有力法律支撑。

为帮助广大读者了解《反电信网络诈骗法》的理念、精神和规定，满足社会各界尤其是反诈工作一线民警、司法工作人员对反电信网络诈骗工作常用法律法规、司法解释等的学习、查阅、使用的需要，助力国家反电信网络诈骗工作的开展，我们组织公安部、最高人民检察院、最高人民法院的反诈专家精心编纂，整理出版了《反电信网络诈骗工作常用法律法规汇编》一书。

全书以《反电信网络诈骗法》为主线，涵盖了电信网络黑灰产业链及关联罪名内容，编排收录反电信网络诈骗工作常用法律、行政法规、司法解释、部门规章及文件，并对最高人民法院、最高人民检察院公布的反电信网络诈骗工作领域典型案例进行整理收录，是依据《反电信网络诈骗法》开展反电信网络诈骗工作的有益用书。

由于编写水平有限，书中疏漏之处还请读者朋友不吝指教，我们将不断补充完善！

目　　录*

一、法　　律

* 本目录中的时间为法律文件的公布时间或最后一次修正、修订的公布时间。

二、行政法规

三、司法解释及文件

1. 综　合

四、部门规章及文件

1. 综 合

五、典型案例

一、法　　律

中华人民共和国反电信网络诈骗法

（2022年9月2日第十三届全国人民代表大会常务委员会第三十六次会议通过　2022年9月2日中华人民共和国主席令第119号公布　自2022年12月1日起施行）

第一章　总　　则

第一条　为了预防、遏制和惩治电信网络诈骗活动，加强反电信网络诈骗工作，保护公民和组织的合法权益，维护社会稳定和国家安全，根据宪法，制定本法。

第二条　本法所称电信网络诈骗，是指以非法占有为目的，利用电信网络技术手段，通过远程、非接触等方式，诈骗公私财物的行为。

第三条　打击治理在中华人民共和国境内实施的电信网络诈骗活动或者中华人民共和国公民在境外实施的电信网络诈骗活动，适用本法。

境外的组织、个人针对中华人民共和国境内实施电信网络诈骗活动的，或者为他人针对境内实施电信网络诈骗活动提供产品、服务等帮助的，依照本法有关规定处理和追究责任。

第四条　反电信网络诈骗工作坚持以人民为中心，统筹发展和安全；坚持系统观念、法治思维，注重源头治理、综合治理；坚持齐抓共管、群防群治，全面落实打防管控各项措施，加强社会宣传教育防范；坚持精准防治，保障正常生产经营活动和群众生活便利。

第五条　反电信网络诈骗工作应当依法进行，维护公民和组织的合法权益。

有关部门和单位、个人应当对在反电信网络诈骗工作过程中知悉的国家秘密、商业秘密和个人隐私、个人信息予以保密。

第六条 国务院建立反电信网络诈骗工作机制，统筹协调打击治理工作。

地方各级人民政府组织领导本行政区域内反电信网络诈骗工作，确定反电信网络诈骗目标任务和工作机制，开展综合治理。

公安机关牵头负责反电信网络诈骗工作，金融、电信、网信、市场监管等有关部门依照职责履行监管主体责任，负责本行业领域反电信网络诈骗工作。

人民法院、人民检察院发挥审判、检察职能作用，依法防范、惩治电信网络诈骗活动。

电信业务经营者、银行业金融机构、非银行支付机构、互联网服务提供者承担风险防控责任，建立反电信网络诈骗内部控制机制和安全责任制度，加强新业务涉诈风险安全评估。

第七条 有关部门、单位在反电信网络诈骗工作中应当密切协作，实现跨行业、跨地域协同配合、快速联动，加强专业队伍建设，有效打击治理电信网络诈骗活动。

第八条 各级人民政府和有关部门应当加强反电信网络诈骗宣传，普及相关法律和知识，提高公众对各类电信网络诈骗方式的防骗意识和识骗能力。

教育行政、市场监管、民政等有关部门和村民委员会、居民委员会，应当结合电信网络诈骗受害群体的分布等特征，加强对老年人、青少年等群体的宣传教育，增强反电信网络诈骗宣传教育的针对性、精准性，开展反电信网络诈骗宣传教育进学校、进企业、进社区、进农村、进家庭等活动。

各单位应当加强内部防范电信网络诈骗工作，对工作人员开展防范电信网络诈骗教育；个人应当加强电信网络诈骗防范意识。单位、个人应当协助、配合有关部门依照本法规定开展反电信网络诈骗工作。

第二章 电信治理

第九条 电信业务经营者应当依法全面落实电话用户真实身份信息登记制度。

基础电信企业和移动通信转售企业应当承担对代理商落实电话用户实名制管理责任，在协议中明确代理商实名制登记的责任和有关违约处置措施。

第十条 办理电话卡不得超出国家有关规定限制的数量。

对经识别存在异常办卡情形的，电信业务经营者有权加强核查或者拒绝办卡。具体识别办法由国务院电信主管部门制定。

国务院电信主管部门组织建立电话用户开卡数量核验机制和风险信息共享机制，并为用户查询名下电话卡信息提供便捷渠道。

第十一条 电信业务经营者对监测识别的涉诈异常电话卡用户应当重新进行实名核验，根据风险等级采取有区别的、相应的核验措施。对未按规定核验或者核验未通过的，电信业务经营者可以限制、暂停有关电话卡功能。

第十二条 电信业务经营者建立物联网卡用户风险评估制度，评估未通过的，不得向其销售物联网卡；严格登记物联网卡用户身份信息；采取有效技术措施限定物联网卡开通功能、使用场景和适用设备。

单位用户从电信业务经营者购买物联网卡再将载有物联网卡的设备销售给其他用户的，应当核验和登记用户身份信息，并将销量、存量及用户实名信息传送给号码归属的电信业务经营者。

电信业务经营者对物联网卡的使用建立监测预警机制。对存在异常使用情形的，应当采取暂停服务、重新核验身份和使用场景或者其他合同约定的处置措施。

第十三条 电信业务经营者应当规范真实主叫号码传送和电信线路出租，对改号电话进行封堵拦截和溯源核查。

电信业务经营者应当严格规范国际通信业务出入口局主叫号码传送，真实、准确向用户提示来电号码所属国家或者地区，对网内和网间虚假主叫、不规范主叫进行识别、拦截。

第十四条 任何单位和个人不得非法制造、买卖、提供或者使用下列设备、软件：

（一）电话卡批量插入设备；

（二）具有改变主叫号码、虚拟拨号、互联网电话违规接入公用电信网络等功能的设备、软件；

（三）批量账号、网络地址自动切换系统，批量接收提供短信验证、语音验证的平台；

（四）其他用于实施电信网络诈骗等违法犯罪的设备、软件。

电信业务经营者、互联网服务提供者应当采取技术措施，及时识别、阻断前款规定的非法设备、软件接入网络，并向公安机关和相关行业主管部门报告。

第三章 金融治理

第十五条 银行业金融机构、非银行支付机构为客户开立银行账户、支付账户及提供支付结算服务，和与客户业务关系存续期间，应当建立客户尽职调查制度，依法识别受益所有人，采取相应风险管理措施，防范银行账户、支付账户等被用于电信网络诈骗活动。

第十六条 开立银行账户、支付账户不得超出国家有关规定限制的数量。

对经识别存在异常开户情形的，银行业金融机构、非银行支付机构有权加强核查或者拒绝开户。

中国人民银行、国务院银行业监督管理机构组织有关清算机构建立跨机构开户数量核验机制和风险信息共享机制，并为客户提供查询名下银行账户、支付账户的便捷渠道。银行业金融机构、非银行支付机构应当按照国家有关规定提供开户情况和有关风险信息。相关信息不得用于反电信网络诈骗以外的其他用途。

第十七条 银行业金融机构、非银行支付机构应当建立开立企业账户异常情形的风险防控机制。金融、电信、市场监管、税务等有关部门建立开立企业账户相关信息共享查询系统，提供联网核查服务。

市场主体登记机关应当依法对企业实名登记履行身份信息核验职责；依照规定对登记事项进行监督检查，对可能存在虚假登记、涉诈异常的企业重点监督检查，依法撤销登记的，依照前款的规定及时共享信息；为银行业金融机构、非银行支付机构进行客户尽职调查和依法识别受益所有人提供便利。

第十八条 银行业金融机构、非银行支付机构应当对银行账户、支付账户及支付结算服务加强监测，建立完善符合电信网络诈骗活动特征的异常账户和可疑交易监测机制。

中国人民银行统筹建立跨银行业金融机构、非银行支付机构的反洗钱统一监测系统，会同国务院公安部门完善与电信网络诈骗犯罪资金流转特点相适应的反洗钱可疑交易报告制度。

对监测识别的异常账户和可疑交易，银行业金融机构、非银行支付机构应当根据风险情况，采取核实交易情况、重新核验身份、延迟支付结算、限制或者中止有关业务等必要的防范措施。

银行业金融机构、非银行支付机构依照第一款规定开展异常账户和可疑交易监测时，可以收集异常客户互联网协议地址、网卡地址、支付受理终端信息等必要的交易信息、设备位置信息。上述信息未经客户授权，不得用于反电信网络诈骗以外的其他用途。

第十九条 银行业金融机构、非银行支付机构应当按照国家有关规定，完整、准确传输直接提供商品或者服务的商户名称、收付款客户名称及账号等交易信息，保证交易信息的真实、完整和支付全流程中的一致性。

第二十条 国务院公安部门会同有关部门建立完善电信网络诈骗涉案资金即时查询、紧急止付、快速冻结、及时解冻和资金返还制度，明确有关条件、程序和救济措施。

公安机关依法决定采取上述措施的，银行业金融机构、非银行支付机构应当予以配合。

第四章 互联网治理

第二十一条 电信业务经营者、互联网服务提供者为用户提供下列服务，在与用户签订协议或者确认提供服务时，应当依法要求用户提供真实身份信息，用户不提供真实身份信息的，不得提供服务：

（一）提供互联网接入服务；

（二）提供网络代理等网络地址转换服务；

（三）提供互联网域名注册、服务器托管、空间租用、云服务、内容分发服务；

（四）提供信息、软件发布服务，或者提供即时通讯、网络交易、网络游戏、网络直播发布、广告推广服务。

第二十二条 互联网服务提供者对监测识别的涉诈异常账号应当重新核验，根据国家有关规定采取限制功能、暂停服务等处置措施。

互联网服务提供者应当根据公安机关、电信主管部门要求，对涉案电话卡、涉诈异常电话卡所关联注册的有关互联网账号进行核验，根据风险情况，采取限期改正、限制功能、暂停使用、关闭账号、禁止重新注册等处置措施。

第二十三条 设立移动互联网应用程序应当按照国家有关规定向电信主管部门办理许可或者备案手续。

为应用程序提供封装、分发服务的，应当登记并核验应用程序开发运营者的真实身份信息，核验应用程序的功能、用途。

公安、电信、网信等部门和电信业务经营者、互联网服务提供者应当加强对分发平台以外途径下载传播的涉诈应用程序重点监测、及时处置。

第二十四条 提供域名解析、域名跳转、网址链接转换服务的，应当按照国家有关规定，核验域名注册、解析信息和互联网协议地址的真实性、准确性，规范域名跳转，记录并留存所提供相应服务的日志信息，支持实现对解析、跳转、转换记录的溯源。

第二十五条 任何单位和个人不得为他人实施电信网络诈骗活动提供下列支持或者帮助：

（一）出售、提供个人信息；

（二）帮助他人通过虚拟货币交易等方式洗钱；

（三）其他为电信网络诈骗活动提供支持或者帮助的行为。

电信业务经营者、互联网服务提供者应当依照国家有关规定，履行合理注意义务，对利用下列业务从事涉诈支持、帮助活动进行监测识别和处置：

（一）提供互联网接入、服务器托管、网络存储、通讯传输、线路出租、域名解析等网络资源服务；

（二）提供信息发布或者搜索、广告推广、引流推广等网络推广服务；

（三）提供应用程序、网站等网络技术、产品的制作、维护服务；

（四）提供支付结算服务。

第二十六条 公安机关办理电信网络诈骗案件依法调取证据的，互联网服务提供者应当及时提供技术支持和协助。

互联网服务提供者依照本法规定对有关涉诈信息、活动进行监测时，发现涉诈违法犯罪线索、风险信息的，应当依照国家有关规定，根据涉诈风险类型、程度情况移送公安、金融、电信、网信等部门。有关部门应当建立完善反馈机制，将相关情况及时告知移送单位。

第五章 综合措施

第二十七条 公安机关应当建立完善打击治理电信网络诈骗工作机制，加强专门队伍和专业技术建设，各警种、各地公安机关应当密切配合，依法有效惩处电信网络诈骗活动。

公安机关接到电信网络诈骗活动的报案或者发现电信网络诈骗活

动，应当依照《中华人民共和国刑事诉讼法》的规定立案侦查。

第二十八条 金融、电信、网信部门依照职责对银行业金融机构、非银行支付机构、电信业务经营者、互联网服务提供者落实本法规定情况进行监督检查。有关监督检查活动应当依法规范开展。

第二十九条 个人信息处理者应当依照《中华人民共和国个人信息保护法》等法律规定，规范个人信息处理，加强个人信息保护，建立个人信息被用于电信网络诈骗的防范机制。

履行个人信息保护职责的部门、单位对可能被电信网络诈骗利用的物流信息、交易信息、贷款信息、医疗信息、婚介信息等实施重点保护。公安机关办理电信网络诈骗案件，应当同时查证犯罪所利用的个人信息来源，依法追究相关人员和单位责任。

第三十条 电信业务经营者、银行业金融机构、非银行支付机构、互联网服务提供者应当对从业人员和用户开展反电信网络诈骗宣传，在有关业务活动中对防范电信网络诈骗作出提示，对本领域新出现的电信网络诈骗手段及时向用户作出提醒，对非法买卖、出租、出借本人有关卡、账户、账号等被用于电信网络诈骗的法律责任作出警示。

新闻、广播、电视、文化、互联网信息服务等单位，应当面向社会有针对性地开展反电信网络诈骗宣传教育。

任何单位和个人有权举报电信网络诈骗活动，有关部门应当依法及时处理，对提供有效信息的举报人依照规定给予奖励和保护。

第三十一条 任何单位和个人不得非法买卖、出租、出借电话卡、物联网卡、电信线路、短信端口、银行账户、支付账户、互联网账号等，不得提供实名核验帮助；不得假冒他人身份或者虚构代理关系开立上述卡、账户、账号等。

对经设区的市级以上公安机关认定的实施前款行为的单位、个人和相关组织者，以及因从事电信网络诈骗活动或者关联犯罪受过刑事处罚的人员，可以按照国家有关规定记入信用记录，采取限制其有关卡、账户、账号等功能和停止非柜面业务、暂停新业务、限制入网等措施。对上述认定和措施有异议的，可以提出申诉，有关部门应当建立健全申诉渠道、信用修复和救济制度。具体办法由国务院公安部门会同有关主管部门规定。

第三十二条 国家支持电信业务经营者、银行业金融机构、非银行支付机构、互联网服务提供者研究开发有关电信网络诈骗反制技术，用于监测识别、动态封堵和处置涉诈异常信息、活动。

国务院公安部门、金融管理部门、电信主管部门和国家网信部门等应当统筹负责本行业领域反制技术措施建设，推进涉电信网络诈骗样本信息数据共享，加强涉诈用户信息交叉核验，建立有关涉诈异常信息、活动的监测识别、动态封堵和处置机制。

依据本法第十一条、第十二条、第十八条、第二十二条和前款规定，对涉诈异常情形采取限制、暂停服务等处置措施的，应当告知处置原因、救济渠道及需要提交的资料等事项，被处置对象可以向作出决定或者采取措施的部门、单位提出申诉。作出决定的部门、单位应当建立完善申诉渠道，及时受理申诉并核查，核查通过的，应当即时解除有关措施。

第三十三条 国家推进网络身份认证公共服务建设，支持个人、企业自愿使用，电信业务经营者、银行业金融机构、非银行支付机构、互联网服务提供者对存在涉诈异常的电话卡、银行账户、支付账户、互联网账号，可以通过国家网络身份认证公共服务对用户身份重新进行核验。

第三十四条 公安机关应当会同金融、电信、网信部门组织银行业金融机构、非银行支付机构、电信业务经营者、互联网服务提供者等建立预警劝阻系统，对预警发现的潜在被害人，根据情况及时采取相应劝阻措施。对电信网络诈骗案件应当加强追赃挽损，完善涉案资金处置制度，及时返还被害人的合法财产。对遭受重大生活困难的被害人，符合国家有关救助条件的，有关方面依照规定给予救助。

第三十五条 经国务院反电信网络诈骗工作机制决定或者批准，公安、金融、电信等部门对电信网络诈骗活动严重的特定地区，可以依照国家有关规定采取必要的临时风险防范措施。

第三十六条 对前往电信网络诈骗活动严重地区的人员，出境活动存在重大涉电信网络诈骗活动嫌疑的，移民管理机构可以决定不准其出境。

因从事电信网络诈骗活动受过刑事处罚的人员，设区的市级以上公安机关可以根据犯罪情况和预防再犯罪的需要，决定自处罚完毕之日起六个月至三年以内不准其出境，并通知移民管理机构执行。

第三十七条 国务院公安部门等会同外交部门加强国际执法司法合作，与有关国家、地区、国际组织建立有效合作机制，通过开展国际警务合作等方式，提升在信息交流、调查取证、侦查抓捕、追赃挽损等方面的合作水平，有效打击遏制跨境电信网络诈骗活动。

第六章 法律责任

第三十八条 组织、策划、实施、参与电信网络诈骗活动或者为电信网络诈骗活动提供帮助，构成犯罪的，依法追究刑事责任。

前款行为尚不构成犯罪的，由公安机关处十日以上十五日以下拘留；没收违法所得，处违法所得一倍以上十倍以下罚款，没有违法所得或者违法所得不足一万元的，处十万元以下罚款。

第三十九条 电信业务经营者违反本法规定，有下列情形之一的，由有关主管部门责令改正，情节较轻的，给予警告、通报批评，或者处五万元以上五十万元以下罚款；情节严重的，处五十万元以上五百万元以下罚款，并可以由有关主管部门责令暂停相关业务、停业整顿、吊销相关业务许可证或者吊销营业执照，对其直接负责的主管人员和其他直接责任人员，处一万元以上二十万元以下罚款：

（一）未落实国家有关规定确定的反电信网络诈骗内部控制机制的；

（二）未履行电话卡、物联网卡实名制登记职责的；

（三）未履行对电话卡、物联网卡的监测识别、监测预警和相关处置职责的；

（四）未对物联网卡用户进行风险评估，或者未限定物联网卡的开通功能、使用场景和适用设备的；

（五）未采取措施对改号电话、虚假主叫或者具有相应功能的非法设备进行监测处置的。

第四十条 银行业金融机构、非银行支付机构违反本法规定，有下列情形之一的，由有关主管部门责令改正，情节较轻的，给予警告、通报批评，或者处五万元以上五十万元以下罚款；情节严重的，处五十万元以上五百万元以下罚款，并可以由有关主管部门责令停止新增业务、缩减业务类型或者业务范围、暂停相关业务、停业整顿、吊销相关业务许可证或者吊销营业执照，对其直接负责的主管人员和其他直接责任人员，处一万元以上二十万元以下罚款：

（一）未落实国家有关规定确定的反电信网络诈骗内部控制机制的；

（二）未履行尽职调查义务和有关风险管理措施的；

（三）未履行对异常账户、可疑交易的风险监测和相关处置义务的；

（四）未按照规定完整、准确传输有关交易信息的。

第四十一条 电信业务经营者、互联网服务提供者违反本法规定，有下列情形之一的，由有关主管部门责令改正，情节较轻的，给予警告、通报批评，或者处五万元以上五十万元以下罚款；情节严重的，处五十万元以上五百万元以下罚款，并可以由有关主管部门责令暂停相关业务、停业整顿、关闭网站或者应用程序、吊销相关业务许可证或者吊销营业执照，对其直接负责的主管人员和其他直接责任人员，处一万元以上二十万元以下罚款：

（一）未落实国家有关规定确定的反电信网络诈骗内部控制机制的；

（二）未履行网络服务实名制职责，或者未对涉案、涉诈电话卡关联注册互联网账号进行核验的；

（三）未按照国家有关规定，核验域名注册、解析信息和互联网协议地址的真实性、准确性，规范域名跳转，或者记录并留存所提供相应服务的日志信息的；

（四）未登记核验移动互联网应用程序开发运营者的真实身份信息或者未核验应用程序的功能、用途，为其提供应用程序封装、分发服务的；

（五）未履行对涉诈互联网账号和应用程序，以及其他电信网络诈骗信息、活动的监测识别和处置义务的；

（六）拒不依法为查处电信网络诈骗犯罪提供技术支持和协助，或者未按规定移送有关违法犯罪线索、风险信息的。

第四十二条 违反本法第十四条、第二十五条第一款规定的，没收违法所得，由公安机关或者有关主管部门处违法所得一倍以上十倍以下罚款，没有违法所得或者违法所得不足五万元的，处五十万元以下罚款；情节严重的，由公安机关并处十五日以下拘留。

第四十三条 违反本法第二十五条第二款规定，由有关主管部门责令改正，情节较轻的，给予警告、通报批评，或者处五万元以上五十万元以下罚款；情节严重的，处五十万元以上五百万元以下罚款，并可以由有关主管部门责令暂停相关业务、停业整顿、关闭网站或者应用程序，对其直接负责的主管人员和其他直接责任人员，处一万元以上二十万元以下罚款。

第四十四条 违反本法第三十一条第一款规定的，没收违法所得，由公安机关处违法所得一倍以上十倍以下罚款，没有违法所得或者违法所得不足二万元的，处二十万元以下罚款；情节严重的，并处十五日以下拘留。

第四十五条 反电信网络诈骗工作有关部门、单位的工作人员滥用职权、玩忽职守、徇私舞弊，或者有其他违反本法规定行为，构成犯罪的，依法追究刑事责任。

第四十六条 组织、策划、实施、参与电信网络诈骗活动或者为电信网络诈骗活动提供相关帮助的违法犯罪人员，除依法承担刑事责任、行政责任以外，造成他人损害的，依照《中华人民共和国民法典》等法律的规定承担民事责任。

电信业务经营者、银行业金融机构、非银行支付机构、互联网服务提供者等违反本法规定，造成他人损害的，依照《中华人民共和国民法典》等法律的规定承担民事责任。

第四十七条 人民检察院在履行反电信网络诈骗职责中，对于侵害国家利益和社会公共利益的行为，可以依法向人民法院提起公益诉讼。

第四十八条 有关单位和个人对依照本法作出的行政处罚和行政强制措施决定不服的，可以依法申请行政复议或者提起行政诉讼。

第七章 附 则

第四十九条 反电信网络诈骗工作涉及的有关管理和责任制度，本法没有规定的，适用《中华人民共和国网络安全法》、《中华人民共和国个人信息保护法》、《中华人民共和国反洗钱法》等相关法律规定。

第五十条 本法自2022年12月1日起施行。

中华人民共和国网络安全法

（2016年11月7日第十二届全国人民代表大会常务委员会第二十四次会议通过 2016年11月7日中华人民共和国主席令第53号公布 自2017年6月1日起施行）

第一章 总 则

第一条 为了保障网络安全，维护网络空间主权和国家安全、社会公共利益，保护公民、法人和其他组织的合法权益，促进经济社会信息化健康发展，制定本法。

第二条 在中华人民共和国境内建设、运营、维护和使用网络，以及网络安全的监督管理，适用本法。

第三条 国家坚持网络安全与信息化发展并重，遵循积极利用、科学发展、依法管理、确保安全的方针，推进网络基础设施建设和互联互通，鼓励网络技术创新和应用，支持培养网络安全人才，建立健全网络安全保障体系，提高网络安全保护能力。

第四条 国家制定并不断完善网络安全战略，明确保障网络安全的基本要求和主要目标，提出重点领域的网络安全政策、工作任务和措施。

第五条 国家采取措施，监测、防御、处置来源于中华人民共和国境内外的网络安全风险和威胁，保护关键信息基础设施免受攻击、侵入、干扰和破坏，依法惩治网络违法犯罪活动，维护网络空间安全和秩序。

第六条 国家倡导诚实守信、健康文明的网络行为，推动传播社会主义核心价值观，采取措施提高全社会的网络安全意识和水平，形成全社会共同参与促进网络安全的良好环境。

第七条 国家积极开展网络空间治理、网络技术研发和标准制定、打击网络违法犯罪等方面的国际交流与合作，推动构建和平、安全、开放、合作的网络空间，建立多边、民主、透明的网络治理体系。

第八条 国家网信部门负责统筹协调网络安全工作和相关监督管理工作。国务院电信主管部门、公安部门和其他有关机关依照本法和有关法律、行政法规的规定，在各自职责范围内负责网络安全保护和监督管理工作。

县级以上地方人民政府有关部门的网络安全保护和监督管理职责，按照国家有关规定确定。

第九条 网络运营者开展经营和服务活动，必须遵守法律、行政法规，尊重社会公德，遵守商业道德，诚实信用，履行网络安全保护义务，接受政府和社会的监督，承担社会责任。

第十条 建设、运营网络或者通过网络提供服务，应当依照法律、行政法规的规定和国家标准的强制性要求，采取技术措施和其他必要措施，保障网络安全、稳定运行，有效应对网络安全事件，防范网络违法犯罪活动，维护网络数据的完整性、保密性和可用性。

第十一条 网络相关行业组织按照章程，加强行业自律，制定网络安全行为规范，指导会员加强网络安全保护，提高网络安全保护水平，促进行业健康发展。

第十二条 国家保护公民、法人和其他组织依法使用网络的权利，促进网络接入普及，提升网络服务水平，为社会提供安全、便利的网络服务，保障网络信息依法有序自由流动。

任何个人和组织使用网络应当遵守宪法法律，遵守公共秩序，尊重社会公德，不得危害网络安全，不得利用网络从事危害国家安全、荣誉和利益，煽动颠覆国家政权、推翻社会主义制度，煽动分裂国家、破坏国家统一，宣扬恐怖主义、极端主义，宣扬民族仇恨、民族歧视，传播暴力、淫秽色情信息，编造、传播虚假信息扰乱经济秩序和社会秩序，以及侵害他人名誉、隐私、知识产权和其他合法权益等活动。

第十三条 国家支持研究开发有利于未成年人健康成长的网络产品和服务，依法惩治利用网络从事危害未成年人身心健康的活动，为未成年人提供安全、健康的网络环境。

第十四条 任何个人和组织有权对危害网络安全的行为向网信、电信、公安等部门举报。收到举报的部门应当及时依法作出处理；不属于本部门职责的，应当及时移送有权处理的部门。

有关部门应当对举报人的相关信息予以保密，保护举报人的合法权益。

第二章 网络安全支持与促进

第十五条 国家建立和完善网络安全标准体系。国务院标准化行政主管部门和国务院其他有关部门根据各自的职责，组织制定并适时修订有关网络安全管理以及网络产品、服务和运行安全的国家标准、行业标准。

国家支持企业、研究机构、高等学校、网络相关行业组织参与网络安全国家标准、行业标准的制定。

第十六条 国务院和省、自治区、直辖市人民政府应当统筹规划，加大投入，扶持重点网络安全技术产业和项目，支持网络安全技术的研究开发和应用，推广安全可信的网络产品和服务，保护网络技术知识产权，支持企业、研究机构和高等学校等参与国家网络安全技术创新项目。

第十七条 国家推进网络安全社会化服务体系建设，鼓励有关企业、机构开展网络安全认证、检测和风险评估等安全服务。

第十八条 国家鼓励开发网络数据安全保护和利用技术，促进公共数据资源开放，推动技术创新和经济社会发展。

国家支持创新网络安全管理方式，运用网络新技术，提升网络安全保护水平。

第十九条 各级人民政府及其有关部门应当组织开展经常性的网络安全宣传教育，并指导、督促有关单位做好网络安全宣传教育工作。

大众传播媒介应当有针对性地面向社会进行网络安全宣传教育。

第二十条 国家支持企业和高等学校、职业学校等教育培训机构开展网络安全相关教育与培训，采取多种方式培养网络安全人才，促进网络安全人才交流。

第三章 网络运行安全

第一节 一般规定

第二十一条 国家实行网络安全等级保护制度。网络运营者应当按照网络安全等级保护制度的要求，履行下列安全保护义务，保障网络免受干扰、破坏或者未经授权的访问，防止网络数据泄露或者被窃取、篡改：

（一）制定内部安全管理制度和操作规程，确定网络安全负责人，落实网络安全保护责任；

（二）采取防范计算机病毒和网络攻击、网络侵入等危害网络安全行为的技术措施；

（三）采取监测、记录网络运行状态、网络安全事件的技术措施，并按照规定留存相关的网络日志不少于六个月；

（四）采取数据分类、重要数据备份和加密等措施；

（五）法律、行政法规规定的其他义务。

第二十二条 网络产品、服务应当符合相关国家标准的强制性要求。网络产品、服务的提供者不得设置恶意程序；发现其网络产品、服务存在安全缺陷、漏洞等风险时，应当立即采取补救措施，按照规定及时告知用户并向有关主管部门报告。

网络产品、服务的提供者应当为其产品、服务持续提供安全维护；在规定或者当事人约定的期限内，不得终止提供安全维护。

网络产品、服务具有收集用户信息功能的，其提供者应当向用户明示并取得同意；涉及用户个人信息的，还应当遵守本法和有关法律、行政法规关于个人信息保护的规定。

第二十三条 网络关键设备和网络安全专用产品应当按照相关国家标准的强制性要求，由具备资格的机构安全认证合格或者安全检测符合要求后，方可销售或者提供。国家网信部门会同国务院有关部门制定、公布网络关键设备和网络安全专用产品目录，并推动安全认证和安全检测结果互认，避免重复认证、检测。

第二十四条 网络运营者为用户办理网络接入、域名注册服务，办理固定电话、移动电话等入网手续，或者为用户提供信息发布、即时通讯等服务，在与用户签订协议或者确认提供服务时，应当要求用户提供真实身份信息。用户不提供真实身份信息的，网络运营者不得为其提供相关服务。

国家实施网络可信身份战略，支持研究开发安全、方便的电子身份认证技术，推动不同电子身份认证之间的互认。

第二十五条 网络运营者应当制定网络安全事件应急预案，及时处置系统漏洞、计算机病毒、网络攻击、网络侵入等安全风险；在发生危害网络安全的事件时，立即启动应急预案，采取相应的补救措施，并按照规定向有关主管部门报告。

第二十六条 开展网络安全认证、检测、风险评估等活动，向社会发布系统漏洞、计算机病毒、网络攻击、网络侵入等网络安全信息，应当遵守国家有关规定。

第二十七条 任何个人和组织不得从事非法侵入他人网络、干扰他人网络正常功能、窃取网络数据等危害网络安全的活动；不得提供专门用于从事侵入网络、干扰网络正常功能及防护措施、窃取网络数据等危害网络安全活动的程序、工具；明知他人从事危害网络安全的活动的，不得为其提供技术支持、广告推广、支付结算等帮助。

第二十八条 网络运营者应当为公安机关、国家安全机关依法维护国家安全和侦查犯罪的活动提供技术支持和协助。

第二十九条 国家支持网络运营者之间在网络安全信息收集、分析、通报和应急处置等方面进行合作，提高网络运营者的安全保障能力。

有关行业组织建立健全本行业的网络安全保护规范和协作机制，加强对网络安全风险的分析评估，定期向会员进行风险警示，支持、协助会员应对网络安全风险。

第三十条 网信部门和有关部门在履行网络安全保护职责中获取的信息，只能用于维护网络安全的需要，不得用于其他用途。

第二节 关键信息基础设施的运行安全

第三十一条 国家对公共通信和信息服务、能源、交通、水利、金融、公共服务、电子政务等重要行业和领域，以及其他一旦遭到破坏、丧失功能或者数据泄露，可能严重危害国家安全、国计民生、公共利益的关键信息基础设施，在网络安全等级保护制度的基础上，实行重点保护。关键信息基础设施的具体范围和安全保护办法由国务院制定。

国家鼓励关键信息基础设施以外的网络运营者自愿参与关键信息

基础设施保护体系。

第三十二条 按照国务院规定的职责分工，负责关键信息基础设施安全保护工作的部门分别编制并组织实施本行业、本领域的关键信息基础设施安全规划，指导和监督关键信息基础设施运行安全保护工作。

第三十三条 建设关键信息基础设施应当确保其具有支持业务稳定、持续运行的性能，并保证安全技术措施同步规划、同步建设、同步使用。

第三十四条 除本法第二十一条的规定外，关键信息基础设施的运营者还应当履行下列安全保护义务：

（一）设置专门安全管理机构和安全管理负责人，并对该负责人和关键岗位的人员进行安全背景审查；

（二）定期对从业人员进行网络安全教育、技术培训和技能考核；

（三）对重要系统和数据库进行容灾备份；

（四）制定网络安全事件应急预案，并定期进行演练；

（五）法律、行政法规规定的其他义务。

第三十五条 关键信息基础设施的运营者采购网络产品和服务，可能影响国家安全的，应当通过国家网信部门会同国务院有关部门组织的国家安全审查。

第三十六条 关键信息基础设施的运营者采购网络产品和服务，应当按照规定与提供者签订安全保密协议，明确安全和保密义务与责任。

第三十七条 关键信息基础设施的运营者在中华人民共和国境内运营中收集和产生的个人信息和重要数据应当在境内存储。因业务需要，确需向境外提供的，应当按照国家网信部门会同国务院有关部门制定的办法进行安全评估；法律、行政法规另有规定的，依照其规定。

第三十八条 关键信息基础设施的运营者应当自行或者委托网络安全服务机构对其网络的安全性和可能存在的风险每年至少进行一次检测评估，并将检测评估情况和改进措施报送相关负责关键信息基础设施安全保护工作的部门。

第三十九条 国家网信部门应当统筹协调有关部门对关键信息基础设施的安全保护采取下列措施：

（一）对关键信息基础设施的安全风险进行抽查检测，提出改进措施，必要时可以委托网络安全服务机构对网络存在的安全风险进行检测评估；

（二）定期组织关键信息基础设施的运营者进行网络安全应急演练，提高应对网络安全事件的水平和协同配合能力；

（三）促进有关部门、关键信息基础设施的运营者以及有关研究机构、网络安全服务机构等之间的网络安全信息共享；

（四）对网络安全事件的应急处置与网络功能的恢复等，提供技术支持和协助。

第四章 网络信息安全

第四十条 网络运营者应当对其收集的用户信息严格保密，并建立健全用户信息保护制度。

第四十一条 网络运营者收集、使用个人信息，应当遵循合法、正当、必要的原则，公开收集、使用规则，明示收集、使用信息的目的、方式和范围，并经被收集者同意。

网络运营者不得收集与其提供的服务无关的个人信息，不得违反法律、行政法规的规定和双方的约定收集、使用个人信息，并应当依照法律、行政法规的规定和与用户的约定，处理其保存的个人信息。

第四十二条 网络运营者不得泄露、篡改、毁损其收集的个人信息；未经被收集者同意，不得向他人提供个人信息。但是，经过处理无法识别特定个人且不能复原的除外。

网络运营者应当采取技术措施和其他必要措施，确保其收集的个人信息安全，防止信息泄露、毁损、丢失。在发生或者可能发生个人信息泄露、毁损、丢失的情况时，应当立即采取补救措施，按照规定及时告知用户并向有关主管部门报告。

第四十三条 个人发现网络运营者违反法律、行政法规的规定或者双方的约定收集、使用其个人信息的，有权要求网络运营者删除其个人信息；发现网络运营者收集、存储的其个人信息有错误的，有权要求网络运营者予以更正。网络运营者应当采取措施予以删除或者更正。

第四十四条 任何个人和组织不得窃取或者以其他非法方式获取个人信息，不得非法出售或者非法向他人提供个人信息。

第四十五条 依法负有网络安全监督管理职责的部门及其工作人员，必须对在履行职责中知悉的个人信息、隐私和商业秘密严格保密，不得泄露、出售或者非法向他人提供。

第四十六条 任何个人和组织应当对其使用网络的行为负责，不得设立用于实施诈骗，传授犯罪方法，制作或者销售违禁物品、管制物品等违法犯罪活动的网站、通讯群组，不得利用网络发布涉及实施诈骗，制作或者销售违禁物品、管制物品以及其他违法犯罪活动的信息。

第四十七条 网络运营者应当加强对其用户发布的信息的管理，发现法律、行政法规禁止发布或者传输的信息的，应当立即停止传输该信息，采取消除等处置措施，防止信息扩散，保存有关记录，并向有关主管部门报告。

第四十八条 任何个人和组织发送的电子信息、提供的应用软件，不得设置恶意程序，不得含有法律、行政法规禁止发布或者传输的信息。

电子信息发送服务提供者和应用软件下载服务提供者，应当履行安全管理义务，知道其用户有前款规定行为的，应当停止提供服务，采取消除等处置措施，保存有关记录，并向有关主管部门报告。

第四十九条 网络运营者应当建立网络信息安全投诉、举报制度，公布投诉、举报方式等信息，及时受理并处理有关网络信息安全的投诉和举报。

网络运营者对网信部门和有关部门依法实施的监督检查，应当予以配合。

第五十条 国家网信部门和有关部门依法履行网络信息安全监督管理职责，发现法律、行政法规禁止发布或者传输的信息的，应当要求网络运营者停止传输，采取消除等处置措施，保存有关记录；对来源于中华人民共和国境外的上述信息，应当通知有关机构采取技术措施和其他必要措施阻断传播。

第五章 监测预警与应急处置

第五十一条 国家建立网络安全监测预警和信息通报制度。国家网信部门应当统筹协调有关部门加强网络安全信息收集、分析和通报工作，按照规定统一发布网络安全监测预警信息。

第五十二条 负责关键信息基础设施安全保护工作的部门，应当建立健全本行业、本领域的网络安全监测预警和信息通报制度，并按照规定报送网络安全监测预警信息。

第五十三条 国家网信部门协调有关部门建立健全网络安全风险评估和应急工作机制，制定网络安全事件应急预案，并定期组织演练。

负责关键信息基础设施安全保护工作的部门应当制定本行业、本领域的网络安全事件应急预案，并定期组织演练。

网络安全事件应急预案应当按照事件发生后的危害程度、影响范围等因素对网络安全事件进行分级，并规定相应的应急处置措施。

第五十四条 网络安全事件发生的风险增大时，省级以上人民政府有关部门应当按照规定的权限和程序，并根据网络安全风险的特点和可能造成的危害，采取下列措施：

（一）要求有关部门、机构和人员及时收集、报告有关信息，加强对网络安全风险的监测；

（二）组织有关部门、机构和专业人员，对网络安全风险信息进行分析评估，预测事件发生的可能性、影响范围和危害程度；

（三）向社会发布网络安全风险预警，发布避免、减轻危害的措施。

第五十五条 发生网络安全事件，应当立即启动网络安全事件应急预案，对网络安全事件进行调查和评估，要求网络运营者采取技术措施和其他必要措施，消除安全隐患，防止危害扩大，并及时向社会发布与公众有关的警示信息。

第五十六条 省级以上人民政府有关部门在履行网络安全监督管理职责中，发现网络存在较大安全风险或者发生安全事件的，可以按照规定的权限和程序对该网络的运营者的法定代表人或者主要负责人进行约谈。网络运营者应当按照要求采取措施，进行整改，消除隐患。

第五十七条 因网络安全事件，发生突发事件或者生产安全事故的，应当依照《中华人民共和国突发事件应对法》、《中华人民共和国安全生产法》等有关法律、行政法规的规定处置。

第五十八条 因维护国家安全和社会公共秩序，处置重大突发社会安全事件的需要，经国务院决定或者批准，可以在特定区域对网络通信采取限制等临时措施。

第六章 法律责任

第五十九条 网络运营者不履行本法第二十一条、第二十五条规定的网络安全保护义务的，由有关主管部门责令改正，给予警告；拒不改正或者导致危害网络安全等后果的，处一万元以上十万元以下罚款，对直接负责的主管人员处五千元以上五万元以下罚款。

关键信息基础设施的运营者不履行本法第三十三条、第三十四条、第三十六条、第三十八条规定的网络安全保护义务的，由有关主管部门责令改正，给予警告；拒不改正或者导致危害网络安全等后果的，处十万元以上一百万元以下罚款，对直接负责的主管人员处一万元以上十万元以下罚款。

第六十条 违反本法第二十二条第一款、第二款和第四十八条第一款规定，有下列行为之一的，由有关主管部门责令改正，给予警告；

拒不改正或者导致危害网络安全等后果的，处五万元以上五十万元以下罚款，对直接负责的主管人员处一万元以上十万元以下罚款：

（一）设置恶意程序的；

（二）对其产品、服务存在的安全缺陷、漏洞等风险未立即采取补救措施，或者未按照规定及时告知用户并向有关主管部门报告的；

（三）擅自终止为其产品、服务提供安全维护的。

第六十一条 网络运营者违反本法第二十四条第一款规定，未要求用户提供真实身份信息，或者对不提供真实身份信息的用户提供相关服务的，由有关主管部门责令改正；拒不改正或者情节严重的，处五万元以上五十万元以下罚款，并可以由有关主管部门责令暂停相关业务、停业整顿、关闭网站、吊销相关业务许可证或者吊销营业执照，对直接负责的主管人员和其他直接责任人员处一万元以上十万元以下罚款。

第六十二条 违反本法第二十六条规定，开展网络安全认证、检测、风险评估等活动，或者向社会发布系统漏洞、计算机病毒、网络攻击、网络侵入等网络安全信息的，由有关主管部门责令改正，给予警告；拒不改正或者情节严重的，处一万元以上十万元以下罚款，并可以由有关主管部门责令暂停相关业务、停业整顿、关闭网站、吊销相关业务许可证或者吊销营业执照，对直接负责的主管人员和其他直接责任人员处五千元以上五万元以下罚款。

第六十三条 违反本法第二十七条规定，从事危害网络安全的活动，或者提供专门用于从事危害网络安全活动的程序、工具，或者为他人从事危害网络安全的活动提供技术支持、广告推广、支付结算等帮助，尚不构成犯罪的，由公安机关没收违法所得，处五日以下拘留，可以并处五万元以上五十万元以下罚款；情节较重的，处五日以上十五日以下拘留，可以并处十万元以上一百万元以下罚款。

单位有前款行为的，由公安机关没收违法所得，处十万元以上一百万元以下罚款，并对直接负责的主管人员和其他直接责任人员依照前款规定处罚。

违反本法第二十七条规定，受到治安管理处罚的人员，五年内不得从事网络安全管理和网络运营关键岗位的工作；受到刑事处罚的人员，终身不得从事网络安全管理和网络运营关键岗位的工作。

第六十四条 网络运营者、网络产品或者服务的提供者违反本法第二十二条第三款、第四十一条至第四十三条规定，侵害个人信息依法得到保护的权利的，由有关主管部门责令改正，可以根据情节单处或者并处警告、没收违法所得、处违法所得一倍以上十倍以下罚款，没有违法所得的，处一百万元以下罚款，对直接负责的主管人员和其他直接责任人员处一万元以上十万元以下罚款；情节严重的，并可以责令暂停相关业务、停业整顿、关闭网站、吊销相关业务许可证或者吊销营业执照。

违反本法第四十四条规定，窃取或者以其他非法方式获取、非法出售或者非法向他人提供个人信息，尚不构成犯罪的，由公安机关没收违法所得，并处违法所得一倍以上十倍以下罚款，没有违法所得的，处一百万元以下罚款。

第六十五条 关键信息基础设施的运营者违反本法第三十五条规定，使用未经安全审查或者安全审查未通过的网络产品或者服务的，由有关主管部门责令停止使用，处采购金额一倍以上十倍以下罚款；对直接负责的主管人员和其他直接责任人员处一万元以上十万元以下罚款。

第六十六条 关键信息基础设施的运营者违反本法第三十七条规定，在境外存储网络数据，或者向境外提供网络数据的，由有关主管部门责令改正，给予警告，没收违法所得，处五万元以上五十万元以下罚款，并可以责令暂停相关业务、停业整顿、关闭网站、吊销相关业务许可证或者吊销营业执照；对直接负责的主管人员和其他直接责任人员处一万元以上十万元以下罚款。

第六十七条 违反本法第四十六条规定，设立用于实施违法犯罪活动的网站、通讯群组，或者利用网络发布涉及实施违法犯罪活动的信息，尚不构成犯罪的，由公安机关处五日以下拘留，可以并处一万元以上十万元以下罚款；情节较重的，处五日以上十五日以下拘留，可以并处五万元以上五十万元以下罚款。关闭用于实施违法犯罪活动的网站、通讯群组。

单位有前款行为的，由公安机关处十万元以上五十万元以下罚款，并对直接负责的主管人员和其他直接责任人员依照前款规定处罚。

第六十八条 网络运营者违反本法第四十七条规定，对法律、行政法规禁止发布或者传输的信息未停止传输、采取消除等处置措施、保存有关记录的，由有关主管部门责令改正，给予警告，没收违法所得；拒不改正或者情节严重的，处十万元以上五十万元以下罚款，并可以责令暂停相关业务、停业整顿、关闭网站、吊销相关业务许可证或者吊销营业执照，对直接负责的主管人员和其他直接责任人员处一万元以上十万元以下罚款。

电子信息发送服务提供者、应用软件下载服务提供者，不履行本法第四十八条第二款规定的安全管理义务的，依照前款规定处罚。

第六十九条 网络运营者违反本法规定，有下列行为之一的，由有关主管部门责令改正；拒不改正或者情节严重的，处五万元以上五十万元以下罚款，对直接负责的主管人员和其他直接责任人员，处一万元以上十万元以下罚款：

（一）不按照有关部门的要求对法律、行政法规禁止发布或者传输的信息，采取停止传输、消除等处置措施的；

（二）拒绝、阻碍有关部门依法实施的监督检查的；

（三）拒不向公安机关、国家安全机关提供技术支持和协助的。

第七十条 发布或者传输本法第十二条第二款和其他法律、行政法规禁止发布或者传输的信息的，依照有关法律、行政法规的规定处罚。

第七十一条 有本法规定的违法行为的，依照有关法律、行政法规的规定记入信用档案，并予以公示。

第七十二条 国家机关政务网络的运营者不履行本法规定的网络安全保护义务的，由其上级机关或者有关机关责令改正；对直接负责的主管人员和其他直接责任人员依法给予处分。

第七十三条 网信部门和有关部门违反本法第三十条规定，将在履行网络安全保护职责中获取的信息用于其他用途的，对直接负责的主管人员和其他直接责任人员依法给予处分。

网信部门和有关部门的工作人员玩忽职守、滥用职权、徇私舞弊，尚不构成犯罪的，依法给予处分。

第七十四条 违反本法规定，给他人造成损害的，依法承担民事责任。

违反本法规定，构成违反治安管理行为的，依法给予治安管理处罚；构成犯罪的，依法追究刑事责任。

第七十五条 境外的机构、组织、个人从事攻击、侵入、干扰、破坏等危害中华人民共和国的关键信息基础设施的活动，造成严重后果的，依法追究法律责任；国务院公安部门和有关部门并可以决定对该机构、组织、个人采取冻结财产或者其他必要的制裁措施。

第七章 附 则

第七十六条 本法下列用语的含义：

（一）网络，是指由计算机或者其他信息终端及相关设备组成的按照一定的规则和程序对信息进行收集、存储、传输、交换、处理的系统。

（二）网络安全，是指通过采取必要措施，防范对网络的攻击、侵入、干扰、破坏和非法使用以及意外事故，使网络处于稳定可靠运行的状态，以及保障网络数据的完整性、保密性、可用性的能力。

（三）网络运营者，是指网络的所有者、管理者和网络服务提供者。

（四）网络数据，是指通过网络收集、存储、传输、处理和产生的各种电子数据。

（五）个人信息，是指以电子或者其他方式记录的能够单独或者与其他信息结合识别自然人个人身份的各种信息，包括但不限于自然人的姓名、出生日期、身份证件号码、个人生物识别信息、住址、电话号码等。

第七十七条 存储、处理涉及国家秘密信息的网络的运行安全保护，除应当遵守本法外，还应当遵守保密法律、行政法规的规定。

第七十八条 军事网络的安全保护，由中央军事委员会另行规定。

第七十九条 本法自2017年6月1日起施行。

中华人民共和国个人信息保护法

（2021年8月20日第十三届全国人民代表大会常务委员会第三十次会议通过 2021年8月20日中华人民共和国主席令第91号公布 自2021年11月1日起施行）

第一章 总 则

第一条 为了保护个人信息权益，规范个人信息处理活动，促进个人信息合理利用，根据宪法，制定本法。

第二条 自然人的个人信息受法律保护，任何组织、个人不得侵害自然人的个人信息权益。

第三条 在中华人民共和国境内处理自然人个人信息的活动，适用本法。

在中华人民共和国境外处理中华人民共和国境内自然人个人信息的活动，有下列情形之一的，也适用本法：

（一）以向境内自然人提供产品或者服务为目的；

（二）分析、评估境内自然人的行为；

（三）法律、行政法规规定的其他情形。

第四条 个人信息是以电子或者其他方式记录的与已识别或者可识别的自然人有关的各种信息，不包括匿名化处理后的信息。

个人信息的处理包括个人信息的收集、存储、使用、加工、传输、提供、公开、删除等。

第五条 处理个人信息应当遵循合法、正当、必要和诚信原则，不得通过误导、欺诈、胁迫等方式处理个人信息。

第六条 处理个人信息应当具有明确、合理的目的，并应当与处理目的直接相关，采取对个人权益影响最小的方式。

收集个人信息，应当限于实现处理目的的最小范围，不得过度收集个人信息。

第七条 处理个人信息应当遵循公开、透明原则，公开个人信息处理规则，明示处理的目的、方式和范围。

第八条 处理个人信息应当保证个人信息的质量，避免因个人信息不准确、不完整对个人权益造成不利影响。

第九条 个人信息处理者应当对其个人信息处理活动负责，并采取必要措施保障所处理的个人信息的安全。

第十条 任何组织、个人不得非法收集、使用、加工、传输他人个人信息，不得非法买卖、提供或者公开他人个人信息；不得从事危害国家安全、公共利益的个人信息处理活动。

第十一条 国家建立健全个人信息保护制度，预防和惩治侵害个人信息权益的行为，加强个人信息保护宣传教育，推动形成政府、企业、相关社会组织、公众共同参与个人信息保护的良好环境。

第十二条 国家积极参与个人信息保护国际规则的制定，促进个人信息保护方面的国际交流与合作，推动与其他国家、地区、国际组织之间的个人信息保护规则、标准等互认。

第二章 个人信息处理规则

第一节 一般规定

第十三条 符合下列情形之一的，个人信息处理者方可处理个人信息：

（一）取得个人的同意；

（二）为订立、履行个人作为一方当事人的合同所必需，或者按照依法制定的劳动规章制度和依法签订的集体合同实施人力资源管理所必需；

（三）为履行法定职责或者法定义务所必需；

（四）为应对突发公共卫生事件，或者紧急情况下为保护自然人的生命健康和财产安全所必需；

（五）为公共利益实施新闻报道、舆论监督等行为，在合理的范围内处理个人信息；

（六）依照本法规定在合理的范围内处理个人自行公开或者其他已经合法公开的个人信息；

（七）法律、行政法规规定的其他情形。

依照本法其他有关规定，处理个人信息应当取得个人同意，但是有前款第二项至第七项规定情形的，不需取得个人同意。

第十四条 基于个人同意处理个人信息的，该同意应当由个人在充分知情的前提下自愿、明确作出。法律、行政法规规定处理个人信息应当取得个人单独同意或者书面同意的，从其规定。

个人信息的处理目的、处理方式和处理的个人信息种类发生变更的，应当重新取得个人同意。

第十五条 基于个人同意处理个人信息的，个人有权撤回其同意。个人信息处理者应当提供便捷的撤回同意的方式。

个人撤回同意，不影响撤回前基于个人同意已进行的个人信息处理活动的效力。

第十六条 个人信息处理者不得以个人不同意处理其个人信息或者撤回同意为由，拒绝提供产品或者服务；处理个人信息属于提供产品或者服务所必需的除外。

第十七条 个人信息处理者在处理个人信息前，应当以显著方式、清晰易懂的语言真实、准确、完整地向个人告知下列事项：

（一）个人信息处理者的名称或者姓名和联系方式；

（二）个人信息的处理目的、处理方式，处理的个人信息种类、保存期限；

（三）个人行使本法规定权利的方式和程序；

（四）法律、行政法规规定应当告知的其他事项。

前款规定事项发生变更的，应当将变更部分告知个人。

个人信息处理者通过制定个人信息处理规则的方式告知第一款规定事项的，处理规则应当公开，并且便于查阅和保存。

第十八条 个人信息处理者处理个人信息，有法律、行政法规规定应当保密或者不需要告知的情形的，可以不向个人告知前条第一款规定的事项。

紧急情况下为保护自然人的生命健康和财产安全无法及时向个人告知的，个人信息处理者应当在紧急情况消除后及时告知。

第十九条 除法律、行政法规另有规定外，个人信息的保存期限应当为实现处理目的所必要的最短时间。

第二十条 两个以上的个人信息处理者共同决定个人信息的处理目的和处理方式的，应当约定各自的权利和义务。但是，该约定不影响个人向其中任何一个个人信息处理者要求行使本法规定的权利。

个人信息处理者共同处理个人信息，侵害个人信息权益造成损害的，应当依法承担连带责任。

第二十一条 个人信息处理者委托处理个人信息的，应当与受托人约定委托处理的目的、期限、处理方式、个人信息的种类、保护措施以及双方的权利和义务等，并对受托人的个人信息处理活动进行监督。

受托人应当按照约定处理个人信息，不得超出约定的处理目的、处理方式等处理个人信息；委托合同不生效、无效、被撤销或者终止的，受托人应当将个人信息返还个人信息处理者或者予以删除，不得保留。

未经个人信息处理者同意，受托人不得转委托他人处理个人信息。

第二十二条 个人信息处理者因合并、分立、解散、被宣告破产等原因需要转移个人信息的，应当向个人告知接收方的名称或者姓名和联系方式。接收方应当继续履行个人信息处理者的义务。接收方变更原先的处理目的、处理方式的，应当依照本法规定重新取得个人同意。

第二十三条 个人信息处理者向其他个人信息处理者提供其处理的个人信息的，应当向个人告知接收方的名称或者姓名、联系方式、处理目的、处理方式和个人信息的种类，并取得个人的单独同意。接收方应当在上述处理目的、处理方式和个人信息的种类等范围内处理个人信息。接收方变更原先的处理目的、处理方式的，应当依照本法规定重新取得个人同意。

第二十四条 个人信息处理者利用个人信息进行自动化决策，应当保证决策的透明度和结果公平、公正，不得对个人在交易价格等交易条件上实行不合理的差别待遇。

通过自动化决策方式向个人进行信息推送、商业营销，应当同时提供不针对其个人特征的选项，或者向个人提供便捷的拒绝方式。

通过自动化决策方式作出对个人权益有重大影响的决定，个人有权要求个人信息处理者予以说明，并有权拒绝个人信息处理者仅通过自动化决策的方式作出决定。

第二十五条 个人信息处理者不得公开其处理的个人信息，取得个人单独同意的除外。

第二十六条 在公共场所安装图像采集、个人身份识别设备，应当为维护公共安全所必需，遵守国家有关规定，并设置显著的提示标识。所收集的个人图像、身份识别信息只能用于维护公共安全的目的，不得用于其他目的；取得个人单独同意的除外。

第二十七条 个人信息处理者可以在合理的范围内处理个人自行公开或者其他已经合法公开的个人信息；个人明确拒绝的除外。个人信息处理者处理已公开的个人信息，对个人权益有重大影响的，应当依照本法规定取得个人同意。

第二节 敏感个人信息的处理规则

第二十八条 敏感个人信息是一旦泄露或者非法使用，容易导致自然人的人格尊严受到侵害或者人身、财产安全受到危害的个人信息，包括生物识别、宗教信仰、特定身份、医疗健康、金融账户、行踪轨迹等信息，以及不满十四周岁未成年人的个人信息。

只有在具有特定的目的和充分的必要性，并采取严格保护措施的情形下，个人信息处理者方可处理敏感个人信息。

第二十九条 处理敏感个人信息应当取得个人的单独同意；法律、行政法规规定处理敏感个人信息应当取得书面同意的，从其规定。

第三十条 个人信息处理者处理敏感个人信息的，除本法第十七条第一款规定的事项外，还应当向个人告知处理敏感个人信息的必要性以及对个人权益的影响；依照本法规定可以不向个人告知的除外。

第三十一条 个人信息处理者处理不满十四周岁未成年人个人信息的，应当取得未成年人的父母或者其他监护人的同意。

个人信息处理者处理不满十四周岁未成年人个人信息的，应当制定专门的个人信息处理规则。

第三十二条 法律、行政法规对处理敏感个人信息规定应当取得相关行政许可或者作出其他限制的，从其规定。

第三节 国家机关处理个人信息的特别规定

第三十三条 国家机关处理个人信息的活动，适用本法；本节有特别规定的，适用本节规定。

第三十四条 国家机关为履行法定职责处理个人信息，应当依照法律、行政法规规定的权限、程序进行，不得超出履行法定职责所必需的范围和限度。

第三十五条 国家机关为履行法定职责处理个人信息，应当依照本法规定履行告知义务；有本法第十八条第一款规定的情形，或者告知将妨碍国家机关履行法定职责的除外。

第三十六条 国家机关处理的个人信息应当在中华人民共和国境内存储；确需向境外提供的，应当进行安全评估。安全评估可以要求有关部门提供支持与协助。

第三十七条 法律、法规授权的具有管理公共事务职能的组织为履行法定职责处理个人信息，适用本法关于国家机关处理个人信息的规定。

第三章　个人信息跨境提供的规则

第三十八条　个人信息处理者因业务等需要，确需向中华人民共和国境外提供个人信息的，应当具备下列条件之一：

（一）依照本法第四十条的规定通过国家网信部门组织的安全评估；

（二）按照国家网信部门的规定经专业机构进行个人信息保护认证；

（三）按照国家网信部门制定的标准合同与境外接收方订立合同，约定双方的权利和义务；

（四）法律、行政法规或者国家网信部门规定的其他条件。

中华人民共和国缔结或者参加的国际条约、协定对向中华人民共和国境外提供个人信息的条件等有规定的，可以按照其规定执行。

个人信息处理者应当采取必要措施，保障境外接收方处理个人信息的活动达到本法规定的个人信息保护标准。

第三十九条　个人信息处理者向中华人民共和国境外提供个人信息的，应当向个人告知境外接收方的名称或者姓名、联系方式、处理目的、处理方式、个人信息的种类以及个人向境外接收方行使本法规定权利的方式和程序等事项，并取得个人的单独同意。

第四十条　关键信息基础设施运营者和处理个人信息达到国家网信部门规定数量的个人信息处理者，应当将在中华人民共和国境内收集和产生的个人信息存储在境内。确需向境外提供的，应当通过国家网信部门组织的安全评估；法律、行政法规和国家网信部门规定可以不进行安全评估的，从其规定。

第四十一条　中华人民共和国主管机关根据有关法律和中华人民共和国缔结或者参加的国际条约、协定，或者按照平等互惠原则，处理外国司法或者执法机构关于提供存储于境内个人信息的请求。非经中华人民共和国主管机关批准，个人信息处理者不得向外国司法或者执法机构提供存储于中华人民共和国境内的个人信息。

第四十二条　境外的组织、个人从事侵害中华人民共和国公民的个人信息权益，或者危害中华人民共和国国家安全、公共利益的个人信息处理活动的，国家网信部门可以将其列入限制或者禁止个人信息提供清单，予以公告，并采取限制或者禁止向其提供个人信息等措施。

第四十三条 任何国家或者地区在个人信息保护方面对中华人民共和国采取歧视性的禁止、限制或者其他类似措施的，中华人民共和国可以根据实际情况对该国家或者地区对等采取措施。

第四章 个人在个人信息处理活动中的权利

第四十四条 个人对其个人信息的处理享有知情权、决定权，有权限制或者拒绝他人对其个人信息进行处理；法律、行政法规另有规定的除外。

第四十五条 个人有权向个人信息处理者查阅、复制其个人信息；有本法第十八条第一款、第三十五条规定情形的除外。

个人请求查阅、复制其个人信息的，个人信息处理者应当及时提供。

个人请求将个人信息转移至其指定的个人信息处理者，符合国家网信部门规定条件的，个人信息处理者应当提供转移的途径。

第四十六条 个人发现其个人信息不准确或者不完整的，有权请求个人信息处理者更正、补充。

个人请求更正、补充其个人信息的，个人信息处理者应当对其个人信息予以核实，并及时更正、补充。

第四十七条 有下列情形之一的，个人信息处理者应当主动删除个人信息；个人信息处理者未删除的，个人有权请求删除：

（一）处理目的已实现、无法实现或者为实现处理目的不再必要；

（二）个人信息处理者停止提供产品或者服务，或者保存期限已届满；

（三）个人撤回同意；

（四）个人信息处理者违反法律、行政法规或者违反约定处理个人信息；

（五）法律、行政法规规定的其他情形。

法律、行政法规规定的保存期限未届满，或者删除个人信息从技术上难以实现的，个人信息处理者应当停止除存储和采取必要的安全保护措施之外的处理。

第四十八条 个人有权要求个人信息处理者对其个人信息处理规则进行解释说明。

第四十九条 自然人死亡的，其近亲属为了自身的合法、正当利益，可以对死者的相关个人信息行使本章规定的查阅、复制、更正、删除等权利；死者生前另有安排的除外。

第五十条 个人信息处理者应当建立便捷的个人行使权利的申请受理和处理机制。拒绝个人行使权利的请求的，应当说明理由。

个人信息处理者拒绝个人行使权利的请求的，个人可以依法向人民法院提起诉讼。

第五章 个人信息处理者的义务

第五十一条 个人信息处理者应当根据个人信息的处理目的、处理方式、个人信息的种类以及对个人权益的影响、可能存在的安全风险等，采取下列措施确保个人信息处理活动符合法律、行政法规的规定，并防止未经授权的访问以及个人信息泄露、篡改、丢失：

（一）制定内部管理制度和操作规程；

（二）对个人信息实行分类管理；

（三）采取相应的加密、去标识化等安全技术措施；

（四）合理确定个人信息处理的操作权限，并定期对从业人员进行安全教育和培训；

（五）制定并组织实施个人信息安全事件应急预案；

（六）法律、行政法规规定的其他措施。

第五十二条 处理个人信息达到国家网信部门规定数量的个人信息处理者应当指定个人信息保护负责人，负责对个人信息处理活动以及采取的保护措施等进行监督。

个人信息处理者应当公开个人信息保护负责人的联系方式，并将个人信息保护负责人的姓名、联系方式等报送履行个人信息保护职责的部门。

第五十三条 本法第三条第二款规定的中华人民共和国境外的个人信息处理者，应当在中华人民共和国境内设立专门机构或者指定代表，负责处理个人信息保护相关事务，并将有关机构的名称或者代表的姓名、联系方式等报送履行个人信息保护职责的部门。

第五十四条 个人信息处理者应当定期对其处理个人信息遵守法律、行政法规的情况进行合规审计。

第五十五条 有下列情形之一的，个人信息处理者应当事前进行个人信息保护影响评估，并对处理情况进行记录：

（一）处理敏感个人信息；

（二）利用个人信息进行自动化决策；

（三）委托处理个人信息、向其他个人信息处理者提供个人信息、公开个人信息；

（四）向境外提供个人信息；

（五）其他对个人权益有重大影响的个人信息处理活动。

第五十六条 个人信息保护影响评估应当包括下列内容：

（一）个人信息的处理目的、处理方式等是否合法、正当、必要；

（二）对个人权益的影响及安全风险；

（三）所采取的保护措施是否合法、有效并与风险程度相适应。

个人信息保护影响评估报告和处理情况记录应当至少保存三年。

第五十七条 发生或者可能发生个人信息泄露、篡改、丢失的，个人信息处理者应当立即采取补救措施，并通知履行个人信息保护职责的部门和个人。通知应当包括下列事项：

（一）发生或者可能发生个人信息泄露、篡改、丢失的信息种类、原因和可能造成的危害；

（二）个人信息处理者采取的补救措施和个人可以采取的减轻危

害的措施；

（三）个人信息处理者的联系方式。

个人信息处理者采取措施能够有效避免信息泄露、篡改、丢失造成危害的，个人信息处理者可以不通知个人；履行个人信息保护职责的部门认为可能造成危害的，有权要求个人信息处理者通知个人。

第五十八条 提供重要互联网平台服务、用户数量巨大、业务类型复杂的个人信息处理者，应当履行下列义务：

（一）按照国家规定建立健全个人信息保护合规制度体系，成立主要由外部成员组成的独立机构对个人信息保护情况进行监督；

（二）遵循公开、公平、公正的原则，制定平台规则，明确平台内产品或者服务提供者处理个人信息的规范和保护个人信息的义务；

（三）对严重违反法律、行政法规处理个人信息的平台内的产品或者服务提供者，停止提供服务；

（四）定期发布个人信息保护社会责任报告，接受社会监督。

第五十九条 接受委托处理个人信息的受托人，应当依照本法和有关法律、行政法规的规定，采取必要措施保障所处理的个人信息的安全，并协助个人信息处理者履行本法规定的义务。

第六章 履行个人信息保护职责的部门

第六十条 国家网信部门负责统筹协调个人信息保护工作和相关监督管理工作。国务院有关部门依照本法和有关法律、行政法规的规定，在各自职责范围内负责个人信息保护和监督管理工作。

县级以上地方人民政府有关部门的个人信息保护和监督管理职责，按照国家有关规定确定。

前两款规定的部门统称为履行个人信息保护职责的部门。

第六十一条 履行个人信息保护职责的部门履行下列个人信息保护职责：

（一）开展个人信息保护宣传教育，指导、监督个人信息处理者开展个人信息保护工作；

（二）接受、处理与个人信息保护有关的投诉、举报；

（三）组织对应用程序等个人信息保护情况进行测评，并公布测评结果；

（四）调查、处理违法个人信息处理活动；

（五）法律、行政法规规定的其他职责。

第六十二条　国家网信部门统筹协调有关部门依据本法推进下列个人信息保护工作：

（一）制定个人信息保护具体规则、标准；

（二）针对小型个人信息处理者、处理敏感个人信息以及人脸识别、人工智能等新技术、新应用，制定专门的个人信息保护规则、标准；

（三）支持研究开发和推广应用安全、方便的电子身份认证技术，推进网络身份认证公共服务建设；

（四）推进个人信息保护社会化服务体系建设，支持有关机构开展个人信息保护评估、认证服务；

（五）完善个人信息保护投诉、举报工作机制。

第六十三条　履行个人信息保护职责的部门履行个人信息保护职责，可以采取下列措施：

（一）询问有关当事人，调查与个人信息处理活动有关的情况；

（二）查阅、复制当事人与个人信息处理活动有关的合同、记录、账簿以及其他有关资料；

（三）实施现场检查，对涉嫌违法的个人信息处理活动进行调查；

（四）检查与个人信息处理活动有关的设备、物品；对有证据证明是用于违法个人信息处理活动的设备、物品，向本部门主要负责人书面报告并经批准，可以查封或者扣押。

履行个人信息保护职责的部门依法履行职责，当事人应当予以协助、配合，不得拒绝、阻挠。

第六十四条　履行个人信息保护职责的部门在履行职责中，发现个人信息处理活动存在较大风险或者发生个人信息安全事件的，可以按照规定的权限和程序对该个人信息处理者的法定代表人或者主要负责人进行约谈，或者要求个人信息处理者委托专业机构对其个人信息处理活动进行合规审计。个人信息处理者应当按照要求采取措施，进行整改，消除隐患。

履行个人信息保护职责的部门在履行职责中，发现违法处理个人信息涉嫌犯罪的，应当及时移送公安机关依法处理。

第六十五条 任何组织、个人有权对违法个人信息处理活动向履行个人信息保护职责的部门进行投诉、举报。收到投诉、举报的部门应当依法及时处理，并将处理结果告知投诉、举报人。

履行个人信息保护职责的部门应当公布接受投诉、举报的联系方式。

第七章 法律责任

第六十六条 违反本法规定处理个人信息，或者处理个人信息未履行本法规定的个人信息保护义务的，由履行个人信息保护职责的部门责令改正，给予警告，没收违法所得，对违法处理个人信息的应用程序，责令暂停或者终止提供服务；拒不改正的，并处一百万元以下罚款；对直接负责的主管人员和其他直接责任人员处一万元以上十万元以下罚款。

有前款规定的违法行为，情节严重的，由省级以上履行个人信息保护职责的部门责令改正，没收违法所得，并处五千万元以下或者上一年度营业额百分之五以下罚款，并可以责令暂停相关业务或者停业整顿、通报有关主管部门吊销相关业务许可或者吊销营业执照；对直接负责的主管人员和其他直接责任人员处十万元以上一百万元以下罚款，并可以决定禁止其在一定期限内担任相关企业的董事、监事、高级管理人员和个人信息保护负责人。

第六十七条 有本法规定的违法行为的，依照有关法律、行政法规的规定记入信用档案，并予以公示。

第六十八条 国家机关不履行本法规定的个人信息保护义务的，由其上级机关或者履行个人信息保护职责的部门责令改正；对直接负责的主管人员和其他直接责任人员依法给予处分。

履行个人信息保护职责的部门的工作人员玩忽职守、滥用职权、徇私舞弊，尚不构成犯罪的，依法给予处分。

第六十九条 处理个人信息侵害个人信息权益造成损害，个人信息处理者不能证明自己没有过错的，应当承担损害赔偿等侵权责任。

前款规定的损害赔偿责任按照个人因此受到的损失或者个人信息处理者因此获得的利益确定；个人因此受到的损失和个人信息处理者因此获得的利益难以确定的，根据实际情况确定赔偿数额。

第七十条 个人信息处理者违反本法规定处理个人信息，侵害众多个人的权益的，人民检察院、法律规定的消费者组织和由国家网信部门确定的组织可以依法向人民法院提起诉讼。

第七十一条 违反本法规定，构成违反治安管理行为的，依法给予治安管理处罚；构成犯罪的，依法追究刑事责任。

第八章　附　　则

第七十二条 自然人因个人或者家庭事务处理个人信息的，不适用本法。

法律对各级人民政府及其有关部门组织实施的统计、档案管理活动中的个人信息处理有规定的，适用其规定。

第七十三条 本法下列用语的含义：

（一）个人信息处理者，是指在个人信息处理活动中自主决定处理目的、处理方式的组织、个人。

（二）自动化决策，是指通过计算机程序自动分析、评估个人的行为习惯、兴趣爱好或者经济、健康、信用状况等，并进行决策的活动。

（三）去标识化，是指个人信息经过处理，使其在不借助额外信息的情况下无法识别特定自然人的过程。

（四）匿名化，是指个人信息经过处理无法识别特定自然人且不能复原的过程。

第七十四条 本法自2021年11月1日起施行。

中华人民共和国反洗钱法

（2006年10月31日第十届全国人民代表大会常务委员会第二十四次会议通过 2006年10月31日中华人民共和国主席令第56号公布 自2007年1月1日起施行）

第一章 总 则

第一条 为了预防洗钱活动，维护金融秩序，遏制洗钱犯罪及相关犯罪，制定本法。

第二条 本法所称反洗钱，是指为了预防通过各种方式掩饰、隐瞒毒品犯罪、黑社会性质的组织犯罪、恐怖活动犯罪、走私犯罪、贪污贿赂犯罪、破坏金融管理秩序犯罪、金融诈骗犯罪等犯罪所得及其收益的来源和性质的洗钱活动，依照本法规定采取相关措施的行为。

第三条 在中华人民共和国境内设立的金融机构和按照规定应当履行反洗钱义务的特定非金融机构，应当依法采取预防、监控措施，建立健全客户身份识别制度、客户身份资料和交易记录保存制度、大额交易和可疑交易报告制度，履行反洗钱义务。

第四条 国务院反洗钱行政主管部门负责全国的反洗钱监督管理工作。国务院有关部门、机构在各自的职责范围内履行反洗钱监督管理职责。

国务院反洗钱行政主管部门、国务院有关部门、机构和司法机关在反洗钱工作中应当相互配合。

第五条 对依法履行反洗钱职责或者义务获得的客户身份资料和

交易信息，应当予以保密；非依法律规定，不得向任何单位和个人提供。

反洗钱行政主管部门和其他依法负有反洗钱监督管理职责的部门、机构履行反洗钱职责获得的客户身份资料和交易信息，只能用于反洗钱行政调查。

司法机关依照本法获得的客户身份资料和交易信息，只能用于反洗钱刑事诉讼。

第六条　履行反洗钱义务的机构及其工作人员依法提交大额交易和可疑交易报告，受法律保护。

第七条　任何单位和个人发现洗钱活动，有权向反洗钱行政主管部门或者公安机关举报。接受举报的机关应当对举报人和举报内容保密。

第二章　反洗钱监督管理

第八条　国务院反洗钱行政主管部门组织、协调全国的反洗钱工作，负责反洗钱的资金监测，制定或者会同国务院有关金融监督管理机构制定金融机构反洗钱规章，监督、检查金融机构履行反洗钱义务的情况，在职责范围内调查可疑交易活动，履行法律和国务院规定的有关反洗钱的其他职责。

国务院反洗钱行政主管部门的派出机构在国务院反洗钱行政主管部门的授权范围内，对金融机构履行反洗钱义务的情况进行监督、检查。

第九条　国务院有关金融监督管理机构参与制定所监督管理的金融机构反洗钱规章，对所监督管理的金融机构提出按照规定建立健全反洗钱内部控制制度的要求，履行法律和国务院规定的有关反洗钱的其他职责。

第十条　国务院反洗钱行政主管部门设立反洗钱信息中心，负责大额交易和可疑交易报告的接收、分析，并按照规定向国务院反洗钱行政主管部门报告分析结果，履行国务院反洗钱行政主管部门规定的其他职责。

第十一条　国务院反洗钱行政主管部门为履行反洗钱资金监测职

责，可以从国务院有关部门、机构获取所必需的信息，国务院有关部门、机构应当提供。

国务院反洗钱行政主管部门应当向国务院有关部门、机构定期通报反洗钱工作情况。

第十二条 海关发现个人出入境携带的现金、无记名有价证券超过规定金额的，应当及时向反洗钱行政主管部门通报。

前款应当通报的金额标准由国务院反洗钱行政主管部门会同海关总署规定。

第十三条 反洗钱行政主管部门和其他依法负有反洗钱监督管理职责的部门、机构发现涉嫌洗钱犯罪的交易活动，应当及时向侦查机关报告。

第十四条 国务院有关金融监督管理机构审批新设金融机构或者金融机构增设分支机构时，应当审查新机构反洗钱内部控制制度的方案；对于不符合本法规定的设立申请，不予批准。

第三章 金融机构反洗钱义务

第十五条 金融机构应当依照本法规定建立健全反洗钱内部控制制度，金融机构的负责人应当对反洗钱内部控制制度的有效实施负责。

金融机构应当设立反洗钱专门机构或者指定内设机构负责反洗钱工作。

第十六条 金融机构应当按照规定建立客户身份识别制度。

金融机构在与客户建立业务关系或者为客户提供规定金额以上的现金汇款、现钞兑换、票据兑付等一次性金融服务时，应当要求客户出示真实有效的身份证件或者其他身份证明文件，进行核对并登记。

客户由他人代理办理业务的，金融机构应当同时对代理人和被代理人的身份证件或者其他身份证明文件进行核对并登记。

与客户建立人身保险、信托等业务关系，合同的受益人不是客户本人的，金融机构还应当对受益人的身份证件或者其他身份证明文件进行核对并登记。

金融机构不得为身份不明的客户提供服务或者与其进行交易，不得为客户开立匿名账户或者假名账户。

金融机构对先前获得的客户身份资料的真实性、有效性或者完整性有疑问的，应当重新识别客户身份。

任何单位和个人在与金融机构建立业务关系或者要求金融机构为其提供一次性金融服务时，都应当提供真实有效的身份证件或者其他身份证明文件。

第十七条 金融机构通过第三方识别客户身份的，应当确保第三方已经采取符合本法要求的客户身份识别措施；第三方未采取符合本法要求的客户身份识别措施的，由该金融机构承担未履行客户身份识别义务的责任。

第十八条 金融机构进行客户身份识别，认为必要时，可以向公安、工商行政管理等部门核实客户的有关身份信息。

第十九条 金融机构应当按照规定建立客户身份资料和交易记录保存制度。

在业务关系存续期间，客户身份资料发生变更的，应当及时更新客户身份资料。

客户身份资料在业务关系结束后、客户交易信息在交易结束后，应当至少保存五年。

金融机构破产和解散时，应当将客户身份资料和客户交易信息移交国务院有关部门指定的机构。

第二十条 金融机构应当按照规定执行大额交易和可疑交易报告制度。

金融机构办理的单笔交易或者在规定期限内的累计交易超过规定金额或者发现可疑交易的，应当及时向反洗钱信息中心报告。

第二十一条 金融机构建立客户身份识别制度、客户身份资料和交易记录保存制度的具体办法，由国务院反洗钱行政主管部门会同国务院有关金融监督管理机构制定。金融机构大额交易和可疑交易报告的具体办法，由国务院反洗钱行政主管部门制定。

第二十二条 金融机构应当按照反洗钱预防、监控制度的要求，开展反洗钱培训和宣传工作。

第四章 反洗钱调查

第二十三条 国务院反洗钱行政主管部门或者其省一级派出机构发现可疑交易活动，需要调查核实的，可以向金融机构进行调查，金融机构应当予以配合，如实提供有关文件和资料。

调查可疑交易活动时，调查人员不得少于二人，并出示合法证件和国务院反洗钱行政主管部门或者其省一级派出机构出具的调查通知书。调查人员少于二人或者未出示合法证件和调查通知书的，金融机构有权拒绝调查。

第二十四条 调查可疑交易活动，可以询问金融机构有关人员，要求其说明情况。

询问应当制作询问笔录。询问笔录应当交被询问人核对。记载有遗漏或者差错的，被询问人可以要求补充或者更正。被询问人确认笔录无误后，应当签名或者盖章；调查人员也应当在笔录上签名。

第二十五条 调查中需要进一步核查的，经国务院反洗钱行政主管部门或者其省一级派出机构的负责人批准，可以查阅、复制被调查对象的账户信息、交易记录和其他有关资料；对可能被转移、隐藏、篡改或者毁损的文件、资料，可以予以封存。

调查人员封存文件、资料，应当会同在场的金融机构工作人员查点清楚，当场开列清单一式二份，由调查人员和在场的金融机构工作人员签名或者盖章，一份交金融机构，一份附卷备查。

第二十六条 经调查仍不能排除洗钱嫌疑的，应当立即向有管辖权的侦查机关报案。客户要求将调查所涉及的账户资金转往境外的，经国务院反洗钱行政主管部门负责人批准，可以采取临时冻结措施。

侦查机关接到报案后，对已依照前款规定临时冻结的资金，应当及时决定是否继续冻结。侦查机关认为需要继续冻结的，依照刑事诉讼法的规定采取冻结措施；认为不需要继续冻结的，应当立即通知国务院反洗钱行政主管部门，国务院反洗钱行政主管部门应当立即通知金融机构解除冻结。

临时冻结不得超过四十八小时。金融机构在按照国务院反洗钱行政主管部门的要求采取临时冻结措施后四十八小时内，未接到侦查机关继续冻结通知的，应当立即解除冻结。

第五章　反洗钱国际合作

第二十七条　中华人民共和国根据缔结或者参加的国际条约，或者按照平等互惠原则，开展反洗钱国际合作。

第二十八条　国务院反洗钱行政主管部门根据国务院授权，代表中国政府与外国政府和有关国际组织开展反洗钱合作，依法与境外反洗钱机构交换与反洗钱有关的信息和资料。

第二十九条　涉及追究洗钱犯罪的司法协助，由司法机关依照有关法律的规定办理。

第六章　法律责任

第三十条　反洗钱行政主管部门和其他依法负有反洗钱监督管理职责的部门、机构从事反洗钱工作的人员有下列行为之一的，依法给予行政处分：

（一）违反规定进行检查、调查或者采取临时冻结措施的；

（二）泄露因反洗钱知悉的国家秘密、商业秘密或者个人隐私的；

（三）违反规定对有关机构和人员实施行政处罚的；

（四）其他不依法履行职责的行为。

第三十一条　金融机构有下列行为之一的，由国务院反洗钱行政主管部门或者其授权的设区的市一级以上派出机构责令限期改正；情节严重的，建议有关金融监督管理机构依法责令金融机构对直接负责的董事、高级管理人员和其他直接责任人员给予纪律处分：

（一）未按照规定建立反洗钱内部控制制度的；

（二）未按照规定设立反洗钱专门机构或者指定内设机构负责反洗钱工作的；

（三）未按照规定对职工进行反洗钱培训的。

第三十二条 金融机构有下列行为之一的，由国务院反洗钱行政主管部门或者其授权的设区的市一级以上派出机构责令限期改正；情节严重的，处二十万元以上五十万元以下罚款，并对直接负责的董事、高级管理人员和其他直接责任人员，处一万元以上五万元以下罚款：

（一）未按照规定履行客户身份识别义务的；

（二）未按照规定保存客户身份资料和交易记录的；

（三）未按照规定报送大额交易报告或者可疑交易报告的；

（四）与身份不明的客户进行交易或者为客户开立匿名账户、假名账户的；

（五）违反保密规定，泄露有关信息的；

（六）拒绝、阻碍反洗钱检查、调查的；

（七）拒绝提供调查材料或者故意提供虚假材料的。

金融机构有前款行为，致使洗钱后果发生的，处五十万元以上五百万元以下罚款，并对直接负责的董事、高级管理人员和其他直接责任人员处五万元以上五十万元以下罚款；情节特别严重的，反洗钱行政主管部门可以建议有关金融监督管理机构责令停业整顿或者吊销其经营许可证。

对有前两款规定情形的金融机构直接负责的董事、高级管理人员和其他直接责任人员，反洗钱行政主管部门可以建议有关金融监督管理机构依法责令金融机构给予纪律处分，或者建议依法取消其任职资格、禁止其从事有关金融行业工作。

第三十三条 违反本法规定，构成犯罪的，依法追究刑事责任。

第七章 附 则

第三十四条 本法所称金融机构，是指依法设立的从事金融业务的政策性银行、商业银行、信用合作社、邮政储汇机构、信托投资公司、证券公司、期货经纪公司、保险公司以及国务院反洗钱行政主管部门确定并公布的从事金融业务的其他机构。

第三十五条 应当履行反洗钱义务的特定非金融机构的范围、其履行反洗钱义务和对其监督管理的具体办法，由国务院反洗钱行政主管部门会同国务院有关部门制定。

第三十六条 对涉嫌恐怖活动资金的监控适用本法；其他法律另有规定的，适用其规定。

第三十七条 本法自2007年1月1日起施行。

中华人民共和国刑法（节录）

（1979年7月1日第五届全国人民代表大会第二次会议通过　1997年3月14日第八届全国人民代表大会第五次会议修订　根据1998年12月29日第九届全国人民代表大会常务委员会第六次会议通过的《全国人民代表大会常务委员会关于惩治骗购外汇、逃汇和非法买卖外汇犯罪的决定》、1999年12月25日第九届全国人民代表大会常务委员会第十三次会议通过的《中华人民共和国刑法修正案》、2001年8月31日第九届全国人民代表大会常务委员会第二十三次会议通过的《中华人民共和国刑法修正案（二）》、2001年12月29日第九届全国人民代表大会常务委员会第二十五次会议通过的《中华人民共和国刑法修正案（三）》、2002年12月28日第九届全国人民代表大会常务委员会第三十一次会议通过的《中华人民共和国刑法修正案（四）》、2005年2月28日第十届全国人民代表大会常务委员会第十四次会议通过的《中华人民共和国刑法修正案（五）》、2006年6月29日第十届全国人民代表大会常务委员会第二十二次会议通过的《中华人民共和国刑法修正案（六）》、2009年2月28日第十一届全国人民代表大会常务委员会第七次会议通过的《中华人民共和国刑法修正案（七）》、2009年8月27日第十一届全国人民代表大会常务委员会第十次会议通过的《全国人民代表大会常务委员会关于修改部分法律的决定》、2011年2月25日第十一届全国人民代表大会常务委员会第十九次会议通过的《中华人民共和国刑法修正案（八）》、2015年8月29日第十二届全国人民代表大会常务委员会第十六次会议通过的《中华人民共和国刑法修正案（九）》、2017年11月4日第十二届全国人民代表大会常务委员会第三十次会议通过的《中华人民共和国刑法修正案（十）》和2020年12月26日第十三届全国人民代表大会常务委员会第二十四次会议通过的《中华人民共和国刑法修正案（十一）》修正)①

第一编　总　　则

第一章　刑法的任务、基本原则和适用范围

……

第六条　【属地管辖权】凡在中华人民共和国领域内犯罪的，除法律有特别规定的以外，都适用本法。

① 刑法、历次刑法修正案、涉及修改刑法的决定的施行日期，分别依据各法律所规定的施行日期确定。

另，总则部分条文主旨为编者所加，分则其他条文主旨是根据司法解释确定罪名所加。

凡在中华人民共和国船舶或者航空器内犯罪的，也适用本法。

犯罪的行为或者结果有一项发生在中华人民共和国领域内的，就认为是在中华人民共和国领域内犯罪。

第七条 【属人管辖权】中华人民共和国公民在中华人民共和国领域外犯本法规定之罪的，适用本法，但是按本法规定的最高刑为三年以下有期徒刑的，可以不予追究。

中华人民共和国国家工作人员和军人在中华人民共和国领域外犯本法规定之罪的，适用本法。

第八条 【保护管辖权】外国人在中华人民共和国领域外对中华人民共和国国家或者公民犯罪，而按本法规定的最低刑为三年以上有期徒刑的，可以适用本法，但是按照犯罪地的法律不受处罚的除外。

第九条 【普遍管辖权】对于中华人民共和国缔结或者参加的国际条约所规定的罪行，中华人民共和国在所承担条约义务的范围内行使刑事管辖权的，适用本法。

第十条 【对外国刑事判决的消极承认】凡在中华人民共和国领域外犯罪，依照本法应当负刑事责任的，虽然经过外国审判，仍然可以依照本法追究，但是在外国已经受过刑罚处罚的，可以免除或者减轻处罚。

……

第二章 犯 罪

……

第三节 共同犯罪

第二十五条 【共同犯罪概念】共同犯罪是指二人以上共同故意犯罪。

二人以上共同过失犯罪，不以共同犯罪论处；应当负刑事责任的，按照他们所犯的罪分别处罚。

第二十六条 【主犯】组织、领导犯罪集团进行犯罪活动的或者在共同犯罪中起主要作用的，是主犯。

三人以上为共同实施犯罪而组成的较为固定的犯罪组织，是犯罪集团。

对组织、领导犯罪集团的首要分子，按照集团所犯的全部罪行处罚。

对于第三款规定以外的主犯，应当按照其所参与的或者组织、指挥的全部犯罪处罚。

第二十七条 【从犯】在共同犯罪中起次要或者辅助作用的，是从犯。

对于从犯，应当从轻、减轻处罚或者免除处罚。

第二十八条 【胁从犯】对于被胁迫参加犯罪的，应当按照他的犯罪情节减轻处罚或者免除处罚。

第二十九条 【教唆犯】教唆他人犯罪的，应当按照他在共同犯罪中所起的作用处罚。教唆不满十八周岁的人犯罪的，应当从重处罚。

如果被教唆的人没有犯被教唆的罪，对于教唆犯，可以从轻或者减轻处罚。

……

第三章 刑 罚

第一节 刑罚的种类

……

第三十五条 【驱逐出境】对于犯罪的外国人，可以独立适用或者附加适用驱逐出境。

第三十六条 【赔偿经济损失与民事优先原则】由于犯罪行为而使被害人遭受经济损失的，对犯罪分子除依法给予刑事处罚外，并应根据情况判处赔偿经济损失。

承担民事赔偿责任的犯罪分子，同时被判处罚金，其财产不足以全部支付的，或者被判处没收财产的，应当先承担对被害人的民事赔偿责任。

第三十七条 【非刑罚性处置措施】 对于犯罪情节轻微不需要判处刑罚的，可以免予刑事处罚，但是可以根据案件的不同情况，予以训诫或者责令具结悔过、赔礼道歉、赔偿损失，或者由主管部门予以行政处罚或者行政处分。

第三十七条之一 【利用职业便利实施犯罪的禁业限制】 因利用职业便利实施犯罪，或者实施违背职业要求的特定义务的犯罪被判处刑罚的，人民法院可以根据犯罪情况和预防再犯罪的需要，禁止其自刑罚执行完毕之日或者假释之日起从事相关职业，期限为三年至五年。

被禁止从事相关职业的人违反人民法院依照前款规定作出的决定的，由公安机关依法给予处罚；情节严重的，依照本法第三百一十三条的规定定罪处罚。

其他法律、行政法规对其从事相关职业另有禁止或者限制性规定的，从其规定。

……

第四章 刑罚的具体运用

第一节 量 刑

……

第六十四条 【犯罪物品的处理】 犯罪分子违法所得的一切财物，应当予以追缴或者责令退赔；对被害人的合法财产，应当及时返还；违禁品和供犯罪所用的本人财物，应当予以没收。没收的财物和罚金，一律上缴国库，不得挪用和自行处理。

第二节　累　　犯

第六十五条　【一般累犯】被判处有期徒刑以上刑罚的犯罪分子，刑罚执行完毕或者赦免以后，在五年以内再犯应当判处有期徒刑以上刑罚之罪的，是累犯，应当从重处罚，但是过失犯罪和不满十八周岁的人犯罪的除外。

前款规定的期限，对于被假释的犯罪分子，从假释期满之日起计算。

……

第五节　缓　　刑

……

第七十四条　【累犯不适用缓刑】对于累犯和犯罪集团的首要分子，不适用缓刑。

……

第五章　其他规定

……

第九十七条　【首要分子的范围】本法所称首要分子，是指在犯罪集团或者聚众犯罪中起组织、策划、指挥作用的犯罪分子。

……

第二编　分　　则

……

第三章　破坏社会主义市场经济秩序罪

……

第四节 破坏金融管理秩序罪

……

第一百七十七条之一 【妨害信用卡管理罪】有下列情形之一，妨害信用卡管理的，处三年以下有期徒刑或者拘役，并处或者单处一万元以上十万元以下罚金；数量巨大或者有其他严重情节的，处三年以上十年以下有期徒刑，并处二万元以上二十万元以下罚金：

（一）明知是伪造的信用卡而持有、运输的，或者明知是伪造的空白信用卡而持有、运输，数量较大的；

（二）非法持有他人信用卡，数量较大的；

（三）使用虚假的身份证明骗领信用卡的；

（四）出售、购买、为他人提供伪造的信用卡或者以虚假的身份证明骗领的信用卡的。

【窃取、收买、非法提供信用卡信息罪】窃取、收买或者非法提供他人信用卡信息资料的，依照前款规定处罚。

银行或者其他金融机构的工作人员利用职务上的便利，犯第二款罪的，从重处罚。

……

第五节 金融诈骗罪

……

第一百九十六条 【信用卡诈骗罪】有下列情形之一，进行信用卡诈骗活动，数额较大的，处五年以下有期徒刑或者拘役，并处二万元以上二十万元以下罚金；数额巨大或者有其他严重情节的，处五年以上十年以下有期徒刑，并处五万元以上五十万元以下罚金；数额特别巨大或者有其他特别严重情节的，处十年以上有期徒刑或者无期徒刑，并处五万元以上五十万元以下罚金或者没收财产：

（一）使用伪造的信用卡，或者使用以虚假的身份证明骗领的信用卡的；

（二）使用作废的信用卡的；

（三）冒用他人信用卡的；

（四）恶意透支的。

前款所称恶意透支，是指持卡人以非法占有为目的，超过规定限额或者规定期限透支，并且经发卡银行催收后仍不归还的行为。

盗窃信用卡并使用的，依照本法第二百六十四条的规定定罪处罚。

……

第八节　扰乱市场秩序罪

……

第二百二十五条　【非法经营罪】违反国家规定，有下列非法经营行为之一，扰乱市场秩序，情节严重的，处五年以下有期徒刑或者拘役，并处或者单处违法所得一倍以上五倍以下罚金；情节特别严重的，处五年以上有期徒刑，并处违法所得一倍以上五倍以下罚金或者没收财产：

（一）未经许可经营法律、行政法规规定的专营、专卖物品或者其他限制买卖的物品的；

（二）买卖进出口许可证、进出口原产地证明以及其他法律、行政法规规定的经营许可证或者批准文件的；

（三）未经国家有关主管部门批准非法经营证券、期货、保险业务的，或者非法从事资金支付结算业务的；

（四）其他严重扰乱市场秩序的非法经营行为。

……

第四章　侵犯公民人身权利、民主权利罪

……

第二百五十三条之一　【侵犯公民个人信息罪】违反国家有关规定，向他人出售或者提供公民个人信息，情节严重的，处三年以下有期徒刑或者拘役，并处或者单处罚金；情节特别严重的，处三年以上

七年以下有期徒刑，并处罚金。

违反国家有关规定，将在履行职责或者提供服务过程中获得的公民个人信息，出售或者提供给他人的，依照前款的规定从重处罚。

窃取或者以其他方法非法获取公民个人信息的，依照第一款的规定处罚。

单位犯前三款罪的，对单位判处罚金，并对其直接负责的主管人员和其他直接责任人员，依照各该款的规定处罚。

……

第五章 侵犯财产罪

……

第二百六十四条 【盗窃罪】盗窃公私财物，数额较大的，或者多次盗窃、入户盗窃、携带凶器盗窃、扒窃的，处三年以下有期徒刑、拘役或者管制，并处或者单处罚金；数额巨大或者有其他严重情节的，处三年以上十年以下有期徒刑，并处罚金；数额特别巨大或者有其他特别严重情节的，处十年以上有期徒刑或者无期徒刑，并处罚金或者没收财产。

第二百六十五条 【盗窃罪】以牟利为目的，盗接他人通信线路、复制他人电信码号或者明知是盗接、复制的电信设备、设施而使用的，依照本法第二百六十四条的规定定罪处罚。

第二百六十六条 【诈骗罪】诈骗公私财物，数额较大的，处三年以下有期徒刑、拘役或者管制，并处或者单处罚金；数额巨大或者有其他严重情节的，处三年以上十年以下有期徒刑，并处罚金；数额特别巨大或者有其他特别严重情节的，处十年以上有期徒刑或者无期徒刑，并处罚金或者没收财产。本法另有规定的，依照规定。

……

第二百七十四条 【敲诈勒索罪】敲诈勒索公私财物，数额较大或者多次敲诈勒索的，处三年以下有期徒刑、拘役或者管制，并处或者单处罚金；数额巨大或者有其他严重情节的，处三年以上十年以下有期徒刑，并处罚金；数额特别巨大或者有其他特别严重情节的，处十年以上有期徒刑，并处罚金。

……

第六章　妨害社会管理秩序罪

第一节　扰乱公共秩序罪

……

第二百七十九条　【招摇撞骗罪】冒充国家机关工作人员招摇撞骗的，处三年以下有期徒刑、拘役、管制或者剥夺政治权利；情节严重的，处三年以上十年以下有期徒刑。

冒充人民警察招摇撞骗的，依照前款的规定从重处罚。

第二百八十条　【伪造、变造、买卖国家机关公文、证件、印章罪】【盗窃、抢夺、毁灭国家机关公文、证件、印章罪】伪造、变造、买卖或者盗窃、抢夺、毁灭国家机关的公文、证件、印章的，处三年以下有期徒刑、拘役、管制或者剥夺政治权利，并处罚金；情节严重的，处三年以上十年以下有期徒刑，并处罚金。

【伪造公司、企业、事业单位、人民团体印章罪】伪造公司、企业、事业单位、人民团体的印章的，处三年以下有期徒刑、拘役、管制或者剥夺政治权利，并处罚金。

【伪造、变造、买卖身份证件罪】伪造、变造、买卖居民身份证、护照、社会保障卡、驾驶证等依法可以用于证明身份的证件的，处三年以下有期徒刑、拘役、管制或者剥夺政治权利，并处罚金；情节严重的，处三年以上七年以下有期徒刑，并处罚金。

第二百八十条之一　【使用虚假身份证件、盗用身份证件罪】在依照国家规定应当提供身份证明的活动中，使用伪造、变造的或者盗用他人的居民身份证、护照、社会保障卡、驾驶证等依法可以用于证明身份的证件，情节严重的，处拘役或者管制，并处或者单处罚金。

有前款行为，同时构成其他犯罪的，依照处罚较重的规定定罪处罚。

……

第二百八十五条　【非法侵入计算机信息系统罪】违反国家规定，侵入国家事务、国防建设、尖端科学技术领域的计算机信息系统的，处三年以下有期徒刑或者拘役。

【非法获取计算机信息系统数据、非法控制计算机信息系统罪】违反国家规定，侵入前款规定以外的计算机信息系统或者采用其他技术手段，获取该计算机信息系统中存储、处理或者传输的数据，或者对该计算机信息系统实施非法控制，情节严重的，处三年以下有期徒刑或者拘役，并处或者单处罚金；情节特别严重的，处三年以上七年以下有期徒刑，并处罚金。

【提供侵入、非法控制计算机信息系统程序、工具罪】提供专门用于侵入、非法控制计算机信息系统的程序、工具，或者明知他人实施侵入、非法控制计算机信息系统的违法犯罪行为而为其提供程序、工具，情节严重的，依照前款的规定处罚。

单位犯前三款罪的，对单位判处罚金，并对其直接负责的主管人员和其他直接责任人员，依照各该款的规定处罚。

第二百八十六条　【破坏计算机信息系统罪】违反国家规定，对计算机信息系统功能进行删除、修改、增加、干扰，造成计算机信息系统不能正常运行，后果严重的，处五年以下有期徒刑或者拘役；后果特别严重的，处五年以上有期徒刑。

违反国家规定，对计算机信息系统中存储、处理或者传输的数据和应用程序进行删除、修改、增加的操作，后果严重的，依照前款的规定处罚。

故意制作、传播计算机病毒等破坏性程序，影响计算机系统正常运行，后果严重的，依照第一款的规定处罚。

单位犯前三款罪的，对单位判处罚金，并对其直接负责的主管人员和其他直接责任人员，依照第一款的规定处罚。

第二百八十六条之一 【拒不履行信息网络安全管理义务罪】网络服务提供者不履行法律、行政法规规定的信息网络安全管理义务，经监管部门责令采取改正措施而拒不改正，有下列情形之一的，处三年以下有期徒刑、拘役或者管制，并处或者单处罚金：

（一）致使违法信息大量传播的；

（二）致使用户信息泄露，造成严重后果的；

（三）致使刑事案件证据灭失，情节严重的；

（四）有其他严重情节的。

单位犯前款罪的，对单位判处罚金，并对其直接负责的主管人员和其他直接责任人员，依照前款的规定处罚。

有前两款行为，同时构成其他犯罪的，依照处罚较重的规定定罪处罚。

第二百八十七条 【利用计算机实施犯罪的定罪处罚】利用计算机实施金融诈骗、盗窃、贪污、挪用公款、窃取国家秘密或者其他犯罪的，依照本法有关规定定罪处罚。

第二百八十七条之一 【非法利用信息网络罪】利用信息网络实施下列行为之一，情节严重的，处三年以下有期徒刑或者拘役，并处或者单处罚金：

（一）设立用于实施诈骗、传授犯罪方法、制作或者销售违禁物品、管制物品等违法犯罪活动的网站、通讯群组的；

（二）发布有关制作或者销售毒品、枪支、淫秽物品等违禁物品、管制物品或者其他违法犯罪信息的；

（三）为实施诈骗等违法犯罪活动发布信息的。

单位犯前款罪的，对单位判处罚金，并对其直接负责的主管人员和其他直接责任人员，依照第一款的规定处罚。

有前两款行为，同时构成其他犯罪的，依照处罚较重的规定定罪处罚。

第二百八十七条之二 【帮助信息网络犯罪活动罪】明知他人利用信息网络实施犯罪，为其犯罪提供互联网接入、服务器托管、网络存储、通讯传输等技术支持，或者提供广告推广、支付结算等帮助，情节严重的，处三年以下有期徒刑或者拘役，并处或者单处罚金。

单位犯前款罪的，对单位判处罚金，并对其直接负责的主管人员和其他直接责任人员，依照第一款的规定处罚。

有前两款行为，同时构成其他犯罪的，依照处罚较重的规定定罪处罚。

第二百八十八条　【扰乱无线电通讯管理秩序罪】违反国家规定，擅自设置、使用无线电台（站），或者擅自使用无线电频率，干扰无线电通讯秩序，情节严重的，处三年以下有期徒刑、拘役或者管制，并处或者单处罚金；情节特别严重的，处三年以上七年以下有期徒刑，并处罚金。

单位犯前款罪的，对单位判处罚金，并对其直接负责的主管人员和其他直接责任人员，依照前款的规定处罚。

……

第二节　妨害司法罪

……

第三百零三条　【赌博罪】以营利为目的，聚众赌博或者以赌博为业的，处三年以下有期徒刑、拘役或者管制，并处罚金。

【开设赌场罪】开设赌场的，处五年以下有期徒刑、拘役或者管制，并处罚金；情节严重的，处五年以上十年以下有期徒刑，并处罚金。

【组织参与国（境）外赌博罪】组织中华人民共和国公民参与国（境）外赌博，数额巨大或者有其他严重情节的，依照前款的规定处罚。①

---

① 根据2006年6月29日《中华人民共和国刑法修正案（六）》第一次修改。原条文为："以营利为目的，聚众赌博、开设赌场或者以赌博为业的，处三年以下有期徒刑、拘役或者管制，并处罚金。"

根据2020年12月26日《中华人民共和国刑法修正案（十一）》第二次修改。原条文为："以营利为目的，聚众赌博或者以赌博为业的，处三年以下有期徒刑、拘役或者管制，并处罚金。

"开设赌场的，处三年以下有期徒刑、拘役或者管制，并处罚金；情节严重的，处三年以上十年以下有期徒刑，并处罚金。"

……

第三百一十二条　【掩饰、隐瞒犯罪所得、犯罪所得收益罪】明知是犯罪所得及其产生的收益而予以窝藏、转移、收购、代为销售或者以其他方法掩饰、隐瞒的，处三年以下有期徒刑、拘役或者管制，并处或者单处罚金；情节严重的，处三年以上七年以下有期徒刑，并处罚金。

单位犯前款罪的，对单位判处罚金，并对其直接负责的主管人员和其他直接责任人员，依照前款的规定处罚。

……

第三节　妨害国（边）境管理罪

第三百一十八条　【组织他人偷越国（边）境罪】组织他人偷越国（边）境的，处二年以上七年以下有期徒刑，并处罚金；有下列情形之一的，处七年以上有期徒刑或者无期徒刑，并处罚金或者没收财产：

（一）组织他人偷越国（边）境集团的首要分子；

（二）多次组织他人偷越国（边）境或者组织他人偷越国（边）境人数众多的；

（三）造成被组织人重伤、死亡的；

（四）剥夺或者限制被组织人人身自由的；

（五）以暴力、威胁方法抗拒检查的；

（六）违法所得数额巨大的；

（七）有其他特别严重情节的。

犯前款罪，对被组织人有杀害、伤害、强奸、拐卖等犯罪行为，或者对检查人员有杀害、伤害等犯罪行为的，依照数罪并罚的规定处罚。

第三百一十九条　【骗取出境证件罪】以劳务输出、经贸往来或者其他名义，弄虚作假，骗取护照、签证等出境证件，为组织他人偷越国（边）境使用的，处三年以下有期徒刑，并处罚金；情节严重的，处三年以上十年以下有期徒刑，并处罚金。

单位犯前款罪的，对单位判处罚金，并对其直接负责的主管人员和其他直接责任人员，依照前款的规定处罚。

……

第三百二十一条 【运送他人偷越国（边）境罪】运送他人偷越国（边）境的，处五年以下有期徒刑、拘役或者管制，并处罚金；有下列情形之一的，处五年以上十年以下有期徒刑，并处罚金：

（一）多次实施运送行为或者运送人数众多的；

（二）所使用的船只、车辆等交通工具不具备必要的安全条件，足以造成严重后果的；

（三）违法所得数额巨大的；

（四）有其他特别严重情节的。

在运送他人偷越国（边）境中造成被运送人重伤、死亡，或者以暴力、威胁方法抗拒检查的，处七年以上有期徒刑，并处罚金。

犯前两款罪，对被运送人有杀害、伤害、强奸、拐卖等犯罪行为，或者对检查人员有杀害、伤害等犯罪行为的，依照数罪并罚的规定处罚。

第三百二十二条 【偷越国（边）境罪】违反国（边）境管理法规，偷越国（边）境，情节严重的，处一年以下有期徒刑、拘役或者管制，并处罚金；为参加恐怖活动组织、接受恐怖活动培训或者实施恐怖活动，偷越国（边）境的，处一年以上三年以下有期徒刑，并处罚金。

……

中华人民共和国刑事诉讼法（节录）

（1979年7月1日第五届全国人民代表大会第二次会议通过　根据1996年3月17日第八届全国人民代表大会第四次会议《关于修改〈中华人民共和国刑事诉讼法〉的决定》第一次修正　根据2012年3月14日第十一届全国人民代表大会第五次会议《关于修改〈中华人民共和国刑事诉讼法〉的决定》第二次修正　根据2018年10月26日第十三届全国人民代表大会常务委员会第六次会议《关于修改〈中华人民共和国刑事诉讼法〉的决定》第三次修正）

第一编　总　　则

……

第二章　管　　辖

……

第二十五条　刑事案件由犯罪地的人民法院管辖。如果由被告人居住地的人民法院审判更为适宜的，可以由被告人居住地的人民法院管辖。

第二十六条　几个同级人民法院都有权管辖的案件，由最初受理的人民法院审判。在必要的时候，可以移送主要犯罪地的人民法院审判。

第二十七条　上级人民法院可以指定下级人民法院审判管辖不明的案件，也可以指定下级人民法院将案件移送其他人民法院审判。

第二十八条　专门人民法院案件的管辖另行规定。

……

第七章 附带民事诉讼

第一百零一条 被害人由于被告人的犯罪行为而遭受物质损失的，在刑事诉讼过程中，有权提起附带民事诉讼。被害人死亡或者丧失行为能力的，被害人的法定代理人、近亲属有权提起附带民事诉讼。

如果是国家财产、集体财产遭受损失的，人民检察院在提起公诉的时候，可以提起附带民事诉讼。

第一百零二条 人民法院在必要的时候，可以采取保全措施，查封、扣押或者冻结被告人的财产。附带民事诉讼原告人或者人民检察院可以申请人民法院采取保全措施。人民法院采取保全措施，适用民事诉讼法的有关规定。

第一百零三条 人民法院审理附带民事诉讼案件，可以进行调解，或者根据物质损失情况作出判决、裁定。

第一百零四条 附带民事诉讼应当同刑事案件一并审判，只有为了防止刑事案件审判的过分迟延，才可以在刑事案件审判后，由同一审判组织继续审理附带民事诉讼。

……

第二编 立案、侦查和提起公诉

……

第二章 侦 查

……

第六节 查封、扣押物证、书证

……

第一百四十四条 人民检察院、公安机关根据侦查犯罪的需要，可以依照规定查询、冻结犯罪嫌疑人的存款、汇款、债券、股票、基金份额等财产。有关单位和个人应当配合。

犯罪嫌疑人的存款、汇款、债券、股票、基金份额等财产已被冻结的，不得重复冻结。

第一百四十五条 对查封、扣押的财物、文件、邮件、电报或者冻结的存款、汇款、债券、股票、基金份额等财产，经查明确实与案件无关的，应当在三日以内解除查封、扣押、冻结，予以退还。

……

中华人民共和国国际刑事司法协助法（节录）

（2018年10月26日第十三届全国人民代表大会常务委员会第六次会议通过 2018年10月26日中华人民共和国主席令第13号公布 自公布之日起施行）

第一章 总 则

……

第二条 本法所称国际刑事司法协助，是指中华人民共和国和外国在刑事案件调查、侦查、起诉、审判和执行等活动中相互提供协助，包括送达文书，调查取证，安排证人作证或者协助调查，查封、扣押、冻结涉案财物，没收、返还违法所得及其他涉案财物，移管被判刑人以及其他协助。

第三条 中华人民共和国和外国之间开展刑事司法协助，依照本法进行。

执行外国提出的刑事司法协助请求，适用本法、刑事诉讼法及其他相关法律的规定。

对于请求书的签署机关、请求书及所附材料的语言文字、有关办理期限和具体程序等事项，在不违反中华人民共和国法律的基本原则的情况下，可以按照刑事司法协助条约规定或者双方协商办理。

……

第五条 中华人民共和国和外国之间开展刑事司法协助，通过对外联系机关联系。

中华人民共和国司法部等对外联系机关负责提出、接收和转递刑事司法协助请求，处理其他与国际刑事司法协助相关的事务。

中华人民共和国和外国之间没有刑事司法协助条约的，通过外交途径联系。

第六条 国家监察委员会、最高人民法院、最高人民检察院、公安部、国家安全部等部门是开展国际刑事司法协助的主管机关，按照职责分工，审核向外国提出的刑事司法协助请求，审查处理对外联系机关转递的外国提出的刑事司法协助请求，承担其他与国际刑事司法协助相关的工作。在移管被判刑人案件中，司法部按照职责分工，承担相应的主管机关职责。

办理刑事司法协助相关案件的机关是国际刑事司法协助的办案机关，负责向所属主管机关提交需要向外国提出的刑事司法协助请求、执行所属主管机关交办的外国提出的刑事司法协助请求。

……

第二章 刑事司法协助请求的提出、接收和处理

第一节 向外国请求刑事司法协助

第九条 办案机关需要向外国请求刑事司法协助的，应当制作刑事司法协助请求书并附相关材料，经所属主管机关审核同意后，由对外联系机关及时向外国提出请求。

第十条 向外国的刑事司法协助请求书，应当依照刑事司法协助

条约的规定提出；没有条约或者条约没有规定的，可以参照本法第十三条的规定提出；被请求国有特殊要求的，在不违反中华人民共和国法律的基本原则的情况下，可以按照被请求国的特殊要求提出。

请求书及所附材料应当以中文制作，并附有被请求国官方文字的译文。

第十一条 被请求国就执行刑事司法协助请求提出附加条件，不损害中华人民共和国的主权、安全和社会公共利益的，可以由外交部作出承诺。被请求国明确表示对外联系机关作出的承诺充分有效的，也可以由对外联系机关作出承诺。对于限制追诉的承诺，由最高人民检察院决定；对于量刑的承诺，由最高人民法院决定。

在对涉案人员追究刑事责任时，有关机关应当受所作出的承诺的约束。

……

第三章 送达文书

第一节 向外国请求送达文书

第二十条 办案机关需要外国协助送达传票、通知书、起诉书、判决书和其他司法文书的，应当制作刑事司法协助请求书并附相关材料，经所属主管机关审核同意后，由对外联系机关及时向外国提出请求。

第二十一条 向外国请求送达文书的，请求书应当载明受送达人的姓名或者名称、送达的地址以及需要告知受送达人的相关权利和义务。

……

第四章 调查取证

第一节 向外国请求调查取证

第二十五条 办案机关需要外国就下列事项协助调查取证的，应当制作刑事司法协助请求书并附相关材料，经所属主管机关审核同意后，由对外联系机关及时向外国提出请求：

（一）查找、辨认有关人员；

（二）查询、核实涉案财物、金融账户信息；

（三）获取并提供有关人员的证言或者陈述；

（四）获取并提供有关文件、记录、电子数据和物品；

（五）获取并提供鉴定意见；

（六）勘验或者检查场所、物品、人身、尸体；

（七）搜查人身、物品、住所和其他有关场所；

（八）其他事项。

请求外国协助调查取证时，办案机关可以同时请求在执行请求时派员到场。

第二十六条 向外国请求调查取证的，请求书及所附材料应当根据需要载明下列事项：

（一）被调查人的姓名、性别、住址、身份信息、联系方式和有助于确认被调查人的其他资料；

（二）需要向被调查人提问的问题；

（三）需要查找、辨认人员的姓名、性别、住址、身份信息、联系方式、外表和行为特征以及有助于查找、辨认的其他资料；

（四）需要查询、核实的涉案财物的权属、地点、特性、外形和数量等具体信息，需要查询、核实的金融账户相关信息；

（五）需要获取的有关文件、记录、电子数据和物品的持有人、地点、特性、外形和数量等具体信息；

（六）需要鉴定的对象的具体信息；

（七）需要勘验或者检查的场所、物品等的具体信息；

（八）需要搜查的对象的具体信息；

（九）有助于执行请求的其他材料。

第二十七条 被请求国要求归还其提供的证据材料或者物品的，办案机关应当尽快通过对外联系机关归还。

……

第五章 安排证人作证或者协助调查

第一节 向外国请求安排证人作证或者协助调查

第三十一条 办案机关需要外国协助安排证人、鉴定人来中华人民共和国作证或者通过视频、音频作证，或者协助调查的，应当制作刑事司法协助请求书并附相关材料，经所属主管机关审核同意后，由对外联系机关及时向外国提出请求。

第三十二条 向外国请求安排证人、鉴定人作证或者协助调查的，请求书及所附材料应当根据需要载明下列事项：

（一）证人、鉴定人的姓名、性别、住址、身份信息、联系方式和有助于确认证人、鉴定人的其他资料；

（二）作证或者协助调查的目的、必要性、时间和地点等；

（三）证人、鉴定人的权利和义务；

（四）对证人、鉴定人的保护措施；

（五）对证人、鉴定人的补助；

（六）有助于执行请求的其他材料。

第三十三条 来中华人民共和国作证或者协助调查的证人、鉴定人在离境前，其入境前实施的犯罪不受追诉；除因入境后实施违法犯罪而被采取强制措施的以外，其人身自由不受限制。

证人、鉴定人在条约规定的期限内或者被通知无需继续停留后十五日内没有离境的，前款规定不再适用，但是由于不可抗力或者其他特殊原因未能离境的除外。

第三十四条 对来中华人民共和国作证或者协助调查的证人、鉴定人，办案机关应当依法给予补助。

第三十五条 来中华人民共和国作证或者协助调查的人员系在押人员的，由对外联系机关会同主管机关与被请求国就移交在押人员的相关事项事先达成协议。

主管机关和办案机关应当遵守协议内容，依法对被移交的人员予以羁押，并在作证或者协助调查结束后及时将其送回被请求国。

……

第六章 查封、扣押、冻结涉案财物

第一节 向外国请求查封、扣押、冻结涉案财物

第三十九条 办案机关需要外国协助查封、扣押、冻结涉案财物的，应当制作刑事司法协助请求书并附相关材料，经所属主管机关审核同意后，由对外联系机关及时向外国提出请求。

外国对于协助执行中华人民共和国查封、扣押、冻结涉案财物的请求有特殊要求的，在不违反中华人民共和国法律的基本原则的情况下，可以同意。需要由司法机关作出决定的，由人民法院作出。

第四十条 向外国请求查封、扣押、冻结涉案财物的，请求书及所附材料应当根据需要载明下列事项：

（一）需要查封、扣押、冻结的涉案财物的权属证明、名称、特性、外形和数量等；

（二）需要查封、扣押、冻结的涉案财物的地点。资金或者其他金融资产存放在金融机构中的，应当载明金融机构的名称、地址和账户信息；

（三）相关法律文书的副本；

（四）有关查封、扣押、冻结以及利害关系人权利保障的法律规定；

（五）有助于执行请求的其他材料。

第四十一条 外国确定的查封、扣押、冻结的期限届满，办案机关需要外国继续查封、扣押、冻结相关涉案财物的，应当再次向外国提出请求。

办案机关决定解除查封、扣押、冻结的，应当及时通知被请求国。

……

第七章 没收、返还违法所得及其他涉案财物

第一节 向外国请求没收、返还违法所得及其他涉案财物

第四十七条 办案机关需要外国协助没收违法所得及其他涉案财物的，应当制作刑事司法协助请求书并附相关材料，经所属主管机关审核同意后，由对外联系机关及时向外国提出请求。

请求外国将违法所得及其他涉案财物返还中华人民共和国或者返还被害人的，可以在向外国提出没收请求时一并提出，也可以单独提出。

外国对于返还被查封、扣押、冻结的违法所得及其他涉案财物有特殊要求的，在不违反中华人民共和国法律的基本原则的情况下，可以同意。需要由司法机关作出决定的，由人民法院作出决定。

第四十八条 向外国请求没收、返还违法所得及其他涉案财物的，请求书及所附材料应当根据需要载明下列事项：

（一）需要没收、返还的违法所得及其他涉案财物的名称、特性、外形和数量等；

（二）需要没收、返还的违法所得及其他涉案财物的地点。资金或者其他金融资产存放在金融机构中的，应当载明金融机构的名称、地址和账户信息；

（三）没收、返还的理由和相关权属证明；

（四）相关法律文书的副本；

（五）有关没收、返还以及利害关系人权利保障的法律规定；

（六）有助于执行请求的其他材料。

第四十九条 外国协助没收、返还违法所得及其他涉案财物的，由对外联系机关会同主管机关就有关财物的移交问题与外国进行协商。

对于请求外国协助没收、返还违法所得及其他涉案财物，外国提出分享请求的，分享的数额或者比例，由对外联系机关会同主管机关与外国协商确定。

……

第八章 移管被判刑人

……

第二节 向中华人民共和国移管被判刑人

第六十二条 中华人民共和国可以向外国请求移管中国籍被判刑人，外国可以请求中华人民共和国移管中国籍被判刑人。移管的具体条件和办理程序，参照本章第一节的有关规定执行。

第六十三条 被判刑人移管回国后，由主管机关指定刑罚执行机关先行关押。

第六十四条 人民检察院应当制作刑罚转换申请书并附相关材料，提请刑罚执行机关所在地的中级人民法院作出刑罚转换裁定。

人民法院应当依据外国法院判决认定的事实，根据刑法规定，作出刑罚转换裁定。对于外国法院判处的刑罚性质和期限符合中华人民共和国法律规定的，按照其判处的刑罚和期限予以转换；对于外国法院判处的刑罚性质和期限不符合中华人民共和国法律规定的，按照下列原则确定刑种、刑期：

（一）转换后的刑罚应当尽可能与外国法院判处的刑罚相一致；

（二）转换后的刑罚在性质上或者刑期上不得重于外国法院判处

的刑罚，也不得超过中华人民共和国刑法对同类犯罪所规定的最高刑期；

（三）不得将剥夺自由的刑罚转换为财产刑；

（四）转换后的刑罚不受中华人民共和国刑法对同类犯罪所规定的最低刑期的约束。

被判刑人回国服刑前被羁押的，羁押一日折抵转换后的刑期一日。

人民法院作出的刑罚转换裁定，是终审裁定。

第六十五条 刑罚执行机关根据刑罚转换裁定将移管回国的被判刑人收监执行刑罚。刑罚执行以及减刑、假释、暂予监外执行等，依照中华人民共和国法律办理。

第六十六条 被判刑人移管回国后对外国法院判决的申诉，应当向外国有管辖权的法院提出。

第九章 附 则

第六十七条 中华人民共和国与有关国际组织开展刑事司法协助，参照本法规定。

第六十八条 向中华人民共和国提出的刑事司法协助请求或者应中华人民共和国请求提供的文件和证据材料，按照条约的规定办理公证和认证事宜。没有条约或者条约没有规定的，按照互惠原则办理。

第六十九条 本法所称刑事司法协助条约，是指中华人民共和国与外国缔结或者共同参加的刑事司法协助条约、移管被判刑人条约或者载有刑事司法协助、移管被判刑人条款的其他条约。

……

中华人民共和国治安管理处罚法（节录）

（2005年8月28日第十届全国人民代表大会常务委员会第十七次会议通过　根据2012年10月26日第十一届全国人民代表大会常务委员会第二十九次会议《关于修改〈中华人民共和国治安管理处罚法〉的决定》修正）

……

第三章　违反治安管理的行为和处罚

第一节　扰乱公共秩序的行为和处罚

……

第二十八条　违反国家规定，故意干扰无线电业务正常进行的，或者对正常运行的无线电台（站）产生有害干扰，经有关主管部门指出后，拒不采取有效措施消除的，处五日以上十日以下拘留；情节严重的，处十日以上十五日以下拘留。

第二十九条　有下列行为之一的，处五日以下拘留；情节较重的，处五日以上十日以下拘留：

（一）违反国家规定，侵入计算机信息系统，造成危害的；

（二）违反国家规定，对计算机信息系统功能进行删除、修改、增加、干扰，造成计算机信息系统不能正常运行的；

（三）违反国家规定，对计算机信息系统中存储、处理、传输的数据和应用程序进行删除、修改、增加的；

（四）故意制作、传播计算机病毒等破坏性程序，影响计算机信息系统正常运行的。

……

第三节 侵犯人身权利、财产权利的行为和处罚

……

第四十九条 盗窃、诈骗、哄抢、抢夺、敲诈勒索或者故意损毁公私财物的，处五日以上十日以下拘留，可以并处五百元以下罚款；情节较重的，处十日以上十五日以下拘留，可以并处一千元以下罚款。

第四节 妨害社会管理的行为和处罚

……

第五十一条 冒充国家机关工作人员或者以其他虚假身份招摇撞骗的，处五日以上十日以下拘留，可以并处五百元以下罚款；情节较轻的，处五日以下拘留或者五百元以下罚款。

冒充军警人员招摇撞骗的，从重处罚。

第五十二条 有下列行为之一的，处十日以上十五日以下拘留，可以并处一千元以下罚款；情节较轻的，处五日以上十日以下拘留，可以并处五百元以下罚款：

（一）伪造、变造或者买卖国家机关、人民团体、企业、事业单位或者其他组织的公文、证件、证明文件、印章的；

（二）买卖或者使用伪造、变造的国家机关、人民团体、企业、事业单位或者其他组织的公文、证件、证明文件的；

（三）伪造、变造、倒卖车票、船票、航空客票、文艺演出票、体育比赛入场券或者其他有价票证、凭证的；

（四）伪造、变造船舶户牌，买卖或者使用伪造、变造的船舶户牌，或者涂改船舶发动机号码的。

……

第六十一条 协助组织或者运送他人偷越国（边）境的，处十日以上十五日以下拘留，并处一千元以上五千元以下罚款。

第六十二条 为偷越国（边）境人员提供条件的，处五日以上十日以下拘留，并处五百元以上二千元以下罚款。

偷越国（边）境的，处五日以下拘留或者五百元以下罚款。

……

第七十条 以营利为目的，为赌博提供条件的，或者参与赌博赌资较大的，处五日以下拘留或者五百元以下罚款；情节严重的，处十日以上十五日以下拘留，并处五百元以上三千元以下罚款。

……

第六章 附 则

第一百一十八条 本法所称以上、以下、以内，包括本数。

第一百一十九条 本法自2006年3月1日起施行。1986年9月5日公布、1994年5月12日修订公布的《中华人民共和国治安管理处罚条例》同时废止。

中华人民共和国民法典（节录）

（2020年5月28日第十三届全国人民代表大会第三次会议通过 2020年5月28日中华人民共和国主席令第45号公布 自2021年1月1日起施行）

……

第七编 侵权责任

第一章 一般规定

……

第一千一百六十五条 行为人因过错侵害他人民事权益造成损害的，应当承担侵权责任。

依照法律规定推定行为人有过错，其不能证明自己没有过错的，应当承担侵权责任。

第一千一百六十六条 行为人造成他人民事权益损害，不论行为人有无过错，法律规定应当承担侵权责任的，依照其规定。

第一千一百六十七条 侵权行为危及他人人身、财产安全的，被侵权人有权请求侵权人承担停止侵害、排除妨碍、消除危险等侵权责任。

……

第一千一百七十条 二人以上实施危及他人人身、财产安全的行为，其中一人或者数人的行为造成他人损害，能够确定具体侵权人的，由侵权人承担责任；不能确定具体侵权人的，行为人承担连带责任。

……

第一千一百七十二条 二人以上分别实施侵权行为造成同一损害，能够确定责任大小的，各自承担相应的责任；难以确定责任大小的，平均承担责任。

……

第二章 损害赔偿

第一千一百七十九条 侵害他人造成人身损害的，应当赔偿医疗费、护理费、交通费、营养费、住院伙食补助费等为治疗和康复支出的合理费用，以及因误工减少的收入。造成残疾的，还应当赔偿辅助器具费和残疾赔偿金；造成死亡的，还应当赔偿丧葬费和死亡赔偿金。

……

第一千一百八十二条 侵害他人人身权益造成财产损失的，按照被侵权人因此受到的损失或者侵权人因此获得的利益赔偿；被侵权人因此受到的损失以及侵权人因此获得的利益难以确定，被侵权人和侵权人就赔偿数额协商不一致，向人民法院提起诉讼的，由人民法院根据实际情况确定赔偿数额。

第一千一百八十三条 侵害自然人人身权益造成严重精神损害的，被侵权人有权请求精神损害赔偿。

因故意或者重大过失侵害自然人具有人身意义的特定物造成严重精神损害的，被侵权人有权请求精神损害赔偿。

……

第一千一百八十六条 受害人和行为人对损害的发生都没有过错的，依照法律的规定由双方分担损失。

……

第三章 责任主体的特殊规定

……

第一千一百九十四条 网络用户、网络服务提供者利用网络侵害他人民事权益的，应当承担侵权责任。法律另有规定的，依照其规定。

第一千一百九十五条 网络用户利用网络服务实施侵权行为的，权利人有权通知网络服务提供者采取删除、屏蔽、断开链接等必要措施。通知应当包括构成侵权的初步证据及权利人的真实身份信息。

网络服务提供者接到通知后，应当及时将该通知转送相关网络用户，并根据构成侵权的初步证据和服务类型采取必要措施；未及时采取必要措施的，对损害的扩大部分与该网络用户承担连带责任。

权利人因错误通知造成网络用户或者网络服务提供者损害的，应当承担侵权责任。法律另有规定的，依照其规定。

第一千一百九十六条 网络用户接到转送的通知后，可以向网络服务提供者提交不存在侵权行为的声明。声明应当包括不存在侵权行为的初步证据及网络用户的真实身份信息。

网络服务提供者接到声明后，应当将该声明转送发出通知的权利人，并告知其可以向有关部门投诉或者向人民法院提起诉讼。网络服务提供者在转送声明到达权利人后的合理期限内，未收到权利人已经投诉或者提起诉讼通知的，应当及时终止所采取的措施。

第一千一百九十七条 网络服务提供者知道或者应当知道网络用户利用其网络服务侵害他人民事权益，未采取必要措施的，与该网络用户承担连带责任。

……

中华人民共和国数据安全法（节录）

（2021年6月10日第十三届全国人民代表大会常务委员会第二十九次会议通过 2021年6月10日中华人民共和国主席令第84号公布 自2021年9月1日起施行）

第一章 总 则

……

第二条 在中华人民共和国境内开展数据处理活动及其安全监管，适用本法。

在中华人民共和国境外开展数据处理活动，损害中华人民共和国国家安全、公共利益或者公民、组织合法权益的，依法追究法律责任。

第三条 本法所称数据，是指任何以电子或者其他方式对信息的记录。

数据处理，包括数据的收集、存储、使用、加工、传输、提供、公开等。

数据安全，是指通过采取必要措施，确保数据处于有效保护和合法利用的状态，以及具备保障持续安全状态的能力。

……

第六条 各地区、各部门对本地区、本部门工作中收集和产生的数据及数据安全负责。

工业、电信、交通、金融、自然资源、卫生健康、教育、科技等主管部门承担本行业、本领域数据安全监管职责。

公安机关、国家安全机关等依照本法和有关法律、行政法规的规定，在各自职责范围内承担数据安全监管职责。

国家网信部门依照本法和有关法律、行政法规的规定，负责统筹协调网络数据安全和相关监管工作。

……

第八条 开展数据处理活动，应当遵守法律、法规，尊重社会公德和伦理，遵守商业道德和职业道德，诚实守信，履行数据安全保护义务，承担社会责任，不得危害国家安全、公共利益，不得损害个人、组织的合法权益。

……

第四章 数据安全保护义务

第二十七条 开展数据处理活动应当依照法律、法规的规定，建立健全全流程数据安全管理制度，组织开展数据安全教育培训，采取相应的技术措施和其他必要措施，保障数据安全。利用互联网等信息网络开展数据处理活动，应当在网络安全等级保护制度的基础上，履行上述数据安全保护义务。

重要数据的处理者应当明确数据安全负责人和管理机构，落实数据安全保护责任。

……

第二十九条 开展数据处理活动应当加强风险监测，发现数据安全缺陷、漏洞等风险时，应当立即采取补救措施；发生数据安全事件时，应当立即采取处置措施，按照规定及时告知用户并向有关主管部门报告。

第三十条 重要数据的处理者应当按照规定对其数据处理活动定

期开展风险评估，并向有关主管部门报送风险评估报告。

风险评估报告应当包括处理的重要数据的种类、数量，开展数据处理活动的情况，面临的数据安全风险及其应对措施等。

第三十一条 关键信息基础设施的运营者在中华人民共和国境内运营中收集和产生的重要数据的出境安全管理，适用《中华人民共和国网络安全法》的规定；其他数据处理者在中华人民共和国境内运营中收集和产生的重要数据的出境安全管理办法，由国家网信部门会同国务院有关部门制定。

第三十二条 任何组织、个人收集数据，应当采取合法、正当的方式，不得窃取或者以其他非法方式获取数据。

法律、行政法规对收集、使用数据的目的、范围有规定的，应当在法律、行政法规规定的目的和范围内收集、使用数据。

第三十三条 从事数据交易中介服务的机构提供服务，应当要求数据提供方说明数据来源，审核交易双方的身份，并留存审核、交易记录。

第三十四条 法律、行政法规规定提供数据处理相关服务应当取得行政许可的，服务提供者应当依法取得许可。

……

第六章 法律责任

第四十四条 有关主管部门在履行数据安全监管职责中，发现数据处理活动存在较大安全风险的，可以按照规定的权限和程序对有关组织、个人进行约谈，并要求有关组织、个人采取措施进行整改，消除隐患。

第四十五条 开展数据处理活动的组织、个人不履行本法第二十七条、第二十九条、第三十条规定的数据安全保护义务的，由有关主管部门责令改正，给予警告，可以并处五万元以上五十万元以下罚款，对直接负责的主管人员和其他直接责任人员可以处一万元以上十万元以下罚款；拒不改正或者造成大量数据泄露等严重后果的，处五十万元以上二百万元以下罚款，并可以责令暂停相关业务、停业整顿、吊销相关业务许可证或者吊销营业执照，对直接负责的主管人员和其他直接责任人员处五万元以上二十万元以下罚款。

违反国家核心数据管理制度，危害国家主权、安全和发展利益的，由有关主管部门处二百万元以上一千万元以下罚款，并根据情况责令暂停相关业务、停业整顿、吊销相关业务许可证或者吊销营业执照；构成犯罪的，依法追究刑事责任。

……

第四十七条 从事数据交易中介服务的机构未履行本法第三十三条规定的义务的，由有关主管部门责令改正，没收违法所得，处违法所得一倍以上十倍以下罚款，没有违法所得或者违法所得不足十万元的，处十万元以上一百万元以下罚款，并可以责令暂停相关业务、停业整顿、吊销相关业务许可证或者吊销营业执照；对直接负责的主管人员和其他直接责任人员处一万元以上十万元以下罚款。

第四十八条 违反本法第三十五条规定，拒不配合数据调取的，由有关主管部门责令改正，给予警告，并处五万元以上五十万元以下罚款，对直接负责的主管人员和其他直接责任人员处一万元以上十万元以下罚款。

违反本法第三十六条规定，未经主管机关批准向外国司法或者执法机构提供数据的，由有关主管部门给予警告，可以并处十万元以上一百万元以下罚款，对直接负责的主管人员和其他直接责任人员可以处一万元以上十万元以下罚款；造成严重后果的，处一百万元以上五百万元以下罚款，并可以责令暂停相关业务、停业整顿、吊销相关业务许可证或者吊销营业执照，对直接负责的主管人员和其他直接责任人员处五万元以上五十万元以下罚款。

……

第五十一条 窃取或者以其他非法方式获取数据，开展数据处理活动排除、限制竞争，或者损害个人、组织合法权益的，依照有关法律、行政法规的规定处罚。

第五十二条 违反本法规定，给他人造成损害的，依法承担民事责任。

违反本法规定，构成违反治安管理行为的，依法给予治安管理处罚；构成犯罪的，依法追究刑事责任。

……

中华人民共和国居民身份证法（节录）

（2003年6月28日第十届全国人民代表大会常务委员会第三次会议通过　根据2011年10月29日第十一届全国人民代表大会常务委员会第二十三次会议《关于修改〈中华人民共和国居民身份证法〉的决定》修正）

……

第三章　使用和查验

第十三条 公民从事有关活动，需要证明身份的，有权使用居民身份证证明身份，有关单位及其工作人员不得拒绝。

有关单位及其工作人员对履行职责或者提供服务过程中获得的居民身份证记载的公民个人信息，应当予以保密。

……

第四章　法律责任

第十六条 有下列行为之一的，由公安机关给予警告，并处二百元以下罚款，有违法所得的，没收违法所得：

（一）使用虚假证明材料骗领居民身份证的；

（二）出租、出借、转让居民身份证的；

（三）非法扣押他人居民身份证的。

第十七条 有下列行为之一的，由公安机关处二百元以上一千元以下罚款，或者处十日以下拘留，有违法所得的，没收违法所得：

（一）冒用他人居民身份证或者使用骗领的居民身份证的；

（二）购买、出售、使用伪造、变造的居民身份证的。

伪造、变造的居民身份证和骗领的居民身份证，由公安机关予以收缴。

第十八条 伪造、变造居民身份证的，依法追究刑事责任。

有本法第十六条、第十七条所列行为之一，从事犯罪活动的，依法追究刑事责任。

第十九条 国家机关或者金融、电信、交通、教育、医疗等单位的工作人员泄露在履行职责或者提供服务过程中获得的居民身份证记载的公民个人信息，构成犯罪的，依法追究刑事责任；尚不构成犯罪的，由公安机关处十日以上十五日以下拘留，并处五千元罚款，有违法所得的，没收违法所得。

单位有前款行为，构成犯罪的，依法追究刑事责任；尚不构成犯罪的，由公安机关对其直接负责的主管人员和其他直接责任人员，处十日以上十五日以下拘留，并处十万元以上五十万元以下罚款，有违法所得的，没收违法所得。

有前两款行为，对他人造成损害的，依法承担民事责任。

……

二、行政法规

中华人民共和国电信条例（节录）

（2000年9月25日中华人民共和国国务院令第291号公布　根据2014年7月29日《国务院关于修改部分行政法规的决定》第一次修订　根据2016年2月6日《国务院关于修改部分行政法规的决定》第二次修订）

第一章　总　　则

……

第二条　在中华人民共和国境内从事电信活动或者与电信有关的活动，必须遵守本条例。

本条例所称电信，是指利用有线、无线的电磁系统或者光电系统，传送、发射或者接收语音、文字、数据、图像以及其他任何形式信息的活动。

第三条　国务院信息产业主管部门依照本条例的规定对全国电信业实施监督管理。

省、自治区、直辖市电信管理机构在国务院信息产业主管部门的领导下，依照本条例的规定对本行政区域内的电信业实施监督管理。

……

第六条　电信网络和信息的安全受法律保护。任何组织或者个人不得利用电信网络从事危害国家安全、社会公共利益或者他人合法权益的活动。

第二章 电信市场

第一节 电信业务许可

……

第八条 电信业务分为基础电信业务和增值电信业务。

基础电信业务，是指提供公共网络基础设施、公共数据传送和基本话音通信服务的业务。增值电信业务，是指利用公共网络基础设施提供的电信与信息服务的业务。

电信业务分类的具体划分在本条例所附的《电信业务分类目录》中列出。国务院信息产业主管部门根据实际情况，可以对目录所列电信业务分类项目作局部调整，重新公布。

第九条 经营基础电信业务，须经国务院信息产业主管部门审查批准，取得《基础电信业务经营许可证》。

经营增值电信业务，业务覆盖范围在两个以上省、自治区、直辖市的，须经国务院信息产业主管部门审查批准，取得《跨地区增值电信业务经营许可证》；业务覆盖范围在一个省、自治区、直辖市行政区域内的，须经省、自治区、直辖市电信管理机构审查批准，取得《增值电信业务经营许可证》。

运用新技术试办《电信业务分类目录》未列出的新型电信业务的，应当向省、自治区、直辖市电信管理机构备案。

……

第五章 电信安全

第五十六条 任何组织或者个人不得利用电信网络制作、复制、发布、传播含有下列内容的信息：

（一）反对宪法所确定的基本原则的；

（二）危害国家安全，泄露国家秘密，颠覆国家政权，破坏国家统一的；

（三）损害国家荣誉和利益的；

（四）煽动民族仇恨、民族歧视，破坏民族团结的；

（五）破坏国家宗教政策，宣扬邪教和封建迷信的；

（六）散布谣言，扰乱社会秩序，破坏社会稳定的；

（七）散布淫秽、色情、赌博、暴力、凶杀、恐怖或者教唆犯罪的；

（八）侮辱或者诽谤他人，侵害他人合法权益的；

（九）含有法律、行政法规禁止的其他内容的。

第五十七条 任何组织或者个人不得有下列危害电信网络安全和信息安全的行为：

（一）对电信网的功能或者存储、处理、传输的数据和应用程序进行删除或者修改；

（二）利用电信网从事窃取或者破坏他人信息、损害他人合法权益的活动；

（三）故意制作、复制、传播计算机病毒或者以其他方式攻击他人电信网络等电信设施；

（四）危害电信网络安全和信息安全的其他行为。

第五十八条 任何组织或者个人不得有下列扰乱电信市场秩序的行为：

（一）采取租用电信国际专线、私设转接设备或者其他方法，擅自经营国际或者香港特别行政区、澳门特别行政区和台湾地区电信业务；

（二）盗接他人电信线路，复制他人电信码号，使用明知是盗接、复制的电信设施或者码号；

（三）伪造、变造电话卡及其他各种电信服务有价凭证；

（四）以虚假、冒用的身份证件办理入网手续并使用移动电话。

……

第六十一条 在公共信息服务中，电信业务经营者发现电信网络中传输的信息明显属于本条例第五十六条所列内容的，应当立即停止传输，保存有关记录，并向国家有关机关报告。

……

第六章　罚　　则

第六十六条　违反本条例第五十六条、第五十七条的规定，构成犯罪的，依法追究刑事责任；尚不构成犯罪的，由公安机关、国家安全机关依照有关法律、行政法规的规定予以处罚。

第六十七条　有本条例第五十八条第（二）、（三）、（四）项所列行为之一，扰乱电信市场秩序，构成犯罪的，依法追究刑事责任；尚不构成犯罪的，由国务院信息产业主管部门或者省、自治区、直辖市电信管理机构依据职权责令改正，没收违法所得，处违法所得3倍以上5倍以下罚款；没有违法所得或者违法所得不足1万元的，处1万元以上10万元以下罚款。

……

第六十九条　违反本条例规定，有下列行为之一的，由国务院信息产业主管部门或者省、自治区、直辖市电信管理机构依据职权责令改正，没收违法所得，处违法所得3倍以上5倍以下罚款；没有违法所得或者违法所得不足5万元的，处10万元以上100万元以下罚款；情节严重的，责令停业整顿：

（一）违反本条例第七条第三款的规定或者有本条例第五十八条第（一）项所列行为，擅自经营电信业务的，或者超范围经营电信业务的；

（二）未通过国务院信息产业主管部门批准，设立国际通信出入口进行国际通信的；

（三）擅自使用、转让、出租电信资源或者改变电信资源用途的；

（四）擅自中断网间互联互通或者接入服务的；

（五）拒不履行普遍服务义务的。

……

第七十五条　违反本条例的规定，有下列行为之一的，由省、自治区、直辖市电信管理机构责令改正，处1万元以上10万元以下的罚款：

（一）销售未取得进网许可的电信终端设备的；

（二）非法阻止或者妨碍电信业务经营者向电信用户提供公共电信服务的；

（三）擅自改动或者迁移他人的电信线路及其他电信设施的。

……

附：

电信业务分类目录

一、基础电信业务

（一）固定网络国内长途及本地电话业务；

（二）移动网络电话和数据业务；

（三）卫星通信及卫星移动通信业务；

（四）互联网及其他公共数据传送业务；

（五）带宽、波长、光纤、光缆、管道及其他网络元素出租、出售业务；

（六）网络承载、接入及网络外包等业务；

（七）国际通信基础设施、国际电信业务；

（八）无线寻呼业务；

（九）转售的基础电信业务。

第（八）、（九）项业务比照增值电信业务管理。

二、增值电信业务

（一）电子邮件；

（二）语音信箱；

（三）在线信息库存储和检索；

（四）电子数据交换；

（五）在线数据处理与交易处理；

（六）增值传真；

（七）互联网接入服务；

（八）互联网信息服务；

（九）可视电话会议服务。

中华人民共和国无线电管理条例（节录）

（1993年9月11日中华人民共和国国务院、中华人民共和国中央军事委员会令第128号发布　2016年11月11日中华人民共和国国务院、中华人民共和国中央军事委员会令第672号修订）

第一章　总　　则

……

第六条　任何单位或者个人不得擅自使用无线电频率，不得对依法开展的无线电业务造成有害干扰，不得利用无线电台（站）进行违法犯罪活动。

……

第二章　管理机构及其职责

第八条　国家无线电管理机构负责全国无线电管理工作，依据职责拟订无线电管理的方针、政策，统一管理无线电频率和无线电台（站），负责无线电监测、干扰查处和涉外无线电管理等工作，协调处理无线电管理相关事宜。

……

第十条 省、自治区、直辖市无线电管理机构在国家无线电管理机构和省、自治区、直辖市人民政府领导下，负责本行政区域除军事系统外的无线电管理工作，根据审批权限实施无线电频率使用许可，审查无线电台（站）的建设布局和台址，核发无线电台执照及无线电台识别码（含呼号，下同），负责本行政区域无线电监测和干扰查处，协调处理本行政区域无线电管理相关事宜。

省、自治区无线电管理机构根据工作需要可以在本行政区域内设立派出机构。派出机构在省、自治区无线电管理机构的授权范围内履行职责。

……

第十二条 国务院有关部门的无线电管理机构在国家无线电管理机构的业务指导下，负责本系统（行业）的无线电管理工作，贯彻执行国家无线电管理的方针、政策和法律、行政法规、规章，依照本条例规定和国务院规定的部门职权，管理国家无线电管理机构分配给本系统（行业）使用的航空、水上无线电专用频率，规划本系统（行业）无线电台（站）的建设布局和台址，核发制式无线电台执照及无线电台识别码。

第三章 频率管理

……

第十四条 使用无线电频率应当取得许可，但下列频率除外：

（一）业余无线电台、公众对讲机、制式无线电台使用的频率；

（二）国际安全与遇险系统，用于航空、水上移动业务和无线电导航业务的国际固定频率；

（三）国家无线电管理机构规定的微功率短距离无线电发射设备使用的频率。

……

第八章　法律责任

第七十条　违反本条例规定，未经许可擅自使用无线电频率，或者擅自设置、使用无线电台（站）的，由无线电管理机构责令改正，没收从事违法活动的设备和违法所得，可以并处5万元以下的罚款；拒不改正的，并处5万元以上20万元以下的罚款；擅自设置、使用无线电台（站）从事诈骗等违法活动，尚不构成犯罪的，并处20万元以上50万元以下的罚款。

……

第七十二条　违反本条例规定，有下列行为之一的，由无线电管理机构责令改正，没收违法所得，可以并处3万元以下的罚款；造成严重后果的，吊销无线电台执照，并处3万元以上10万元以下的罚款：

（一）不按照无线电台执照规定的许可事项和要求设置、使用无线电台（站）；

（二）故意收发无线电台执照许可事项之外的无线电信号，传播、公布或者利用无意接收的信息；

（三）擅自编制、使用无线电台识别码。

……

第七十六条　违反本条例规定，生产或者进口在国内销售、使用的无线电发射设备未取得型号核准的，由无线电管理机构责令改正，处5万元以上20万元以下的罚款；拒不改正的，没收未取得型号核准的无线电发射设备，并处20万元以上100万元以下的罚款。

……

中华人民共和国计算机信息网络国际联网管理暂行规定（节录）

（1996年2月1日中华人民共和国国务院令第195号发布 根据1997年5月20日《国务院关于修改〈中华人民共和国计算机信息网络国际联网管理暂行规定〉的决定》修正）

……

第三条 本规定下列用语的含义是：

（一）计算机信息网络国际联网（以下简称国际联网），是指中华人民共和国境内的计算机信息网络为实现信息的国际交流，同外国的计算机信息网络相联接。

（二）互联网络，是指直接进行国际联网的计算机信息网络；互联单位，是指负责互联网络运行的单位。

（三）接入网络，是指通过接入互联网络进行国际联网的计算机信息网络；接入单位，是指负责接入网络运行的单位。

……

第六条 计算机信息网络直接进行国际联网，必须使用邮电部国家公用电信网提供的国际出入口信道。

任何单位和个人不得自行建立或者使用其他信道进行国际联网。

……

第八条 接入网络必须通过互联网络进行国际联网。

接入单位拟从事国际联网经营活动的，应当向有权受理从事国际联网经营活动申请的互联单位主管部门或者主管单位申请领取国际联网经营许可证；未取得国际联网经营许可证的，不得从事国际联网经营业务。

接入单位拟从事非经营活动的，应当报经有权受理从事非经营活动申请的互联单位主管部门或者主管单位审批；未经批准的，不得接入互联网络进行国际联网。

申请领取国际联网经营许可证或者办理审批手续时，应当提供其计算机信息网络的性质、应用范围和主机地址等资料。

国际联网经营许可证的格式，由领导小组统一制定。

……

第十条 个人、法人和其他组织（以下统称用户）使用的计算机或者计算机信息网络，需要进行国际联网的，必须通过接入网络进行国际联网。

前款规定的计算机或者计算机信息网络，需要接入网络的，应当征得接入单位的同意，并办理登记手续。

……

第十四条 违反本规定第六条、第八条和第十条的规定的，由公安机关责令停止联网，给予警告，可以并处15000元以下的罚款；有违法所得的，没收违法所得。

……

三、司法解释及文件

1. 综　合

最高人民法院、最高人民检察院关于办理诈骗刑事案件具体应用法律若干问题的解释（节录）

（2011年2月21日最高人民法院审判委员会第1512次会议、2010年11月24日最高人民检察院第十一届检察委员会第49次会议通过　2011年3月1日最高人民法院、最高人民检察院公告公布　自2011年4月8日起施行　法释〔2011〕7号）

……

第一条　诈骗公私财物价值三千元至一万元以上、三万元至十万元以上、五十万元以上的，应当分别认定为刑法第二百六十六条规定的“数额较大”、“数额巨大”、“数额特别巨大”。

各省、自治区、直辖市高级人民法院、人民检察院可以结合本地区经济社会发展状况，在前款规定的数额幅度内，共同研究确定本地区执行的具体数额标准，报最高人民法院、最高人民检察院备案。

第二条　诈骗公私财物达到本解释第一条规定的数额标准，具有下列情形之一的，可以依照刑法第二百六十六条的规定酌情从严惩处：

（一）通过发送短信、拨打电话或者利用互联网、广播电视、报刊杂志等发布虚假信息，对不特定多数人实施诈骗的；

（二）诈骗救灾、抢险、防汛、优抚、扶贫、移民、救济、医疗款物的；

（三）以赈灾募捐名义实施诈骗的；

（四）诈骗残疾人、老年人或者丧失劳动能力人的财物的；

（五）造成被害人自杀、精神失常或者其他严重后果的。

诈骗数额接近本解释第一条规定的“数额巨大”、“数额特别巨大”的标准，并具有前款规定的情形之一或者属于诈骗集团首要分子的，应当分别认定为刑法第二百六十六条规定的“其他严重情节”、“其他特别严重情节”。

……

第五条 诈骗未遂，以数额巨大的财物为诈骗目标的，或者具有其他严重情节的，应当定罪处罚。

利用发送短信、拨打电话、互联网等电信技术手段对不特定多数人实施诈骗，诈骗数额难以查证，但具有下列情形之一的，应当认定为刑法第二百六十六条规定的“其他严重情节”，以诈骗罪（未遂）定罪处罚：

（一）发送诈骗信息五千条以上的；

（二）拨打诈骗电话五百人次以上的；

（三）诈骗手段恶劣、危害严重的。

实施前款规定行为，数量达到前款第（一）、（二）项规定标准十倍以上的，或者诈骗手段特别恶劣、危害特别严重的，应当认定为刑法第二百六十六条规定的“其他特别严重情节”，以诈骗罪（未遂）定罪处罚。

第六条 诈骗既有既遂，又有未遂，分别达到不同量刑幅度的，依照处罚较重的规定处罚；达到同一量刑幅度的，以诈骗罪既遂处罚。

第七条 明知他人实施诈骗犯罪，为其提供信用卡、手机卡、通讯工具、通讯传输通道、网络技术支持、费用结算等帮助的，以共同犯罪论处。

第八条 冒充国家机关工作人员进行诈骗，同时构成诈骗罪和招摇撞骗罪的，依照处罚较重的规定定罪处罚。

第九条 案发后查封、扣押、冻结在案的诈骗财物及其孳息，权属明确的，应当发还被害人；权属不明确的，可按被骗款物占查封、扣押、冻结在案的财物及其孳息总额的比例发还被害人，但已获退赔的应予扣除。

第十条 行为人已将诈骗财物用于清偿债务或者转让给他人，具有下列情形之一的，应当依法追缴：

（一）对方明知是诈骗财物而收取的；

（二）对方无偿取得诈骗财物的；

（三）对方以明显低于市场的价格取得诈骗财物的；

（四）对方取得诈骗财物系源于非法债务或者违法犯罪活动的。

他人善意取得诈骗财物的，不予追缴。

第十一条 以前发布的司法解释与本解释不一致的，以本解释为准。

最高人民法院、最高人民检察院关于办理敲诈勒索刑事案件适用法律若干问题的解释（节录）

（2013 年 4 月 15 日最高人民法院审判委员会第 1575 次会议、2013 年 4 月 1 日最高人民检察院第十二届检察委员会第 2 次会议通过　2013 年 4 月 23 日最高人民法院、最高人民检察院公告公布　自 2013 年 4 月 27 日起施行　法释〔2013〕10 号）

为依法惩治敲诈勒索犯罪，保护公私财产权利，根据《中华人民共和国刑法》、《中华人民共和国刑事诉讼法》的有关规定，现就办理敲诈勒索刑事案件适用法律的若干问题解释如下：

第一条　敲诈勒索公私财物价值二千元至五千元以上、三万元至十万元以上、三十万元至五十万元以上的，应当分别认定为刑法第二百七十四条规定的“数额较大”、“数额巨大”、“数额特别巨大”。

各省、自治区、直辖市高级人民法院、人民检察院可以根据本地区经济发展状况和社会治安状况，在前款规定的数额幅度内，共同研究确定本地区执行的具体数额标准，报最高人民法院、最高人民检察院批准。

第二条　敲诈勒索公私财物，具有下列情形之一的，“数额较大”的标准可以按照本解释第一条规定标准的百分之五十确定：

（一）曾因敲诈勒索受过刑事处罚的；

（二）一年内曾因敲诈勒索受过行政处罚的；

（三）对未成年人、残疾人、老年人或者丧失劳动能力人敲诈勒索的；

（四）以将要实施放火、爆炸等危害公共安全犯罪或者故意杀人、绑架等严重侵犯公民人身权利犯罪相威胁敲诈勒索的；

（五）以黑恶势力名义敲诈勒索的；

（六）利用或者冒充国家机关工作人员、军人、新闻工作者等特殊身份敲诈勒索的；

（七）造成其他严重后果的。

第三条　二年内敲诈勒索三次以上的，应当认定为刑法第二百七十四条规定的“多次敲诈勒索”。

第四条　敲诈勒索公私财物，具有本解释第二条第三项至第七项规定的情形之一，数额达到本解释第一条规定的“数额巨大”、“数额特别巨大”百分之八十的，可以分别认定为刑法第二百七十四条规定的“其他严重情节”、“其他特别严重情节”。

……

第七条　明知他人实施敲诈勒索犯罪，为其提供信用卡、手机卡、通讯工具、通讯传输通道、网络技术支持等帮助的，以共同犯罪论处。

第八条　对犯敲诈勒索罪的被告人，应当在二千元以上、敲诈勒索数额的二倍以下判处罚金；被告人没有获得财物的，应当在二千元以上十万元以下判处罚金。

第九条 本解释公布施行后，《最高人民法院关于敲诈勒索罪数额认定标准问题的规定》（法释〔2000〕11号）同时废止；此前发布的司法解释与本解释不一致的，以本解释为准。

最高人民法院、最高人民检察院关于办理侵犯公民个人信息刑事案件适用法律若干问题的解释

（2017年3月20日最高人民法院审判委员会第1712次会议、2017年4月26日最高人民检察院第十二届检察委员会第63次会议通过 2017年5月8日最高人民法院、最高人民检察院公告公布 自2017年6月1日起施行 法释〔2017〕10号）

为依法惩治侵犯公民个人信息犯罪活动，保护公民个人信息安全和合法权益，根据《中华人民共和国刑法》《中华人民共和国刑事诉讼法》的有关规定，现就办理此类刑事案件适用法律的若干问题解释如下：

第一条 刑法第二百五十三条之一规定的“公民个人信息”，是指以电子或者其他方式记录的能够单独或者与其他信息结合识别特定自然人身份或者反映特定自然人活动情况的各种信息，包括姓名、身份证件号码、通信通讯联系方式、住址、账号密码、财产状况、行踪轨迹等。

第二条 违反法律、行政法规、部门规章有关公民个人信息保护的规定的，应当认定为刑法第二百五十三条之一规定的“违反国家有关规定”。

第三条 向特定人提供公民个人信息，以及通过信息网络或者其

他途径发布公民个人信息的，应当认定为刑法第二百五十三条之一规定的“提供公民个人信息”。

未经被收集者同意，将合法收集的公民个人信息向他人提供的，属于刑法第二百五十三条之一规定的“提供公民个人信息”，但是经过处理无法识别特定个人且不能复原的除外。

第四条 违反国家有关规定，通过购买、收受、交换等方式获取公民个人信息，或者在履行职责、提供服务过程中收集公民个人信息的，属于刑法第二百五十三条之一第三款规定的“以其他方法非法获取公民个人信息”。

第五条 非法获取、出售或者提供公民个人信息，具有下列情形之一的，应当认定为刑法第二百五十三条之一规定的“情节严重”：

（一）出售或者提供行踪轨迹信息，被他人用于犯罪的；

（二）知道或者应当知道他人利用公民个人信息实施犯罪，向其出售或者提供的；

（三）非法获取、出售或者提供行踪轨迹信息、通信内容、征信信息、财产信息五十条以上的；

（四）非法获取、出售或者提供住宿信息、通信记录、健康生理信息、交易信息等其他可能影响人身、财产安全的公民个人信息五百条以上的；

（五）非法获取、出售或者提供第三项、第四项规定以外的公民个人信息五千条以上的；

（六）数量未达到第三项至第五项规定标准，但是按相应比例合计达到有关数量标准的；

（七）违法所得五千元以上的；

（八）将在履行职责或者提供服务过程中获得的公民个人信息出售或者提供给他人，数量或者数额达到第三项至第七项规定标准一半以上的；

（九）曾因侵犯公民个人信息受过刑事处罚或者二年内受过行政处罚，又非法获取、出售或者提供公民个人信息的；

（十）其他情节严重的情形。

实施前款规定的行为，具有下列情形之一的，应当认定为刑法第二百五十三条之一第一款规定的“情节特别严重”：

（一）造成被害人死亡、重伤、精神失常或者被绑架等严重后果的；

（二）造成重大经济损失或者恶劣社会影响的；

（三）数量或者数额达到前款第三项至第八项规定标准十倍以上的；

（四）其他情节特别严重的情形。

第六条 为合法经营活动而非法购买、收受本解释第五条第一款第三项、第四项规定以外的公民个人信息，具有下列情形之一的，应当认定为刑法第二百五十三条之一规定的“情节严重”：

（一）利用非法购买、收受的公民个人信息获利五万元以上的；

（二）曾因侵犯公民个人信息受过刑事处罚或者二年内受过行政处罚，又非法购买、收受公民个人信息的；

（三）其他情节严重的情形。

实施前款规定的行为，将购买、收受的公民个人信息非法出售或者提供的，定罪量刑标准适用本解释第五条的规定。

第七条 单位犯刑法第二百五十三条之一规定之罪的，依照本解释规定的相应自然人犯罪的定罪量刑标准，对直接负责的主管人员和其他直接责任人员定罪处罚，并对单位判处罚金。

第八条 设立用于实施非法获取、出售或者提供公民个人信息违法犯罪活动的网站、通讯群组，情节严重的，应当依照刑法第二百八十七条之一的规定，以非法利用信息网络罪定罪处罚；同时构成侵犯公民个人信息罪的，依照侵犯公民个人信息罪定罪处罚。

第九条 网络服务提供者拒不履行法律、行政法规规定的信息网络安全管理义务，经监管部门责令采取改正措施而拒不改正，致使用户的公民个人信息泄露，造成严重后果的，应当依照刑法第二百八十六条之一的规定，以拒不履行信息网络安全管理义务罪定罪处罚。

第十条 实施侵犯公民个人信息犯罪，不属于“情节特别严重”，行为人系初犯，全部退赃，并确有悔罪表现的，可以认定为情节轻微，不起诉或者免予刑事处罚；确有必要判处刑罚的，应当从宽处罚。

第十一条 非法获取公民个人信息后又出售或者提供的，公民个人信息的条数不重复计算。

向不同单位或者个人分别出售、提供同一公民个人信息的，公民个人信息的条数累计计算。

对批量公民个人信息的条数，根据查获的数量直接认定，但是有证据证明信息不真实或者重复的除外。

第十二条 对于侵犯公民个人信息犯罪，应当综合考虑犯罪的危害程度、犯罪的违法所得数额以及被告人的前科情况、认罪悔罪态度等，依法判处罚金。罚金数额一般在违法所得的一倍以上五倍以下。

第十三条 本解释自2017年6月1日起施行。

最高人民法院、最高人民检察院、公安部关于依法惩处侵害公民个人信息犯罪活动的通知

（2013年4月23日 公通字〔2013〕12号）

各省、自治区、直辖市高级人民法院，人民检察院，公安厅、局，新疆维吾尔自治区高级人民法院生产建设兵团分院，新疆生产建设兵团人民检察院、公安局：

近年来，随着我国经济快速发展和信息网络的广泛普及，侵害公民个人信息的违法犯罪日益突出，互联网上非法买卖公民个人信息泛滥，由此滋生的电信诈骗、网络诈骗、敲诈勒索、绑架和非法讨债等犯罪屡打不绝，社会危害严重，群众反响强烈。为有效遏制、惩治侵害公民个人信息犯罪，切实保障广大人民群众的个人信息安全和合法权益，促进社会协调发展，维护社会稳定，现就有关事项通知如下：

一、切实提高认识，坚决打击侵害公民个人信息犯罪活动。当前，

一些犯罪分子为追求不法利益，利用互联网大肆倒卖公民个人信息，已逐渐形成庞大“地下产业”和黑色利益链。买卖的公民个人信息包括户籍、银行、电信开户资料等，涉及公民个人生活的方方面面。部分国家机关和金融、电信、交通、教育、医疗以及物业公司、房产中介、保险、快递等企事业单位的一些工作人员，将在履行职责或者提供服务过程中获取的公民个人信息出售、非法提供给他人。获取信息的中间商在互联网上建立数据平台，大肆出售信息谋取暴利。非法调查公司根据这些信息从事非法讨债、诈骗和敲诈勒索等违法犯罪活动。此类犯罪不仅危害公民的信息安全，而且极易引发多种犯罪，成为电信诈骗、网络诈骗以及滋扰型“软暴力”等信息犯罪的根源，甚至与绑架、敲诈勒索、暴力追债等犯罪活动相结合，影响人民群众的安全感，威胁社会和谐稳定。各级公安机关、人民检察院、人民法院务必清醒认识此类犯罪的严重危害，以对党和人民高度负责的精神，统一思想，提高认识，精心组织，周密部署，依法惩处侵害公民个人信息犯罪活动。

二、正确适用法律，实现法律效果与社会效果的有机统一。侵害公民个人信息犯罪是新型犯罪，各级公安机关、人民检察院、人民法院要从切实保护公民个人信息安全和维护社会和谐稳定的高度，借鉴以往的成功判例，综合考虑出售、非法提供或非法获取个人信息的次数、数量、手段和牟利数额、造成的损害后果等因素，依法加大打击力度，确保取得良好的法律效果和社会效果。出售、非法提供公民个人信息罪的犯罪主体，除国家机关或金融、电信、交通、医疗单位的工作人员之外，还包括在履行职责或者提供服务过程中获得公民个人信息的商业、房地产业等服务业中其他企事业单位的工作人员。公民个人信息包括公民的姓名、年龄、有效证件号码、婚姻状况、工作单位、学历、履历、家庭住址、电话号码等能够识别公民个人身份或者涉及公民个人隐私的信息、数据资料。对于在履行职责或者提供服务过程中，将获得的公民个人信息出售或者非法提供给他人，被他人用以实施犯罪，造成受害人人身伤害或者死亡，或者造成重大经济损失、恶劣社会影响的，或者出售、非法提供公民个人信息数量较大，或者违法所得数额较大的，均应当依法以非法出售、非法提供公民个人信息罪追究刑事责任。对于窃取或者以购买等方法非法获取公民个人信息数量较大，或者违法所得数额较大，或者造成其他严重后果的，应当依法以非法获取公民个人信息罪追究刑事责任。对使用非法获取的个人信息，实施其他犯罪行为，构成数罪的，应当依法予以并罚。单位实施侵害公民个人信息罪的，应当追究直接负责的主管人员和其他直接责任人员的刑事责任。要依法加大对财产刑的适用力度，剥夺犯罪分子非法获利和再次犯罪的资本。

三、加强协作配合，确保执法司法及时高效。侵害公民个人信息犯罪网络覆盖面大，关系错综复杂。犯罪行为发生地、犯罪结果发生地、犯罪分子所在地等往往不在一地。同时，由于犯罪行为大多依托互联网、移动电子设备，通过即时通讯工具、电子邮件等多种方式实施，调查取证难度很大、各级公安机关、人民检察院、人民法院要在分工负责、依法高效履行职责的基础上，进一步加强沟通协调，通力配合，密切协作，保证立案、侦查、批捕、审查起诉、审判等各个环节顺利进行。对查获的及时立案侦查，及时移送审查起诉。对于几个公安机关都有权管辖的案件，由最初受理的公安机关管辖。必要时，可以由主要犯罪地的公安机关管辖。对管辖不明确或者有争议的刑事案件，可以由公安机关协商。协商不成的，由共同上级公安机关指定管辖。对于指定管辖的案件，需要逮捕犯罪嫌疑人的，由被指定管辖的公安机关提请同级人民检察院审查批准；需要提起公诉的，由该公安机关移送同级人民检察院审查决定；认为应当由上级人民检察院或者同级其他人民检察院起诉的，应当将案件移交有管辖权的人民检察院；人民检察院认为需要依照刑事诉讼法的规定指定审判管辖的，应当协商同级人民法院办理指定管辖有关事宜。在办理侵害公民个人信息犯罪案件的过程中，对于疑难、复杂案件，人民检察院可以适时派员会同公安机关共同就证据收集等方面进行研究和沟通协调。人民检察院对于公安机关提请批准逮捕、移送审查起诉的相关案件，符合批捕、起诉条件的，要依法尽快予以批捕、起诉；对于确需补充侦查的，要制作具体、详细的补充侦查提纲。人民法院要加强审判力量，准确定性，依法快审快结。

四、推进综合治理，建立防范、打击长效工作机制。预防和打击侵害公民个人信息犯罪是一项艰巨任务，必须标本兼治，积极探索和构建防范、打击的长效工作机制。各地公安机关、人民检察院、人民法院在依法惩处此类犯罪的同时，要积极参与综合治理，注意发现保护公民个人信息工作中的疏漏和隐患，及时通报相关部门，提醒和督促有关部门和单位加强监管、完善制度。要充分利用报纸、广播、电视、网络等多种媒体平台，大力宣传党和国家打击此类犯罪的决心和力度，宣传相关的政策和法律法规，提醒和教育广大群众运用法律保障和维护自身合法权益，提高自我防范的意识和能力。

给地接此通知后，请迅速传达至各级人民法院、人民检察院、公安机关。执行中遇到的问题，请及时报最高人民法院、最高人民检察院、公安部。

最高人民法院关于审理掩饰、隐瞒犯罪所得、犯罪所得收益刑事案件适用法律若干问题的解释（节录）

（2015 年 5 月 11 日最高人民法院审判委员会第 1651 次会议通过　根据 2021 年 4 月 7 日最高人民法院审判委员会第 1835 次会议《关于修改〈关于审理掩饰、隐瞒犯罪所得、犯罪所得收益刑事案件适用法律若干问题的解释〉的决定》修正　2021 年 4 月 13 日最高人民法院公告公布　自 2021 年 4 月 15 日起施行　法释〔2021〕8 号）

为依法惩治掩饰、隐瞒犯罪所得、犯罪所得收益犯罪活动，根据刑法有关规定，结合人民法院刑事审判工作实际，现就审理此类案件具体适用法律的若干问题解释如下：

第一条 明知是犯罪所得及其产生的收益而予以窝藏、转移、收购、代为销售或者以其他方法掩饰、隐瞒，具有下列情形之一的，应当依照刑法第三百一十二条第一款的规定，以掩饰、隐瞒犯罪所得、犯罪所得收益罪定罪处罚：

（一）一年内曾因掩饰、隐瞒犯罪所得及其产生的收益行为受过行政处罚，又实施掩饰、隐瞒犯罪所得及其产生的收益行为的；

（二）掩饰、隐瞒的犯罪所得系电力设备、交通设施、广播电视设施、公用电信设施、军事设施或者救灾、抢险、防汛、优抚、扶贫、移民、救济款物的；

（三）掩饰、隐瞒行为致使上游犯罪无法及时查处，并造成公私财物损失无法挽回的；

（四）实施其他掩饰、隐瞒犯罪所得及其产生的收益行为，妨害司法机关对上游犯罪进行追究的。

人民法院审理掩饰、隐瞒犯罪所得、犯罪所得收益刑事案件，应综合考虑上游犯罪的性质、掩饰、隐瞒犯罪所得及其收益的情节、后果及社会危害程度等，依法定罪处罚。

司法解释对掩饰、隐瞒涉及计算机信息系统数据、计算机信息系统控制权的犯罪所得及其产生的收益行为构成犯罪已有规定的，审理此类案件依照该规定。

依照全国人民代表大会常务委员会《关于〈中华人民共和国刑法〉第三百四十一条、第三百一十二条的解释》，明知是非法狩猎的野生动物而收购，数量达到五十只以上的，以掩饰、隐瞒犯罪所得罪定罪处罚。

……

第三条 掩饰、隐瞒犯罪所得及其产生的收益，具有下列情形之一的，应当认定为刑法第三百一十二条第一款规定的“情节严重”：

（一）掩饰、隐瞒犯罪所得及其产生的收益价值总额达到十万元以上的；

（二）掩饰、隐瞒犯罪所得及其产生的收益十次以上，或者三次以上且价值总额达到五万元以上的；

（三）掩饰、隐瞒的犯罪所得系电力设备、交通设施、广播电视设施、公用电信设施、军事设施或者救灾、抢险、防汛、优抚、扶贫、移民、救济款物，价值总额达到五万元以上的；

（四）掩饰、隐瞒行为致使上游犯罪无法及时查处，并造成公私财物重大损失无法挽回或其他严重后果的；

（五）实施其他掩饰、隐瞒犯罪所得及其产生的收益行为，严重妨害司法机关对上游犯罪予以追究的。

司法解释对掩饰、隐瞒涉及机动车、计算机信息系统数据、计算机信息系统控制权的犯罪所得及其产生的收益行为认定“情节严重”已有规定的，审理此类案件依照该规定。

……

第五条 事前与盗窃、抢劫、诈骗、抢夺等犯罪分子通谋，掩饰、隐瞒犯罪所得及其产生的收益的，以盗窃、抢劫、诈骗、抢夺等犯罪的共犯论处。

第六条 对犯罪所得及其产生的收益实施盗窃、抢劫、诈骗、抢夺等行为，构成犯罪的，分别以盗窃罪、抢劫罪、诈骗罪、抢夺罪等定罪处罚。

第七条 明知是犯罪所得及其产生的收益而予以掩饰、隐瞒，构成刑法第三百一十二条规定的犯罪，同时构成其他犯罪的，依照处罚较重的规定定罪处罚。

第八条 认定掩饰、隐瞒犯罪所得、犯罪所得收益罪，以上游犯罪事实成立为前提。上游犯罪尚未依法裁判，但查证属实的，不影响掩饰、隐瞒犯罪所得、犯罪所得收益罪的认定。

上游犯罪事实经查证属实，但因行为人未达到刑事责任年龄等原因依法不予追究刑事责任的，不影响掩饰、隐瞒犯罪所得、犯罪所得收益罪的认定。

……

第十条 通过犯罪直接得到的赃款、赃物，应当认定为刑法第三百一十二条规定的“犯罪所得”。上游犯罪的行为人对犯罪所得进行处理后得到的孳息、租金等，应当认定为刑法第三百一十二条规定的“犯罪所得产生的收益”。

明知是犯罪所得及其产生的收益而采取窝藏、转移、收购、代为销售以外的方法，如居间介绍买卖，收受，持有，使用，加工，提供资金账户，协助将财物转换为现金、金融票据、有价证券，协助将资金转移、汇往境外等，应当认定为刑法第三百一十二条规定的“其他方法”。

第十一条 掩饰、隐瞒犯罪所得、犯罪所得收益罪是选择性罪名，审理此类案件，应当根据具体犯罪行为及其指向的对象，确定适用的罪名。

最高人民法院、最高人民检察院、公安部关于办理电信网络诈骗等刑事案件适用法律若干问题的意见

（2016年12月19日 法发〔2016〕32号）

为依法惩治电信网络诈骗等犯罪活动，保护公民、法人和其他组织的合法权益，维护社会秩序，根据《中华人民共和国刑法》《中华人民共和国刑事诉讼法》等法律和有关司法解释的规定，结合工作实际，制定本意见。

一、总体要求

近年来，利用通讯工具、互联网等技术手段实施的电信网络诈骗犯罪活动持续高发，侵犯公民个人信息，扰乱无线电通讯管理秩序，掩饰、隐瞒犯罪所得、犯罪所得收益等上下游关联犯罪不断蔓延。此类犯罪严重侵害人民群众财产安全和其他合法权益，严重干扰电信网

络秩序，严重破坏社会诚信，严重影响人民群众安全感和社会和谐稳定，社会危害性大，人民群众反映强烈。

人民法院、人民检察院、公安机关要针对电信网络诈骗等犯罪的特点，坚持全链条全方位打击，坚持依法从严从快惩处，坚持最大力度最大限度追赃挽损，进一步健全工作机制，加强协作配合，坚决有效遏制电信网络诈骗等犯罪活动，努力实现法律效果和社会效果的高度统一。

二、依法严惩电信网络诈骗犯罪

（一）根据《最高人民法院、最高人民检察院关于办理诈骗刑事案件具体应用法律若干问题的解释》第一条的规定，利用电信网络技术手段实施诈骗，诈骗公私财物价值三千元以上、三万元以上、五十万元以上的，应当分别认定为刑法第二百六十六条规定的“数额较大”“数额巨大”“数额特别巨大”。

二年内多次实施电信网络诈骗未经处理，诈骗数额累计计算构成犯罪的，应当依法定罪处罚。

（二）实施电信网络诈骗犯罪，达到相应数额标准，具有下列情形之一的，酌情从重处罚：

1. 造成被害人或其近亲属自杀、死亡或者精神失常等严重后果的；

2. 冒充司法机关等国家机关工作人员实施诈骗的；

3. 组织、指挥电信网络诈骗犯罪团伙的；

4. 在境外实施电信网络诈骗的；

5. 曾因电信网络诈骗犯罪受过刑事处罚或者二年内曾因电信网络诈骗受过行政处罚的；

6. 诈骗残疾人、老年人、未成年人、在校学生、丧失劳动能力人的财物，或者诈骗重病患者及其亲属财物的；

7. 诈骗救灾、抢险、防汛、优抚、扶贫、移民、救济、医疗等款物的；

8. 以赈灾、募捐等社会公益、慈善名义实施诈骗的；

9. 利用电话追呼系统等技术手段严重干扰公安机关等部门工作的；

10. 利用“钓鱼网站”链接、“木马”程序链接、网络渗透等隐蔽技术手段实施诈骗的。

（三）实施电信网络诈骗犯罪，诈骗数额接近“数额巨大”“数额特别巨大”的标准，具有前述第（二）条规定的情形之一的，应当分别认定为刑法第二百六十六条规定的“其他严重情节”“其他特别严重情节”。

上述规定的“接近”，一般应掌握在相应数额标准的百分之八十以上。

（四）实施电信网络诈骗犯罪，犯罪嫌疑人、被告人实际骗得财物的，以诈骗罪（既遂）定罪处罚。诈骗数额难以查证，但具有下列情形之一的，应当认定为刑法第二百六十六条规定的“其他严重情节”，以诈骗罪（未遂）定罪处罚：

1. 发送诈骗信息五千条以上的，或者拨打诈骗电话五百人次以上的；

2. 在互联网上发布诈骗信息，页面浏览量累计五千次以上的。

具有上述情形，数量达到相应标准十倍以上的，应当认定为刑法第二百六十六条规定的“其他特别严重情节”，以诈骗罪（未遂）定罪处罚。

上述“拨打诈骗电话”，包括拨出诈骗电话和接听被害人回拨电话。反复拨打、接听同一电话号码，以及反复向同一被害人发送诈骗信息的，拨打、接听电话次数、发送信息条数累计计算。

因犯罪嫌疑人、被告人故意隐匿、毁灭证据等原因，致拨打电话次数、发送信息条数的证据难以收集的，可以根据经查证属实的日拨打人次数、日发送信息条数，结合犯罪嫌疑人、被告人实施犯罪的时间、犯罪嫌疑人、被告人的供述等相关证据，综合予以认定。

（五）电信网络诈骗既有既遂，又有未遂，分别达到不同量刑幅度的，依照处罚较重的规定处罚；达到同一量刑幅度的，以诈骗罪既遂处罚。

（六）对实施电信网络诈骗犯罪的被告人裁量刑罚，在确定量刑起点、基准刑时，一般应就高选择。确定宣告刑时，应当综合全案事实情节，准确把握从重、从轻量刑情节的调节幅度，保证罪责刑相适应。

（七）对实施电信网络诈骗犯罪的被告人，应当严格控制适用缓刑的范围，严格掌握适用缓刑的条件。

（八）对实施电信网络诈骗犯罪的被告人，应当更加注重依法适用财产刑，加大经济上的惩罚力度，最大限度剥夺被告人再犯的能力。

三、全面惩处关联犯罪

（一）在实施电信网络诈骗活动中，非法使用“伪基站”“黑广播”，干扰无线电通讯秩序，符合刑法第二百八十八条规定的，以扰乱无线电通讯管理秩序罪追究刑事责任。同时构成诈骗罪的，依照处罚较重的规定定罪处罚。

（二）违反国家有关规定，向他人出售或者提供公民个人信息，窃取或者以其他方法非法获取公民个人信息，符合刑法第二百五十三条之一规定的，以侵犯公民个人信息罪追究刑事责任。

使用非法获取的公民个人信息，实施电信网络诈骗犯罪行为，构成数罪的，应当依法予以并罚。

（三）冒充国家机关工作人员实施电信网络诈骗犯罪，同时构成诈骗罪和招摇撞骗罪的，依照处罚较重的规定定罪处罚。

（四）非法持有他人信用卡，没有证据证明从事电信网络诈骗犯罪活动，符合刑法第一百七十七条之一第一款第（二）项规定的，以妨害信用卡管理罪追究刑事责任。

（五）明知是电信网络诈骗犯罪所得及其产生的收益，以下列方式之一予以转账、套现、取现的，依照刑法第三百一十二条第一款的规定，以掩饰、隐瞒犯罪所得、犯罪所得收益罪追究刑事责任。但有证据证明确实不知道的除外：

1. 通过使用销售点终端机具（POS 机）刷卡套现等非法途径，协助转换或者转移财物的；

2. 帮助他人将巨额现金散存于多个银行账户，或在不同银行账户之间频繁划转的；

3. 多次使用或者使用多个非本人身份证明开设的信用卡、资金支付结算账户或者多次采用遮蔽摄像头、伪装等异常手段，帮助他人转账、套现、取现的；

4. 为他人提供非本人身份证明开设的信用卡、资金支付结算账户后，又帮助他人转账、套现、取现的；

5. 以明显异于市场的价格，通过手机充值、交易游戏点卡等方式套现的。

实施上述行为，事前通谋的，以共同犯罪论处。

实施上述行为，电信网络诈骗犯罪嫌疑人尚未到案或案件尚未依法裁判，但现有证据足以证明该犯罪行为确实存在的，不影响掩饰、隐瞒犯罪所得、犯罪所得收益罪的认定。

实施上述行为，同时构成其他犯罪的，依照处罚较重的规定定罪处罚。法律和司法解释另有规定的除外。

（六）网络服务提供者不履行法律、行政法规规定的信息网络安全管理义务，经监管部门责令采取改正措施而拒不改正，致使诈骗信息大量传播，或者用户信息泄露造成严重后果的，依照刑法第二百八十六条之一的规定，以拒不履行信息网络安全管理义务罪追究刑事责任。同时构成诈骗罪的，依照处罚较重的规定定罪处罚。

（七）实施刑法第二百八十七条之一、第二百八十七条之二规定之行为，构成非法利用信息网络罪、帮助信息网络犯罪活动罪，同时构成诈骗罪的，依照处罚较重的规定定罪处罚。

（八）金融机构、网络服务提供者、电信业务经营者等在经营活动中，违反国家有关规定，被电信网络诈骗犯罪分子利用，使他人遭受财产损失的，依法承担相应责任。构成犯罪的，依法追究刑事责任。

四、准确认定共同犯罪与主观故意

（一）三人以上为实施电信网络诈骗犯罪而组成的较为固定的犯罪组织，应依法认定为诈骗犯罪集团。对组织、领导犯罪集团的首要分子，按照集团所犯的全部罪行处罚。对犯罪集团中组织、指挥、策划者和骨干分子依法从严惩处。

对犯罪集团中起次要、辅助作用的从犯，特别是在规定期限内投案自首、积极协助抓获主犯、积极协助追赃的，依法从轻或减轻处罚。

对犯罪集团首要分子以外的主犯，应当按照其所参与的或者组织、指挥的全部犯罪处罚。全部犯罪包括能够查明具体诈骗数额的事实和能够查明发送诈骗信息条数、拨打诈骗电话人次数、诈骗信息网页浏览次数的事实。

（二）多人共同实施电信网络诈骗，犯罪嫌疑人、被告人应对其参与期间该诈骗团伙实施的全部诈骗行为承担责任。在其所参与的犯罪环节中起主要作用的，可以认定为主犯；起次要作用的，可以认定为从犯。

上述规定的“参与期间”，从犯罪嫌疑人、被告人着手实施诈骗行为开始起算。

（三）明知他人实施电信网络诈骗犯罪，具有下列情形之一的，以共同犯罪论处，但法律和司法解释另有规定的除外：

1. 提供信用卡、资金支付结算账户、手机卡、通讯工具的；

2. 非法获取、出售、提供公民个人信息的；

3. 制作、销售、提供“木马”程序和“钓鱼软件”等恶意程序的；

4. 提供“伪基站”设备或相关服务的；

5. 提供互联网接入、服务器托管、网络存储、通讯传输等技术支持，或者提供支付结算等帮助的；

6. 在提供改号软件、通话线路等技术服务时，发现主叫号码被修改为国内党政机关、司法机关、公共服务部门号码，或者境外用户改为境内号码，仍提供服务的；

7. 提供资金、场所、交通、生活保障等帮助的；

8. 帮助转移诈骗犯罪所得及其产生的收益，套现、取现的。

上述规定的“明知他人实施电信网络诈骗犯罪”，应当结合被告人的认知能力，既往经历，行为次数和手段，与他人关系，获利情况，是否曾因电信网络诈骗受过处罚，是否故意规避调查等主客观因素进行综合分析认定。

（四）负责招募他人实施电信网络诈骗犯罪活动，或者制作、提供诈骗方案、术语清单、语音包、信息等的，以诈骗共同犯罪论处。

（五）部分犯罪嫌疑人在逃，但不影响对已到案共同犯罪嫌疑人、被告人的犯罪事实认定的，可以依法先行追究已到案共同犯罪嫌疑人、被告人的刑事责任。

五、依法确定案件管辖

（一）电信网络诈骗犯罪案件一般由犯罪地公安机关立案侦查，如果由犯罪嫌疑人居住地公安机关立案侦查更为适宜的，可以由犯罪嫌疑人居住地公安机关立案侦查。犯罪地包括犯罪行为发生地和犯罪结果发生地。

“犯罪行为发生地”包括用于电信网络诈骗犯罪的网站服务器所在地，网站建立者、管理者所在地，被侵害的计算机信息系统或其管理者所在地，犯罪嫌疑人、被害人使用的计算机信息系统所在地，诈骗电话、短信息、电子邮件等的拨打地、发送地、到达地、接受地，以及诈骗行为持续发生的实施地、预备地、开始地、途经地、结束地。

“犯罪结果发生地”包括被害人被骗时所在地，以及诈骗所得财物的实际取得地、藏匿地、转移地、使用地、销售地等。

（二）电信网络诈骗最初发现地公安机关侦办的案件，诈骗数额当时未达到“数额较大”标准，但后续累计达到“数额较大”标准，可由最初发现地公安机关立案侦查。

（三）具有下列情形之一的，有关公安机关可以在其职责范围内并案侦查：

1. 一人犯数罪的；

2. 共同犯罪的；

3. 共同犯罪的犯罪嫌疑人还实施其他犯罪的；

4. 多个犯罪嫌疑人实施的犯罪存在直接关联，并案处理有利于查明案件事实的。

（四）对因网络交易、技术支持、资金支付结算等关系形成多层级链条、跨区域的电信网络诈骗等犯罪案件，可由共同上级公安机关按照有利于查清犯罪事实、有利于诉讼的原则，指定有关公安机关立案侦查。

（五）多个公安机关都有权立案侦查的电信网络诈骗等犯罪案件，由最初受理的公安机关或者主要犯罪地公安机关立案侦查。有争议的，按照有利于查清犯罪事实、有利于诉讼的原则，协商解决。经协商无法达成一致的，由共同上级公安机关指定有关公安机关立案侦查。

（六）在境外实施的电信网络诈骗等犯罪案件，可由公安部按照有利于查清犯罪事实、有利于诉讼的原则，指定有关公安机关立案侦查。

（七）公安机关立案、并案侦查，或因有争议，由共同上级公安机关指定立案侦查的案件，需要提请批准逮捕、移送审查起诉、提起公诉的，由该公安机关所在地的人民检察院、人民法院受理。

对重大疑难复杂案件和境外案件，公安机关应在指定立案侦查前，向同级人民检察院、人民法院通报。

（八）已确定管辖的电信诈骗共同犯罪案件，在逃的犯罪嫌疑人归案后，一般由原管辖的公安机关、人民检察院、人民法院管辖。

六、证据的收集和审查判断

（一）办理电信网络诈骗案件，确因被害人人数众多等客观条件的限制，无法逐一收集被害人陈述的，可以结合已收集的被害人陈述，以及经查证属实的银行账户交易记录、第三方支付结算账户交易记录、通话记录、电子数据等证据，综合认定被害人人数及诈骗资金数额等犯罪事实。

（二）公安机关采取技术侦查措施收集的案件证明材料，作为证据使用的，应当随案移送批准采取技术侦查措施的法律文书和所收集的证据材料，并对其来源等作出书面说明。

（三）依照国际条约、刑事司法协助、互助协议或平等互助原则，请求证据材料所在地司法机关收集，或通过国际警务合作机制、国际刑警组织启动合作取证程序收集的境外证据材料，经查证属实，可以作为定案的依据。公安机关应对其来源、提取人、提取时间或者提供人、提供时间以及保管移交的过程等作出说明。

对其他来自境外的证据材料，应当对其来源、提供人、提供时间以及提取人、提取时间进行审查。能够证明案件事实且符合刑事诉讼法规定的，可以作为证据使用。

七、涉案财物的处理

（一）公安机关侦办电信网络诈骗案件，应当随案移送涉案赃款赃物，并附清单。人民检察院提起公诉时，应一并移交受理案件的人民法院，同时就涉案赃款赃物的处理提出意见。

（二）涉案银行账户或者涉案第三方支付账户内的款项，对权属明确的被害人的合法财产，应当及时返还。确因客观原因无法查实全部被害人，但有证据证明该账户系用于电信网络诈骗犯罪，且被告人无法说明款项合法来源的，根据刑法第六十四条的规定，应认定为违法所得，予以追缴。

（三）被告人已将诈骗财物用于清偿债务或者转让给他人，具有下列情形之一的，应当依法追缴：

1. 对方明知是诈骗财物而收取的；

2. 对方无偿取得诈骗财物的；

3. 对方以明显低于市场的价格取得诈骗财物的；

4. 对方取得诈骗财物系源于非法债务或者违法犯罪活动的。

他人善意取得诈骗财物的，不予追缴。

最高人民法院、最高人民检察院、公安部关于办理电信网络诈骗等刑事案件适用法律若干问题的意见（二）

（2021年6月17日　法发〔2021〕22号）

为进一步依法严厉惩治电信网络诈骗犯罪，对其上下游关联犯罪实行全链条、全方位打击，根据《中华人民共和国刑法》《中华人民共和国刑事诉讼法》等法律和有关司法解释的规定，针对司法实践中出现的新的突出问题，结合工作实际，制定本意见。

一、电信网络诈骗犯罪地，除《最高人民法院、最高人民检察院、公安部关于办理电信网络诈骗等刑事案件适用法律若干问题的意见》规定的犯罪行为发生地和结果发生地外，还包括：

（一）用于犯罪活动的手机卡、流量卡、物联网卡的开立地、销售地、转移地、藏匿地；

（二）用于犯罪活动的信用卡的开立地、销售地、转移地、藏匿地、使用地以及资金交易对手资金交付和汇出地；

（三）用于犯罪活动的银行账户、非银行支付账户的开立地、销售地、使用地以及资金交易对手资金交付和汇出地；

（四）用于犯罪活动的即时通讯信息、广告推广信息的发送地、接受地、到达地；

（五）用于犯罪活动的“猫池”（Modem Pool）、GOIP 设备、多卡宝等硬件设备的销售地、入网地、藏匿地；

（六）用于犯罪活动的互联网账号的销售地、登录地。

二、为电信网络诈骗犯罪提供作案工具、技术支持等帮助以及掩饰、隐瞒犯罪所得及其产生的收益，由此形成多层级犯罪链条的，或者利用同一网站、通讯群组、资金账户、作案窝点实施电信网络诈骗犯罪的，应当认定为多个犯罪嫌疑人、被告人实施的犯罪存在关联，人民法院、人民检察院、公安机关可以在其职责范围内并案处理。

三、有证据证实行为人参加境外诈骗犯罪集团或犯罪团伙，在境外针对境内居民实施电信网络诈骗犯罪行为，诈骗数额难以查证，但一年内出境赴境外诈骗犯罪窝点累计时间 30 日以上或多次出境赴境外诈骗犯罪窝点的，应当认定为刑法第二百六十六条规定的“其他严重情节”，以诈骗罪依法追究刑事责任。有证据证明其出境从事正当活动的除外。

四、无正当理由持有他人的单位结算卡的，属于刑法第一百七十七条之一第一款第（二）项规定的“非法持有他人信用卡”。

五、非法获取、出售、提供具有信息发布、即时通讯、支付结算等功能的互联网账号密码、个人生物识别信息，符合刑法第二百五十三条之一规定的，以侵犯公民个人信息罪追究刑事责任。

对批量前述互联网账号密码、个人生物识别信息的条数，根据查获的数量直接认定，但有证据证明信息不真实或者重复的除外。

六、在网上注册办理手机卡、信用卡、银行账户、非银行支付账户时，为通过网上认证，使用他人身份证件信息并替换他人身份证件相片，属于伪造身份证件行为，符合刑法第二百八十条第三款规定的，以伪造身份证件罪追究刑事责任。

使用伪造、变造的身份证件或者盗用他人身份证件办理手机卡、信用卡、银行账户、非银行支付账户，符合刑法第二百八十条之一第一款规定的，以使用虚假身份证件、盗用身份证件罪追究刑事责任。

实施上述两款行为，同时构成其他犯罪的，依照处罚较重的规定定罪处罚。法律和司法解释另有规定的除外。

七、为他人利用信息网络实施犯罪而实施下列行为，可以认定为刑法第二百八十七条之二规定的“帮助”行为：

（一）收购、出售、出租信用卡、银行账户、非银行支付账户、具有支付结算功能的互联网账号密码、网络支付接口、网上银行数字证书的；

（二）收购、出售、出租他人手机卡、流量卡、物联网卡的。

八、认定刑法第二百八十七条之二规定的行为人明知他人利用信息网络实施犯罪，应当根据行为人收购、出售、出租前述第七条规定的信用卡、银行账户、非银行支付账户、具有支付结算功能的互联网账号密码、网络支付接口、网上银行数字证书，或者他人手机卡、流量卡、物联网卡等的次数、张数、个数，并结合行为人的认知能力、既往经历、交易对象、与实施信息网络犯罪的行为人的关系、提供技术支持或者帮助的时间和方式、获利情况以及行为人的供述等主客观因素，予以综合认定。

收购、出售、出租单位银行结算账户、非银行支付机构单位支付账户，或者电信、银行、网络支付等行业从业人员利用履行职责或提供服务便利，非法开办并出售、出租他人手机卡、信用卡、银行账户、非银行支付账户等的，可以认定为《最高人民法院、最高人民检察院关于办理非法利用信息网络、帮助信息网络犯罪活动等刑事案件适用法律若干问题的解释》第十一条第（七）项规定的“其他足以认定行为人明知的情形”。但有相反证据的除外。

九、明知他人利用信息网络实施犯罪，为其犯罪提供下列帮助之一的，可以认定为《最高人民法院、最高人民检察院关于办理非法利用信息网络、帮助信息网络犯罪活动等刑事案件适用法律若干问题的解释》第十二条第一款第（七）项规定的“其他情节严重的情形”：

（一）收购、出售、出租信用卡、银行账户、非银行支付账户、具有支付结算功能的互联网账号密码、网络支付接口、网上银行数字证书5张（个）以上的；

（二）收购、出售、出租他人手机卡、流量卡、物联网卡20张以上的。

十、电商平台预付卡、虚拟货币、手机充值卡、游戏点卡、游戏装备等经销商，在公安机关调查案件过程中，被明确告知其交易对象涉嫌电信网络诈骗犯罪，仍与其继续交易，符合刑法第二百八十七条之二规定的，以帮助信息网络犯罪活动罪追究刑事责任。同时构成其他犯罪的，依照处罚较重的规定定罪处罚。

十一、明知是电信网络诈骗犯罪所得及其产生的收益，以下列方式之一予以转账、套现、取现，符合刑法第三百一十二条第一款规定的，以掩饰、隐瞒犯罪所得、犯罪所得收益罪追究刑事责任。但有证据证明确实不知道的除外。

（一）多次使用或者使用多个非本人身份证明开设的收款码、网络支付接口等，帮助他人转账、套现、取现的；

（二）以明显异于市场的价格，通过电商平台预付卡、虚拟货币、手机充值卡、游戏点卡、游戏装备等转换财物、套现的；

（三）协助转换或者转移财物，收取明显高于市场的“手续费”的。

实施上述行为，事前通谋的，以共同犯罪论处；同时构成其他犯罪的，依照处罚较重的规定定罪处罚。法律和司法解释另有规定的除外。

十二、为他人实施电信网络诈骗犯罪提供技术支持、广告推广、支付结算等帮助，或者窝藏、转移、收购、代为销售及以其他方法掩饰、隐瞒电信网络诈骗犯罪所得及其产生的收益，诈骗犯罪行为可以确认，但实施诈骗的行为人尚未到案，可以依法先行追究已到案的上述犯罪嫌疑人、被告人的刑事责任。

十三、办案地公安机关可以通过公安机关信息化系统调取异地公安机关依法制作、收集的刑事案件受案登记表、立案决定书、被害人陈述等证据材料。调取时不得少于两名侦查人员，并应记载调取的时间、使用的信息化系统名称等相关信息，调取人签名并加盖办案地公安机关印章。经审核证明真实的，可以作为证据使用。

十四、通过国（区）际警务合作收集或者境外警方移交的境外证据材料，确因客观条件限制，境外警方未提供相关证据的发现、收集、保管、移交情况等材料的，公安机关应当对上述证据材料的来源、移交过程以及种类、数量、特征等作出书面说明，由两名以上侦查人员签名并加盖公安机关印章。经审核能够证明案件事实的，可以作为证据使用。

十五、对境外司法机关抓获并羁押的电信网络诈骗犯罪嫌疑人，在境内接受审判的，境外的羁押期限可以折抵刑期。

十六、办理电信网络诈骗犯罪案件，应当充分贯彻宽严相济刑事政策。在侦查、审查起诉、审判过程中，应当全面收集证据、准确甄别犯罪嫌疑人、被告人在共同犯罪中的层级地位及作用大小，结合其认罪态度和悔罪表现，区别对待，宽严并用，科学量刑，确保罚当其罪。

对于电信网络诈骗犯罪集团、犯罪团伙的组织者、策划者、指挥者和骨干分子，以及利用未成年人、在校学生、老年人、残疾人实施电信网络诈骗的，依法从严惩处。

对于电信网络诈骗犯罪集团、犯罪团伙中的从犯，特别是其中参与时间相对较短、诈骗数额相对较低或者从事辅助性工作并领取少量报酬，以及初犯、偶犯、未成年人、在校学生等，应当综合考虑其在共同犯罪中的地位作用、社会危害程度、主观恶性、人身危险性、认罪悔罪表现等情节，可以依法从轻、减轻处罚。犯罪情节轻微的，可以依法不起诉或者免予刑事处罚；情节显著轻微危害不大的，不以犯罪论处。

十七、查扣的涉案账户内资金，应当优先返还被害人，如不足以全额返还的，应当按照比例返还。

检察机关办理电信网络诈骗案件指引

（2018年11月9日 高检发侦监字〔2018〕12号）

电信网络诈骗犯罪，是指以非法占有为目的，利用电话、短信、互联网等电信网络技术手段，虚构事实，设置骗局，实施远程、非接触式诈骗，骗取公私财物的犯罪行为。根据《中华人民共和国刑法》第二百六十六条、《最高人民法院、最高人民检察院关于办理诈骗刑事案件具体应用法律若干问题的解释》（法释〔2011〕7号）（以下简称《解释》）、《最高人民法院、最高人民检察院、公安部关于办理电信网络诈骗等刑事案件适用法律若干问题的意见》（法发〔2016〕32号）（以下简称《意见》），办理电信网络诈骗案件除了要把握普通诈骗案件的基本要求外，还要特别注意以下问题：一是电信网络诈骗犯罪的界定；二是犯罪形态的审查；三是诈骗数额及发送信息、拨打电话次数的认定；四是共同犯罪及主从犯责任的认定；五是关联犯罪事前通谋的审查；六是电子数据的审查；七是境外证据的审查。

一、审查证据的基本要求

（一）审查逮捕

1. 有证据证明发生了电信网络诈骗犯罪事实

（1）证明电信网络诈骗案件发生

证据主要包括：报案登记、受案登记、受案笔录、立案决定书、破案经过、证人证言、被害人陈述、犯罪嫌疑人供述和辩解、被害人银行开户申请、开户明细单、银行转账凭证、银行账户交易记录、银行汇款单、网银转账记录、第三方支付结算交易记录、手机转账信息等证据。跨国电信网络诈骗还可能需要有国外有关部门出具的与案件有关的书面材料。

（2）证明电信网络诈骗行为的危害结果

①证明诈骗数额达到追诉标准的证据：证人证言、被害人陈述、犯罪嫌疑人供述和辩解、银行转账凭证、汇款凭证、转账信息、银行卡、银行账户交易记录、第三方支付结算交易记录以及其他与电信网络诈骗关联的账户交易记录、犯罪嫌疑人提成记录、诈骗账目记录等证据以及其它有关证据。

②证明发送信息条数、拨打电话次数以及页面浏览量达到追诉标准的证据：QQ、微信、skype 等即时通讯工具聊天记录、CDR 电话清单、短信记录、电话录音、电子邮件、远程勘验笔录、电子数据鉴定意见、网页浏览次数统计、网页浏览次数鉴定意见、改号软件、语音软件的登录情况及数据、拨打电话记录内部资料以及其他有关证据。

2. 有证据证明诈骗行为是犯罪嫌疑人实施的

（1）言词证据：证人证言、被害人陈述、犯罪嫌疑人供述和辩解等，注意审查犯罪嫌疑人供述的行为方式与被害人陈述的被骗方式、交付财物过程或者其他证据是否一致。对于团伙作案的，要重视对同案犯罪嫌疑人供述和辩解的审查，梳理各个同案犯罪嫌疑人的指证是否相互印证。

（2）有关资金链条的证据：银行转账凭证、交易流水、第三方支付交易记录以及其他关联账户交易记录、现场查扣的书证、与犯罪关联的银行卡及申请资料等，从中审查相关银行卡信息与被害人存款、转移赃款等账号有无关联，资金交付支配占有过程；犯罪嫌疑人的短信以及 QQ、微信、skype 等即时通讯工具聊天记录，审查与犯罪有关的信息，是否出现过与本案资金流转有关的银行卡账号、资金流水等信息。要注意审查被害人转账、汇款账号、资金流向等是否有相应证据印证赃款由犯罪嫌疑人取得。对诈骗集团租用或交叉使用账户的，要结合相关言词证据及书证、物证、勘验笔录等分析认定。

（3）有关信息链条的证据：侦查机关远程勘验笔录，远程提取证据笔录，CDR 电话清单、查获的手机 IMEI 串号、语音网关设备、路由设备、交换设备、手持终端等。要注意审查诈骗窝点物理 IP 地址是否与所使用电话 CDR 数据清单中记录的主叫 IP 地址或 IP 地址所使用的线路（包括此线路的账号、用户名称、对接服务器、语音网关、手持终端等设备的 IP 配置）一致，电话 CDR 数据清单中是否存在被害人的相关信息资料，改号电话显示号码、呼叫时间、电话、IP 地址是否与被害人陈述及其它在案证据印证。在电信网络诈骗窝点查获的手机 IMEI 串号以及其他电子作案工具，是否与被害人所接到的诈骗电话显示的信息来源一致。

（4）其他证据：跨境电信网络诈骗犯罪案件犯罪嫌疑人出入境记录、户籍证明材料、在境外使用的网络设备及虚拟网络身份的网络信息，证明犯罪嫌疑人出入境情况及身份情况。诈骗窝点的纸质和电子账目报表，审查时间、金额等细节是否与被害人陈述相互印证。犯罪过程中记载被害人身份、诈骗数额、时间等信息的流转单，审查相关信息是否与被害人陈述、银行转账记录等相互印证。犯罪嫌疑人之间的聊天记录、诈骗脚本、内部分工、培训资料、监控视频等证据，审查犯罪的具体手法、过程。购买作案工具和资源（手机卡、银行卡、POS 机、服务器、木马病毒、改号软件、公民个人信息等）的资金流水、电子数据等证据。

3. 有证据证明犯罪嫌疑人具有诈骗的主观故意

（1）证明犯罪嫌疑人主观故意的证据：犯罪嫌疑人的供述和辩解、证人证言、同案犯指证；诈骗脚本、诈骗信息内容、工作日记、分工手册、犯罪嫌疑人的具体职责、地位、参与实施诈骗行为的时间等；赃款的账册、分赃的记录、诈骗账目记录、提成记录、工作环境、工作形式等；短信、QQ、微信、skype 等即时通讯工具聊天记录等，审查其中是否出现有关诈骗的内容以及诈骗专门用的黑话、暗语等。

（2）证明提供帮助者的主观故意的证据：提供帮助犯罪嫌疑人供述和辩解、电信网络诈骗犯罪嫌疑人的指证、证人证言；双方短信以及QQ、微信、skype等即时通讯工具聊天记录等信息材料；犯罪嫌疑人的履历、前科记录、行政处罚记录、双方资金往来的凭证、犯罪嫌疑人提供帮助、协助的收益数额、取款时的监控视频、收入记录、处罚判决情况等。

（二）审查起诉

除审查逮捕阶段证据审查基本要求之外，对电信网络诈骗案件的审查起诉工作还应坚持“犯罪事实清楚，证据确实、充分”的标准，保证定罪量刑的事实都有证据证明；据以定案的证据均经法定程序查证属实；综合全案证据，对所认定的事实均已排除合理怀疑。

1. 有确实充分的证据证明发生了电信网络诈骗犯罪事实

（1）证明电信网络诈骗事实发生。除审查逮捕要求的证据类型之外，跨国电信网络诈骗还需要有出入境记录、飞机铁路等交通工具出行记录，必要时需国外有关部门出具的与案件有关的书面证据材料，包括原件、翻译件、使领馆认证文件等。

（2）证明电信网络诈骗行为的危害结果

①证明诈骗数额达到追诉标准的证据：能查清诈骗事实的相关证人证言、被害人陈述、犯罪嫌疑人供述和辩解、银行账户交易明细、交易凭证、第三方支付结算交易记录以及其他与电信网络诈骗关联的账户交易记录、犯罪嫌疑人的诈骗账目记录以及其它有关证据。

需要特别注意“犯罪数额接近提档”的情形。当诈骗数额接近“数额巨大”“数额特别巨大”的标准（一般掌握在80%以上，即达到2. 4万元、40万元），根据《解释》和《意见》的规定，具有《意见》第二条第二款“酌情从重处罚”十种情形之一的，应当分别认定为刑法第二百六丨六条规定的“其他严重情节”“其他特别严重情节”，提高一档量刑。

②证明发送信息条数、拨打电话次数以及页面浏览量达到追诉标准的证据类型与审查逮捕的证据类型相同。

2. 有确实充分的证据证明诈骗行为是犯罪嫌疑人实施的

（1）有关资金链条的证据。重点审查被害人的银行交易记录和犯罪嫌疑人持有的银行卡及账号的交易记录，用于查明被害人遭受的财产损失及犯罪嫌疑人诈骗的犯罪数额；重点审查犯罪嫌疑人的短信，以及QQ、微信、skype等即时通讯工具聊天记录，用于查明是否出现涉案银行卡账号、资金流转等犯罪信息，赃款是否由犯罪嫌疑人取得。此外，对诈骗团伙或犯罪集团租用或交叉使用多层级账户洗钱的，要结合资金存取流转的书证、监控录像、辨认笔录、证人证言、被害人陈述、犯罪嫌疑人供述和辩解等证据分析认定。

（2）有关人员链条的证据。电信网络诈骗多为共同犯罪，在审查刑事责任年龄、刑事责任能力方面的证据基础上，应重点审查犯罪嫌疑人供述和辩解、手机通信记录等，通过自供和互证，以及与其他证据之间的相互印证，查明各自的分工和作用，以区分主、从犯。对于分工明确、有明显首要分子、较为固定的组织结构的三人以上固定的犯罪组织，应当认定为犯罪集团。

言词证据及有关信息链条的证据与审查逮捕的证据类型相同。

3. 有确实充分的证据证明犯罪嫌疑人具有诈骗的主观故意

证明犯罪嫌疑人及提供帮助者主观故意的证据类型同审查逮捕证据类型相同。需要注意的是，由于犯罪嫌疑人各自分工不同，其供述和辩解也呈现不同的证明力。一般而言，专门行骗人对于单起事实的细节记忆相对粗略，只能供述诈骗的手段和方式；专业取款人对于取款的具体细目记忆也粗略，只能供述大概经过和情况，重点审查犯罪手段的同类性、共同犯罪人之间的关系及各自分工和作用。

二、需要特别注意的问题

在电信网络诈骗案件审查逮捕、审查起诉中，要根据相关法律、司法解释等规定，结合在案证据，重点注意以下问题：

（一）电信网络诈骗犯罪的界定

1. 此罪彼罪

在一些案件中，尤其是利用网络钓鱼、木马链接实施犯罪的案件中，既存在虚构事实、隐瞒真相的诈骗行为，又可能存在秘密窃取的行为，关键要审查犯罪嫌疑人取得财物是否基于被害人对财物的主动处分意识。如果行为人通过秘密窃取的行为获取他人财物，则应认定构成盗窃罪；如果窃取或者骗取的是他人信用卡资料，并通过互联网、通讯终端等使用的，根据《最高人民法院、最高人民检察院关于办理妨害信用卡管理刑事案件具体应用法律若干问题的解释》（法释〔2009〕19号），则可能构成信用卡诈骗罪；如果通过电信网络技术向不特定多数人发送诈骗信息后又转入接触式诈骗，或者为实现诈骗目的，线上线下并行同时进行接触式和非接触式诈骗，应当按照诈骗取财行为的本质定性，虽然使用电信网络技术但被害人基于接触被骗的，应当认定普通诈骗；如果出现电信网络诈骗和合同诈骗、保险诈骗等特殊诈骗罪名的竞合，应依据刑法有关规定定罪量刑。

2. 追诉标准低于普通诈骗犯罪且无地域差别

追诉标准直接决定了法律适用问题甚至罪与非罪的认定。《意见》规定，利用电信网络技术手段实施诈骗，诈骗公私财物价值三千元以上的，认定为刑法第二百六十六条规定的“数额较大”。而《解释》规定，诈骗公私财物价值三千元至一万元以上的，认定为刑法第二百六十六条规定的“数额较大”。因此，电信网络诈骗的追诉标准要低于普通诈骗的追诉标准，且全国统一无地域差别，即犯罪数额达到三千元以上、三万元以上、五十万元以上的，应当分别认定为刑法第二百六十六条规定的“数额较大”“数额巨大”“数额特别巨大”。

（二）犯罪形态的审查

1. 可以查证诈骗数额的未遂

电信网络诈骗应以被害人失去对被骗钱款的实际控制为既遂认定标准。一般情形下，诈骗款项转出后即时到账构成既遂。但随着银行自助设备、第三方支付平台陆续推出“延时到账”“撤销转账”等功能，被害人通过自助设备、第三方支付平台向犯罪嫌疑人指定账户转账，可在规定时间内撤销转账，资金并未实时转出。此种情形下被害人并未对被骗款项完全失去控制，而犯罪嫌疑人亦未取得实际控制，应当认定为未遂。

2. 无法查证诈骗数额的未遂

根据《意见》规定，对于诈骗数额难以查证的，犯罪嫌疑人发送诈骗信息五千条以上，或者拨打诈骗电话五百人次以上，或者在互联网上发布诈骗信息的页面浏览量累计五千次以上，可以认定为诈骗罪中“其他严重情节”，以诈骗罪（未遂）定罪处罚。具有上述情形，数量达到相应标准十倍以上的，应当认定为刑法第二百六十六条规定的“其他特别严重情节”，以诈骗罪（未遂）定罪处罚。

（三）诈骗数额及发送信息、拨打电话次数的认定

1. 诈骗数额的认定

（1）根据犯罪集团诈骗账目登记表、犯罪嫌疑人提成表等书证，结合证人证言、犯罪嫌疑人供述和辩解等言词证据，认定犯罪嫌疑人的诈骗数额。

（2）根据经查证属实的银行账户交易记录、第三方支付结算账户交易记录、通话记录、电子数据等证据，结合已收集的被害人陈述，认定被害人人数及诈骗资金数额。

（3）对于确因客观原因无法查实全部被害人，尽管有证据证明该账户系用于电信网络诈骗犯罪，且犯罪嫌疑人无法说明款项合法来源的，也不能简单将账户内的款项全部推定为“犯罪数额”。要根据在案其他证据，认定犯罪集团是否有其他收入来源，“违法所得”有无其他可能性。如果证据足以证实“违法所得”的排他性，则可以将“违法所得”均认定为犯罪数额。

（4）犯罪嫌疑人为实施犯罪购买作案工具、伪装道具、租用场地、交通工具甚至雇佣他人等诈骗成本不能从诈骗数额中扣除。对通过向被害人交付一定货币，进而骗取其信任并实施诈骗的，由于货币具有流通性和经济价值，该部分货币可以从诈骗数额中扣除。

2. 发送信息、拨打电话次数的认定

（1）拨打电话包括拨出诈骗电话和接听被害人回拨电话。反复拨打、接听同一电话号码，以及反复向同一被害人发送诈骗信息的，拨

打、接听电话次数、发送信息条数累计计算。

（2）被害人是否接听、接收到诈骗电话、信息不影响次数、条数计算。

（3）通过语音包发送的诈骗录音或通过网络等工具辅助拨出的电话，应当认定为拨打电话。

（4）发送信息条数、拨打电话次数的证据难以收集的，可以根据经查证属实的日发送信息条数、日拨打人次数，结合犯罪嫌疑人实施犯罪的时间、犯罪嫌疑人的供述等相关证据予以认定。

（5）发送信息条数和拨打电话次数在法律及司法解释未明确的情况下不宜换算累加。

（四）共同犯罪及主从犯责任的认定

1. 对于三人以上为实施电信网络诈骗而组成的较为固定的犯罪组织，应当依法认定为犯罪集团。对于犯罪集团的首要分子，按照集团所犯全部犯罪处罚，并且对犯罪集团中组织、指挥、策划者和骨干分子依法从严惩处。

2. 对于其余主犯，按照其所参与或者组织、指挥的全部犯罪处罚。多人共同实施电信网络诈骗，犯罪嫌疑人、被告人应对其参与期间该诈骗团伙实施的全部诈骗行为承担责任。

3. 对于部分被招募发送信息、拨打电话的犯罪嫌疑人，应当对其参与期间整个诈骗团伙的诈骗行为承担刑事责任，但可以考虑参与时间较短、诈骗数额较低、发送信息、拨打电话较少，认定为从犯，从宽处理。

4. 对于专门取款人，由于其可在短时间内将被骗款项异地转移，对诈骗既遂起到了至关重要的作用，也大大增加了侦查和追赃难度，因此应按其在共同犯罪中的具体作用进行认定，不宜一律认定为从犯。

（五）关联犯罪事前通谋的审查

根据《意见》规定，明知是电信网络诈骗犯罪所得及其产生的收益，通过使用销售点终端机具（POS 机）刷卡套现等非法途径，协助转换或者转移财物等五种方式转账、套现、取现的，需要与直接实施电信网络诈骗犯罪嫌疑人事前通谋的才以共同犯罪论处。因此，应当重点审查帮助转换或者转移财物行为人是否在诈骗犯罪既遂之前与实施诈骗犯罪嫌疑人共谋或者虽无共谋但明知他人实施犯罪而提供帮助。对于帮助者明知的内容和程度，并不要求其明知被帮助者实施诈骗行为的具体细节，其只要认识到对方实施诈骗犯罪行为即可。审查时，要根据犯罪嫌疑人的认知能力、既往经历、行为次数和手段、与他人关系、获利情况、是否曾因电信网络诈骗受过处罚以及是否故意规避调查等主客观因素分析认定。

（六）电子数据的审查

1. 电子数据真实性的审查

（1）是否移送原始存储介质；在原始存储介质无法封存、不便移动时，有无说明原因，并注明收集、提取过程及原始存储介质的存放地点或者电子数据的来源等情况。

（2）电子数据是否具有数字签名、数字证书等特殊标识。

（3）电子数据的收集、提取过程是否可以重现。

（4）电子数据如有增加、删除、修改等情形的，是否附有说明。

（5）电子数据的完整性是否可以保证。

2. 电子数据合法性的审查

（1）收集、提取电子数据是否由二名以上侦查人员进行，取证方法是否符合相关技术标准。

（2）收集、提取电子数据，是否附有笔录、清单，并经侦查人员、电子数据持有人（提供人）、见证人签名或者盖章；没有持有人（提供人）签名或者盖章的，是否注明原因；对电子数据的类别、文件格式等是否注明清楚。

（3）是否依照有关规定由符合条件的人员担任见证人，是否对相关活动进行录像。

（4）电子数据检查是否将电子数据存储介质通过写保护设备接入到检查设备；有条件的，是否制作电子数据备份，并对备份进行检查；无法制作备份且无法使用写保护设备的，是否附有录像。

（5）通过技术侦查措施，利用远程计算机信息系统进行网络远程勘验收集到电子数据，作为证据使用的，是否随案移送批准采取技术侦查措施的法律文书和所收集的证据材料，是否对其来源等作出书面说明。

（6）对电子数据作出鉴定意见的鉴定机构是否具有司法鉴定资质。

3. 电子数据的采信

（1）经过公安机关补正或者作出合理解释可以采信的电子数据：未以封存状态移送的；笔录或者清单上没有侦查人员、电子数据持有人（提供人）、见证人签名或者盖章的；对电子数据的名称、类别、格式等注明不清的；有其他瑕疵的。

（2）不能采信的电子数据：电子数据系篡改、伪造或者无法确定真伪的；电子数据有增加、删除、修改等情形，影响电子数据真实性的；其他无法保证电子数据真实性的情形。

（七）境外证据的审查

1. 证据来源合法性的审查

境外证据的来源包括：外交文件（国际条约、互助协议）；司法协助（刑事司法协助、平等互助原则）；警务合作（国际警务合作机制、国际刑警组织）。

由于上述来源方式均需要有法定的程序和条件，对境外证据的审查要注意：证据来源是否是通过上述途径收集，审查报批、审批手续是否完备，程序是否合法；证据材料移交过程是否合法，手续是否齐全，确保境外证据的来源合法性。

2. 证据转换的规范性审查

对于不符合我国证据种类和收集程序要求的境外证据，侦查机关要重新进行转换和固定，才能作为证据使用。注重审查：

（1）境外交接证据过程的连续性，是否有交接文书，交接文书是否包含接收证据。

（2）接收移交、开箱、登记时是否全程录像，确保交接过程的真实性，交接物品的完整性。

（3）境外证据按照我国证据收集程序重新进行固定的，依据相关规定进行，注意证据转换过程的连续性和真实性的审查。

（4）公安机关是否对境外证据来源、提取人、提取时间或者提供人、提供时间以及保管移交的过程等作出说明，有无对电子数据完整性等专门性问题的鉴定意见等。

（5）无法确认证据来源、证据真实性、收集程序违法无法补正等境外证据应予排除。

3. 其他来源的境外证据的审查 通过其他渠道收集的境外证据材料，作为证据使用的，应注重对其来源、提供人、提供时间以及提取人、提取时间进行审查。能够证明案件事实且符合刑事诉讼法规定的，可以作为证据使用。

三、社会危险性及羁押必要性审查

（一）审查逮捕

符合下列情形之一的，可以结合案件具体情况考虑认定犯罪嫌疑人具有社会危险性，有羁押必要：

1.《最高人民检察院、公安部关于逮捕社会危险性条件若干问题的规定（试行）》（高检会〔2015〕9号）规定的具有社会危险性情节的。

2. 犯罪嫌疑人是诈骗团伙的首要分子或者主犯。对于首要分子，要重点审查其在电信网络诈骗集团中是否起到组织、策划、指挥作用。对于其他主犯，要重点审查其是否是犯意的发起者、犯罪的组织者、策划者、指挥者、主要责任者，是否参与了犯罪的全过程或关键环节以及在犯罪中所起的作用：诈骗团伙的具体管理者、组织者、招募者、电脑操盘人员、对诈骗成员进行培训的人员以及制作、提供诈骗方案、术语清单、语音包、信息的人员可以认定为主犯；取款组、供卡组、公民个人信息提供组等负责人，对维持诈骗团伙运转起着重要作用的，可以认定为主犯；对于其他实行犯是否属于主犯，主要通过其参加时段实施共同犯罪活动的程度、具体罪行的大小、对造成危害后果的作用等来认定。

3. 有证据证明犯罪嫌疑人实施诈骗行为，犯罪嫌疑人拒不供认或者作虚假供述的。

4. 有证据显示犯罪嫌疑人参与诈骗且既遂数额巨大、被害人众多，诈骗数额等需进一步核实的。

5. 有证据证明犯罪嫌疑人参与诈骗的时间长，应当明知诈骗团伙其他同案犯犯罪事实的，但犯罪嫌疑人拒绝指证或虚假指证的。

6. 其他具有社会危险性或羁押必要的情形。

在犯罪嫌疑人罪行较轻的前提下，根据犯罪嫌疑人在犯罪团伙中的地位、作用、参与时间、工作内容、认罪态度、悔罪表现等情节，结合案件整体情况，依据主客观相一致原则综合判断犯罪嫌疑人的社会危险性或者羁押必要性。在犯罪嫌疑人真诚认罪悔罪，如实供述且供述稳定的情况下，有下列情形的可以考虑社会危险性较小：

1. 预备犯、中止犯。

2. 直接参与诈骗的数额未达巨大，有自首、立功表现的。

3. 直接参与诈骗的数额未达巨大，参与时间短的发送信息、拨打电话人员。

4. 涉案数额未达巨大，受雇负责饮食、住宿等辅助工作人员。

5. 直接参与诈骗的数额未达巨大，积极退赃的从犯。

6. 被胁迫参加电信网络诈骗团伙，没有造成严重影响和后果的。

7. 其他社会危险性较小的情形。

需要注意的是，对犯罪嫌疑人社会危险性的把握，要根据案件社会影响、造成危害后果、打击力度的需要等多方面综合判断和考虑。

（二）审查起诉

在审查起诉阶段，要结合侦查阶段取得的事实证据，进一步引导侦查机关加大捕后侦查力度，及时审查新证据。在羁押期限届满前对全案进行综合审查，对于未达到逮捕证明标准的，撤销原逮捕决定。

经羁押必要性审查，发现犯罪嫌疑人具有下列情形之一的，应当向办案机关提出释放或者变更强制措施的建议：

1. 案件证据发生重大变化，没有证据证明有犯罪事实或者犯罪行为系犯罪嫌疑人、被告人所为的。

2. 案件事实或者情节发生变化，犯罪嫌疑人、被告人可能被判处拘役、管制、独立适用附加刑、免予刑事处罚或者判决无罪的。

3. 继续羁押犯罪嫌疑人、被告人，羁押期限将超过依法可能判处的刑期的。

4. 案件事实基本查清，证据已经收集固定，符合取保候审或者监视居住条件的。

经羁押必要性审查，发现犯罪嫌疑人、被告人具有下列情形之一，且具有悔罪表现，不予羁押不致发生社会危险性的，可以向办案机关提出释放或者变更强制措施的建议：

1. 预备犯或者中止犯；共同犯罪中的从犯或者胁从犯。

2. 主观恶性较小的初犯。

3. 系未成年人或者年满七十五周岁的人。

4. 与被害方依法自愿达成和解协议，且已经履行或者提供担保的。

5. 患有严重疾病、生活不能自理的。

6. 系怀孕或者正在哺乳自己婴儿的妇女。

7. 系生活不能自理的人的唯一扶养人。

8. 可能被判处一年以下有期徒刑或者宣告缓刑的。

9. 其他不需要继续羁押犯罪嫌疑人、被告人的情形。

检察机关办理侵犯公民个人信息案件指引

（2018 年 11 月 9 日　高检发侦监字〔2018〕13 号）

根据《中华人民共和国刑法》第二百五十三条之一的规定，侵犯公民个人信息罪是指违反国家有关规定，向他人出售、提供公民个人信息，或者通过窃取等方法非法获取公民个人信息，情节严重的行为。

结合《最高人民法院、最高人民检察院关于办理侵犯公民个人信息刑事案件适用法律若干问题的解释》（法释〔2017〕10号）（以下简称《解释》），办理侵犯公民个人信息案件，应当特别注意以下问题：一是对“公民个人信息”的审查认定；二是对“违反国家有关规定”的审查认定；三是对“非法获取”的审查认定；四是对“情节严重”和“情节特别严重”的审查认定；五是对关联犯罪的审查认定。

一、审查证据的基本要求

（一）审查逮捕

1. 有证据证明发生了侵犯公民个人信息犯罪事实

（1）证明侵犯公民个人信息案件发生

主要证据包括：报案登记、受案登记、立案决定书、破案经过、证人证言、被害人陈述、犯罪嫌疑人供述和辩解以及证人、被害人提供的短信、微信或QQ截图等电子数据。

（2）证明被侵犯对象系公民个人信息

主要证据包括：扣押物品清单、勘验检查笔录、电子数据、司法鉴定意见及公民信息查询结果说明、被害人陈述、被害人提供的原始信息资料和对比资料等。

2. 有证据证明侵犯公民个人信息行为是犯罪嫌疑人实施的

（1）证明违反国家有关规定的证据：犯罪嫌疑人关于所从事的职业的供述、其所在公司的工商注册资料、公司出具的犯罪嫌疑人职责范围说明、劳动合同、保密协议及公司领导、同事关于犯罪嫌疑人职责范围的证言等。

（2）证明出售、提供行为的证据：远程勘验笔录及QQ、微信等即时通讯工具聊天记录、论坛、贴吧、电子邮件、手机短信记录等电子数据，证明犯罪嫌疑人通过上述途径向他人出售、提供、交换公民个人信息的情况。公民个人信息贩卖者、提供者、担保交易人及购买者、收受者的证言或供述，相关银行账户明细、第三方支付平台账户明细，证明出售公民个人信息违法所得情况。此外，如果犯罪嫌疑人系通过信息网络发布方式提供公民个人信息，证明该行为的证据还包括远程勘验笔录、扣押笔录、扣押物品清单、对手机、电脑存储介质、云盘、FTP 等的司法鉴定意见等。

（3）证明犯罪嫌疑人或公民个人信息购买者、收受者控制涉案信息的证据：搜查笔录、扣押笔录、扣押物品清单，对手机、电脑存储介质等的司法鉴定意见等，证实储存有公民个人信息的电脑、手机、U 盘或者移动硬盘、云盘、FTP 等介质与犯罪嫌疑人或公民个人信息购买者、收受者的关系。犯罪嫌疑人供述、辨认笔录及证人证言等，证实犯罪嫌疑人或公民个人信息购买者、收受者所有或实际控制、使用涉案存储介质。

（4）证明涉案公民个人信息真实性的证据：被害人陈述、被害人提供的原始信息资料、公安机关或相关单位出具的涉案公民个人信息与权威数据库内信息同一性的比对说明。针对批量的涉案公民个人信息的真实性问题，根据《解释》精神，可以根据查获的数量直接认定，但有证据证明信息不真实或重复的除外。

（5）证明违反国家规定，通过窃取、购买、收受、交换等方式非法获取公民个人信息的证据：主要证据与上述以出售、提供方式侵犯公民个人信息行为的证据基本相同。针对窃取的方式如通过技术手段非法获取公民个人信息的行为，需证明犯罪嫌疑人实施上述行为，除被害人陈述、犯罪嫌疑人供述和辩解外，还包括侦查机关从被害公司数据库中发现入侵电脑 IP 地址情况、从犯罪嫌疑人电脑中提取的侵入被害公司数据的痕迹等现场勘验检查笔录，以及涉案程序（木马）的司法鉴定意见等。

3. 有证据证明犯罪嫌疑人具有侵犯公民个人信息的主观故意

（1）证明犯罪嫌疑人明知没有获取、提供公民个人信息的法律依据或资格，主要证据包括：犯罪嫌疑人的身份证明、犯罪嫌疑人关于所从事职业的供述、其所在公司的工商资料和营业范围、公司关于犯罪嫌疑人的职责范围说明、公司主要负责人的证人证言等。

（2）证明犯罪嫌疑人积极实施窃取、出售、提供、购买、交换、收受公民个人信息的行为，主要证据除了证人证言、犯罪嫌疑人供述和辩解外，还包括远程勘验笔录、手机短信记录、即时通讯工具聊天记录、电子数据司法鉴定意见、银行账户明细、第三方支付平台账户明细等。

4. 有证据证明“情节严重”或“情节特别严重”

（1）公民个人信息购买者或收受者的证言或供述。

（2）公民个人信息购买、收受公司工作人员利用公民个人信息进行电话或短信推销、商务调查等经营性活动后出具的证言或供述。

（3）公民个人信息购买者或者收受者利用所获信息从事违法犯罪活动后出具的证言或供述。

（4）远程勘验笔录、电子数据司法鉴定意见书、最高人民检察院或公安部指定的机构对电子数据涉及的专门性问题出具的报告、公民个人信息资料等。证明犯罪嫌疑人通过即时通讯工具、电子邮箱、论坛、贴吧、手机等向他人出售、提供、购买、交换、收受公民个人信息的情况。

（5）银行账户明细、第三方支付平台账户明细。

（6）死亡证明、伤情鉴定意见、医院诊断记录、经济损失鉴定意见、相关案件起诉书、判决书等。

（二）审查起诉

除审查逮捕阶段证据审查基本要求之外，对侵犯公民个人信息案件的审查起诉工作还应坚持“犯罪事实清楚，证据确实、充分”的标准，保证定罪量刑的事实都有证据证明；据以定案的证据均经法定程序查证属实；综合全案证据，对所认定的事实已排除合理怀疑。

1. 有确实充分的证据证明发生了侵犯公民个人信息犯罪事实。该证据与审查逮捕的证据类型相同。

2. 有确实充分的证据证明侵犯公民个人信息行为是犯罪嫌疑人实施的

（1）对于证明犯罪行为是犯罪嫌疑人实施的证据审查，需要结合《解释》精神，准确把握对“违反国家有关规定”“出售、提供行为”“窃取或以其他方法”的认定。

（2）对证明违反国家有关规定的证据审查，需要明确国家有关规定的具体内容，违反法律、行政法规、部门规章有关公民个人信息保护规定的，应当认定为刑法第二百五十三条之一规定的“违反国家有关规定”。

（3）对证明出售、提供行为的证据审查，应当明确“出售、提供”包括在履职或提供服务的过程中将合法持有的公民个人信息出售或者提供给他人的行为：向特定人提供、通过信息网络或者其他途径发布公民个人信息、未经被收集者同意，将合法收集的公民个人信息（经过处理无法识别特定个人且不能复原的除外）向他人提供的，均属于刑法第二百五十三条之一规定的“提供公民个人信息”。应当全面审查犯罪嫌疑人所出售提供公民个人信息的来源、途经与去向，对相关供述、物证、书证、证人证言、被害人陈述、电子数据等证据种类进行综合审查，针对使用信息网络进行犯罪活动的，需要结合专业知识，根据证明该行为的远程勘验笔录、扣押笔录、扣押物品清单、电子存储介质、网络存储介质等的司法鉴定意见进行审查。

（4）对证明通过窃取或以其他非法方法获取公民个人信息等方式非法获取公民个人信息的证据审查，应当明确“以其他方法获取公民个人信息”包括购买、收受、交换等方式获取公民个人信息，或者在履行职责、提供服务过程中收集公民个人信息的行为。

针对窃取行为，如通过信息网络窃取公民个人信息，则应当结合犯罪嫌疑人供述、证人证言、被害人陈述，着重审查证明犯罪嫌疑人侵入信息网络、数据库时的IP地址、MAC地址、侵入工具、侵入痕迹等内容的现场勘验检查笔录以及涉案程序（木马）的司法鉴定意见等。

针对购买、收受、交换行为，应当全面审查购买、收受、交换公民个人信息的来源、途经、去向，结合犯罪嫌疑人供述和辩解、辨认笔录、证人证言等证据，对搜查笔录、扣押笔录、扣押物品清单、涉案电子存储介质等司法鉴定意见进行审查，明确上述证据同犯罪嫌疑人或公民个人信息购买、收受、交换者之间的关系。

针对履行职责、提供服务过程中收集公民个人信息的行为，应当审查证明犯罪嫌疑人所从事职业及其所负职责的证据，结合法律、行政法规、部门规章等国家有关公民个人信息保护的规定，明确犯罪嫌疑人的行为属于违反国家有关规定，以其他方法非法获取公民个人信息的行为。

（5）对证明涉案公民个人信息真实性证据的审查，应当着重审查被害人陈述、被害人提供的原始信息资料、公安机关或其他相关单位出具的涉案公民个人信息与权威数据库内信息同一性的对比说明。对批量的涉案公民个人信息的真实性问题，根据《解释》精神，可以根据查获的数量直接认定，但有证据证明信息不真实或重复的除外。

3. 有确实充分的证据证明犯罪嫌疑人具有侵犯公民个人信息的主观故意

（1）对证明犯罪嫌疑人主观故意的证据审查，应当综合审查犯罪嫌疑人的身份证明、犯罪嫌疑人关于所从事职业的供述、其所在公司的工商资料和营业范围、公司关于犯罪嫌疑人的职责范围说明、公司主要负责人的证人证言等，结合国家公民个人信息保护的相关规定，夯实犯罪嫌疑人在实施犯罪时的主观明知。

（2）对证明犯罪嫌疑人积极实施窃取或者以其他方法非法获取公民个人信息行为的证据审查，应当结合犯罪嫌疑人供述、证人证言，着重审查远程勘验笔录、手机短信记录、即时通讯工具聊天记录、电子数据司法鉴定意见、银行账户明细、第三方支付平台账户明细等，明确犯罪嫌疑人在实施犯罪时的积极作为。

4. 有确实充分的证据证明“情节严重”或“情节特别严重”。该证据与审查逮捕的证据类型相同。

二、需要特别注意的问题

在侵犯公民个人信息案件审查逮捕、审查起诉中，要根据相关法律、司法解释等规定，结合在案证据，重点注意以下问题：

（一）对“公民个人信息”的审查认定

根据《解释》的规定，公民个人信息是指以电子或者其他方式记录的能够单独或者与其他信息结合识别特定自然人身份或者反映特定自然人活动情况的各种信息，包括姓名、身份证件号码、通信通讯联系方式、住址、账号密码、财产状况、行踪轨迹等。经过处理无法识别特定自然人且不能复原的信息，虽然也可能反映自然人活动情况，但与特定自然人无直接关联，不属于公民个人信息的范畴。

对于企业工商登记等信息中所包含的手机、电话号码等信息，应当明确该号码的用途。对由公司购买、使用的手机、电话号码等信息，不属于个人信息的范畴，从而严格区分“手机、电话号码等由公司购买，归公司使用”与“公司经办人在工商登记等活动中登记个人电话、手机号码”两种不同情形。

（二）对“违反国家有关规定”的审查认定

《中华人民共和国刑法修正案（九）》将原第二百五十三条之一的“违反国家规定”修改为“违反国家有关规定”，后者的范围明显更广。根据刑法第九十六条的规定，“国家规定”仅限于全国人大及其常委会制定的法律和决定，国务院制定的行政法规、规定的行政措施、发布的决定和命令。而“国家有关规定”还包括部门规章，这些规定散见于金融、电信、交通、教育、医疗、统计、邮政等领域的法律、行政法规或部门规章中。

（三）对“非法获取”的审查认定

在窃取或者以其他方法非法获取公民个人信息的行为中，需要着重把握“其他方法”的范围问题。“其他方法”，是指“窃取”以外，与窃取行为具有同等危害性的方法，其中，购买是最常见的非法获取手段。侵犯公民个人信息犯罪作为电信网络诈骗的上游犯罪，诈骗分子往往先通过网络向他人购买公民个人信息，然后自己直接用于诈骗或转发给其他同伙用于诈骗，诈骗分子购买公民个人信息的行为属于非法获取行为，其同伙接收公民个人信息的行为明显也属于非法获取行为。同时，一些房产中介、物业管理公司、保险公司、担保公司的业务员往往与同行通过QQ、微信群互相交换各自掌握的客户信息，这种交换行为也属于非法获取行为。此外，行为人在履行职责、提供服务过程中，违反国家有关规定，未经他人同意收集公民个人信息，或者收集与提供的服务无关的公民个人信息的，也属于非法获取公民个人信息的行为。

（四）对“情节严重”和“情节特别严重”的审查认定

1. 关于“情节严重”的具体认定标准，根据《解释》第五条第一款的规定，主要涉及五个方面：

（1）信息类型和数量。①行踪轨迹信息、通信内容、征信信息、财产信息，此类信息与公民人身、财产安全直接相关，数量标准为五十条以上，且仅限于上述四类信息，不允许扩大范围。对于财产信息，既包括银行、第三方支付平台、证券期货等金融服务账户的身份认证信息（一组确认用户操作权限的数据，包括账号、口令、密码、数字证书等），也包括存款、房产、车辆等财产状况信息。②住宿信息、通信记录、健康生理信息、交易信息等可能影响公民人身、财产安全的信息，数量标准为五百条以上，此类信息也与人身、财产安全直接相关，但重要程度要弱于行踪轨迹信息、通信内容、征信信息、财产信息。对“其他可能影响人身、财产安全的公民个人信息”的把握，应当确保所适用的公民个人信息涉及人身、财产安全，且与“住宿信息、通信记录、健康生理信息、交易信息”在重要程度上具有相当性。③除上述两类信息以外的其他公民个人信息，数量标准为五千条以上。

（2）违法所得数额。对于违法所得，可直接以犯罪嫌疑人出售公民个人信息的收入予以认定，不必扣减其购买信息的犯罪成本。同时，在审查认定违法所得数额过程中，应当以查获的银行交易记录、第三方支付平台交易记录、聊天记录、犯罪嫌疑人供述、证人证言综合予以认定，对于犯罪嫌疑人无法说明合法来源的用于专门实施侵犯公民个人信息犯罪的银行账户或第三方支付平台账户内资金收入，可综合全案证据认定为违法所得。

（3）信息用途。公民个人信息被他人用于违法犯罪活动的，不要求他人的行为必须构成犯罪，只要行为人明知他人非法获取公民个人信息用于违法犯罪活动即可。

（4）主体身份。如果行为人系将在履行职责或者提供服务过程中获得的公民个人信息出售或者提供给他人的，涉案信息数量、违法所得数额只要达到一般主体的一半，即可认为“情节严重”。

（5）主观恶性。曾因侵犯公民个人信息受过刑事处罚或者二年内受过行政处罚，又非法获取、出售或者提供公民个人信息的，即可认为“情节严重”。

2. 关于“情节特别严重”的认定标准，根据《解释》，主要分为两类：一是信息数量、违法所得数额标准。二是信息用途引发的严重后果，其中造成人身伤亡、经济损失、恶劣社会影响等后果，需要审查认定侵犯公民个人信息的行为与严重后果间存在因果关系。

对于涉案公民个人信息数量的认定，根据《解释》第十一条，非法获取公民个人信息后又出售或者提供的，公民个人信息的条数不重复计算；向不同单位或者个人分别出售、提供同一公民个人信息的，公民个人信息的条数累计计算；对批量出售、提供公民个人信息的条数，根据查获的数量直接认定，但是有证据证明信息不真实或者重复的除外。在实践中，如犯罪嫌疑人多次获取同一条公民个人信息，一般认定为一条，不重复累计；但获取的该公民个人信息内容发生了变化的除外。

对于涉案公民个人信息的数量、社会危害性等因素的审查，应当结合刑法第二百五十三条和《解释》的规定进行综合审查。涉案公民个人信息数量极少，但造成被害人死亡等严重后果的，应审查犯罪嫌疑人行为与该后果之间的因果关系，符合条件的，可以认定为实施《解释》第五条第一款第十项“其他情节严重的情形”的行为，造成被害人死亡等严重后果，从而认定为“情节特别严重”。如涉案公民个人信息数量较多，但犯罪嫌疑人仅仅获取而未向他人出售或提供，则可以在认定相关犯罪事实的基础上，审查该行为是否符合《解释》第五条第一款第三、四、五、六、九项及第二款第三项的情形，符合条件的，可以分别认定为“情节严重”“情节特别严重”。

此外，针对为合法经营活动而购买、收受公民个人信息的行为，在适用《解释》第六条的定罪量刑标准时须满足三个条件：一是为了合法经营活动，对此可以综合全案证据认定，但主要应当由犯罪嫌疑人一方提供相关证据；二是限于普通公民个人信息，即不包括可能影响人身、财产安全的敏感信息；三是信息没有再流出扩散，即行为方式限于购买、收受。如果将购买、收受的公民个人信息非法出售或者提供的，定罪量刑标准应当适用《解释》第五条的规定。

（五）对关联犯罪的审查认定

对于侵犯公民个人信息犯罪与电信网络诈骗犯罪相交织的案件，应严格按照《最高人民法院、最高人民检察院、公安部关于办理电信网络诈骗等刑事案件适用法律若干问题的意见》（法发〔2016〕32号）的规定进行审查认定，即通过认真审查非法获取、出售、提供公民个人信息的犯罪嫌疑人对电信网络诈骗犯罪的参与程度，结合能够证实其认知能力的学历文化、聊天记录、通话频率、获取固定报酬还是参与电信网络诈骗犯罪分成等证据，分析判断其是否属于诈骗共同犯罪、是否应该数罪并罚。

根据《解释》第八条的规定，设立用于实施出售、提供或者非法获取公民个人信息违法犯罪活动的网站、通讯群组，情节严重的，应当依照刑法第二百八十七条之一的规定，以非法利用信息网络罪定罪；同时构成侵犯公民个人信息罪的，应当认定为侵犯公民个人信息罪。

对于违反国家有关规定，采用技术手段非法侵入合法存储公民个人信息的单位数据库窃取公民个人信息的行为，也符合刑法第二百八十五条第二款非法获取计算机信息系统数据罪的客观特征，同时触犯侵犯公民个人信息罪和非法获取计算机信息系统数据罪的，应择一重罪论处。

此外，针对公安民警在履行职责过程中，违反国家有关规定，查询、提供公民个人信息的情形，应当认定为“违反国家有关规定，将在履行职责或者提供服务过程中以其他方法非法获取或提供公民个人信息”。但同时，应当审查犯罪嫌疑人除该行为之外有无其他行为侵害其他法益，从而对可能存在的其他犯罪予以准确认定。

三、社会危险性及羁押必要性审查

（一）审查逮捕

1. 犯罪动机：一是出售牟利；二是用于经营活动；三是用于违法犯罪活动。犯罪动机表明犯罪嫌疑人主观恶性，也能证明犯罪嫌疑人是否可能实施新的犯罪。

2. 犯罪情节。犯罪嫌疑人的行为直接反映其人身危险性。具有下列情节的侵犯公民个人信息犯罪，能够证实犯罪嫌疑人主观恶性和人身危险性较大，实施新的犯罪的可能性也较大，可以认为具有较大的社会危险性：一是犯罪持续时间较长、多次实施侵犯公民个人信息犯罪的；二是被侵犯的公民个人信息数量或违法所得巨大的；三是利用公民个人信息进行违法犯罪活动的；四是犯罪手段行为本身具有违法性或者破坏性，即犯罪手段恶劣的，如骗取、窃取公民个人信息，采取胁迫、植入木马程序侵入他人计算机系统等方式非法获取信息。

犯罪嫌疑人实施侵犯公民个人信息犯罪，不属于“情节特别严重”，系初犯，全部退赃，并确有悔罪表现的，可以认定社会危险性较小，没有逮捕必要。

（二）审查起诉

在审查起诉阶段，要结合侦查阶段取得的事实证据，进一步引导侦查机关加大捕后侦查力度，及时审查新证据。在羁押期限届满前对全案进行综合审查，对于未达到逮捕证明标准的，撤销原逮捕决定。

经羁押必要性审查，发现犯罪嫌疑人具有下列情形之一的，应当向办案机关提出释放或者变更强制措施的建议：

1. 案件证据发生重大变化，没有证据证明有犯罪事实或者犯罪行为系犯罪嫌疑人、被告人所为的。

2. 案件事实或者情节发生变化，犯罪嫌疑人、被告人可能被判处拘役、管制、独立适用附加刑、免予刑事处罚或者判决无罪的。

3. 继续羁押犯罪嫌疑人、被告人，羁押期限将超过依法可能判处的刑期的。

4. 案件事实基本查清，证据已经收集固定，符合取保候审或者监视居住条件的。

经羁押必要性审查，发现犯罪嫌疑人、被告人具有下列情形之一，且具有悔罪表现，不予羁押不致发生社会危险性的，可以向办案机关提出释放或者变更强制措施的建议：

1. 预备犯或者中止犯；共同犯罪中的从犯或者胁从犯。
2. 主观恶性较小的初犯。
3. 系未成年人或者年满七十五周岁的人。
4. 与被害方依法自愿达成和解协议，且已经履行或者提供担保的。
5. 患有严重疾病、生活不能自理的。
6. 系怀孕或者正在哺乳自己婴儿的妇女。
7. 系生活不能自理的人的唯一扶养人。
8. 可能被判处一年以下有期徒刑或者宣告缓刑的。
9. 其他不需要继续羁押犯罪嫌疑人、被告人的情形。

最高人民法院刑事审判第三庭、最高人民检察院第四检察厅、公安部刑事侦查局关于"断卡"行动中有关法律适用问题的会议纪要

（2022 年 3 月 22 日）

各省、自治区、直辖市高级人民法院刑事审判庭、人民检察院刑事检察部、公安厅（局）刑侦局、刑侦（警）总队，新疆维吾尔自治区高级人民法院生产建设兵团分院刑事审判庭、新疆生产建设兵团人民检察院刑事检察部、新疆生产建设兵团公安局刑侦总队：

在国务院打击治理电信网络新型违法犯罪工作部际联席会议办公室的统一部署下，各级人民法院、人民检察院和公安机关认真落实习

近平总书记重要指示批示精神，加强协作配合，积极履职作为，“断卡”行动深入推进，打击整治成效日益明显，有力遏制了电信网络诈骗犯罪持续高发的势头。2021 年 6 月，最高人民法院、最高人民检察院、公安部联合发布《关于办理电信网络诈骗等刑事案件适用法律若干问题的意见（二）》（以下简称“《意见（二）》”），进一步解决了实践中的部分难点重点问题，为打击治理专项工作提供了有力法律保障。

当前，涉“两卡”（即手机卡、信用卡）犯罪形势依旧复杂严峻，犯罪类型多样且不断发展，需要进一步统一认识，明确依据，更好实现打击治理的目的。为此，2021 年 11 月 26 日和 2022 年 1 月 7 日，最高人民法院刑事审判第三庭、最高人民检察院第四检察厅和公安部刑事侦查局先后召开联席会议，就当前“断卡”行动中各地反映的突出法律适用问题进行研究，就相关问题形成共识。现将会议纪要下发，供各地在办案中参考。

一、关于帮助信息网络犯罪活动罪中“明知他人利用信息网络实施犯罪”的理解适用。认定行为人是否“明知”他人利用信息网络实施犯罪，应当坚持主客观相一致原则，即要结合行为人的认知能力、既往经历、交易对象、与信息网络犯罪行为人的关系、提供技术支持或者帮助的时间和方式、获利情况、出租、出售“两卡”的次数、张数、个数，以及行为人的供述等主客观因素，同时注重听取行为人的辩解并根据其辩解合理与否，予以综合认定。司法办案中既要防止片面倚重行为人的供述认定明知；也要避免简单客观归罪，仅以行为人有出售“两卡”行为就直接认定明知。特别是对于交易双方存在亲友关系等信赖基础，一方确系偶尔向另一方出租、出售“两卡”的，要根据在案事实证据，审慎认定“明知”。

在办案过程中，可着重审查行为人是否具有以下特征及表现，综合全案证据，对其构成“明知”与否作出判断：（1）跨省或多人结伙批量办理、收购、贩卖“两卡”的；（2）出租、出售“两卡”后，收到公安机关、银行业金融机构、非银行支付机构、电信服务提供者等相关单位部门的口头或书面通知，告知其所出租、出售的“两卡”涉嫌诈骗、洗钱等违法犯罪，行为人未采取补救措施，反而继续出租、出售的；（3）出租、出售的“两卡”因涉嫌诈骗、洗钱等违法犯罪被冻结，又帮助解冻，或者注销旧卡、办理新卡，继续出租、出售的；（4）出租、出售的具有支付结算功能的网络账号因涉嫌诈骗、洗钱等违法犯罪被查封，又帮助解封，继续提供给他人使用的；（5）频繁使用隐蔽上网、加密通信、销毁数据等措施或者使用虚假身份，逃避监管或者规避调查的；（6）事先串通设计应对调查的话术口径的；（7）曾因非法交易“两卡”受过处罚或者信用惩戒、训诫谈话，又收购、出售、出租“两卡”的等。

二、关于《最高人民法院、最高人民检察院关于办理非法利用信息网络、帮助信息网络犯罪活动等刑事案件适用法律若干问题的解释》（以下简称“《解释》”）第十二条第一款第（一）项的理解适用。该项所规定的“为三个以上对象提供帮助”，应理解为分别为三个以上行为人或团伙组织提供帮助，且被帮助的行为人或团伙组织实施的行为均达到犯罪程度。为同一对象提供三次以上帮助的，不宜理解为“为三个以上对象提供帮助”。

三、关于《解释》第十二条第一款第（四）项的理解适用。该项所规定“违法所得一万元”中的“违法所得”，应理解为行为人为他人实施信息网络犯罪提供帮助，由此所获得的所有违法款项或非法收入。行为人收卡等“成本”费用无须专门扣除。

四、关于《关于深入推进“断卡”行动有关问题的会议纪要》（以下简称“《2020年会议纪要》”）中列举的符合《解释》第十二条规定的“情节严重”情形的理解适用。《2020年会议纪要》第五条规定，出租、出售的信用卡被用于实施电信网络诈骗，达到犯罪程度，该信用卡内流水金额超过三十万元的，按照符合《解释》第十二条规定的“情节严重”处理。在适用时应把握单向流入涉案信用卡中的资金超过三十万元，且其中至少三千元经查证系涉诈骗资金。行为人能够说明资金合法来源和性质的，应当予以扣除。以上述情形认定行为“情节严重”的，要注重审查行为人的主观明知程度、出租、出售信用卡的张数、次数、非法获利的数额以及造成的其他严重后果，综合考虑与《解释》第十二条第一款其他项适用的相当性。

行为人出租、出售的信用卡被用于接收电信网络诈骗资金，但行为人未实施代为转账、套现、取现等行为，或者未实施为配合他人转账、套现、取现而提供刷脸等验证服务的，不宜认定为《解释》第十二条第一款第（二）项规定的“支付结算”行为。

五、关于正确区分帮助信息网络犯罪活动罪、掩饰、隐瞒犯罪所得、犯罪所得收益罪与诈骗罪的界限。在办理涉“两卡”犯罪案件中，存在准确界定前述三个罪名之间界限的问题。应当根据行为人的主观明知内容和实施的具体犯罪行为，确定其行为性质。以信用卡为例：（1）明知他人实施电信网络诈骗犯罪，参加诈骗团伙或者与诈骗团伙之间形成较为稳定的配合关系，长期为他人提供信用卡或者转账取现的，可以诈骗罪论处。（2）行为人向他人出租、出售信用卡后，在明知是犯罪所得及其收益的情况下，又代为转账、套现、取现等，或者为配合他人转账、套现、取现而提供刷脸等验证服务的，可以掩饰、隐瞒犯罪所得、犯罪所得收益罪论处。（3）明知他人利用信息网络实施犯罪，仅向他人出租、出售信用卡，未实施其他行为，达到情节严重标准的，可以帮助信息网络犯罪活动罪论处。

在司法实践中，应当具体案情具体分析，结合主客观证据，重视行为人的辩解理由，确保准确定性。

六、关于《意见（二）》第三条的理解适用。为严厉打击跨境电信网络诈骗团伙犯罪，该条规定，有证据证实行为人参加境外诈骗犯罪集团或犯罪团伙，在境外针对境内居民实施电信网络诈骗犯罪行为，诈骗数额难以查证，但一年内出境赴境外诈骗犯罪窝点累计时间 30 日以上或多次出境赴境外诈骗犯罪窝点的，以诈骗罪依法追究刑事责任。在司法适用时，要注意把握以下三个要求：（1）有证据证明行为人参加了境外电信网络诈骗犯罪集团或犯罪团伙，且在境外针对境内居民实施了具体的诈骗犯罪行为；（2）行为人一年内出境赴境外诈骗犯罪窝点累计 30 日以上，应当从行为人实际加入境外诈骗犯罪窝点的日期开始计算时间；（3）诈骗数额难以查证，是指基于客观困难，确实无法查清行为人实施诈骗的具体数额。在办案中，应当首先全力查证具体诈骗数额；在诈骗数额难以查清的情况下，根据《最高人民法院、最高人民检察院关于办理诈骗刑事案件具体应用法律若干问题的解释》和《最高人民法院、最高人民检察院、公安部关于办理电信网络诈骗等刑事案件适用法律若干问题的意见》的规定，还应当查证发送诈骗信息条数和拨打诈骗电话次数，如二者均无法查明，才适用该条规定。

七、关于收购、出售、出租信用卡的行为，可否以窃取、收买、非法提供信用卡信息罪追究刑事责任的问题。《刑法修正案（五）》设立了窃取、收买、非法提供信用卡信息罪，主要考虑是：利用信用卡信息资料复制磁条卡的问题在当时比较突出，严重危害持卡人的财产安全和国家金融安全，故设立本罪，相关司法解释将本罪入罪门槛规定为1张（套）信用卡。其中的“信用卡信息资料”，是指用于伪造信用卡的电子数据等基础信息，如有关发卡行代码、持卡人账户、密码等内容的加密电子数据。在“断卡”行动破获的此类案件中，行为人非法交易信用卡的主要目的在于直接使用信用卡，而非利用其中的信息资料伪造信用卡。故当前办理“断卡”行动中的此类案件，一般不以窃取、收买、非法提供信用卡信息罪追究刑事责任。

八、关于收购、出售、出租信用卡“四件套”行为的处理。行为人收购、出售、出租信用卡“四件套”（一般包括信用卡，身份信息，U盾，网银），数量较大的，可能同时构成帮助信息网络犯罪活动罪、妨害信用卡管理罪等。“断卡”行动中破获的此类案件，行为人收购、出售、出租的信用卡“四件套”，主要流向电信网络诈骗犯罪团伙或人员手中，用于非法接收、转移诈骗资金，一般以帮助信息网络犯罪活动罪论处。对于涉案信用卡“四件套”数量巨大，同时符合妨害信用卡管理罪构成要件的，择一重罪论处。

九、关于重大电信网络诈骗及其关联犯罪案件的管辖。对于涉案人数超过80人，以及在境外实施的电信网络诈骗及其关联犯罪案件，公安部根据工作需要指定异地管辖的，指定管辖前应当商最高人民检察院和最高人民法院。

各级人民法院、人民检察院、公安机关要充分认识到当前持续深入推进“断卡”行动的重要意义，始终坚持依法从严惩处和全面惩处的方针，坚决严惩跨境电信网络诈骗犯罪集团和人员、贩卖“两卡”团伙头目和骨干、职业“卡商”、行业“内鬼”等。同时，还应当注重宽以济严，对于初犯、偶犯、未成年人、在校学生，特别是其中被胁迫或蒙骗出售本人名下“两卡”，违法所得、涉案数额较少且认罪认罚的，以教育、挽救为主，落实“少捕慎诉慎押”的刑事司法政策，可以依法从宽处理，确保社会效果良好。

各省级人民法院、人民检察院、公安机关要尽快传达并转发本会议纪要，不断提高办案能力，依法准确办理涉“两卡”犯罪案件，确保“断卡”行动深入健康开展。在司法实践中如遇有重大疑难问题，应及时对口上报。

最高人民法院、最高人民检察院、公安部、国家安全部、司法部、全国人大常委会法制工作委员会关于实施刑事诉讼法若干问题的规定（节录）

（2012 年 12 月 26 日）

一、管　　辖

……

2. 刑事诉讼法第二十四条中规定：“刑事案件由犯罪地的人民法院管辖。”刑事诉讼法规定的“犯罪地”，包括犯罪的行为发生地和结果发生地。

3. 具有下列情形之一的，人民法院、人民检察院、公安机关可以在其职责范围内并案处理：

（一）一人犯数罪的；

（二）共同犯罪的；

（三）共同犯罪的犯罪嫌疑人、被告人还实施其他犯罪的；

（四）多个犯罪嫌疑人、被告人实施的犯罪存在关联，并案处理有利于查明案件事实的。

……

十一、其　他

……

本规定自2013年1月1日起施行。1998年1月19日发布的《最高人民法院、最高人民检察院、公安部、国家安全部、司法部、全国人大常委会法制工作委员会关于刑事诉讼法实施中若干问题的规定》同时废止。

最高人民法院、最高人民检察院、公安部关于办理刑事案件收集提取和审查判断电子数据若干问题的规定

（2016年9月9日　法发〔2016〕22号）

为规范电子数据的收集提取和审查判断，提高刑事案件办理质量，根据《中华人民共和国刑事诉讼法》等有关法律规定，结合司法实际，制定本规定。

一、一般规定

第一条 电子数据是案件发生过程中形成的，以数字化形式存储、处理、传输的，能够证明案件事实的数据。

电子数据包括但不限于下列信息、电子文件：

（一）网页、博客、微博客、朋友圈、贴吧、网盘等网络平台发布的信息；

（二）手机短信、电子邮件、即时通信、通讯群组等网络应用服务的通信信息；

（三）用户注册信息、身份认证信息、电子交易记录、通信记录、登录日志等信息；

（四）文档、图片、音视频、数字证书、计算机程序等电子文件。

以数字化形式记载的证人证言、被害人陈述以及犯罪嫌疑人、被告人供述和辩解等证据，不属于电子数据。确有必要的，对相关证据的收集、提取、移送、审查，可以参照适用本规定。

第二条 侦查机关应当遵守法定程序，遵循有关技术标准，全面、客观、及时地收集、提取电子数据；人民检察院、人民法院应当围绕真实性、合法性、关联性审查判断电子数据。

第三条 人民法院、人民检察院和公安机关有权依法向有关单位和个人收集、调取电子数据。有关单位和个人应当如实提供。

第四条 电子数据涉及国家秘密、商业秘密、个人隐私的，应当保密。

第五条 对作为证据使用的电子数据，应当采取以下一种或者几种方法保护电子数据的完整性：

（一）扣押、封存电子数据原始存储介质；

（二）计算电子数据完整性校验值；

（三）制作、封存电子数据备份；

（四）冻结电子数据；

（五）对收集、提取电子数据的相关活动进行录像；

（六）其他保护电子数据完整性的方法。

第六条 初查过程中收集、提取的电子数据，以及通过网络在线提取的电子数据，可以作为证据使用。

二、电子数据的收集与提取

第七条 收集、提取电子数据，应当由二名以上侦查人员进行。取证方法应当符合相关技术标准。

第八条 收集、提取电子数据，能够扣押电子数据原始存储介质的，应当扣押、封存原始存储介质，并制作笔录，记录原始存储介质的封存状态。

封存电子数据原始存储介质，应当保证在不解除封存状态的情况下，无法增加、删除、修改电子数据。封存前后应当拍摄被封存原始存储介质的照片，清晰反映封口或者张贴封条处的状况。

封存手机等具有无线通信功能的存储介质，应当采取信号屏蔽、信号阻断或者切断电源等措施。

第九条 具有下列情形之一，无法扣押原始存储介质的，可以提取电子数据，但应当在笔录中注明不能扣押原始存储介质的原因、原始存储介质的存放地点或者电子数据的来源等情况，并计算电子数据的完整性校验值：

（一）原始存储介质不便封存的；

（二）提取计算机内存数据、网络传输数据等不是存储在存储介质上的电子数据的；

（三）原始存储介质位于境外的；

（四）其他无法扣押原始存储介质的情形。

对于原始存储介质位于境外或者远程计算机信息系统上的电子数据，可以通过网络在线提取。

为进一步查明有关情况，必要时，可以对远程计算机信息系统进行网络远程勘验。进行网络远程勘验，需要采取技术侦查措施的，应当依法经过严格的批准手续。

第十条 由于客观原因无法或者不宜依据第八条、第九条的规定收集、提取电子数据的，可以采取打印、拍照或者录像等方式固定相关证据，并在笔录中说明原因。

第十一条 具有下列情形之一的，经县级以上公安机关负责人或者检察长批准，可以对电子数据进行冻结：

（一）数据量大，无法或者不便提取的；

（二）提取时间长，可能造成电子数据被篡改或者灭失的；

（三）通过网络应用可以更为直观地展示电子数据的；

（四）其他需要冻结的情形。

第十二条 冻结电子数据，应当制作协助冻结通知书，注明冻结电子数据的网络应用账号等信息，送交电子数据持有人、网络服务提供者或者有关部门协助办理。解除冻结的，应当在三日内制作协助解除冻结通知书，送交电子数据持有人、网络服务提供者或者有关部门协助办理。

冻结电子数据，应当采取以下一种或者几种方法：

（一）计算电子数据的完整性校验值；

（二）锁定网络应用账号；

（三）其他防止增加、删除、修改电子数据的措施。

第十三条 调取电子数据，应当制作调取证据通知书，注明需要调取电子数据的相关信息，通知电子数据持有人、网络服务提供者或者有关部门执行。

第十四条 收集、提取电子数据，应当制作笔录，记录案由、对象、内容、收集、提取电子数据的时间、地点、方法、过程，并附电子数据清单，注明类别、文件格式、完整性校验值等，由侦查人员、电子数据持有人（提供人）签名或者盖章；电子数据持有人（提供人）无法签名或者拒绝签名的，应当在笔录中注明，由见证人签名或者盖章。有条件的，应当对相关活动进行录像。

第十五条 收集、提取电子数据，应当根据刑事诉讼法的规定，由符合条件的人员担任见证人。由于客观原因无法由符合条件的人员担任见证人的，应当在笔录中注明情况，并对相关活动进行录像。

针对同一现场多个计算机信息系统收集、提取电子数据的，可以由一名见证人见证。

第十六条 对扣押的原始存储介质或者提取的电子数据，可以通过恢复、破解、统计、关联、比对等方式进行检查。必要时，可以进行侦查实验。

电子数据检查，应当对电子数据存储介质拆封过程进行录像，并将电子数据存储介质通过写保护设备接入到检查设备进行检查；有条件的，应当制作电子数据备份，对备份进行检查；无法使用写保护设备且无法制作备份的，应当注明原因，并对相关活动进行录像。

电子数据检查应当制作笔录，注明检查方法、过程和结果，由有关人员签名或者盖章。进行侦查实验的，应当制作侦查实验笔录，注明侦查实验的条件、经过和结果，由参加实验的人员签名或者盖章。

第十七条 对电子数据涉及的专门性问题难以确定的，由司法鉴定机构出具鉴定意见，或者由公安部指定的机构出具报告。对于人民检察院直接受理的案件，也可以由最高人民检察院指定的机构出具报告。

具体办法由公安部、最高人民检察院分别制定。

三、电子数据的移送与展示

第十八条 收集、提取的原始存储介质或者电子数据，应当以封存状态随案移送，并制作电子数据的备份一并移送。

对网页、文档、图片等可以直接展示的电子数据，可以不随案移送打印件；人民法院、人民检察院因设备等条件限制无法直接展示电子数据的，侦查机关应当随案移送打印件，或者附展示工具和展示方法说明。

对冻结的电子数据，应当移送被冻结电子数据的清单，注明类别、文件格式、冻结主体、证据要点、相关网络应用账号，并附查看工具和方法的说明。

第十九条 对侵入、非法控制计算机信息系统的程序、工具以及计算机病毒等无法直接展示的电子数据，应当附电子数据属性、功能等情况的说明。

对数据统计量、数据同一性等问题，侦查机关应当出具说明。

第二十条 公安机关报请人民检察院审查批准逮捕犯罪嫌疑人，或者对侦查终结的案件移送人民检察院审查起诉的，应当将电子数据等证据一并移送人民检察院。人民检察院在审查批准逮捕和审查起诉过程中发现应当移送的电子数据没有移送或者移送的电子数据不符合相关要求的，应当通知公安机关补充移送或者进行补正。

对于提起公诉的案件，人民法院发现应当移送的电子数据没有移送或者移送的电子数据不符合相关要求的，应当通知人民检察院。

公安机关、人民检察院应当自收到通知后三日内移送电子数据或者补充有关材料。

第二十一条 控辩双方向法庭提交的电子数据需要展示的，可以根据电子数据的具体类型，借助多媒体设备出示、播放或者演示。必要时，可以聘请具有专门知识的人进行操作，并就相关技术问题作出说明。

四、电子数据的审查与判断

第二十二条 对电子数据是否真实，应当着重审查以下内容：

（一）是否移送原始存储介质；在原始存储介质无法封存、不便移动时，有无说明原因，并注明收集、提取过程及原始存储介质的存放地点或者电子数据的来源等情况；

（二）电子数据是否具有数字签名、数字证书等特殊标识；

（三）电子数据的收集、提取过程是否可以重现；

（四）电子数据如有增加、删除、修改等情形的，是否附有说明；

（五）电子数据的完整性是否可以保证。

第二十三条 对电子数据是否完整，应当根据保护电子数据完整性的相应方法进行验证：

（一）审查原始存储介质的扣押、封存状态；

（二）审查电子数据的收集、提取过程，查看录像；

（三）比对电子数据完整性校验值；

（四）与备份的电子数据进行比较；

（五）审查冻结后的访问操作日志；

（六）其他方法。

第二十四条 对收集、提取电子数据是否合法，应当着重审查以下内容：

（一）收集、提取电子数据是否由二名以上侦查人员进行，取证方法是否符合相关技术标准；

（二）收集、提取电子数据，是否附有笔录、清单，并经侦查人员、电子数据持有人（提供人）、见证人签名或者盖章；没有持有人（提供人）签名或者盖章的，是否注明原因；对电子数据的类别、文件格式等是否注明清楚；

（三）是否依照有关规定由符合条件的人员担任见证人，是否对相关活动进行录像；

（四）电子数据检查是否将电子数据存储介质通过写保护设备接入到检查设备；有条件的，是否制作电子数据备份，并对备份进行检查；无法制作备份且无法使用写保护设备的，是否附有录像。

第二十五条 认定犯罪嫌疑人、被告人的网络身份与现实身份的同一性，可以通过核查相关 IP 地址、网络活动记录、上网终端归属、相关证人证言以及犯罪嫌疑人、被告人供述和辩解等进行综合判断。

认定犯罪嫌疑人、被告人与存储介质的关联性，可以通过核查相关证人证言以及犯罪嫌疑人、被告人供述和辩解等进行综合判断。

第二十六条 公诉人、当事人或者辩护人、诉讼代理人对电子数据鉴定意见有异议，可以申请人民法院通知鉴定人出庭作证。人民法院认为鉴定人有必要出庭的，鉴定人应当出庭作证。

经人民法院通知，鉴定人拒不出庭作证的，鉴定意见不得作为定案的根据。对没有正当理由拒不出庭作证的鉴定人，人民法院应当通报司法行政机关或者有关部门。

公诉人、当事人或者辩护人、诉讼代理人可以申请法庭通知有专门知识的人出庭，就鉴定意见提出意见。

对电子数据涉及的专门性问题的报告，参照适用前三款规定。

第二十七条 电子数据的收集、提取程序有下列瑕疵，经补正或者作出合理解释的，可以采用；不能补正或者作出合理解释的，不得作为定案的根据：

（一）未以封存状态移送的；

（二）笔录或者清单上没有侦查人员、电子数据持有人（提供人）、见证人签名或者盖章的；

（三）对电子数据的名称、类别、格式等注明不清的；

（四）有其他瑕疵的。

第二十八条 电子数据具有下列情形之一的，不得作为定案的根据：

（一）电子数据系篡改、伪造或者无法确定真伪的；

（二）电子数据有增加、删除、修改等情形，影响电子数据真实性的；

（三）其他无法保证电子数据真实性的情形。

五、附　　则

第二十九条 本规定中下列用语的含义：

（一）存储介质，是指具备数据信息存储功能的电子设备、硬盘、光盘、优盘、记忆棒、存储卡、存储芯片等载体。

（二）完整性校验值，是指为防止电子数据被篡改或者破坏，使用散列算法等特定算法对电子数据进行计算，得出的用于校验数据完整性的数据值。

（三）网络远程勘验，是指通过网络对远程计算机信息系统实施勘验，发现、提取与犯罪有关的电子数据，记录计算机信息系统状态，判断案件性质，分析犯罪过程，确定侦查方向和范围，为侦查破案、刑事诉讼提供线索和证据的侦查活动。

（四）数字签名，是指利用特定算法对电子数据进行计算，得出的用于验证电子数据来源和完整性的数据值。

（五）数字证书，是指包含数字签名并对电子数据来源、完整性进行认证的电子文件。

（六）访问操作日志，是指为审查电子数据是否被增加、删除或者修改，由计算机信息系统自动生成的对电子数据访问、操作情况的详细记录。

第三十条 本规定自 2016 年 10 月 1 日起施行。之前发布的规范性文件与本规定不一致的，以本规定为准。

刑事案件速裁程序试点工作座谈会纪要（二）

（2015 年 12 月 22 日 法〔2015〕382 号）

2015 年 11 月 20 日，最高人民法院、最高人民检察院、公安部、司法部在北京召开刑事案件速裁程序试点工作座谈会，学习贯彻第十二届全国人大常委会第十七次会议对《最高人民法院、最高人民检察院关于刑事案件速裁程序试点情况的中期报告》的审议意见，对试点中亟需解决的问题达成了共识。现纪要如下：

1. 进一步深化认识加快推进试点工作。刑事案件速裁程序试点，是完善刑事诉讼中认罪认罚从宽制度的重大举措，也是构建多层次诉讼体系、实现诉讼程序与案件难易、刑罚轻重相适应的重要探索。全国人大常委会首次对司法改革事项进行授权，时间紧迫，责任重大。一年多来的试点工作取得了阶段性成效，但还存在工作开展不平衡、协调配合不顺畅等问题。各地要增强改革试点的责任感、使命感和紧迫感，加强组织领导和协调配合，采取有效措施，切实解决问题，确保试点圆满完成。

2. 充分保障被告人行使程序选择权。人民法院、人民检察院、公安机关受理案件后，应当及时告知犯罪嫌疑人、被告人适用速裁程序的有关规定，确保其在充分知悉法律后果的前提下，自愿认罪并同意适用速裁程序。看守所要做好相关法制宣传工作，在押的犯罪嫌疑人、被告人提出适用速裁程序要求的，看守所应当及时将其请求转达给办案部门。

3. 充分发挥法律援助值班律师作用。人民法院、人民检察院、公安机关应当及时告知犯罪嫌疑人、被告人有权获得法律帮助。在押的犯罪嫌疑人、被告人提出法律帮助要求的，看守所应当通知值班律师提供法律帮助，并为值班律师及时会见犯罪嫌疑人、被告人提供便利。法律援助机构要做好值班律师选任工作，依法指导监督值班律师开展工作。要加强法律援助值班律师经费保障工作，提高值班律师补贴标准。

4. 优先适用非羁押强制措施。要严格把握羁押的必要性、合理性，严格审查逮捕的社会危险性条件。犯罪嫌疑人、被告人自愿认罪并同意适用速裁程序的，在保障诉讼顺利进行且符合条件的情况下，优先适用取保候审。

5. 充分体现量刑激励。要结合量刑规范化改革，推进速裁案件量刑规范化。被告人同意适用速裁程序的，在确保法律效果的前提下，可以减少基准刑的10-30%。各地可以结合当地实际，细化完善速裁案件量刑规则，确保轻罪轻刑、量刑公正。

6. 依法保障缓刑适用。被告人符合缓刑条件的，应当依法宣告缓刑。需要委托司法行政机关调查评估的，可以通过有关办案协作平台进行，提高工作效率。犯罪嫌疑人、被告人户籍地与居住地不一致的，如在居住地有合法固定住所、合法稳定经济来源，其亲友或其他人员愿意协助社区矫正机构落实监督措施的，宣告缓刑后可由居住地县级司法行政机关执行社区矫正，不得仅因罪犯系外地户籍而拒绝接收。

7. 准确把握证明标准。被告人自愿认罪，有关键证据证明被告人实施了指控的犯罪行为的，可以认定被告人有罪。对于量刑事实的认定，采取有利于被告人原则。

8. 适当简化取证规程。通过中国公安信息网获取的户籍信息、违法犯罪记录、出入境信息、在逃人员信息等材料，下载打印后由二名以上的侦查人员签字并加盖县级以上公安机关印章的，可以作为证据使用。

需要异地公安机关代为核实情况、调查取证，或者异地办理查询、查封、扣押、冻结或者解除冻结与犯罪有关的财物、文件的，办案地县级以上公安机关可以通过有关办案协作平台提出协查请求，或者将相关的法律文书、办案协作函件和工作证件电传至协作地相应层级公安机关。协作地公安机关应当在三个工作日内派员办理，并通过电传、邮寄等方式及时反馈办理结果及相关法律文书原件或者复印件。除办理扣押外，办案地公安机关可以不派员前往协作地。协作地公安机关反馈的法律文书为复印件的，办案地公安机关应当加盖本机关印章。

涉案财物有有效价格证明的，根据有效价格证明认定涉案财物价值；无有效价格证明，或者根据价格证明认定犯罪数额明显不合理的，应当按照有关规定委托估价机构估价。对与案件有关、性质不能确定、数量较大或者成批的需要取样检验的物品，经县级以上公安机关负责人批准，可以抽样取证。

9. 改革案件审批和文书签发制度。适用速裁程序的案件，包括可能宣告缓刑、判处管制、免予刑事处罚的案件，一般不提交审判委员会、检察委员会讨论决定。刑事判决书一般由独任法官直接签署，当庭宣判并送达。试点期间，可指定有丰富办案经验的法官、检察官承办速裁案件，以便及时有效总结经验，确保试点依法规范运行，为今后完善刑事诉讼法提供实证依据。

10. 建立健全科学绩效考评机制。充分调动办案人员积极性，鼓励办案人员多办、快办速裁案件。对承担试点任务的工作人员，要根据任务完成情况，给予适当的绩效奖惩。《关于在部分地区开展刑事案件速裁程序试点工作的办法》（以下简称《试点办法》）规定的办案期限，是分析司法运行态势和试点改革成效的参考性指标，不得将超出《试点办法》规定期限结案作为负面评价指标。

11. 加强试点工作信息化建设。完善案件管理系统和专项统计平台建设，确保信息顺畅对接。要因地制宜地推行网上立案、网上办案、网上评估、电话咨询、电子送达、视频提讯、远程开庭等措施，充分利用信息技术推进试点各项工作。

12. 加强宣传报道工作。试点期间，可以按照积极、主动、稳妥、慎重的原则，重点从保障当事人权利、体现认罪认罚从宽、促进罪犯教育改造、提高刑事诉讼效率等角度进行宣传，回应社会关切，争取理解支持，为改革顺利开展营造良好氛围。可采取案例宣传等形式进行全程正面宣传。

人民检察院刑事诉讼规则（节录）

（2019年12月2日最高人民检察院第十三届检察委员会第28次会议通过　2019年12月30日最高人民检察院公告公布　自2019年12月30日起施行　高检发释字〔2019〕4号）

……

第二章　管　　辖

……

第十八条　人民检察院办理直接受理侦查的案件涉及公安机关管

辖的刑事案件，应当将属于公安机关管辖的刑事案件移送公安机关。如果涉嫌的主罪属于公安机关管辖，由公安机关为主侦查，人民检察院予以配合；如果涉嫌的主罪属于人民检察院管辖，由人民检察院为主侦查，公安机关予以配合。

对于一人犯数罪、共同犯罪、共同犯罪的犯罪嫌疑人还实施其他犯罪、多个犯罪嫌疑人实施的犯罪存在关联，并案处理有利于查明案件事实和诉讼进行的，人民检察院可以在职责范围内对相关犯罪案件并案处理。

第十九条 本规则第十三条规定的案件，由犯罪嫌疑人工作单位所在地的人民检察院管辖。如果由其他人民检察院管辖更为适宜的，可以由其他人民检察院管辖。

第二十条 对管辖不明确的案件，可以由有关人民检察院协商确定管辖。

第二十一条 几个人民检察院都有权管辖的案件，由最初受理的人民检察院管辖。必要时，可以由主要犯罪地的人民检察院管辖。

第二十二条 对于下列案件，上级人民检察院可以指定管辖：

（一）管辖有争议的案件；

（二）需要改变管辖的案件；

（三）需要集中管辖的特定类型的案件；

（四）其他需要指定管辖的案件。

对前款案件的审查起诉指定管辖的，人民检察院应当与相应的人民法院协商一致。对前款第三项案件的审查逮捕指定管辖的，人民检察院应当与相应的公安机关协商一致。

……

第五章　证　　据

……

第六十五条 监察机关依照法律规定收集的物证、书证、证人证言、被调查人供述和辩解、视听资料、电子数据等证据材料，在刑事诉讼中可以作为证据使用。

……

第九章 侦　　查

……

第六节 调取、查封、扣押、查询、冻结

……

第二百零九条 调取物证应当调取原物。原物不便搬运、保存，或者依法应当返还被害人，或者因保密工作需要不能调取原物的，可以将原物封存，并拍照、录像。对原物拍照或者录像应当足以反映原物的外形、内容。

调取书证、视听资料应当调取原件。取得原件确有困难或者因保密需要不能调取原件的，可以调取副本或者复制件。

调取书证、视听资料的副本、复制件和物证的照片、录像的，应当书面记明不能调取原件、原物的原因，制作过程和原件、原物存放地点，并由制作人员和原书证、视听资料、物证持有人签名或者盖章。

……

第二百一十二条 人民检察院根据侦查犯罪的需要，可以依照规定查询、冻结犯罪嫌疑人的存款、汇款、债券、股票、基金份额等财产，并可以要求有关单位和个人配合。

查询、冻结前款规定的财产，应当制作查询、冻结财产通知书，通知银行或者其他金融机构、邮政部门执行。冻结财产的，应当经检察长批准。

第二百一十三条 犯罪嫌疑人的存款、汇款、债券、股票、基金份额等财产已冻结的，人民检察院不得重复冻结，可以轮候冻结。人

民检察院应当要求有关银行或者其他金融机构、邮政部门在解除冻结或者作出处理前通知人民检察院。

……

2. 电信治理

最高人民法院关于审理扰乱电信市场管理秩序案件具体应用法律若干问题的解释（节录）

（2000年4月28日最高人民法院审判委员会第1113次会议通过 2000年5月12日最高人民法院公告公布 自2000年5月24日起施行 法释〔2000〕12号）

为依法惩处扰乱电信市场管理秩序的犯罪活动，根据刑法的有关规定，现就审理这类案件具体应用法律的若干问题解释如下：

第一条 违反国家规定，采取租用国际专线、私设转接设备或者其他方法，擅自经营国际电信业务或者涉港澳台电信业务进行营利活动，扰乱电信市场管理秩序，情节严重的，依照刑法第二百二十五条第（四）项的规定，以非法经营罪定罪处罚。

第二条 实施本解释第一条规定的行为，具有下列情形之一的，属于非法经营行为“情节严重”：

（一）经营去话业务数额在100万元以上的；

（二）经营来话业务造成电信资费损失数额在100万元以上的。

具有下列情形之一的，属于非法经营行为“情节特别严重”：

（一）经营去话业务数额在500万元以上的；

（二）经营来话业务造成电信资费损失数额在500万元以上的。

第三条 实施本解释第一条规定的行为，经营数额或者造成电信资费损失数额接近非法经营行为“情节严重”、“情节特别严重”的数额起点标准，并具有下列情形之一的，可以分别认定为非法经营行为“情节严重”、“情节特别严重”：

（一）两年内因非法经营国际电信业务或者涉港澳台电信业务行为受过行政处罚两次以上的；

（二）因非法经营国际电信业务或者涉港澳台电信业务行为造成其他严重后果的。

……

第五条 违反国家规定，擅自设置、使用无线电台（站），或者擅自占用频率，非法经营国际电信业务或者涉港澳台电信业务进行营利活动，同时构成非法经营罪和刑法第二百八十八条规定的扰乱无线电通讯管理秩序罪的，依照处罚较重的规定定罪处罚。

……

第八条 盗用他人公共信息网络上网账号、密码上网，造成他人电信资费损失数额较大的，依照刑法第二百六十四条的规定，以盗窃罪定罪处罚。

第九条 以虚假、冒用的身份证件办理入网手续并使用移动电话，造成电信资费损失数额较大的，依照刑法第二百六十六条的规定，以诈骗罪定罪处罚。

第十条 本解释所称“经营去话业务数额”，是指以行为人非法经营国际电信业务或者涉港澳台电信业务的总时长（分钟数）乘以行为人每分钟收取的用户使用费所得的数额。

本解释所称“电信资费损失数额”，是指以行为人非法经营国际电信业务或者涉港澳台电信业务的总时长（分钟数）乘以在合法电信业务中我国应当得到的每分钟国际结算价格所得的数额。

最高人民法院、最高人民检察院关于办理扰乱无线电通讯管理秩序等刑事案件适用法律若干问题的解释

（2017年4月17日最高人民法院审判委员会第1715次会议、2017年5月25日最高人民检察院第十二届检察委员会第64次会议通过 2017年6月27日最高人民法院、最高人民检察院公告公布 自2017年7月1日起施行 法释〔2017〕11号）

为依法惩治扰乱无线电通讯管理秩序犯罪，根据《中华人民共和国刑法》《中华人民共和国刑事诉讼法》的有关规定，现就办理此类刑事案件适用法律的若干问题解释如下：

第一条 具有下列情形之一的，应当认定为刑法第二百八十八条第一款规定的“擅自设置、使用无线电台（站），或者擅自使用无线电频率，干扰无线电通讯秩序”：

（一）未经批准设置无线电广播电台（以下简称“黑广播”），非法使用广播电视专用频段的频率的；

（二）未经批准设置通信基站（以下简称“伪基站”），强行向不特定用户发送信息，非法使用公众移动通信频率的；

（三）未经批准使用卫星无线电频率的；

（四）非法设置、使用无线电干扰器的；

（五）其他擅自设置、使用无线电台（站），或者擅自使用无线电频率，干扰无线电通讯秩序的情形。

第二条 违反国家规定，擅自设置、使用无线电台（站），或者擅自使用无线电频率，干扰无线电通讯秩序，具有下列情形之一的，应当认定为刑法第二百八十八条第一款规定的“情节严重”：

（一）影响航天器、航空器、铁路机车、船舶专用无线电导航、遇险救助和安全通信等涉及公共安全的无线电频率正常使用的；

（二）自然灾害、事故灾难、公共卫生事件、社会安全事件等突发事件期间，在事件发生地使用“黑广播”“伪基站”的；

（三）举办国家或者省级重大活动期间，在活动场所及周边使用“黑广播”“伪基站”的；

（四）同时使用三个以上“黑广播”“伪基站”的；

（五）“黑广播”的实测发射功率五百瓦以上，或者覆盖范围十公里以上的；

（六）使用“伪基站”发送诈骗、赌博、招嫖、木马病毒、钓鱼网站链接等违法犯罪信息，数量在五千条以上，或者销毁发送数量等记录的；

（七）雇佣、指使未成年人、残疾人等特定人员使用“伪基站”的；

（八）违法所得三万元以上的；

（九）曾因扰乱无线电通讯管理秩序受过刑事处罚，或者二年内曾因扰乱无线电通讯管理秩序受过行政处罚，又实施刑法第二百八十八条规定的行为的；

（十）其他情节严重的情形。

第三条 违反国家规定，擅自设置、使用无线电台（站），或者擅自使用无线电频率，干扰无线电通讯秩序，具有下列情形之一的，应当认定为刑法第二百八十八条第一款规定的“情节特别严重”：

（一）影响航天器、航空器、铁路机车、船舶专用无线电导航、遇险救助和安全通信等涉及公共安全的无线电频率正常使用，危及公共安全的；

（二）造成公共秩序混乱等严重后果的；

（三）自然灾害、事故灾难、公共卫生事件和社会安全事件等突发事件期间，在事件发生地使用“黑广播”“伪基站”，造成严重影响的；

（四）对国家或者省级重大活动造成严重影响的；

（五）同时使用十个以上“黑广播”“伪基站”的；

（六）“黑广播”的实测发射功率三千瓦以上，或者覆盖范围二十公里以上的；

（七）违法所得十五万元以上的；

（八）其他情节特别严重的情形。

第四条 非法生产、销售“黑广播”“伪基站”、无线电干扰器等无线电设备，具有下列情形之一的，应当认定为刑法第二百二十五条规定的“情节严重”：

（一）非法生产、销售无线电设备三套以上的；

（二）非法经营数额五万元以上的；

（三）其他情节严重的情形。

实施前款规定的行为，数量或者数额达到前款第一项、第二项规定标准五倍以上，或者具有其他情节特别严重的情形的，应当认定为刑法第二百二十五条规定的“情节特别严重”。

在非法生产、销售无线电设备窝点查扣的零件，以组装完成的套数以及能够组装的套数认定；无法组装为成套设备的，每三套广播信号调制器（激励器）认定为一套“黑广播”设备，每三块主板认定为一套“伪基站”设备。

第五条 单位犯本解释规定之罪的，对单位判处罚金，并对直接负责的主管人员和其他直接责任人员，依照本解释规定的自然人犯罪的定罪量刑标准定罪处罚。

第六条 擅自设置、使用无线电台（站），或者擅自使用无线电频率，同时构成其他犯罪的，按照处罚较重的规定定罪处罚。

明知他人实施诈骗等犯罪，使用“黑广播”“伪基站”等无线电设备为其发送信息或者提供其他帮助，同时构成其他犯罪的，按照处罚较重的规定定罪处罚。

第七条 负有无线电监督管理职责的国家机关工作人员滥用职权或者玩忽职守，致使公共财产、国家和人民利益遭受重大损失的，应当依照刑法第三百九十七条的规定，以滥用职权罪或者玩忽职守罪追究刑事责任。

有查禁扰乱无线电管理秩序犯罪活动职责的国家机关工作人员，向犯罪分子通风报信、提供便利，帮助犯罪分子逃避处罚的，应当依照刑法第四百一十七条的规定，以帮助犯罪分子逃避处罚罪追究刑事责任；事先通谋的，以共同犯罪论处。

第八条 为合法经营活动，使用“黑广播”“伪基站”或者实施其他扰乱无线电通讯管理秩序的行为，构成扰乱无线电通讯管理秩序罪，但不属于“情节特别严重”，行为人系初犯，并确有悔罪表现的，可以认定为情节轻微，不起诉或者免予刑事处罚；确有必要判处刑罚的，应当从宽处罚。

第九条 对案件所涉的有关专门性问题难以确定的，依据司法鉴定机构出具的鉴定意见，或者下列机构出具的报告，结合其他证据作出认定：

（一）省级以上无线电管理机构、省级无线电管理机构依法设立的派出机构、地市级以上广播电视主管部门就是否系“伪基站”“黑广播”出具的报告；

（二）省级以上广播电视主管部门及其指定的检测机构就“黑广播”功率、覆盖范围出具的报告；

（三）省级以上航空、铁路、船舶等主管部门就是否干扰导航、通信等出具的报告。

对移动终端用户受影响的情况，可以依据相关通信运营商出具的证明，结合被告人供述、终端用户证言等证据作出认定。

第十条 本解释自2017年7月1日起施行。

最高人民法院关于打击整治非法生产销售使用“伪基站”违法犯罪活动专项行动相关问题的答复

（2014年5月21日 法〔2014〕131号）

广东省高级人民法院：

你院《关于打击整治非法生产销售使用“伪基站”违法犯罪活动专项行动相关问题的请示》收悉。经研究，答复如下：

一、根据中央九部门联合下发的《打击整治非法生产销售和使用“伪基站”违法犯罪活动专项行动工作方案》规定，可由公安机关对“伪基站”设备予以认定。

二、“两高两部”《关于依法办理非法生产销售使用“伪基站”设备案件的意见》对“伪基站”设备的非法特征作了较为明确的界定，可据此认定“伪基站”设备。

三、对于涉案为成套散件的计算，如未成套散件已经售出，可按照销售金额计算；如未成套散件尚未售出，可按货值金额计算。

3. 金融治理

最高人民法院、最高人民检察院关于办理妨害信用卡管理刑事案件具体应用法律若干问题的解释（节录）

（2009 年 10 月 12 日最高人民法院审判委员会第 1475 次会议、2009 年 11 月 12 日最高人民检察院第十一届检察委员会第 22 次会议通过　根据 2018 年 7 月 30 日最高人民法院审判委员会第 1745 次会议、2018 年 10 月 19 日最高人民检察院第十三届检察委员会第 7 次会议通过的《最高人民法院、最高人民检察院关于修改〈关于办理妨害信用卡管理刑事案件具体应用法律若干问题的解释〉的决定》修正　2018 年 11 月 28 日最高人民法院、最高人民检察院公告公布　自 2018 年 12 月 1 日起施行　法释〔2018〕19 号）

为依法惩治妨害信用卡管理犯罪活动，维护信用卡管理秩序和持卡人合法权益，根据《中华人民共和国刑法》规定，现就办理这类刑事案件具体应用法律的若干问题解释如下：

第一条　复制他人信用卡、将他人信用卡信息资料写入磁条介质、芯片或者以其他方法伪造信用卡一张以上的，应当认定为刑法第一百七十七条第一款第四项规定的“伪造信用卡”，以伪造金融票证罪定罪处罚。

伪造空白信用卡十张以上的，应当认定为刑法第一百七十七条第一款第四项规定的“伪造信用卡”，以伪造金融票证罪定罪处罚。

伪造信用卡，有下列情形之一的，应当认定为刑法第一百七十七条规定的“情节严重”：

（一）伪造信用卡五张以上不满二十五张的；

（二）伪造的信用卡内存款余额、透支额度单独或者合计数额在二十万元以上不满一百万元的；

（三）伪造空白信用卡五十张以上不满二百五十张的；

（四）其他情节严重的情形。

伪造信用卡，有下列情形之一的，应当认定为刑法第一百七十七条规定的“情节特别严重”：

（一）伪造信用卡二十五张以上的；

（二）伪造的信用卡内存款余额、透支额度单独或者合计数额在一百万元以上的；

（三）伪造空白信用卡二百五十张以上的；

（四）其他情节特别严重的情形。

本条所称“信用卡内存款余额、透支额度”，以信用卡被伪造后发卡行记录的最高存款余额、可透支额度计算。

第二条 明知是伪造的空白信用卡而持有、运输十张以上不满一百张的，应当认定为刑法第一百七十七条之一第一款第一项规定的“数量较大”；非法持有他人信用卡五张以上不满五十张的，应当认定为刑法第一百七十七条之一第一款第二项规定的“数量较大”。

有下列情形之一的，应当认定为刑法第一百七十七条之一第一款规定的“数量巨大”：

（一）明知是伪造的信用卡而持有、运输十张以上的；

（二）明知是伪造的空白信用卡而持有、运输一百张以上的；

（三）非法持有他人信用卡五十张以上的；

（四）使用虚假的身份证明骗领信用卡十张以上的；

（五）出售、购买、为他人提供伪造的信用卡或者以虚假的身份证明骗领的信用卡十张以上的。

违背他人意愿，使用其居民身份证、军官证、士兵证、港澳居民往来内地通行证、台湾居民来往大陆通行证、护照等身份证明申领信用卡的，或者使用伪造、变造的身份证明申领信用卡的，应当认定为刑法第一百七十七条之一第一款第三项规定的“使用虚假的身份证明骗领信用卡”。

第三条 窃取、收买、非法提供他人信用卡信息资料，足以伪造可进行交易的信用卡，或者足以使他人以信用卡持卡人名义进行交易，涉及信用卡一张以上不满五张的，依照刑法第一百七十七条之一第二款的规定，以窃取、收买、非法提供信用卡信息罪定罪处罚；涉及信用卡五张以上的，应当认定为刑法第一百七十七条之一第一款规定的“数量巨大”。

……

第五条 使用伪造的信用卡、以虚假的身份证明骗领的信用卡、作废的信用卡或者冒用他人信用卡，进行信用卡诈骗活动，数额在五千元以上不满五万元的，应当认定为刑法第一百九十六条规定的“数额较大”；数额在五万元以上不满五十万元的，应当认定为刑法第一百九十六条规定的“数额巨大”；数额在五十万元以上的，应当认定为刑法第一百九十六条规定的“数额特别巨大”。

刑法第一百九十六条第一款第三项所称“冒用他人信用卡”，包括以下情形：

（一）拾得他人信用卡并使用的；

（二）骗取他人信用卡并使用的；

（三）窃取、收买、骗取或者以其他非法方式获取他人信用卡信息资料，并通过互联网、通讯终端等使用的；

（四）其他冒用他人信用卡的情形。

……

第十二条 违反国家规定，使用销售点终端机具（POS机）等方法，以虚构交易、虚开价格、现金退货等方式向信用卡持卡人直接支付现金，情节严重的，应当依据刑法第二百二十五条的规定，以非法经营罪定罪处罚。

实施前款行为，数额在一百万元以上的，或者造成金融机构资金二十万元以上逾期未还的，或者造成金融机构经济损失十万元以上的，应当认定为刑法第二百二十五条规定的“情节严重”；数额在五百万元以上的，或者造成金融机构资金一百万元以上逾期未还的，或者造成金融机构经济损失五十万元以上的，应当认定为刑法第二百二十五条规定的“情节特别严重”。

持卡人以非法占有为目的，采用上述方式恶意透支，应当追究刑事责任的，依照刑法第一百九十六条的规定，以信用卡诈骗罪定罪处罚。

第十三条 单位实施本解释规定的行为，适用本解释规定的相应自然人犯罪的定罪量刑标准。

最高人民法院、最高人民检察院关于办理非法从事资金支付结算业务、非法买卖外汇刑事案件适用法律若干问题的解释（节录）

（2019年9月17日最高人民法院审判委员会第1749次会议、2018年12月12日最高人民检察院第十三届检察委员会第11次会议通过 2019年1月31日最高人民法院、最高人民检察院公告公布 自2019年2月11日起施行 法释〔2019〕1号）

为依法惩治非法从事资金支付结算业务、非法买卖外汇犯罪活动，维护金融市场秩序，根据《中华人民共和国刑法》《中华人民共和国刑事诉讼法》的规定，现就办理非法从事资金支付结算业务、非法买卖外汇刑事案件适用法律的若干问题解释如下：

第一条 违反国家规定，具有下列情形之一的，属于刑法第二百二十五条第三项规定的“非法从事资金支付结算业务”：

（一）使用受理终端或者网络支付接口等方法，以虚构交易、虚开价格、交易退款等非法方式向指定付款方支付货币资金的；

（二）非法为他人提供单位银行结算账户套现或者单位银行结算账户转个人账户服务的；

（三）非法为他人提供支票套现服务的；

（四）其他非法从事资金支付结算业务的情形。

……

第三条 非法从事资金支付结算业务或者非法买卖外汇，具有下列情形之一的，应当认定为非法经营行为“情节严重”：

（一）非法经营数额在五百万元以上的；

（二）违法所得数额在十万元以上的。

非法经营数额在二百五十万元以上，或者违法所得数额在五万元以上，且具有下列情形之一的，可以认定为非法经营行为“情节严重”：

（一）曾因非法从事资金支付结算业务或者非法买卖外汇犯罪行为受过刑事追究的；

（二）二年内因非法从事资金支付结算业务或者非法买卖外汇违法行为受过行政处罚的；

（三）拒不交代涉案资金去向或者拒不配合追缴工作，致使赃款无法追缴的；

（四）造成其他严重后果的。

第四条 非法从事资金支付结算业务或者非法买卖外汇，具有下列情形之一的，应当认定为非法经营行为“情节特别严重”：

（一）非法经营数额在二千五百万元以上的；

（二）违法所得数额在五十万元以上的。

非法经营数额在一千二百五十万元以上，或者违法所得数额在二十五万元以上，且具有本解释第三条第二款规定的四种情形之一的，可以认定为非法经营行为“情节特别严重”。

第五条 非法从事资金支付结算业务或者非法买卖外汇，构成非法经营罪，同时又构成刑法第一百二十条之一规定的帮助恐怖活动罪或者第一百九十一条规定的洗钱罪的，依照处罚较重的规定定罪处罚。

第六条 二次以上非法从事资金支付结算业务或者非法买卖外汇，依法应予行政处理或者刑事处理而未经处理的，非法经营数额或者违法所得数额累计计算。

同一案件中，非法经营数额、违法所得数额分别构成情节严重、情节特别严重的，按照处罚较重的数额定罪处罚。

第七条 非法从事资金支付结算业务或者非法买卖外汇违法所得数额难以确定的，按非法经营数额的千分之一认定违法所得数额，依法并处或者单处违法所得一倍以上五倍以下罚金。

……

第十条 非法从事资金支付结算业务、非法买卖外汇刑事案件中的犯罪地，包括犯罪嫌疑人、被告人用于犯罪活动的账户开立地、资金接收地、资金过渡账户开立地、资金账户操作地，以及资金交易对手资金交付和汇出地等。

……

第十二条 本解释自2019年2月1日起施行。《最高人民法院关于审理骗购外汇、非法买卖外汇刑事案件具体应用法律若干问题的解释》（法释〔1998〕20号）与本解释不一致的，以本解释为准。

最高人民法院关于审理银行卡民事纠纷案件若干问题的规定（节录）

（2019年12月2日最高人民法院审判委员会第1785次会议通过　2021年5月24日最高人民法院公告公布　自2021年5月25日起施行　法释〔2021〕10号）

……

第一条 持卡人与发卡行、非银行支付机构、收单行、特约商户等当事人之间因订立银行卡合同、使用银行卡等产生的民事纠纷，适用本规定。

本规定所称银行卡民事纠纷，包括借记卡纠纷和信用卡纠纷。

……

第四条 持卡人主张争议交易为伪卡盗刷交易或者网络盗刷交易的，可以提供生效法律文书、银行卡交易时真卡所在地、交易行为地、账户交易明细、交易通知、报警记录、挂失记录等证据材料进行证明。

发卡行、非银行支付机构主张争议交易为持卡人本人交易或者其授权交易的，应当承担举证责任。发卡行、非银行支付机构可以提供交易单据、对账单、监控录像、交易身份识别信息、交易验证信息等证据材料进行证明。

……

第六条 人民法院应当全面审查当事人提交的证据，结合银行卡交易行为地与真卡所在地距离、持卡人是否进行了基础交易、交易时间和报警时间、持卡人用卡习惯、银行卡被盗刷的次数及频率、交易系统、技术和设备是否具有安全性等事实，综合判断是否存在伪卡盗刷交易或者网络盗刷交易。

第七条 发生伪卡盗刷交易或者网络盗刷交易，借记卡持卡人基于借记卡合同法律关系请求发卡行支付被盗刷存款本息并赔偿损失的，人民法院依法予以支持。

发生伪卡盗刷交易或者网络盗刷交易，信用卡持卡人基于信用卡合同法律关系请求发卡行返还扣划的透支款本息、违约金并赔偿损失的，人民法院依法予以支持；发卡行请求信用卡持卡人偿还透支款本息、违约金等的，人民法院不予支持。

前两款情形，持卡人对银行卡、密码、验证码等身份识别信息、交易验证信息未尽妥善保管义务具有过错，发卡行主张持卡人承担相应责任的，人民法院应予支持。

持卡人未及时采取挂失等措施防止损失扩大，发卡行主张持卡人自行承担扩大损失责任的，人民法院应予支持。

第八条 发卡行在与持卡人订立银行卡合同或者在开通网络支付业务功能时，未履行告知持卡人银行卡具有相关网络支付功能义务，持卡人以其未与发卡行就争议网络支付条款达成合意为由请求不承担因使用该功能而导致网络盗刷责任的，人民法院应予支持，但有证据证明持卡人同意使用该网络支付功能的，适用本规定第七条规定。

非银行支付机构新增网络支付业务类型时，未向持卡人履行前款规定义务的，参照前款规定处理。

第九条 发卡行在与持卡人订立银行卡合同或者新增网络支付业务时，未完全告知某一网络支付业务持卡人身份识别方式、交易验证方式、交易规则等足以影响持卡人决定是否使用该功能的内容，致使持卡人没有全面准确理解该功能，持卡人以其未与发卡行就相关网络支付条款达成合意为由请求不承担因使用该功能而导致网络盗刷责任的，人民法院应予支持，但持卡人对于网络盗刷具有过错的，应当承担相应过错责任。发卡行虽然未尽前述义务，但是有证据证明持卡人知道并理解该网络支付功能的，适用本规定第七条规定。

非银行支付机构新增网络支付业务类型时，存在前款未完全履行告知义务情形，参照前款规定处理。

第十条 发卡行或者非银行支付机构向持卡人提供的宣传资料载明其承担网络盗刷先行赔付责任，该允诺具体明确，应认定为合同的内容。持卡人据此请求发卡行或者非银行支付机构承担先行赔付责任的，人民法院应予支持。

因非银行支付机构相关网络支付业务系统、设施和技术不符合安全要求导致网络盗刷，持卡人请求判令该机构承担先行赔付责任的，人民法院应予支持。

第十一条 在收单行与发卡行不是同一银行的情形下，因收单行未尽保障持卡人用卡安全义务或者因特约商户未尽审核持卡人签名真伪、银行卡真伪等审核义务导致发生伪卡盗刷交易，持卡人请求收单行或者特约商户承担赔偿责任的，人民法院应予支持，但持卡人对伪卡盗刷交易具有过错，可以减轻或者免除收单行或者特约商户相应责任。

持卡人请求发卡行承担责任，发卡行申请追加收单行或者特约商户作为第三人参加诉讼的，人民法院可以准许。

发卡行承担责任后，可以依法主张存在过错的收单行或者特约商户承担相应责任。

第十二条 发卡行、非银行支付机构、收单行、特约商户承担责任后，请求盗刷者承担侵权责任的，人民法院应予支持。

第十三条 因同一伪卡盗刷交易或者网络盗刷交易，持卡人向发卡行、非银行支付机构、收单行、特约商户、盗刷者等主体主张权利，所获赔偿数额不应超过其因银行卡被盗刷所致损失总额。

第十四条 持卡人依据其对伪卡盗刷交易或者网络盗刷交易不承担或者不完全承担责任的事实，请求发卡行及时撤销相应不良征信记录的，人民法院应予支持。

第十五条 本规定所称伪卡盗刷交易，是指他人使用伪造的银行卡刷卡进行取现、消费、转账等，导致持卡人账户发生非基于本人意思的资金减少或者透支数额增加的行为。

本规定所称网络盗刷交易，是指他人盗取并使用持卡人银行卡网络交易身份识别信息和交易验证信息进行网络交易，导致持卡人账户发生非因本人意思的资金减少或者透支数额增加的行为。

第十六条 本规定施行后尚未终审的案件，适用本规定。本规定施行前已经终审，当事人申请再审或者按照审判监督程序决定再审的案件，不适用本规定。

4. 互联网治理

最高人民法院、最高人民检察院关于办理危害计算机信息系统安全刑事案件应用法律若干问题的解释（节录）

（2011年6月20日最高人民法院审判委员会第1524次会议、2011年7月11日最高人民检察院第十一届检察委员会第63次会议通过　2011年8月1日最高人民法院、最高人民检察院公告公布　自2011年9月1日起施行　法释〔2011〕19号）

……

第一条　非法获取计算机信息系统数据或者非法控制计算机信息系统，具有下列情形之一的，应当认定为刑法第二百八十五条第二款规定的“情节严重”：

（一）获取支付结算、证券交易、期货交易等网络金融服务的身份认证信息十组以上的；

（二）获取第（一）项以外的身份认证信息五百组以上的；

（三）非法控制计算机信息系统二十台以上的；

（四）违法所得五千元以上或者造成经济损失一万元以上的；

（五）其他情节严重的情形。

实施前款规定行为，具有下列情形之一的，应当认定为刑法第二百八十五条第二款规定的“情节特别严重”：

（一）数量或者数额达到前款第（一）项至第（四）项规定标准五倍以上的；

（二）其他情节特别严重的情形。

明知是他人非法控制的计算机信息系统，而对该计算机信息系统的控制权加以利用的，依照前两款的规定定罪处罚。

第二条 具有下列情形之一的程序、工具，应当认定为刑法第二百八十五条第三款规定的“专门用于侵入、非法控制计算机信息系统的程序、工具”：

（一）具有避开或者突破计算机信息系统安全保护措施，未经授权或者超越授权获取计算机信息系统数据的功能的；

（二）具有避开或者突破计算机信息系统安全保护措施，未经授权或者超越授权对计算机信息系统实施控制的功能的；

（三）其他专门设计用于侵入、非法控制计算机信息系统、非法获取计算机信息系统数据的程序、工具。

第三条 提供侵入、非法控制计算机信息系统的程序、工具，具有下列情形之一的，应当认定为刑法第二百八十五条第三款规定的“情节严重”：

（一）提供能够用于非法获取支付结算、证券交易、期货交易等网络金融服务身份认证信息的专门性程序、工具五人次以上的；

（二）提供第（一）项以外的专门用于侵入、非法控制计算机信息系统的程序、工具二十人次以上的；

（三）明知他人实施非法获取支付结算、证券交易、期货交易等网络金融服务身份认证信息的违法犯罪行为而为其提供程序、工具五人次以上的；

（四）明知他人实施第（三）项以外的侵入、非法控制计算机信息系统的违法犯罪行为而为其提供程序、工具二十人次以上的；

（五）违法所得五千元以上或者造成经济损失一万元以上的；

（六）其他情节严重的情形。

实施前款规定行为，具有下列情形之一的，应当认定为提供侵入、非法控制计算机信息系统的程序、工具“情节特别严重”：

（一）数量或者数额达到前款第（一）项至第（五）项规定标准

五倍以上的；

（二）其他情节特别严重的情形。

……

第五条 具有下列情形之一的程序，应当认定为刑法第二百八十六条第三款规定的“计算机病毒等破坏性程序”：

（一）能够通过网络、存储介质、文件等媒介，将自身的部分、全部或者变种进行复制、传播，并破坏计算机系统功能、数据或者应用程序的；

（二）能够在预先设定条件下自动触发，并破坏计算机系统功能、数据或者应用程序的；

（三）其他专门设计用于破坏计算机系统功能、数据或者应用程序的程序。

第六条 故意制作、传播计算机病毒等破坏性程序，影响计算机系统正常运行，具有下列情形之一的，应当认定为刑法第二百八十六条第三款规定的“后果严重”：

（一）制作、提供、传输第五条第（一）项规定的程序，导致该程序通过网络、存储介质、文件等媒介传播的；

（二）造成二十台以上计算机系统被植入第五条第（二）、（三）项规定的程序的；

（三）提供计算机病毒等破坏性程序十人次以上的；

（四）违法所得五千元以上或者造成经济损失一万元以上的；

（五）造成其他严重后果的。

实施前款规定行为，具有下列情形之一的，应当认定为破坏计算机信息系统“后果特别严重”：

（一）制作、提供、传输第五条第（一）项规定的程序，导致该程序通过网络、存储介质、文件等媒介传播，致使生产、生活受到严重影响或者造成恶劣社会影响的；

（二）数量或者数额达到前款第（二）项至第（四）项规定标准五倍以上的；

（三）造成其他特别严重后果的。

第七条 明知是非法获取计算机信息系统数据犯罪所获取的数据、非法控制计算机信息系统犯罪所获取的计算机信息系统控制权，而予以转移、收购、代为销售或者以其他方法掩饰、隐瞒，违法所得五千元以上的，应当依照刑法第三百一十二条第一款的规定，以掩饰、隐瞒犯罪所得罪定罪处罚。

实施前款规定行为，违法所得五万元以上的，应当认定为刑法第三百一十二条第一款规定的“情节严重”。

单位实施第一款规定行为的，定罪量刑标准依照第一款、第二款的规定执行。

……

第九条 明知他人实施刑法第二百八十五条、第二百八十六条规定的行为，具有下列情形之一的，应当认定为共同犯罪，依照刑法第二百八十五条、第二百八十六条的规定处罚：

（一）为其提供用于破坏计算机信息系统功能、数据或者应用程序的程序、工具，违法所得五千元以上或者提供十人次以上的；

（二）为其提供互联网接入、服务器托管、网络存储空间、通讯传输通道、费用结算、交易服务、广告服务、技术培训、技术支持等帮助，违法所得五千元以上的；

（三）通过委托推广软件、投放广告等方式向其提供资金五千元以上的。

实施前款规定行为，数量或者数额达到前款规定标准五倍以上的，应当认定为刑法第二百八十五条、第二百八十六条规定的“情节特别严重”或者“后果特别严重”。

……

第十一条 本解释所称“计算机信息系统”和“计算机系统”，是指具备自动处理数据功能的系统，包括计算机、网络设备、通信设备、自动化控制设备等。

本解释所称“身份认证信息”，是指用于确认用户在计算机信息系统上操作权限的数据，包括账号、口令、密码、数字证书等。

本解释所称“经济损失”，包括危害计算机信息系统犯罪行为给用户直接造成的经济损失，以及用户为恢复数据、功能而支出的必要费用。

最高人民法院、最高人民检察院关于办理非法利用信息网络、帮助信息网络犯罪活动等刑事案件适用法律若干问题的解释

（2019年6月3日最高人民法院审判委员会第1771次会议、2019年9月4日最高人民检察院第十三届检察委员会第23次会议通过 2019年10月21日最高人民法院、最高人民检察院公告公布 自2019年11月1日起施行 法释〔2019〕15号）

为依法惩治拒不履行信息网络安全管理义务、非法利用信息网络、帮助信息网络犯罪活动等犯罪，维护正常网络秩序，根据《中华人民共和国刑法》《中华人民共和国刑事诉讼法》的规定，现就办理此类刑事案件适用法律的若干问题解释如下：

第一条 提供下列服务的单位和个人，应当认定为刑法第二百八十六条之一第一款规定的“网络服务提供者”：

（一）网络接入、域名注册解析等信息网络接入、计算、存储、传输服务；

（二）信息发布、搜索引擎、即时通讯、网络支付、网络预约、网络购物、网络游戏、网络直播、网站建设、安全防护、广告推广、应用商店等信息网络应用服务；

（三）利用信息网络提供的电子政务、通信、能源、交通、水利、金融、教育、医疗等公共服务。

第二条 刑法第二百八十六条之一第一款规定的“监管部门责令采取改正措施”，是指网信、电信、公安等依照法律、行政法规的规定承担信息网络安全监管职责的部门，以责令整改通知书或者其他文书形式，责令网络服务提供者采取改正措施。

认定“经监管部门责令采取改正措施而拒不改正”，应当综合考虑监管部门责令改正是否具有法律、行政法规依据，改正措施及期限要求是否明确、合理，网络服务提供者是否具有按照要求采取改正措施的能力等因素进行判断。

第三条 拒不履行信息网络安全管理义务，具有下列情形之一的，应当认定为刑法第二百八十六条之一第一款第一项规定的“致使违法信息大量传播”：

（一）致使传播违法视频文件二百个以上的；

（二）致使传播违法视频文件以外的其他违法信息二千个以上的；

（三）致使传播违法信息，数量虽未达到第一项、第二项规定标准，但是按相应比例折算合计达到有关数量标准的；

（四）致使向二千个以上用户账号传播违法信息的；

（五）致使利用群组成员账号数累计三千以上的通讯群组或者关注人员账号数累计三万以上的社交网络传播违法信息的；

（六）致使违法信息实际被点击数达到五万以上的；

（七）其他致使违法信息大量传播的情形。

第四条 拒不履行信息网络安全管理义务，致使用户信息泄露，具有下列情形之一的，应当认定为刑法第二百八十六条之一第一款第二项规定的“造成严重后果”：

（一）致使泄露行踪轨迹信息、通信内容、征信信息、财产信息五百条以上的；

（二）致使泄露住宿信息、通信记录、健康生理信息、交易信息等其他可能影响人身、财产安全的用户信息五千条以上的；

（三）致使泄露第一项、第二项规定以外的用户信息五万条以上的；

（四）数量虽未达到第一项至第三项规定标准，但是按相应比例折算合计达到有关数量标准的；

（五）造成他人死亡、重伤、精神失常或者被绑架等严重后果的；

（六）造成重大经济损失的；

（七）严重扰乱社会秩序的；

（八）造成其他严重后果的。

第五条 拒不履行信息网络安全管理义务，致使影响定罪量刑的刑事案件证据灭失，具有下列情形之一的，应当认定为刑法第二百八十六条之一第一款第三项规定的“情节严重”：

（一）造成危害国家安全犯罪、恐怖活动犯罪、黑社会性质组织犯罪、贪污贿赂犯罪案件的证据灭失的；

（二）造成可能判处五年有期徒刑以上刑罚犯罪案件的证据灭失的；

（三）多次造成刑事案件证据灭失的；

（四）致使刑事诉讼程序受到严重影响的；

（五）其他情节严重的情形。

第六条 拒不履行信息网络安全管理义务，具有下列情形之一的，应当认定为刑法第二百八十六条之一第一款第四项规定的“有其他严重情节”：

（一）对绝大多数用户日志未留存或者未落实真实身份信息认证义务的；

（二）二年内经多次责令改正拒不改正的；

（三）致使信息网络服务被主要用于违法犯罪的；

（四）致使信息网络服务、网络设施被用于实施网络攻击，严重影响生产、生活的；

（五）致使信息网络服务被用于实施危害国家安全犯罪、恐怖活动犯罪、黑社会性质组织犯罪、贪污贿赂犯罪或者其他重大犯罪的；

（六）致使国家机关或者通信、能源、交通、水利、金融、教育、医疗等领域提供公共服务的信息网络受到破坏，严重影响生产、生活的；

（七）其他严重违反信息网络安全管理义务的情形。

第七条 刑法第二百八十七条之一规定的“违法犯罪”，包括犯罪行为和属于刑法分则规定的行为类型但尚未构成犯罪的违法行为。

第八条 以实施违法犯罪活动为目的而设立或者设立后主要用于实施违法犯罪活动的网站、通讯群组，应当认定为刑法第二百八十七条之一第一款第一项规定的“用于实施诈骗、传授犯罪方法、制作或者销售违禁物品、管制物品等违法犯罪活动的网站、通讯群组”。

第九条 利用信息网络提供信息的链接、截屏、二维码、访问账号密码及其他指引访问服务的，应当认定为刑法第二百八十七条之一第一款第二项、第三项规定的“发布信息”。

第十条 非法利用信息网络，具有下列情形之一的，应当认定为刑法第二百八十七条之一第一款规定的“情节严重”：

（一）假冒国家机关、金融机构名义，设立用于实施违法犯罪活动的网站的；

（二）设立用于实施违法犯罪活动的网站，数量达到三个以上或者注册账号数累计达到二千以上的；

（三）设立用于实施违法犯罪活动的通讯群组，数量达到五个以上或者群组成员账号数累计达到一千以上的；

（四）发布有关违法犯罪的信息或者为实施违法犯罪活动发布信息，具有下列情形之一的：

1. 在网站上发布有关信息一百条以上的；

2. 向二千个以上用户账号发送有关信息的；

3. 向群组成员数累计达到三千以上的通讯群组发送有关信息的；

4. 利用关注人员账号数累计达到三万以上的社交网络传播有关信息的；

（五）违法所得一万元以上的；

（六）二年内曾因非法利用信息网络、帮助信息网络犯罪活动、危害计算机信息系统安全受过行政处罚，又非法利用信息网络的；

（七）其他情节严重的情形。

第十一条 为他人实施犯罪提供技术支持或者帮助，具有下列情形之一的，可以认定行为人明知他人利用信息网络实施犯罪，但是有相反证据的除外：

（一）经监管部门告知后仍然实施有关行为的；

（二）接到举报后不履行法定管理职责的；

（三）交易价格或者方式明显异常的；

（四）提供专门用于违法犯罪的程序、工具或者其他技术支持、帮助的；

（五）频繁采用隐蔽上网、加密通信、销毁数据等措施或者使用虚假身份，逃避监管或者规避调查的；

（六）为他人逃避监管或者规避调查提供技术支持、帮助的；

（七）其他足以认定行为人明知的情形。

第十二条 明知他人利用信息网络实施犯罪，为其犯罪提供帮助，具有下列情形之一的，应当认定为刑法第二百八十七条之二第一款规定的“情节严重”：

（一）为三个以上对象提供帮助的；

（二）支付结算金额二十万元以上的；

（三）以投放广告等方式提供资金五万元以上的；

（四）违法所得一万元以上的；

（五）二年内曾因非法利用信息网络、帮助信息网络犯罪活动、危害计算机信息系统安全受过行政处罚，又帮助信息网络犯罪活动的；

（六）被帮助对象实施的犯罪造成严重后果的；

（七）其他情节严重的情形。

实施前款规定的行为，确因客观条件限制无法查证被帮助对象是否达到犯罪的程度，但相关数额总计达到前款第二项至第四项规定标准五倍以上，或者造成特别严重后果的，应当以帮助信息网络犯罪活动罪追究行为人的刑事责任。

第十三条 被帮助对象实施的犯罪行为可以确认，但尚未到案、尚未依法裁判或者因未达到刑事责任年龄等原因依法未予追究刑事责任的，不影响帮助信息网络犯罪活动罪的认定。

第十四条 单位实施本解释规定的犯罪的，依照本解释规定的相应自然人犯罪的定罪量刑标准，对直接负责的主管人员和其他直接责任人员定罪处罚，并对单位判处罚金。

第十五条 综合考虑社会危害程度、认罪悔罪态度等情节，认为犯罪情节轻微的，可以不起诉或者免予刑事处罚；情节显著轻微危害不大的，不以犯罪论处。

第十六条 多次拒不履行信息网络安全管理义务、非法利用信息网络、帮助信息网络犯罪活动构成犯罪，依法应当追诉的，或者二年内多次实施前述行为未经处理的，数量或者数额累计计算。

第十七条 对于实施本解释规定的犯罪被判处刑罚的，可以根据犯罪情况和预防再犯罪的需要，依法宣告职业禁止；被判处管制、宣告缓刑的，可以根据犯罪情况，依法宣告禁止令。

第十八条 对于实施本解释规定的犯罪的，应当综合考虑犯罪的危害程度、违法所得数额以及被告人的前科情况、认罪悔罪态度等，依法判处罚金。

第十九条 本解释自 2019 年 11 月 1 日起施行。

最高人民法院、最高人民检察院、公安部关于办理信息网络犯罪案件适用刑事诉讼程序若干问题的意见

（2022 年 8 月 26 日 法发〔2022〕23 号）

为依法惩治信息网络犯罪活动，根据《中华人民共和国刑法》《中华人民共和国刑事诉讼法》以及有关法律、司法解释的规定，结合侦查、起诉、审判实践，现就办理此类案件适用刑事诉讼程序问题提出以下意见。

一、关于信息网络犯罪案件的范围

1. 本意见所称信息网络犯罪案件包括：

（1）危害计算机信息系统安全犯罪案件；

（2）拒不履行信息网络安全管理义务、非法利用信息网络、帮助信息网络犯罪活动的犯罪案件；

（3）主要行为通过信息网络实施的诈骗、赌博、侵犯公民个人信息等其他犯罪案件。

二、关于信息网络犯罪案件的管辖

2. 信息网络犯罪案件由犯罪地公安机关立案侦查。必要时，可以由犯罪嫌疑人居住地公安机关立案侦查。

信息网络犯罪案件的犯罪地包括用于实施犯罪行为的网络服务使用的服务器所在地，网络服务提供者所在地，被侵害的信息网络系统及其管理者所在地，犯罪过程中犯罪嫌疑人、被害人或者其他涉案人员使用的信息网络系统所在地，被害人被侵害时所在地以及被害人财产遭受损失地等。

涉及多个环节的信息网络犯罪案件，犯罪嫌疑人为信息网络犯罪提供帮助的，其犯罪地、居住地或者被帮助对象的犯罪地公安机关可以立案侦查。

3. 有多个犯罪地的信息网络犯罪案件，由最初受理的公安机关或者主要犯罪地公安机关立案侦查。有争议的，按照有利于查清犯罪事实、有利于诉讼的原则，协商解决；经协商无法达成一致的，由共同上级公安机关指定有关公安机关立案侦查。需要提请批准逮捕、移送审查起诉、提起公诉的，由立案侦查的公安机关所在地的人民检察院、人民法院受理。

4. 具有下列情形之一的，公安机关、人民检察院、人民法院可以在其职责范围内并案处理：

（1）一人犯数罪的；

（2）共同犯罪的；

（3）共同犯罪的犯罪嫌疑人、被告人还实施其他犯罪的；

（4）多个犯罪嫌疑人、被告人实施的犯罪行为存在关联，并案处理有利于查明全部案件事实的。

对为信息网络犯罪提供程序开发、互联网接入、服务器托管、网络存储、通讯传输等技术支持，或者广告推广、支付结算等帮助，涉嫌犯罪的，可以依照第一款的规定并案侦查。

有关公安机关依照前两款规定并案侦查的案件，需要提请批准逮捕、移送审查起诉、提起公诉的，由该公安机关所在地的人民检察院、人民法院受理。

5. 并案侦查的共同犯罪或者关联犯罪案件，犯罪嫌疑人人数众多、案情复杂的，公安机关可以分案移送审查起诉。分案移送审查起诉的，应当对并案侦查的依据、分案移送审查起诉的理由作出说明。

对于前款规定的案件，人民检察院可以分案提起公诉，人民法院可以分案审理。

分案处理应当以有利于保障诉讼质量和效率为前提，并不得影响当事人质证权等诉讼权利的行使。

6. 依照前条规定分案处理，公安机关、人民检察院、人民法院在分案前有管辖权的，分案后对相关案件的管辖权不受影响。根据具体情况，分案处理的相关案件可以由不同审级的人民法院分别审理。

7. 对于共同犯罪或者已并案侦查的关联犯罪案件，部分犯罪嫌疑人未到案，但不影响对已到案共同犯罪或者关联犯罪的犯罪嫌疑人、被告人的犯罪事实认定的，可以先行追究已到案犯罪嫌疑人、被告人的刑事责任。之前未到案的犯罪嫌疑人、被告人归案后，可以由原办案机关所在地公安机关、人民检察院、人民法院管辖其所涉及的案件。

8. 对于具有特殊情况，跨省（自治区、直辖市）指定异地公安机关侦查更有利于查清犯罪事实、保证案件公正处理的重大信息网络犯罪案件，以及在境外实施的信息网络犯罪案件，公安部可以商最高人民检察院和最高人民法院指定侦查管辖。

9. 人民检察院对于审查起诉的案件，按照刑事诉讼法的管辖规定，认为应当由上级人民检察院或者同级其他人民检察院起诉的，应当将案件移送有管辖权的人民检察院，并通知移送起诉的公安机关。人民检察院认为需要依照刑事诉讼法的规定指定审判管辖的，应当协商同级人民法院办理指定管辖有关事宜。

10. 犯罪嫌疑人被多个公安机关立案侦查的，有关公安机关一般应当协商并案处理，并依法移送案件。协商不成的，可以报请共同上级公安机关指定管辖。

人民检察院对于审查起诉的案件，发现犯罪嫌疑人还有犯罪被异地公安机关立案侦查的，应当通知移送审查起诉的公安机关。

人民法院对于提起公诉的案件，发现被告人还有其他犯罪被审查起诉、立案侦查的，可以协商人民检察院、公安机关并案处理，但可能造成审判过分迟延的除外。决定对有关犯罪并案处理，符合《中华人民共和国刑事诉讼法》第二百零四条规定的，人民检察院可以建议人民法院延期审理。

三、关于信息网络犯罪案件的调查核实

11. 公安机关对接受的案件或者发现的犯罪线索，在审查中发现案件事实或者线索不明，需要经过调查才能够确认是否达到刑事立案标准的，经公安机关办案部门负责人批准，可以进行调查核实；经过调查核实达到刑事立案标准的，应当及时立案。

12. 调查核实过程中，可以采取询问、查询、勘验、检查、鉴定、调取证据材料等不限制被调查对象人身、财产权利的措施，不得对被调查对象采取强制措施，不得查封、扣押、冻结被调查对象的财产，不得采取技术侦查措施。

13. 公安机关在调查核实过程中依法收集的电子数据等材料，可以根据有关规定作为证据使用。

调查核实过程中收集的材料作为证据使用的，应当随案移送，并附批准调查核实的相关材料。

调查核实过程中收集的证据材料经查证属实，且收集程序符合有关要求的，可以作为定案依据。

四、关于信息网络犯罪案件的取证

14. 公安机关向网络服务提供者调取电子数据的，应当制作调取证据通知书，注明需要调取的电子数据的相关信息。调取证据通知书及相关法律文书可以采用数据电文形式。跨地域调取电子数据的，可以通过公安机关信息化系统传输相关数据电文。

网络服务提供者向公安机关提供电子数据的，可以采用数据电文形式。采用数据电文形式提供电子数据的，应当保证电子数据的完整性，并制作电子证明文件，载明调证法律文书编号、单位电子公章、完整性校验值等保护电子数据完整性方法的说明等信息。

数据电文形式的法律文书和电子证明文件，应当使用电子签名、数字水印等方式保证完整性。

15. 询（讯）问异地证人、被害人以及与案件有关联的犯罪嫌疑人的，可以由办案地公安机关通过远程网络视频等方式进行并制作笔录。

远程询（讯）问的，应当由协作地公安机关事先核实被询（讯）问人的身份。办案地公安机关应当将询（讯）问笔录传输至协作地公安机关。询（讯）问笔录经被询（讯）问人确认并逐页签名、捺指印后，由协作地公安机关协作人员签名或者盖章，并将原件提供给办案地公安机关。询（讯）问人员收到笔录后，应当在首页右上方写明“于某年某月某日收到”，并签名或者盖章。

远程询（讯）问的，应当对询（讯）问过程同步录音录像，并随案移送。

异地证人、被害人以及与案件有关联的犯罪嫌疑人亲笔书写证词、供词的，参照执行本条第二款规定。

16. 人民检察院依法自行侦查、补充侦查，或者人民法院调查核实相关证据的，适用本意见第 14 条、第 15 条的有关规定。

17. 对于依照本意见第 14 条的规定调取的电子数据，人民检察院、人民法院可以通过核验电子签名、数字水印、电子数据完整性校验值及调证法律文书编号是否与证明文件相一致等方式，对电子数据进行审查判断。

对调取的电子数据有疑问的，由公安机关、提供电子数据的网络服务提供者作出说明，或者由原调取机关补充收集相关证据。

五、关于信息网络犯罪案件的其他问题

18. 采取技术侦查措施收集的材料作为证据使用的，应当随案移送，并附采取技术侦查措施的法律文书、证据材料清单和有关说明材料。

移送采取技术侦查措施收集的视听资料、电子数据的，应当由两名以上侦查人员制作复制件，并附制作说明，写明原始证据材料、原始存储介质的存放地点等信息，由制作人签名，并加盖单位印章。

19. 采取技术侦查措施收集的证据材料，应当经过当庭出示、辨认、质证等法庭调查程序查证。

当庭调查技术侦查证据材料可能危及有关人员的人身安全，或者可能产生其他严重后果的，法庭应当采取不暴露有关人员身份和技术侦查措施使用的技术设备、技术方法等保护措施。必要时，审判人员可以在庭外对证据进行核实。

20. 办理信息网络犯罪案件，对于数量特别众多且具有同类性质、特征或者功能的物证、书证、证人证言、被害人陈述、视听资料、电子数据等证据材料，确因客观条件限制无法逐一收集的，应当按照一定比例或者数量选取证据，并对选取情况作出说明和论证。

人民检察院、人民法院应当重点审查取证方法、过程是否科学。经审查认为取证不科学的，应当由原取证机关作出补充说明或者重新取证。

人民检察院、人民法院应当结合其他证据材料，以及犯罪嫌疑人、被告人及其辩护人所提辩解、辩护意见，审查认定取得的证据。经审查，对相关事实不能排除合理怀疑的，应当作出有利于犯罪嫌疑人、被告人的认定。

21. 对于涉案人数特别众多的信息网络犯罪案件，确因客观条件限制无法收集证据逐一证明、逐人核实涉案账户的资金来源，但根据银行账户、非银行支付账户等交易记录和其他证据材料，足以认定有关账户主要用于接收、流转涉案资金的，可以按照该账户接收的资金数额认定犯罪数额，但犯罪嫌疑人、被告人能够作出合理说明的除外。案外人提出异议的，应当依法审查。

22. 办理信息网络犯罪案件，应当依法及时查封、扣押、冻结涉案财物，督促涉案人员退赃退赔，及时追赃挽损。

公安机关应当全面收集证明涉案财物性质、权属情况、依法应予追缴、没收或者责令退赔的证据材料，在移送审查起诉时随案移送并作出说明。其中，涉案财物需要返还被害人的，应当尽可能查明被害人损失情况。人民检察院应当对涉案财物的证据材料进行审查，在提起公诉时提出处理意见。人民法院应当依法作出判决，对涉案财物作出处理。

对应当返还被害人的合法财产，权属明确的，应当依法及时返还；权属不明的，应当在人民法院判决、裁定生效后，按比例返还被害人，但已获退赔的部分应予扣除。

23. 本意见自2022年9月1日起施行。《最高人民法院、最高人民检察院、公安部关于办理网络犯罪案件适用刑事诉讼程序若干问题的意见》（公通字〔2014〕10号）同时废止。

人民检察院办理网络犯罪案件规定

（2021年1月22日）

第一章 一般规定

第一条 为规范人民检察院办理网络犯罪案件，维护国家安全、网络安全、社会公共利益，保护公民、法人和其他组织的合法权益，根据《中华人民共和国刑事诉讼法》《人民检察院刑事诉讼规则》等规定，结合司法实践，制定本规定。

第二条 本规定所称网络犯罪是指针对信息网络实施的犯罪，利用信息网络实施的犯罪，以及其他上下游关联犯罪。

第三条 人民检察院办理网络犯罪案件应当加强全链条惩治，注重审查和发现上下游关联犯罪线索。对涉嫌犯罪，公安机关未立案侦查、应当提请批准逮捕而未提请批准逮捕或者应当移送起诉而未移送起诉的，依法进行监督。

第四条 人民检察院办理网络犯罪案件应当坚持惩治犯罪与预防犯罪并举，建立捕、诉、监、防一体的办案机制，加强以案释法，发挥检察建议的作用，促进有关部门、行业组织、企业等加强网络犯罪预防和治理，净化网络空间。

第五条 网络犯罪案件的管辖适用刑事诉讼法及其他相关规定。

有多个犯罪地的，按照有利于查清犯罪事实、有利于保护被害人合法权益、保证案件公正处理的原则确定管辖。

因跨区域犯罪、共同犯罪、关联犯罪等原因存在管辖争议的，由争议的人民检察院协商解决，协商不成的，报请共同的上级人民检察院指定管辖。

第六条 人民检察院办理网络犯罪案件应当发挥检察一体化优势，加强跨区域协作办案，强化信息互通、证据移交、技术协作，增强惩治网络犯罪的合力。

第七条 人民检察院办理网络犯罪案件应当加强对电子数据收集、提取、保全、固定等的审查，充分运用同一电子数据往往具有的多元关联证明作用，综合运用电子数据与其他证据，准确认定案件事实。

第八条 建立检察技术人员、其他有专门知识的人参与网络犯罪案件办理制度。根据案件办理需要，吸收检察技术人员加入办案组辅助案件办理。积极探索运用大数据、云计算、人工智能等信息技术辅助办案，提高网络犯罪案件办理的专业化水平。

第九条 人民检察院办理网络犯罪案件，对集团犯罪或者涉案人数众多的，根据行为人的客观行为、主观恶性、犯罪情节及地位、作用等综合判断责任轻重和刑事追究的必要性，按照区别对待原则分类处理，依法追诉。

第十条 人民检察院办理网络犯罪案件应当把追赃挽损贯穿始终，主动加强与有关机关协作，保证及时查封、扣押、冻结涉案财物，阻断涉案财物移转链条，督促涉案人员退赃退赔。

第二章 引导取证和案件审查

第十一条 人民检察院办理网络犯罪案件应当重点围绕主体身份同一性、技术手段违法性、上下游行为关联性等方面全面审查案件事实和证据，注重电子数据与其他证据之间的相互印证，构建完整的证据体系。

第十二条 经公安机关商请，根据追诉犯罪的需要，人民检察院可以派员适时介入重大、疑难、复杂网络犯罪案件的侦查活动，并对以下事项提出引导取证意见：

（一）案件的侦查方向及可能适用的罪名；

（二）证据的收集、提取、保全、固定、检验、分析等；

（三）关联犯罪线索；

（四）追赃挽损工作；

（五）其他需要提出意见的事项。

人民检察院开展引导取证活动时，涉及专业性问题的，可以指派检察技术人员共同参与。

第十三条 人民检察院可以通过以下方式了解案件办理情况：

（一）查阅案件材料；

（二）参加公安机关对案件的讨论；

（三）了解讯（询）问犯罪嫌疑人、被害人、证人的情况；

（四）了解、参与电子数据的收集、提取；

（五）其他方式。

第十四条 人民检察院介入网络犯罪案件侦查活动，发现关联犯罪或其他新的犯罪线索，应当建议公安机关依法立案或移送相关部门；对于犯罪嫌疑人不构成犯罪的，依法监督公安机关撤销案件。

第十五条 人民检察院可以根据案件侦查情况，向公安机关提出以下取证意见：

（一）能够扣押、封存原始存储介质的，及时扣押、封存；

（二）扣押可联网设备时，及时采取信号屏蔽、信号阻断或者切断电源等方式，防止电子数据被远程破坏；

（三）及时提取账户密码及相应数据，如电子设备、网络账户、应用软件等的账户密码，以及存储于其中的聊天记录、电子邮件、交易记录等；

（四）及时提取动态数据，如内存数据、缓存数据、网络连接数据等；

（五）及时提取依赖于特定网络环境的数据，如点对点网络传输数据、虚拟专线网络中的数据等；

（六）及时提取书证、物证等客观证据，注意与电子数据相互印证。

第十六条 对于批准逮捕后要求公安机关继续侦查、不批准逮捕后要求公安机关补充侦查或者审查起诉退回公安机关补充侦查的网络犯罪案件，人民检察院应当重点围绕本规定第十二条第一款规定的事项，有针对性地制作继续侦查提纲或者补充侦查提纲。对于专业性问题，应当听取检察技术人员或者其他有专门知识的人的意见。

人民检察院应当及时了解案件继续侦查或者补充侦查的情况。

第十七条 认定网络犯罪的犯罪嫌疑人，应当结合全案证据，围绕犯罪嫌疑人与原始存储介质、电子数据的关联性、犯罪嫌疑人网络身份与现实身份的同一性，注重审查以下内容：

（一）扣押、封存的原始存储介质是否为犯罪嫌疑人所有、持有或者使用；

（二）社交、支付结算、网络游戏、电子商务、物流等平台的账户信息、身份认证信息、数字签名、生物识别信息等是否与犯罪嫌疑人身份关联；

（三）通话记录、短信、聊天信息、文档、图片、语音、视频等文件内容是否能够反映犯罪嫌疑人的身份；

（四）域名、IP 地址、终端 MAC 地址、通信基站信息等是否能够反映电子设备为犯罪嫌疑人所使用；

（五）其他能够反映犯罪嫌疑人主体身份的内容。

第十八条 认定犯罪嫌疑人的客观行为，应当结合全案证据，围绕其利用的程序工具、技术手段的功能及其实现方式、犯罪行为和结果之间的关联性，注重审查以下内容：

（一）设备信息、软件程序代码等作案工具；

（二）系统日志、域名、IP 地址、WiFi 信息、地理位置信息等是否能够反映犯罪嫌疑人的行为轨迹；

（三）操作记录、网络浏览记录、物流信息、交易结算记录、即时通信信息等是否能够反映犯罪嫌疑人的行为内容；

（四）其他能够反映犯罪嫌疑人客观行为的内容。

第十九条 认定犯罪嫌疑人的主观方面，应当结合犯罪嫌疑人的认知能力、专业水平、既往经历、人员关系、行为次数、获利情况等综合认定，注重审查以下内容：

（一）反映犯罪嫌疑人主观故意的聊天记录、发布内容、浏览记录等；

（二）犯罪嫌疑人行为是否明显违背系统提示要求、正常操作流程；

（三）犯罪嫌疑人制作、使用或者向他人提供的软件程序是否主要用于违法犯罪活动；

（四）犯罪嫌疑人支付结算的对象、频次、数额等是否明显违反正常交易习惯；

（五）犯罪嫌疑人是否频繁采用隐蔽上网、加密通信、销毁数据等措施或者使用虚假身份；

（六）其他能够反映犯罪嫌疑人主观方面的内容。

第二十条 认定犯罪行为的情节和后果，应当结合网络空间、网络行为的特性，从违法所得、经济损失、信息系统的破坏、网络秩序的危害程度以及对被害人的侵害程度等综合判断，注重审查以下内容：

（一）聊天记录、交易记录、音视频文件、数据库信息等能够反映犯罪嫌疑人违法所得、获取和传播数据及文件的性质、数量的内容；

（二）账号数量、信息被点击次数、浏览次数、被转发次数等能够反映犯罪行为对网络空间秩序产生影响的内容；

（三）受影响的计算机信息系统数量、服务器日志信息等能够反映犯罪行为对信息网络运行造成影响程度的内容；

（四）被害人数量、财产损失数额、名誉侵害的影响范围等能够反映犯罪行为对被害人的人身、财产等造成侵害的内容；

（五）其他能够反映犯罪行为情节、后果的内容。

第二十一条 人民检察院办理网络犯罪案件，确因客观条件限制无法逐一收集相关言词证据的，可以根据记录被害人人数、被侵害的计算机信息系统数量、涉案资金数额等犯罪事实的电子数据、书证等证据材料，在审查被告人及其辩护人所提辩解、辩护意见的基础上，综合全案证据材料，对相关犯罪事实作出认定。

第二十二条 对于数量众多的同类证据材料，在证明是否具有同样的性质、特征或者功能时，因客观条件限制不能全部验证的，可以进行抽样验证。

第二十三条 对鉴定意见、电子数据等技术性证据材料，需要进行专门审查的，应当指派检察技术人员或者聘请其他有专门知识的人进行审查并提出意见。

第二十四条 人民检察院在审查起诉过程中，具有下列情形之一的，可以依法自行侦查：

（一）公安机关未能收集的证据，特别是存在灭失、增加、删除、修改风险的电子数据，需要及时收集和固定的；

（二）经退回补充侦查未达到补充侦查要求的；

（三）其他需要自行侦查的情形。

第二十五条 自行侦查由检察官组织实施，开展自行侦查的检察人员不得少于二人。需要技术支持和安全保障的，由人民检察院技术部门和警务部门派员协助。必要时，可以要求公安机关予以配合。

第二十六条 人民检察院办理网络犯罪案件的部门，发现或者收到侵害国家利益、社会公共利益的公益诉讼案件线索的，应当及时移送负责公益诉讼的部门处理。

第三章 电子数据的审查

第二十七条 电子数据是以数字化形式存储、处理、传输的，能够证明案件事实的数据，主要包括以下形式：

（一）网页、社交平台、论坛等网络平台发布的信息；

（二）手机短信、电子邮件、即时通信、通讯群组等网络通讯信息；

（三）用户注册信息、身份认证信息、数字签名、生物识别信息等用户身份信息；

（四）电子交易记录、通信记录、浏览记录、操作记录、程序安装、运行、删除记录等用户行为信息；

（五）恶意程序、工具软件、网站源代码、运行脚本等行为工具信息；

（六）系统日志、应用程序日志、安全日志、数据库日志等系统运行信息；

（七）文档、图片、音频、视频、数字证书、数据库文件等电子文件及其创建时间、访问时间、修改时间、大小等文件附属信息。

第二十八条 电子数据取证主要包括以下方式：收集、提取电子数据；电子数据检查和侦查实验；电子数据检验和鉴定。

收集、提取电子数据可以采取以下方式：

（一）扣押、封存原始存储介质；

（二）现场提取电子数据；

（三）在线提取电子数据；

（四）冻结电子数据；

（五）调取电子数据。

第二十九条 人民检察院办理网络犯罪案件，应当围绕客观性、合法性、关联性的要求对电子数据进行全面审查。注重审查电子数据与案件事实之间的多元关联，加强综合分析，充分发挥电子数据的证明作用。

第三十条 对电子数据是否客观、真实，注重审查以下内容：

（一）是否移送原始存储介质，在原始存储介质无法封存、不便移动时，是否说明原因，并注明相关情况；

（二）电子数据是否有数字签名、数字证书等特殊标识；

（三）电子数据的收集、提取过程及结果是否可以重现；

（四）电子数据有增加、删除、修改等情形的，是否附有说明；

（五）电子数据的完整性是否可以保证。

第三十一条 对电子数据是否完整，注重审查以下内容：

（一）原始存储介质的扣押、封存状态是否完好；

（二）比对电子数据完整性校验值是否发生变化；

（三）电子数据的原件与备份是否相同；

（四）冻结后的电子数据是否生成新的操作日志。

第三十二条 对电子数据的合法性，注重审查以下内容：

（一）电子数据的收集、提取、保管的方法和过程是否规范；

（二）查询、勘验、扣押、调取、冻结等的法律手续是否齐全；

（三）勘验笔录、搜查笔录、提取笔录等取证记录是否完备；

（四）是否由符合法律规定的取证人员、见证人、持有人（提供人）等参与，因客观原因没有见证人、持有人（提供人）签名或者盖章的，是否说明原因；

（五）是否按照有关规定进行同步录音录像；

（六）对于收集、提取的境外电子数据是否符合国（区）际司法协作及相关法律规定的要求。

第三十三条 对电子数据的关联性，注重审查以下内容：

（一）电子数据与案件事实之间的关联性；

（二）电子数据及其存储介质与案件当事人之间的关联性。

第三十四条 原始存储介质被扣押封存的，注重从以下方面审查扣押封存过程是否规范：

（一）是否记录原始存储介质的品牌、型号、容量、序列号、识别码、用户标识等外观信息，是否与实物一一对应；

（二）是否封存或者计算完整性校验值，封存前后是否拍摄被封存原始存储介质的照片，照片是否清晰反映封口或者张贴封条处的状况；

（三）是否由取证人员、见证人、持有人（提供人）签名或者盖章。

第三十五条 对原始存储介质制作数据镜像予以提取固定的，注重审查以下内容：

（一）是否记录原始存储介质的品牌、型号、容量、序列号、识别码、用户标识等外观信息，是否记录原始存储介质的存放位置、使用人、保管人；

（二）是否附有制作数据镜像的工具、方法、过程等必要信息；

（三）是否计算完整性校验值；

（四）是否由取证人员、见证人、持有人（提供人）签名或者盖章。

第三十六条 提取原始存储介质中的数据内容并予以固定的，注重审查以下内容：

（一）是否记录原始存储介质的品牌、型号、容量、序列号、识别码、用户标识等外观信息，是否记录原始存储介质的存放位置、使用人、保管人；

（二）所提取数据内容的原始存储路径，提取的工具、方法、过程等信息，是否一并提取相关的附属信息、关联痕迹、系统环境等信息；

（三）是否计算完整性校验值；

（四）是否由取证人员、见证人、持有人（提供人）签名或者盖章。

第三十七条 对于在线提取的电子数据，注重审查以下内容：

（一）是否记录反映电子数据来源的网络地址、存储路径或者数据提取时的进入步骤等；

（二）是否记录远程计算机信息系统的访问方式、电子数据的提取日期和时间、提取的工具、方法等信息，是否一并提取相关的附属信息、关联痕迹、系统环境等信息；

（三）是否计算完整性校验值；

（四）是否由取证人员、见证人、持有人（提供人）签名或者盖章。

对可能无法重复提取或者可能出现变化的电子数据，是否随案移送反映提取过程的拍照、录像、截屏等材料。

第三十八条 对冻结的电子数据，注重审查以下内容：

（一）冻结手续是否符合规定；

（二）冻结的电子数据是否与案件事实相关；

（三）冻结期限是否即将到期、有无必要继续冻结或者解除；

（四）冻结期间电子数据是否被增加、删除、修改等。

第三十九条 对调取的电子数据，注重审查以下内容：

（一）调取证据通知书是否注明所调取的电子数据的相关信息；

（二）被调取单位、个人是否在通知书回执上签名或者盖章；

（三）被调取单位、个人拒绝签名、盖章的，是否予以说明；

（四）是否计算完整性校验值或者以其他方法保证电子数据的完整性。

第四十条 对电子数据进行检查、侦查实验，注重审查以下内容：

（一）是否记录检查过程、检查结果和其他需要记录的内容，并由检查人员签名或者盖章；

（二）是否记录侦查实验的条件、过程和结果，并由参加侦查实验的人员签名或者盖章；

（三）检查、侦查实验使用的电子设备、网络环境等是否与发案现场一致或者基本一致；

（四）是否使用拍照、录像、录音、通信数据采集等一种或者多种方式客观记录检查、侦查实验过程。

第四十一条 对电子数据进行检验、鉴定，注重审查以下内容：

（一）鉴定主体的合法性。包括审查司法鉴定机构、司法鉴定人员的资质，委托鉴定事项是否符合司法鉴定机构的业务范围，鉴定人员是否存在回避等情形；

（二）鉴定材料的客观性。包括鉴定材料是否真实、完整、充分，取得方式是否合法，是否与原始电子数据一致；

（三）鉴定方法的科学性。包括鉴定方法是否符合国家标准、行业标准，方法标准的选用是否符合相关规定；

（四）鉴定意见的完整性。是否包含委托人、委托时间、检材信息、鉴定或者分析论证过程、鉴定结果以及鉴定人签名、日期等内容；

（五）鉴定意见与其他在案证据能否相互印证。

对于鉴定机构以外的机构出具的检验、检测报告，可以参照本条规定进行审查。

第四十二条 行政机关在行政执法和查办案件过程中依法收集、提取的电子数据，人民检察院经审查符合法定要求的，可以作为刑事案件的证据使用。

第四十三条 电子数据的收集、提取程序有下列瑕疵，经补正或者作出合理解释的，可以采用；不能补正或者作出合理解释的，不得作为定案的根据：

（一）未以封存状态移送的；

（二）笔录或者清单上没有取证人员、见证人、持有人（提供人）签名或者盖章的；

（三）对电子数据的名称、类别、格式等注明不清的；

（四）有其他瑕疵的。

第四十四条 电子数据系篡改、伪造、无法确定真伪的，或者有其他无法保证电子数据客观、真实情形的，不得作为定案的根据。

电子数据有增加、删除、修改等情形，但经司法鉴定、当事人确认等方式确定与案件相关的重要数据未发生变化，或者能够还原电子数据原始状态、查清变化过程的，可以作为定案的根据。

第四十五条 对于无法直接展示的电子数据，人民检察院可以要求公安机关提供电子数据的内容、存储位置、附属信息、功能作用等情况的说明，随案移送人民法院。

第四章 出庭支持公诉

第四十六条 人民检察院依法提起公诉的网络犯罪案件，具有下列情形之一的，可以建议人民法院召开庭前会议：

（一）案情疑难复杂的；

（二）跨国（边）境、跨区域案件社会影响重大的；

（三）犯罪嫌疑人、被害人等人数众多、证据材料较多的；

（四）控辩双方对电子数据合法性存在较大争议的；

（五）案件涉及技术手段专业性强，需要控辩双方提前交换意见的；

（六）其他有必要召开庭前会议的情形。

必要时，人民检察院可以向法庭申请指派检察技术人员或者聘请其他有专门知识的人参加庭前会议。

第四十七条 人民法院开庭审理网络犯罪案件，公诉人出示证据可以借助多媒体示证、动态演示等方式进行。必要时，可以向法庭申请指派检察技术人员或者聘请其他有专门知识的人进行相关技术操作，并就专门性问题发表意见。

公诉人在出示电子数据时，应当从以下方面进行说明：

（一）电子数据的来源、形成过程；

（二）电子数据所反映的犯罪手段、人员关系、资金流向、行为轨迹等案件事实；

（三）电子数据与被告人供述、被害人陈述、证人证言、物证、书证等的相互印证情况；

（四）其他应当说明的内容。

第四十八条 在法庭审理过程中，被告人及其辩护人针对电子数据的客观性、合法性、关联性提出辩解或者辩护意见的，公诉人可以围绕争议点从证据来源是否合法，提取、复制、制作过程是否规范，内容是否真实完整，与案件事实有无关联等方面，有针对性地予以答辩。

第四十九条 支持、推动人民法院开庭审判网络犯罪案件全程录音录像。对庭审全程录音录像资料，必要时人民检察院可以商请人民法院复制，并将存储介质附检察卷宗保存。

第五章 跨区域协作办案

第五十条 对跨区域网络犯罪案件，上级人民检察院应当加强统一指挥和统筹协调，相关人民检察院应当加强办案协作。

第五十一条 上级人民检察院根据办案需要，可以统一调用辖区内的检察人员参与办理网络犯罪案件。

第五十二条 办理关联网络犯罪案件的人民检察院可以相互申请查阅卷宗材料、法律文书，了解案件情况，被申请的人民检察院应当予以协助。

第五十三条 承办案件的人民检察院需要向办理关联网络犯罪案件的人民检察院调取证据材料的，可以持相关法律文书和证明文件申请调取在案证据材料，被申请的人民检察院应当配合。

第五十四条 承办案件的人民检察院需要异地调查取证的，可以将相关法律文书及证明文件传输至证据所在地的人民检察院，请其代为调查取证。相关法律文书应当注明具体的取证对象、方式、内容和期限等。

被请求协助的人民检察院应当予以协助，及时将取证结果送达承办案件的人民检察院；无法及时调取的，应当作出说明。被请求协助的人民检察院有异议的，可以与承办案件的人民检察院进行协商；无法解决的，由承办案件的人民检察院报请共同的上级人民检察院决定。

第五十五条 承办案件的人民检察院需要询问异地证人、被害人的，可以通过远程视频系统进行询问，证人、被害人所在地的人民检察院应当予以协助。远程询问的，应当对询问过程进行同步录音录像。

第六章　跨国（边）境司法协作

第五十六条　办理跨国网络犯罪案件应当依照《中华人民共和国国际刑事司法协助法》及我国批准加入的有关刑事司法协助条约，加强国际司法协作，维护我国主权、安全和社会公共利益，尊重协作国司法主权、坚持平等互惠原则，提升跨国司法协作质效。

第五十七条　地方人民检察院在案件办理中需要向外国请求刑事司法协助的，应当制作刑事司法协助请求书并附相关材料，经报最高人民检察院批准后，由我国与被请求国间司法协助条约规定的对外联系机关向外国提出申请。没有刑事司法协助条约的，通过外交途径联系。

第五十八条　人民检察院参加现场移交境外证据的检察人员不少于二人，外方有特殊要求的除外。

移交、开箱、封存、登记的情况应当制作笔录，由最高人民检察院或者承办案件的人民检察院代表、外方移交人员签名或者盖章，一般应当全程录音录像。有其他见证人的，在笔录中注明。

第五十九条　人民检察院对境外收集的证据，应当审查证据来源是否合法、手续是否齐备以及证据的移交、保管、转换等程序是否连续、规范。

第六十条　人民检察院办理涉香港特别行政区、澳门特别行政区、台湾地区的网络犯罪案件，需要当地有关部门协助的，可以参照本规定及其他相关规定执行。

第七章　附　　则

第六十一条　人民检察院办理网络犯罪案件适用本规定，本规定没有规定的，适用其他相关规定。

第六十二条　本规定中下列用语的含义：

（一）信息网络，包括以计算机、电视机、固定电话机、移动电话机等电子设备为终端的计算机互联网、广播电视网、固定通信网、移动通信网等信息网络，以及局域网络；

（二）存储介质，是指具备数据存储功能的电子设备、硬盘、光盘、优盘、记忆棒、存储芯片等载体；

（三）完整性校验值，是指为防止电子数据被篡改或者破坏，使用散列算法等特定算法对电子数据进行计算，得出的用于校验数据完整性的数据值；

（四）数字签名，是指利用特定算法对电子数据进行计算，得出的用于验证电子数据来源和完整性的数据值；

（五）数字证书，是指包含数字签名并对电子数据来源、完整性进行认证的电子文件；

（六）生物识别信息，是指计算机利用人体所固有的生理特征（包括人脸、指纹、声纹、虹膜、DNA 等）或者行为特征（步态、击键习惯等）来进行个人身份识别的信息；

（七）运行脚本，是指使用一种特定的计算机编程语言，依据符合语法要求编写的执行指定操作的可执行文件；

（八）数据镜像，是指二进制（0101 排序的数据码流）相同的数据复制件，与原件的内容无差别；

（九）MAC 地址，是指计算机设备中网卡的唯一标识，每个网卡有且只有一个 MAC 地址。

第六十三条 人民检察院办理国家安全机关、海警机关、监狱等移送的网络犯罪案件，适用本规定和其他相关规定。

第六十四条 本规定由最高人民检察院负责解释。

第六十五条 本规定自发布之日起施行。

四、部门规章及文件

1. 综　合

电信和互联网用户个人信息保护规定

（2013年7月16日工业和信息化部令第24号公布　自2013年9月1日起施行）

第一章　总　　则

第一条　为了保护电信和互联网用户的合法权益，维护网络信息安全，根据《全国人民代表大会常务委员会关于加强网络信息保护的决定》、《中华人民共和国电信条例》和《互联网信息服务管理办法》等法律、行政法规，制定本规定。

第二条　在中华人民共和国境内提供电信服务和互联网信息服务过程中收集、使用用户个人信息的活动，适用本规定。

第三条　工业和信息化部和各省、自治区、直辖市通信管理局（以下统称电信管理机构）依法对电信和互联网用户个人信息保护工作实施监督管理。

第四条　本规定所称用户个人信息，是指电信业务经营者和互联网信息服务提供者在提供服务的过程中收集的用户姓名、出生日期、身份证件号码、住址、电话号码、账号和密码等能够单独或者与其他信息结合识别用户的信息以及用户使用服务的时间、地点等信息。

第五条 电信业务经营者、互联网信息服务提供者在提供服务的过程中收集、使用用户个人信息，应当遵循合法、正当、必要的原则。

第六条 电信业务经营者、互联网信息服务提供者对其在提供服务过程中收集、使用的用户个人信息的安全负责。

第七条 国家鼓励电信和互联网行业开展用户个人信息保护自律工作。

第二章　信息收集和使用规范

第八条 电信业务经营者、互联网信息服务提供者应当制定用户个人信息收集、使用规则，并在其经营或者服务场所、网站等予以公布。

第九条 未经用户同意，电信业务经营者、互联网信息服务提供者不得收集、使用用户个人信息。

电信业务经营者、互联网信息服务提供者收集、使用用户个人信息的，应当明确告知用户收集、使用信息的目的、方式和范围，查询、更正信息的渠道以及拒绝提供信息的后果等事项。

电信业务经营者、互联网信息服务提供者不得收集其提供服务所必需以外的用户个人信息或者将信息用于提供服务之外的目的，不得以欺骗、误导或者强迫等方式或者违反法律、行政法规以及双方的约定收集、使用信息。

电信业务经营者、互联网信息服务提供者在用户终止使用电信服务或者互联网信息服务后，应当停止对用户个人信息的收集和使用，并为用户提供注销号码或者账号的服务。

法律、行政法规对本条第一款至第四款规定的情形另有规定的，从其规定。

第十条 电信业务经营者、互联网信息服务提供者及其工作人员对在提供服务过程中收集、使用的用户个人信息应当严格保密，不得泄露、篡改或者毁损，不得出售或者非法向他人提供。

第十一条 电信业务经营者、互联网信息服务提供者委托他人代理市场销售和技术服务等直接面向用户的服务性工作，涉及收集、使用用户个人信息的，应当对代理人的用户个人信息保护工作进行监督和管理，不得委托不符合本规定有关用户个人信息保护要求的代理人代办相关服务。

第十二条 电信业务经营者、互联网信息服务提供者应当建立用户投诉处理机制，公布有效的联系方式，接受与用户个人信息保护有关的投诉，并自接到投诉之日起十五日内答复投诉人。

第三章 安全保障措施

第十三条 电信业务经营者、互联网信息服务提供者应当采取以下措施防止用户个人信息泄露、毁损、篡改或者丢失：

（一）确定各部门、岗位和分支机构的用户个人信息安全管理责任；

（二）建立用户个人信息收集、使用及其相关活动的工作流程和安全管理制度；

（三）对工作人员及代理人实行权限管理，对批量导出、复制、销毁信息实行审查，并采取防泄密措施；

（四）妥善保管记录用户个人信息的纸介质、光介质、电磁介质等载体，并采取相应的安全储存措施；

（五）对储存用户个人信息的信息系统实行接入审查，并采取防入侵、防病毒等措施；

（六）记录对用户个人信息进行操作的人员、时间、地点、事项等信息；

（七）按照电信管理机构的规定开展通信网络安全防护工作；

（八）电信管理机构规定的其他必要措施。

第十四条 电信业务经营者、互联网信息服务提供者保管的用户个人信息发生或者可能发生泄露、毁损、丢失的，应当立即采取补救措施；造成或者可能造成严重后果的，应当立即向准予其许可或者备案的电信管理机构报告，配合相关部门进行的调查处理。

电信管理机构应当对报告或者发现的可能违反本规定的行为的影响进行评估；影响特别重大的，相关省、自治区、直辖市通信管理局应当向工业和信息化部报告。电信管理机构在依据本规定作出处理决定前，可以要求电信业务经营者和互联网信息服务提供者暂停有关行为，电信业务经营者和互联网信息服务提供者应当执行。

第十五条 电信业务经营者、互联网信息服务提供者应当对其工作人员进行用户个人信息保护相关知识、技能和安全责任培训。

第十六条 电信业务经营者、互联网信息服务提供者应当对用户个人信息保护情况每年至少进行一次自查，记录自查情况，及时消除自查中发现的安全隐患。

第四章 监督检查

第十七条 电信管理机构应当对电信业务经营者、互联网信息服务提供者保护用户个人信息的情况实施监督检查。

电信管理机构实施监督检查时，可以要求电信业务经营者、互联网信息服务提供者提供相关材料，进入其生产经营场所调查情况，电信业务经营者、互联网信息服务提供者应当予以配合。

电信管理机构实施监督检查，应当记录监督检查的情况，不得妨碍电信业务经营者、互联网信息服务提供者正常的经营或者服务活动，不得收取任何费用。

第十八条 电信管理机构及其工作人员对在履行职责中知悉的用户个人信息应当予以保密，不得泄露、篡改或者毁损，不得出售或者非法向他人提供。

第十九条 电信管理机构实施电信业务经营许可及经营许可证年检时，应当对用户个人信息保护情况进行审查。

第二十条 电信管理机构应当将电信业务经营者、互联网信息服务提供者违反本规定的行为记入其社会信用档案并予以公布。

第二十一条 鼓励电信和互联网行业协会依法制定有关用户个人

信息保护的自律性管理制度，引导会员加强自律管理，提高用户个人信息保护水平。

第五章 法律责任

第二十二条 电信业务经营者、互联网信息服务提供者违反本规定第八条、第十二条规定的，由电信管理机构依据职权责令限期改正，予以警告，可以并处一万元以下的罚款。

第二十三条 电信业务经营者、互联网信息服务提供者违反本规定第九条至第十一条、第十三条至第十六条、第十七条第二款规定的，由电信管理机构依据职权责令限期改正，予以警告，可以并处一万元以上三万元以下的罚款，向社会公告；构成犯罪的，依法追究刑事责任。

第二十四条 电信管理机构工作人员在对用户个人信息保护工作实施监督管理的过程中玩忽职守、滥用职权、徇私舞弊的，依法给予处理；构成犯罪的，依法追究刑事责任。

第六章 附 则

第二十五条 本规定自 2013 年 9 月 1 日起施行。

公安机关办理刑事案件适用查封、冻结措施有关规定（节录）

（2013 年 9 月 1 日 公通字〔2013〕30 号）

第一章 总 则

……

第二条 根据侦查犯罪的需要，公安机关依法对涉案财物予以查封、冻结，有关部门、单位和个人应当协助和配合。

本规定所称涉案财物，是指公安机关在办理刑事案件过程中，依法以查封、冻结等方式固定的可用以证明犯罪嫌疑人有罪或者无罪的各种财产和物品，包括：

（一）犯罪所得及其孳息；

（二）用于实施犯罪行为的工具；

（三）其他可以证明犯罪行为是否发生以及犯罪情节轻重的财物。

……

第三章 冻 结

第二十三条 根据侦查犯罪的需要，公安机关可以依法冻结涉案的存款、汇款、证券交易结算资金、期货保证金等资金，债券、股票、基金份额和国务院依法认定的其他证券，以及股权、保单权益和其他投资权益等财产。

第二十四条 在侦查工作中需要冻结财产的，应当经县级以上公安机关负责人批准，制作协助冻结财产通知书，明确冻结财产的账户名称、账户号码、冻结数额、冻结期限、冻结范围以及是否及于孳息等事项，送交银行业金融机构、特定非金融机构、邮政部门、证券公司、证券登记结算机构、证券投资基金管理公司、保险公司、信托公司、公司登记机关和银行间市场交易组织机构、银行间市场集中清算机构、银行间市场登记托管结算机构、经国务院批准或者同意设立的黄金交易组织机构和结算机构等单位协助办理，有关单位应当在相关通知书回执中注明办理情况。

第二十五条 有关单位接到公安机关协助冻结财产通知书后，应当立即对涉案财物予以冻结，办理相关手续，不得推诿拖延，不得泄露有关信息。有关单位办理完毕冻结手续后，在当事人查询时可以予以告知。

第二十六条 冻结存款、汇款、证券交易结算资金、期货保证金等资金，或者投资权益等其他财产的期限为六个月。需要延长期限的，应当经作出原冻结决定的县级以上公安机关负责人批准，在冻结期限届满前五日以内办理续冻手续。每次续冻期限最长不得超过六个月。

对重大、复杂案件，经设区的市一级以上公安机关负责人批准，冻结存款、汇款、证券交易结算资金、期货保证金等资金的期限可以为一年。需要延长期限的，应当按照原批准权限和程序，在冻结期限届满前五日以内办理续冻手续。每次续冻期限最长不得超过一年。

冻结债券、股票、基金份额等证券的期限为二年。需要延长冻结期限的，应当经作出原冻结决定的县级以上公安机关负责人批准，在冻结期限届满前五日以内办理续冻手续。每次续冻期限最长不得超过二年。

冻结期限届满，未办理续冻手续的，冻结自动解除。

第二十七条 冻结涉案账户的款项数额，应当与涉案金额相当。不得超出涉案金额范围冻结款项。

……

第三十条 对下列账户和款项，不得冻结：

（一）金融机构存款准备金和备付金；

（二）特定非金融机构备付金；

（三）封闭贷款专用账户（在封闭贷款未结清期间）；

（四）商业汇票保证金；

（五）证券投资者保障基金、保险保障基金、存款保险基金；

（六）党、团费账户和工会经费集中户；

（七）社会保险基金；

（八）国有企业下岗职工基本生活保障资金；

（九）住房公积金和职工集资建房账户资金；

（十）人民法院开立的执行账户；

（十一）军队、武警部队一类保密单位开设的“特种预算存款”、“特种其他存款”和连队账户的存款；

（十二）金融机构质押给中国人民银行的债券、股票、贷款；

（十三）证券登记结算机构、银行间市场交易组织机构、银行间市场集中清算机构、银行间市场登记托管结算机构、经国务院批准或者同意设立的黄金交易组织机构和结算机构等依法按照业务规则收取并存放于专门清算交收账户内的特定股票、债券、票据、贵金属等有价凭证、资产和资金，以及按照业务规则要求金融机构等登记托管结算参与人、清算参与人、投资者或者发行人提供的、在交收或者清算结算完成之前的保证金、清算基金、回购质押券、价差担保物、履约担保物等担保物，支付机构客户备付金；

（十四）其他法律、行政法规、司法解释，部门规章规定不得冻结的账户和款项。

第三十一条 对金融机构账户、特定非金融机构账户和以证券登记结算机构、银行间市场交易组织机构、银行间市场集中清算机构、银行间市场登记托管结算机构、经国务院批准或者同意设立的黄金交易组织机构和结算机构、支付机构等名义开立的各类专门清算交收账户、保证金账户、清算基金账户、客户备付金账户，不得整体冻结，法律另有规定的除外。

……

公安机关对部分违反治安管理行为实施处罚的裁量指导意见（节录）

（2018年6月5日 公通字〔2018〕17号）

为规范公安机关治安管理处罚裁量权，确保执法公平公正，根据《中华人民共和国治安管理处罚法》《中华人民共和国行政处罚法》，结合执法实践，制定本指导意见。

第一部分　一般适用规则

一、本指导意见适用于治安管理处罚法规定的尚不够刑事处罚且依法应当予以治安管理处罚的违反治安管理行为。本指导意见中的违反治安管理行为名称，依据《公安部关于印发〈违反公安行政管理行为的名称及其适用意见〉的通知》（公通字〔2015〕35号）确定。

……

六、违反治安管理具有下列情形之一的，属于“情节较重”“情节严重”：

（一）一年内因同种违法行为被治安管理处罚后又实施的；

（二）刑罚执行完毕六个月内，或者在缓刑、假释期间，实施违反治安管理行为的；

（三）组织、领导实施违反治安管理行为的，或者在共同违反治安管理行为中起主要作用的；

（四）被侵害人为精神病人、残疾人、老年人、未成年人、孕妇的；

（五）在突发事件和重大活动期间、突发事件和重大活动发生地、举行地实施违反治安管理行为的；

（六）达到刑事追诉标准，但因犯罪情节轻微，人民检察院作出不起诉决定或者人民法院判决免除刑事处罚的。

七、违反治安管理具有下列情形之一的，属于“情节较轻”：

（一）实施违反治安管理行为危害较小，且积极配合公安机关查处的；

（二）在共同违反治安管理行为中起次要或者辅助作用的。

八、违反治安管理行为，既具有“情节较重”或者“情节严重”情节，又具有治安管理处罚法规定的“减轻处罚或者不予处罚”情节的，一般决定适用“减轻处罚”。

九、违反治安管理行为，具有两个以上“情节较重”或者“情节严重”情节，且无从轻、减轻或者不予处罚等法定裁量情节，治安管理处罚法规定“可以并处”罚款的，一般决定适用并处罚款。

十、对治安管理处罚法规定“处警告或者二百元以下罚款”的违反治安管理行为，具有从轻处罚情节，且无其他法定裁量情节的，依法决定适用警告；具有减轻处罚情节，且无其他法定裁量情节的，依法决定适用警告或者不予处罚。

十一、对治安管理处罚法规定“处五日以下拘留或者五百元以下罚款”的违反治安管理行为，行为人系初次违反治安管理且社会危害性不大，同时又无其他法定裁量情节的，一般决定适用五百元以下罚款；对治安管理处罚法规定“情节较轻的，处五日以下拘留或者五百元以下罚款”的违反治安管理行为，同时具有从轻处罚情节或者同时系初次违反治安管理，未造成危害后果和社会影响且无其他法定裁量情节的，一般决定适用五百元以下罚款。

十二、本指导意见没有规定的，依照《公安部关于实施公安行政处罚裁量基准制度的指导意见》（公通字〔2016〕17号）的有关规定处理。

第二部分 具体行为的裁量标准

……

十三、故意干扰无线电业务正常进行

拒不消除对无线电台（站）的有害干扰

【法律依据】

（《中华人民共和国治安管理处罚法》第28条）违反国家规定，故意干扰无线电业务正常进行的，或者对正常运行的无线电台（站）产生有害干扰，经有关主管部门指出后，拒不采取有效措施消除的，处五日以上十日以下拘留；情节严重的，处十日以上十五日以下拘留。

【理解与适用】

有下列情形之一的，属于“情节严重”：

（一）造成较重危害后果或者较大社会影响的；

（二）对事关国家安全、公共安全、国计民生的无线电业务、无线电台（站）进行干扰的；

（三）长时间故意干扰无线电业务正常进行，或者对正常运行的无线电台（站）产生有害干扰的；

（四）违法所得达到有关司法解释认定构成刑法第二百八十八条第一款规定的“情节严重”标准百分之五十以上的；

（五）其他情节严重的情形。

十四、非法侵入计算机信息系统

【法律依据】

（《中华人民共和国治安管理处罚法》第 29 条第 1 项）有下列行为之一的，处五日以下拘留；情节较重的，处五日以上十日以下拘留：

（一）违反国家规定，侵入计算机信息系统，造成危害的；

【理解与适用】

有下列情形之一的，属于“情节较重”：

（一）造成被侵入系统单位的商业秘密、公民个人信息泄露、数据丢失等较大危害的；

（二）侵入国家机关、涉密单位、防范恐怖袭击重点目标单位或者治安保卫重点单位的计算机信息系统，造成危害的；

（三）其他情节较重的情形。

十五、非法改变计算机信息系统功能

【法律依据】

（《中华人民共和国治安管理处罚法》第 29 条第 2 项）有下列行为之一的，处五日以下拘留；情节较重的，处五日以上十日以下拘留：

（二）违反国家规定，对计算机信息系统功能进行删除、修改、增加、干扰，造成计算机信息系统不能正常运行的；

【理解与适用】

有下列情形之一的，属于“情节较重”：

（一）违法所得或者造成经济损失达到有关司法解释认定构成刑法第二百八十六条第一款规定的“后果严重”标准的百分之五十以上的；

（二）破坏计算机信息系统功能，造成计算机信息系统主要软件或者硬件功能不能恢复的；

（三）虽未达到前两项规定之一的情形，但多次对计算机信息系统功能进行删除、修改、增加、干扰的；

（四）其他情节较重的情形。

十六、非法改变计算机信息系统数据和应用程序

【法律依据】

（《中华人民共和国治安管理处罚法》第 29 条第 3 项）有下列行为之一的，处五日以下拘留；情节较重的，处五日以上十日以下拘留：

（三）违反国家规定，对计算机信息系统中存储、处理、传输的数据和应用程序进行删除、修改、增加的；

【理解与适用】

有下列情形之一的，属于“情节较重”：

（一）对五台以上计算机信息系统中存储、处理、传输的数据和应用程序进行删除、修改、增加的；

（二）违法所得或者造成经济损失达到有关司法解释认定构成刑法第二百八十六条第二款规定的“后果严重”标准的百分之五十以上的；

（三）虽未达到前两项规定之一的情形，但多次对数据和应用程序进行删除、修改、增加的；

（四）其他情节较重的情形。

十七、故意制作、传播计算机破坏性程序影响运行

【法律依据】

（《中华人民共和国治安管理处罚法》第 29 条第 4 项）有下列行为之一的，处五日以下拘留；情节较重的，处五日以上十日以下拘留：

（四）故意制作、传播计算机病毒等破坏性程序，影响计算机信息系统正常运行的。

【理解与适用】

有下列情形之一的，属于“情节较重”：

（一）故意制作、传播计算机病毒等破坏性程序，造成五台以上计算机信息系统受感染的；

（二）违法所得或者造成经济损失达到有关司法解释认定构成刑法

第二百八十六条第三款规定的“后果严重”标准的百分之五十以上的；

（三）虽未达到前两项规定之一的情形，但多次故意制作、传播计算机病毒的；

（四）其他情节较重的情形。

……

四十五、诈骗

【法律依据】

（《中华人民共和国治安管理处罚法》第 49 条）盗窃、诈骗、哄抢、抢夺、敲诈勒索或者故意损毁公私财物的，处五日以上十日以下拘留，可以并处五百元以下罚款；情节较重的，处十日以上十五日以下拘留，可以并处一千元以下罚款。

【理解与适用】

有下列情形之一的，属于“情节较重”：

（一）诈骗财物价值达到有关司法解释认定构成刑法第二百六十六条规定的“数额较大”标准的百分之五十以上的；

（二）诈骗防灾、救灾、救济等特定财物的；

（三）在公共场所或者公共交通工具上设局行骗的；

（四）以开展慈善活动名义实施诈骗的；

（五）其他情节较重的情形。

……

四十八、敲诈勒索

【法律依据】

（《中华人民共和国治安管理处罚法》第 49 条）盗窃、诈骗、哄抢、抢夺、敲诈勒索或者故意损毁公私财物的，处五日以上十日以下拘留，可以并处五百元以下罚款；情节较重的，处十日以上十五日以下拘留，可以并处一千元以下罚款。

【理解与适用】

有下列情形之一的，属于“情节较重”：

（一）敲诈勒索数额达到有关司法解释认定构成刑法第二百七十

四条规定的“数额较大”标准的百分之五十以上的；

（二）利用或者冒充国家机关工作人员、军人、新闻工作者等特殊身份敲诈勒索的；

（三）敲诈勒索多人的；

（四）其他情节较重的情形。

……

五十三、招摇撞骗

【法律依据】

（《中华人民共和国治安管理处罚法》第51条第1款）冒充国家机关工作人员或者以其他虚假身份招摇撞骗的，处五日以上十日以下拘留，可以并处五百元以下罚款；情节较轻的，处五日以下拘留或者五百元以下罚款。

【理解与适用】

有下列情形之一的，属于“情节较轻”：

（一）社会影响较小，未取得实际利益的；

（二）未造成当事人财物损失或者其他危害后果的；

（三）其他情节较轻的情形。

五十四、伪造、变造、买卖公文、证件、证明文件、印章

买卖、使用伪造、变造的公文、证件、证明文件

【法律依据】

（《中华人民共和国治安管理处罚法》第52条第1项、第2项）有下列行为之一的，处十日以上十五日以下拘留，可以并处一千元以下罚款；情节较轻的，处五日以上十日以下拘留，可以并处五百元以下罚款：

（一）伪造、变造或者买卖国家机关、人民团体、企业、事业单位或者其他组织的公文、证件、证明文件、印章的；

（二）买卖或者使用伪造、变造的国家机关、人民团体、企业、事业单位或其他组织的公文、证件、证明文件的；

【理解与适用】

有下列情形之一的，属于“情节较轻”：

（一）尚未造成危害后果，且获利较少的；

（二）尚未造成危害后果，且能够及时纠正或者弥补的；

（三）其他情节较轻的情形。

……

第三部分　相关规定

一、本指导意见下列用语的含义：

（一）违反国家规定，是指违反全国人民代表大会及其常务委员会制定的法律和决定，国务院制定的行政法规、规定的行政措施、发布的决定、命令，国务院部门制定的规章和为执行法律、行政法规而制定的对外公布的规范性文件。

（二）结伙，是指二人以上；多次（人、名），是指三次（人、名）以上。

……

二、本指导意见所称以上，包括本数。

三、各地公安机关可以根据本地实际制定实施细则。

……

公安机关办理刑事案件电子数据取证规则

（2019年2月1日）

第一章　总　　则

第一条　为规范公安机关办理刑事案件电子数据取证工作，确保电子数据取证质量，提高电子数据取证效率，根据《中华人民共和国刑事诉讼法》《公安机关办理刑事案件程序规定》等有关规定，制定本规则。

第二条 公安机关办理刑事案件应当遵守法定程序，遵循有关技术标准，全面、客观、及时地收集、提取涉案电子数据，确保电子数据的真实、完整。

第三条 电子数据取证包括但不限于：

（一）收集、提取电子数据；

（二）电子数据检查和侦查实验；

（三）电子数据检验与鉴定。

第四条 公安机关电子数据取证涉及国家秘密、警务工作秘密、商业秘密、个人隐私的，应当保密；对于获取的材料与案件无关的，应当及时退还或者销毁。

第五条 公安机关接受或者依法调取的其他国家机关在行政执法和查办案件过程中依法收集、提取的电子数据可以作为刑事案件的证据使用。

第二章 收集提取电子数据

第一节 一般规定

第六条 收集、提取电子数据，应当由二名以上侦查人员进行。必要时，可以指派或者聘请专业技术人员在侦查人员主持下进行收集、提取电子数据。

第七条 收集、提取电子数据，可以根据案情需要采取以下一种或者几种措施、方法：

（一）扣押、封存原始存储介质；

（二）现场提取电子数据；

（三）网络在线提取电子数据；

（四）冻结电子数据；

（五）调取电子数据。

第八条 具有下列情形之一的，可以采取打印、拍照或者录像等方式固定相关证据：

（一）无法扣押原始存储介质并且无法提取电子数据的；

（二）存在电子数据自毁功能或装置，需要及时固定相关证据的；

（三）需现场展示、查看相关电子数据的。

根据前款第二、三项的规定采取打印、拍照或者录像等方式固定相关证据后，能够扣押原始存储介质的，应当扣押原始存储介质；不能扣押原始存储介质但能够提取电子数据的，应当提取电子数据。

第九条 采取打印、拍照或者录像方式固定相关证据的，应当清晰反映电子数据的内容，并在相关笔录中注明采取打印、拍照或者录像等方式固定相关证据的原因，电子数据的存储位置、原始存储介质特征和所在位置等情况，由侦查人员、电子数据持有人（提供人）签名或者盖章；电子数据持有人（提供人）无法签名或者拒绝签名的，应当在笔录中注明，由见证人签名或者盖章。

第二节 扣押、封存原始存储介质

第十条 在侦查活动中发现的可以证明犯罪嫌疑人有罪或者无罪、罪轻或者罪重的电子数据，能够扣押原始存储介质的，应当扣押、封存原始存储介质，并制作笔录，记录原始存储介质的封存状态。

勘验、检查与电子数据有关的犯罪现场时，应当按照有关规范处置相关设备，扣押、封存原始存储介质。

第十一条 对扣押的原始存储介质，应当按照以下要求封存：

（一）保证在不解除封存状态的情况下，无法使用或者启动被封存的原始存储介质，必要时，具备数据信息存储功能的电子设备和硬盘、存储卡等内部存储介质可以分别封存；

（二）封存前后应当拍摄被封存原始存储介质的照片。照片应当反映原始存储介质封存前后的状况，清晰反映封口或者张贴封条处的状况；必要时，照片还要清晰反映电子设备的内部存储介质细节；

（三）封存手机等具有无线通信功能的原始存储介质，应当采取信号屏蔽、信号阻断或者切断电源等措施。

第十二条 对扣押的原始存储介质，应当会同在场见证人和原始存储介质持有人（提供人）查点清楚，当场开列《扣押清单》一式三份，写明原始存储介质名称、编号、数量、特征及其来源等，由侦查人员、持有人（提供人）和见证人签名或者盖章，一份交给持有人（提供人），一份交给公安机关保管人员，一份附卷备查。

第十三条 对无法确定原始存储介质持有人（提供人）或者原始存储介质持有人（提供人）无法签名、盖章或者拒绝签名、盖章的，应当在有关笔录中注明，由见证人签名或者盖章。由于客观原因无法由符合条件的人员担任见证人的，应当在有关笔录中注明情况，并对扣押原始存储介质的过程全程录像。

第十四条 扣押原始存储介质，应当收集证人证言以及犯罪嫌疑人供述和辩解等与原始存储介质相关联的证据。

第十五条 扣押原始存储介质时，可以向相关人员了解、收集并在有关笔录中注明以下情况：

（一）原始存储介质及应用系统管理情况，网络拓扑与系统架构情况，是否由多人使用及管理，管理及使用人员的身份情况；

（二）原始存储介质及应用系统管理的用户名、密码情况；

（三）原始存储介质的数据备份情况，有无加密磁盘、容器，有无自毁功能，有无其它移动存储介质，是否进行过备份，备份数据的存储位置等情况；

（四）其他相关的内容。

第三节 现场提取电子数据

第十六条 具有下列无法扣押原始存储介质情形之一的，可以现场提取电子数据：

（一）原始存储介质不便封存的；

（二）提取计算机内存数据、网络传输数据等不是存储在存储介质上的电子数据的；

（三）案件情况紧急，不立即提取电子数据可能会造成电子数据灭失或者其他严重后果的；

（四）关闭电子设备会导致重要信息系统停止服务的；

（五）需通过现场提取电子数据排查可疑存储介质的；

（六）正在运行的计算机信息系统功能或者应用程序关闭后，没有密码无法提取的；

（七）其他无法扣押原始存储介质的情形。

无法扣押原始存储介质的情形消失后，应当及时扣押、封存原始存储介质。

第十七条 现场提取电子数据可以采取以下措施保护相关电子设备：

（一）及时将犯罪嫌疑人或者其他相关人员与电子设备分离；

（二）在未确定是否易丢失数据的情况下，不能关闭正在运行状态的电子设备；

（三）对现场计算机信息系统可能被远程控制的，应当及时采取信号屏蔽、信号阻断、断开网络连接等措施；

（四）保护电源；

（五）有必要采取的其他保护措施。

第十八条 现场提取电子数据，应当遵守以下规定：

（一）不得将提取的数据存储在原始存储介质中；

（二）不得在目标系统中安装新的应用程序。如果因为特殊原因，需要在目标系统中安装新的应用程序的，应当在笔录中记录所安装的程序及目的；

（三）应当在有关笔录中详细、准确记录实施的操作。

第十九条 现场提取电子数据，应当制作《电子数据现场提取笔录》，注明电子数据的来源、事由和目的、对象、提取电子数据的时间、地点、方法、过程、不能扣押原始存储介质的原因、原始存储介质的存放地点，并附《电子数据提取固定清单》，注明类别、文件格式、完整性校验值等，由侦查人员、电子数据持有人（提供人）签名或者盖章；电子数据持有人（提供人）无法签名或者拒绝签名的，应当在笔录中注明，由见证人签名或者盖章。

第二十条 对提取的电子数据可以进行数据压缩，并在笔录中注明相应的方法和压缩后文件的完整性校验值。

第二十一条 由于客观原因无法由符合条件的人员担任见证人的，应当在《电子数据现场提取笔录》中注明情况，并全程录像，对录像文件应当计算完整性校验值并记入笔录。

第二十二条 对无法扣押的原始存储介质且无法一次性完成电子数据提取的，经登记、拍照或者录像后，可以封存后交其持有人（提供人）保管，并且开具《登记保存清单》一式两份，由侦查人员、持有人（提供人）和见证人签名或者盖章，一份交给持有人（提供人），另一份连同照片或者录像资料附卷备查。

持有人（提供人）应当妥善保管，不得转移、变卖、毁损，不得解除封存状态，不得未经办案部门批准接入网络，不得对其中可能用作证据的电子数据增加、删除、修改。必要时，应当保持计算机信息系统处于开机状态。

对登记保存的原始存储介质，应当在七日以内作出处理决定，逾期不作出处理决定的，视为自动解除。经查明确实与案件无关的，应当在三日以内解除。

第四节 网络在线提取电子数据

第二十三条 对公开发布的电子数据、境内远程计算机信息系统上的电子数据，可以通过网络在线提取。

第二十四条 网络在线提取应当计算电子数据的完整性校验值；必要时，可以提取有关电子签名认证证书、数字签名、注册信息等关联性信息。

第二十五条 网络在线提取时，对可能无法重复提取或者可能会出现变化的电子数据，应当采用录像、拍照、截获计算机屏幕内容等方式记录以下信息：

（一）远程计算机信息系统的访问方式；

（二）提取的日期和时间；

（三）提取使用的工具和方法；

（四）电子数据的网络地址、存储路径或者数据提取时的进入步骤等；

（五）计算完整性校验值的过程和结果。

第二十六条 网络在线提取电子数据应当在有关笔录中注明电子数据的来源、事由和目的、对象，提取电子数据的时间、地点、方法、过程，不能扣押原始存储介质的原因，并附《电子数据提取固定清单》，注明类别、文件格式、完整性校验值等，由侦查人员签名或者盖章。

第二十七条 网络在线提取时需要进一步查明下列情形之一的，应当对远程计算机信息系统进行网络远程勘验：

（一）需要分析、判断提取的电子数据范围的；

（二）需要展示或者描述电子数据内容或者状态的；

（三）需要在远程计算机信息系统中安装新的应用程序的；

（四）需要通过勘验行为让远程计算机信息系统生成新的除正常运行数据外电子数据的；

（五）需要收集远程计算机信息系统状态信息、系统架构、内部系统关系、文件目录结构、系统工作方式等电子数据相关信息的；

（六）其他网络在线提取时需要进一步查明有关情况的情形。

第二十八条 网络远程勘验由办理案件的县级公安机关负责。上级公安机关对下级公安机关刑事案件网络远程勘验提供技术支援。对于案情重大、现场复杂的案件，上级公安机关认为有必要时，可以直接组织指挥网络远程勘验。

第二十九条 网络远程勘验应当统一指挥，周密组织，明确分工，落实责任。

第三十条 网络远程勘验应当由符合条件的人员作为见证人。由于客观原因无法由符合条件的人员担任见证人的，应当在《远程勘验笔录》中注明情况，并按照本规则第二十五条的规定录像，录像可以采用屏幕录像或者录像机录像等方式，录像文件应当计算完整性校验值并记入笔录。

第三十一条 远程勘验结束后，应当及时制作《远程勘验笔录》，详细记录远程勘验有关情况以及勘验照片、截获的屏幕截图等内容。由侦查人员和见证人签名或者盖章。

远程勘验并且提取电子数据的，应当按照本规则第二十六条的规定，在《远程勘验笔录》注明有关情况，并附《电子数据提取固定清单》。

第三十二条 《远程勘验笔录》应当客观、全面、详细、准确、规范，能够作为还原远程计算机信息系统原始情况的依据，符合法定的证据要求。

对计算机信息系统进行多次远程勘验的，在制作首次《远程勘验笔录》后，逐次制作补充《远程勘验笔录》。

第三十三条 网络在线提取或者网络远程勘验时，应当使用电子数据持有人、网络服务提供者提供的用户名、密码等远程计算机信息系统访问权限。

采用技术侦查措施收集电子数据的，应当严格依照有关规定办理批准手续。收集的电子数据在诉讼中作为证据使用时，应当依照刑事诉讼法第一百五十四条规定执行。

第三十四条 对以下犯罪案件，网络在线提取、远程勘验过程应当全程同步录像：

（一）严重危害国家安全、公共安全的案件；

（二）电子数据是罪与非罪、是否判处无期徒刑、死刑等定罪量刑关键证据的案件；

（三）社会影响较大的案件；

（四）犯罪嫌疑人可能被判处五年有期徒刑以上刑罚的案件；

（五）其他需要全程同步录像的重大案件。

第三十五条 网络在线提取、远程勘验使用代理服务器、点对点传输软件、下载加速软件等网络工具的，应当在《网络在线提取笔录》或者《远程勘验笔录》中注明采用的相关软件名称和版本号。

第五节 冻结电子数据

第三十六条 具有下列情形之一的，可以对电子数据进行冻结：

（一）数据量大，无法或者不便提取的；

（二）提取时间长，可能造成电子数据被篡改或者灭失的；

（三）通过网络应用可以更为直观地展示电子数据的；

（四）其他需要冻结的情形。

第三十七条 冻结电子数据，应当经县级以上公安机关负责人批准，制作《协助冻结电子数据通知书》，注明冻结电子数据的网络应用账号等信息，送交电子数据持有人、网络服务提供者或者有关部门协助办理。

第三十八条 不需要继续冻结电子数据时，应当经县级以上公安机关负责人批准，在三日以内制作《解除冻结电子数据通知书》，通知电子数据持有人、网络服务提供者或者有关部门执行。

第三十九条 冻结电子数据的期限为六个月。有特殊原因需要延长期限的，公安机关应当在冻结期限届满前办理继续冻结手续。每次续冻期限最长不得超过六个月。继续冻结的，应当按照本规则第三十七条的规定重新办理冻结手续。逾期不办理继续冻结手续的，视为自动解除。

第四十条 冻结电子数据，应当采取以下一种或者几种方法：

（一）计算电子数据的完整性校验值；

（二）锁定网络应用账号；

（三）采取写保护措施；

（四）其他防止增加、删除、修改电子数据的措施。

第六节 调取电子数据

第四十一条 公安机关向有关单位和个人调取电子数据，应当经办案部门负责人批准，开具《调取证据通知书》，注明需要调取电子数据的相关信息，通知电子数据持有人、网络服务提供者或者有关部门执行。被调取单位、个人应当在通知书回执上签名或者盖章，并附完整性校验值等保护电子数据完整性方法的说明，被调取单位、个人拒绝盖章、签名或者附说明的，公安机关应当注明。必要时，应当采用录音或者录像等方式固定证据内容及取证过程。

公安机关应当协助因客观条件限制无法保护电子数据完整性的被调取单位、个人进行电子数据完整性的保护。

第四十二条 公安机关跨地域调查取证的，可以将《办案协作函》和相关法律文书及凭证传真或者通过公安机关信息化系统传输至协作地公安机关。协作地办案部门经审查确认后，在传来的法律文书上加盖本地办案部门印章后，代为调查取证。

协作地办案部门代为调查取证后，可以将相关法律文书回执或者笔录邮寄至办案地公安机关，将电子数据或者电子数据的获取、查看工具和方法说明通过公安机关信息化系统传输至办案地公安机关。

办案地公安机关应当审查调取电子数据的完整性，对保证电子数据的完整性有疑问的，协作地办案部门应当重新代为调取。

第三章 电子数据的检查和侦查实验

第一节 电子数据检查

第四十三条 对扣押的原始存储介质或者提取的电子数据，需要通过数据恢复、破解、搜索、仿真、关联、统计、比对等方式，以进一步发现和提取与案件相关的线索和证据时，可以进行电子数据检查。

第四十四条 电子数据检查，应当由二名以上具有专业技术的侦查人员进行。必要时，可以指派或者聘请有专门知识的人参加。

第四十五条 电子数据检查应当符合相关技术标准。

第四十六条 电子数据检查应当保护在公安机关内部移交过程中电子数据的完整性。移交时，应当办理移交手续，并按照以下方式核对电子数据：

（一）核对其完整性校验值是否正确；

（二）核对封存的照片与当前封存的状态是否一致。

对于移交时电子数据完整性校验值不正确、原始存储介质封存状态不一致或者未封存可能影响证据真实性、完整性的，检查人员应当在有关笔录中注明。

第四十七条 检查电子数据应当遵循以下原则：

（一）通过写保护设备接入到检查设备进行检查，或者制作电子数据备份、对备份进行检查；

（二）无法使用写保护设备且无法制作备份的，应当注明原因，并全程录像；

（三）检查前解除封存、检查后重新封存前后应当拍摄被封存原始存储介质的照片，清晰反映封口或者张贴封条处的状况；

（四）检查具有无线通信功能的原始存储介质，应当采取信号屏蔽、信号阻断或者切断电源等措施保护电子数据的完整性。

第四十八条 检查电子数据，应当制作《电子数据检查笔录》，记录以下内容：

（一）基本情况。包括检查的起止时间，指挥人员、检查人员的姓名、职务，检查的对象，检查的目的等；

（二）检查过程。包括检查过程使用的工具，检查的方法与步骤等；

（三）检查结果。包括通过检查发现的案件线索、电子数据等相关信息。

（四）其他需要记录的内容。

第四十九条 电子数据检查时需要提取电子数据的，应当制作《电子数据提取固定清单》，记录该电子数据的来源、提取方法和完整性校验值。

第二节 电子数据侦查实验

第五十条 为了查明案情，必要时，经县级以上公安机关负责人批准可以进行电子数据侦查实验。

第五十一条 电子数据侦查实验的任务包括：

（一）验证一定条件下电子设备发生的某种异常或者电子数据发生的某种变化；

（二）验证在一定时间内能否完成对电子数据的某种操作行为；

（三）验证在某种条件下使用特定软件、硬件能否完成某种特定行为、造成特定后果；

（四）确定一定条件下某种计算机信息系统应用或者网络行为能否修改、删除特定的电子数据；

（五）其他需要验证的情况。

第五十二条 电子数据侦查实验应当符合以下要求：

（一）应当采取技术措施保护原始存储介质数据的完整性；

（二）有条件的，电子数据侦查实验应当进行二次以上；

（三）侦查实验使用的电子设备、网络环境等应当与发案现场一致或者基本一致；必要时，可以采用相关技术方法对相关环境进行模拟或者进行对照实验；

（四）禁止可能泄露公民信息或者影响非实验环境计算机信息系统正常运行的行为。

第五十三条 进行电子数据侦查实验，应当使用拍照、录像、录音、通信数据采集等一种或多种方式客观记录实验过程。

第五十四条 进行电子数据侦查实验，应当制作《电子数据侦查实验笔录》，记录侦查实验的条件、过程和结果，并由参加侦查实验的人员签名或者盖章。

第四章 电子数据委托检验与鉴定

第五十五条 为了查明案情，解决案件中某些专门性问题，应当指派、聘请有专门知识的人进行鉴定，或者委托公安部指定的机构出具报告。

需要聘请有专门知识的人进行鉴定，或者委托公安部指定的机构出具报告的，应当经县级以上公安机关负责人批准。

第五十六条 侦查人员送检时，应当封存原始存储介质、采取相应措施保护电子数据完整性，并提供必要的案件相关信息。

第五十七条 公安部指定的机构及其承担检验工作的人员应当独立开展业务并承担相应责任，不受其他机构和个人影响。

第五十八条 公安部指定的机构应当按照法律规定和司法审判机关要求承担回避、保密、出庭作证等义务，并对报告的真实性、合法性负责。

公安部指定的机构应当运用科学方法进行检验、检测，并出具报告。

第五十九条 公安部指定的机构应当具备必需的仪器、设备并且依法通过资质认定或者实验室认可。

第六十条 委托公安部指定的机构出具报告的其他事宜，参照《公安机关鉴定规则》等有关规定执行。

第五章 附 则

第六十一条 本规则自2019年2月1日起施行。公安部之前发布的文件与本规则不一致的，以本规则为准。

公安机关办理刑事案件程序规定（节录）

（2012年12月13日公安部令第127号修订发布 根据2020年7月20日《公安部关于修改〈公安机关办理刑事案件程序规定〉的决定》修正）

……

第二章 管 辖

……

第十五条 刑事案件由犯罪地的公安机关管辖。如果由犯罪嫌疑人居住地的公安机关管辖更为适宜的，可以由犯罪嫌疑人居住地的公安机关管辖。

法律、司法解释或者其他规范性文件对有关犯罪案件的管辖作出特别规定的，从其规定。

第十六条 犯罪地包括犯罪行为发生地和犯罪结果发生地。犯罪行为发生地，包括犯罪行为的实施地以及预备地、开始地、途经地、结束地等与犯罪行为有关的地点；犯罪行为有连续、持续或者继续状态的，犯罪行为连续、持续或者继续实施的地方都属于犯罪行为发生地。犯罪结果发生地，包括犯罪对象被侵害地、犯罪所得的实际取得地、藏匿地、转移地、使用地、销售地。

居住地包括户籍所在地、经常居住地。经常居住地是指公民离开户籍所在地最后连续居住一年以上的地方，但住院就医的除外。单位登记的住所地为其居住地。主要营业地或者主要办事机构所在地与登记的住所地不一致的，主要营业地或者主要办事机构所在地为其居住地。

第十七条 针对或者主要利用计算机网络实施的犯罪，用于实施犯罪行为的网络服务使用的服务器所在地，网络服务提供者所在地，被侵害的网络信息系统及其管理者所在地，以及犯罪过程中犯罪嫌疑人、被害人使用的网络信息系统所在地，被害人被侵害时所在地和被害人财产遭受损失地公安机关可以管辖。

……

第二十条 中国公民在中国驻外使、领馆内的犯罪，由其主管单位所在地或者原户籍地的公安机关管辖。

中国公民在中华人民共和国领域外的犯罪，由其入境地、离境前居住地或者现居住地的公安机关管辖；被害人是中国公民的，也可由被害人离境前居住地或者现居住地的公安机关管辖。

第二十一条 几个公安机关都有权管辖的刑事案件，由最初受理的公安机关管辖。必要时，可以由主要犯罪地的公安机关管辖。

具有下列情形之一的，公安机关可以在职责范围内并案侦查：

（一）一人犯数罪的；

（二）共同犯罪的；

（三）共同犯罪的犯罪嫌疑人还实施其他犯罪的；

（四）多个犯罪嫌疑人实施的犯罪存在关联，并案处理有利于查明犯罪事实的。

第二十二条 对管辖不明确或者有争议的刑事案件，可以由有关公安机关协商。协商不成的，由共同的上级公安机关指定管辖。

对情况特殊的刑事案件，可以由共同的上级公安机关指定管辖。

提请上级公安机关指定管辖时，应当在有关材料中列明犯罪嫌疑人基本情况、涉嫌罪名、案件基本事实、管辖争议情况、协商情况和指定管辖理由，经公安机关负责人批准后，层报有权指定管辖的上级公安机关。

第二十三条 上级公安机关指定管辖的，应当将指定管辖决定书分别送达被指定管辖的公安机关和其他有关的公安机关，并根据办案需要抄送同级人民法院、人民检察院。

原受理案件的公安机关，在收到上级公安机关指定其他公安机关管辖的决定书后，不再行使管辖权，同时应当将犯罪嫌疑人、涉案财物以及案卷材料等移送被指定管辖的公安机关。

对指定管辖的案件，需要逮捕犯罪嫌疑人的，由被指定管辖的公安机关提请同级人民检察院审查批准；需要提起公诉的，由该公安机关移送同级人民检察院审查决定。

第二十四条 县级公安机关负责侦查发生在本辖区内的刑事案件。

设区的市一级以上公安机关负责下列犯罪中重大案件的侦查：

（一）危害国家安全犯罪；

（二）恐怖活动犯罪；

（三）涉外犯罪；

（四）经济犯罪；

（五）集团犯罪；

（六）跨区域犯罪。

上级公安机关认为有必要的，可以侦查下级公安机关管辖的刑事案件；下级公安机关认为案情重大需要上级公安机关侦查的刑事案件，可以请求上一级公安机关管辖。

第二十五条 公安机关内部对刑事案件的管辖，按照刑事侦查机构的设置及其职责分工确定。

第二十六条 铁路公安机关管辖铁路系统的机关、厂、段、院、校、所、队、工区等单位发生的刑事案件，车站工作区域内、列车内发生的刑事案件，铁路沿线发生的盗窃或者破坏铁路、通信、电力线路和其他重要设施的刑事案件，以及内部职工在铁路线上工作时发生的刑事案件。

铁路系统的计算机信息系统延伸到地方涉及铁路业务的网点，其计算机信息系统发生的刑事案件由铁路公安机关管辖。

对倒卖、伪造、变造火车票的刑事案件，由最初受理案件的铁路公安机关或者地方公安机关管辖。必要时，可以移送主要犯罪地的铁路公安机关或者地方公安机关管辖。

在列车上发生的刑事案件，犯罪嫌疑人在列车运行途中被抓获的，由前方停靠站所在地的铁路公安机关管辖；必要时，也可以由列车始发站、终点站所在地的铁路公安机关管辖。犯罪嫌疑人不是在列车运行途中被抓获的，由负责该列车乘务的铁路公安机关管辖；但在列车运行途经的车站被抓获的，也可以由该车站所在地的铁路公安机关管辖。

在国际列车上发生的刑事案件，根据我国与相关国家签订的协定确定管辖；没有协定的，由该列车始发或者前方停靠的中国车站所在地的铁路公安机关管辖。

铁路建设施工工地发生的刑事案件由地方公安机关管辖。

第二十七条 民航公安机关管辖民航系统的机关、厂、段、院、校、所、队、工区等单位、机场工作区域内、民航飞机内发生的刑事案件。

重大飞行事故刑事案件由犯罪结果发生地机场公安机关管辖。犯罪结果发生地未设机场公安机关或者不在机场公安机关管辖范围内的，由地方公安机关管辖，有关机场公安机关予以协助。

第二十八条 海关走私犯罪侦查机构管辖中华人民共和国海关关境内发生的涉税走私犯罪和发生在海关监管区内的非涉税走私犯罪等刑事案件。

……

第五章 证 据

第五十九条 可以用于证明案件事实的材料，都是证据。

证据包括：

（一）物证；

（二）书证；

（三）证人证言；

（四）被害人陈述；

（五）犯罪嫌疑人供述和辩解；

（六）鉴定意见；

（七）勘验、检查、侦查实验、搜查、查封、扣押、提取、辨认等笔录；

（八）视听资料、电子数据。

证据必须经过查证属实，才能作为认定案件事实的根据。

……

第六十二条 公安机关向有关单位和个人调取证据，应当经办案部门负责人批准，开具调取证据通知书，明确调取的证据和提供时限。被调取单位及其经办人、持有证据的个人应当在通知书上盖章或者签名，拒绝盖章或者签名的，公安机关应当注明。必要时，应当采用录音录像方式固定证据内容及取证过程。

……

第六十六条 收集、调取电子数据，能够扣押电子数据原始存储介质的，应当扣押原始存储介质，并制作笔录、予以封存。

确因客观原因无法扣押原始存储介质的，可以现场提取或者网络在线提取电子数据。无法扣押原始存储介质，也无法现场提取或者网络在线提取的，可以采取打印、拍照或者录音录像等方式固定相关证据，并在笔录中注明原因。

收集、调取的电子数据，足以保证完整性，无删除、修改、增加等情形的，可以作为证据使用。经审查无法确定真伪，或者制作、取得的时间、地点、方式等有疑问，不能提供必要证明或者作出合理解释的，不能作为证据使用。

第六十七条 物证的照片、录像或者复制品，书证的副本、复制件，视听资料、电子数据的复制件，应当附有关制作过程及原件、原物存放处的文字说明，并由制作人和物品持有人或者物品持有单位有关人员签名。

……

第八章 侦　　查

……

第七节 查询、冻结

第二百三十七条 公安机关根据侦查犯罪的需要，可以依照规定查询、冻结犯罪嫌疑人的存款、汇款、证券交易结算资金、期货保证金等资金，债券、股票、基金份额和其他证券，以及股权、保单权益和其他投资权益等财产，并可以要求有关单位和个人配合。

对于前款规定的财产，不得划转、转账或者以其他方式变相扣押。

第二百三十八条 向金融机构等单位查询犯罪嫌疑人的存款、汇款、证券交易结算资金、期货保证金等资金，债券、股票、基金份额和其他证券，以及股权、保单权益和其他投资权益等财产，应当经县级以上公安机关负责人批准，制作协助查询财产通知书，通知金融机构等单位协助办理。

第二百三十九条 需要冻结犯罪嫌疑人财产的，应当经县级以上公安机关负责人批准，制作协助冻结财产通知书，明确冻结财产的账户名称、账户号码、冻结数额、冻结期限、冻结范围以及是否及于孳息等事项，通知金融机构等单位协助办理。

冻结股权、保单权益的，应当经设区的市一级以上公安机关负责人批准。

冻结上市公司股权的，应当经省级以上公安机关负责人批准。

第二百四十条 需要延长冻结期限的，应当按照原批准权限和程序，在冻结期限届满前办理继续冻结手续。逾期不办理继续冻结手续的，视为自动解除冻结。

第二百四十一条 不需要继续冻结犯罪嫌疑人财产时，应当经原批准冻结的公安机关负责人批准，制作协助解除冻结财产通知书，通知金融机构等单位协助办理。

第二百四十二条 犯罪嫌疑人的财产已被冻结的，不得重复冻结，但可以轮候冻结。

第二百四十三条 冻结存款、汇款、证券交易结算资金、期货保证金等财产的期限为六个月。每次续冻期限最长不得超过六个月。

对于重大、复杂案件，经设区的市一级以上公安机关负责人批准，冻结存款、汇款、证券交易结算资金、期货保证金等财产的期限可以为一年。每次续冻期限最长不得超过一年。

……

第十三章　刑事司法协助和警务合作

第三百七十四条 公安部是公安机关进行刑事司法协助和警务合作的中央主管机关，通过有关法律、国际条约、协议规定的联系途径、外交途径或者国际刑事警察组织渠道，接收或者向外国提出刑事司法协助或者警务合作请求。

地方各级公安机关依照职责权限办理刑事司法协助事务和警务合作事务。

其他司法机关在办理刑事案件中，需要外国警方协助的，由其中央主管机关与公安部联系办理。

第三百七十五条 公安机关进行刑事司法协助和警务合作的范围，主要包括犯罪情报信息的交流与合作，调查取证，安排证人作证或者协助调查，查封、扣押、冻结涉案财物，没收、返还违法所得及其他涉案财物，送达刑事诉讼文书，引渡、缉捕和递解犯罪嫌疑人、被告人或者罪犯，以及国际条约、协议规定的其他刑事司法协助和警务合作事宜。

第三百七十六条 在不违背我国法律和有关国际条约、协议的前提下，我国边境地区设区的市一级公安机关和县级公安机关与相邻国家的警察机关，可以按照惯例相互开展执法会晤、人员往来、边境管控、情报信息交流等警务合作，但应当报省级公安机关批准，并报公安部备案；开展其他警务合作的，应当报公安部批准。

第三百七十七条 公安部收到外国的刑事司法协助或者警务合作请求后，应当依据我国法律和国际条约、协议的规定进行审查。对于符合规定的，交有关省级公安机关办理，或者移交其他有关中央主管机关；对于不符合条约或者协议规定的，通过接收请求的途径退回请求方。

对于请求书的签署机关、请求书及所附材料的语言文字、有关办理期限和具体程序等事项，在不违反我国法律基本原则的情况下，可以按照刑事司法协助条约、警务合作协议规定或者双方协商办理。

第三百七十八条 负责执行刑事司法协助或者警务合作的公安机关收到请求书和所附材料后，应当按照我国法律和有关国际条约、协议的规定安排执行，并将执行结果及其有关材料报经省级公安机关审核后报送公安部。

在执行过程中，需要采取查询、查封、扣押、冻结等措施或者返还涉案财物，且符合法律规定的条件的，可以根据我国有关法律和公安部的执行通知办理有关法律手续。

请求书提供的信息不准确或者材料不齐全难以执行的，应当立即通过省级公安机关报请公安部要求请求方补充材料；因其他原因无法执行或者具有应当拒绝协助、合作的情形等不能执行的，应当将请求书和所附材料，连同不能执行的理由通过省级公安机关报送公安部。

第三百七十九条 执行刑事司法协助和警务合作，请求书中附有办理期限的，应当按期完成。未附办理期限的，调查取证应当在三个月以内完成；送达刑事诉讼文书，应当在十日以内完成。不能按期完成的，应当说明情况和理由，层报公安部。

第三百八十条 需要请求外国警方提供刑事司法协助或者警务合作的，应当按照我国有关法律、国际条约、协议的规定提出刑事司法协助或者警务合作请求书，所附文件及相应译文，经省级公安机关审核后报送公安部。

第三百八十一条 需要通过国际刑事警察组织查找或者缉捕犯罪嫌疑人、被告人或者罪犯，查询资料、调查取证的，应当提出申请层报国际刑事警察组织中国国家中心局。

第三百八十二条 公安机关需要外国协助安排证人、鉴定人来中华人民共和国作证或者通过视频、音频作证，或者协助调查的，应当制作刑事司法协助请求书并附相关材料，经公安部审核同意后，由对外联系机关及时向外国提出请求。

来中华人民共和国作证或者协助调查的证人、鉴定人离境前，公安机关不得就其入境前实施的犯罪进行追究；除因入境后实施违法犯罪而被采取强制措施的以外，其人身自由不受限制。

证人、鉴定人在条约规定的期限内或者被通知无需继续停留后十五日内没有离境的，前款规定不再适用，但是由于不可抗力或者其他特殊原因未能离境的除外。

第三百八十三条 公安机关提供或者请求外国提供刑事司法协助或者警务合作，应当收取或者支付费用的，根据有关国际条约、协议的规定，或者按照对等互惠的原则协商办理。

第三百八十四条 办理引渡案件，依照《中华人民共和国引渡法》等法律规定和有关条约执行。

第十四章 附 则

……

第三百八十八条 本规定自2013年1月1日起施行。1998年5月14日发布的《公安机关办理刑事案件程序规定》（公安部令第35号）和2007年10月25日发布的《公安机关办理刑事案件程序规定修正案》（公安部令第95号）同时废止。

公安部刑事案件管辖分工规定

（2020年9月1日 公通字〔2020〕9号）

根据《刑法》《刑事诉讼法》及最高人民法院、最高人民检察院、公安部、国家安全部、司法部、全国人大常委会法制工作委员会《关于实施刑事诉讼法若干问题的规定》，以及最高人民法院、最高人民检察院关于执行《刑法》确定罪名的有关司法解释等规定，结合公安部组织、指导、监督地方公安机关办理刑事案件的实际需要，对公安部刑事案件管辖分工作如下规定：

一、政治安全保卫局管辖案件范围（共30种）

（一）《刑法》分则第一章危害国家安全罪中的下列案件：

1. 背叛国家案（第102条）
2. 分裂国家案（第103条第1款）
3. 煽动分裂国家案（第103条第2款）
4. 武装叛乱、暴乱案（第104条）
5. 颠覆国家政权案（第105条第1款）

6. 煽动颠覆国家政权案（第 105 条第 2 款）

7. 资助危害国家安全犯罪活动案（第 107 条）

8. 投敌叛变案（第 108 条）

9. 叛逃案（第 109 条）

10. 间谍案（第 110 条）

11. 为境外窃取、刺探、收买、非法提供国家秘密、情报案（第 111 条）

12. 资敌案（第 112 条）

（二）《刑法》分则第二章危害公共安全罪中的下列案件：

13. 宣扬极端主义案（第 120 条之三）

14. 利用极端主义破坏法律实施案（第 120 条之四）

15. 强制穿戴宣扬极端主义服饰、标志案（第 120 条之五）

16. 非法持有宣扬极端主义物品案（第 120 条之六）

（三）《刑法》分则第四章侵犯公民人身权利、民主权利罪中的下列案件：

17. 诽谤案（告诉才处理的除外）（第 246 条）

18. 煽动民族仇恨、民族歧视案（第 249 条）

19. 出版歧视、侮辱少数民族作品案（第 250 条）

（四）《刑法》分则第六章妨害社会管理秩序罪中的下列案件：

第一节　扰乱公共秩序罪中的下列案件：

20. 非法获取国家秘密案（第 282 条第 1 款）

21. 非法持有国家绝密、机密文件、资料、物品案（第 282 条第 2 款）

22. 非法生产、销售专用间谍器材案（第 283 条）

23. 非法使用窃听、窃照专用器材案（第 284 条）

24. 侮辱国旗、国徽案（第 299 条第 1 款）

25. 侮辱国歌案（第 299 条第 2 款）

第二节　妨害司法罪中的下列案件：

26. 拒绝提供间谍犯罪、极端主义犯罪证据案（第 311 条）

（五）《刑法》分则第七章危害国防利益罪中的下列案件：

27. 战时故意提供虚假敌情案（第377条）

28. 战时造谣扰乱军心案（第378条）

（六）《刑法》分则第九章渎职罪中的下列案件：

29. 故意泄露国家秘密案（第398条第2款）

30. 过失泄露国家秘密案（第398条第2款）

二、经济犯罪侦查局管辖案件范围（共77种）

（一）《刑法》分则第二章危害公共安全罪中的下列案件：

1. 帮助恐怖活动案（以资助方式实施的帮助行为，第120条之一第1款）

（二）《刑法》分则第三章破坏社会主义市场经济秩序罪中的下列案件：

第二节　走私罪中的下列案件：

2. 走私假币案（第151条第1款）

第三节　妨害对公司、企业的管理秩序罪中的下列案件：

3. 虚报注册资本案（第158条）

4. 虚假出资、抽逃出资案（第159条）

5. 欺诈发行股票、债券案（第160条）

6. 违规披露、不披露重要信息案（第161条）

7. 妨害清算案（第162条）

8. 隐匿、故意销毁会计凭证、会计账簿、财务会计报告案（第162条之一）

9. 虚假破产案（第162条之二）

10. 非国家工作人员受贿案（第163条）

11. 对非国家工作人员行贿案（第164条第1款）

12. 对外国公职人员、国际公共组织官员行贿案（第164条第2款）

13. 背信损害上市公司利益案（第169条之一）

第四节　破坏金融管理秩序罪中的下列案件：

14. 伪造货币案（第170条）

15. 出售、购买、运输假币案（第171条第1款）

16. 金融工作人员购买假币、以假币换取货币案（第 171 条第 2 款）

17. 持有、使用假币案（第 172 条）

18. 变造货币案（第 173 条）

19. 擅自设立金融机构案（第 174 条第 1 款）

20. 伪造、变造、转让金融机构经营许可证、批准文件案（第 174 条第 2 款）

21. 高利转贷案（第 175 条）

22. 骗取贷款、票据承兑、金融票证案（第 175 条之一）

23. 非法吸收公众存款案（第 176 条）

24. 伪造、变造金融票证案（第 177 条）

25. 妨害信用卡管理案（第 177 条之一第 1 款）

26. 窃取、收买、非法提供信用卡信息案（第 177 条之一第 2 款）

27. 伪造、变造国家有价证券案（第 178 条第 1 款）

28. 伪造、变造股票、公司、企业债券案（第 178 条第 2 款）

29. 擅自发行股票、公司、企业债券案（第 179 条）

30. 内幕交易、泄露内幕信息案（第 180 条第 1 款）

31. 利用未公开信息交易案（第 180 条第 4 款）

32. 编造并传播证券、期货交易虚假信息案（第 181 条第 1 款）

33. 诱骗投资者买卖证券、期货合约案（第 181 条第 2 款）

34. 操纵证券、期货市场案（第 182 条）

35. 背信运用受托财产案（第 185 条之一第 1 款）

36. 违法运用资金案（第 185 条之一第 2 款）

37. 违法发放贷款案（第 186 条）

38. 吸收客户资金不入账案（第 187 条）

39. 违规出具金融票证案（第 188 条）

40. 对违法票据承兑、付款、保证案（第 189 条）

41. 骗购外汇案（《全国人民代表大会常务委员会关于惩治骗购外汇、逃汇和非法买卖外汇犯罪的决定》第 1 条）

42. 逃汇案（第 190 条）

43. 洗钱案（第 191 条）

第五节　金融诈骗罪中的下列案件：

44. 集资诈骗案（第 192 条）

45. 贷款诈骗案（第 193 条）

46. 票据诈骗案（第 194 条第 1 款）

47. 金融凭证诈骗案（第 194 条第 2 款）

48. 信用证诈骗案（第 195 条）

49. 信用卡诈骗案（第 196 条）

50. 有价证券诈骗案（第 197 条）

51. 保险诈骗案（第 198 条）

第六节　危害税收征管罪中的下列案件：

52. 逃税案（第 201 条）

53. 抗税案（第 202 条）

54. 逃避追缴欠税案（第 203 条）

55. 骗取出口退税案（第 204 条）

56. 虚开增值税专用发票、用于骗取出口退税、抵扣税款发票案（第 205 条）

57. 虚开发票案（第 205 条之一）

58. 伪造、出售伪造的增值税专用发票案（第 206 条）

59. 非法出售增值税专用发票案（第 207 条）

60. 非法购买增值税专用发票、购买伪造的增值税专用发票案（第 208 条第 1 款）

61. 非法制造、出售非法制造的用于骗取出口退税、抵扣税款发票案（第 209 条第 1 款）

62. 非法制造、出售非法制造的发票案（第 209 条第 2 款）

63. 非法出售用于骗取出口退税、抵扣税款发票案（第 209 条第 3 款）

64. 非法出售发票案（第 209 条第 4 款）

65. 持有伪造的发票案（第 210 条之一）

第八节　扰乱市场秩序罪中的下列案件：

66. 损害商业信誉、商品声誉案（第 221 条）

67. 虚假广告案（第 222 条）

68. 串通投标案（第 223 条）

69. 合同诈骗案（第 224 条）

70. 组织、领导传销活动案（第 224 条之一）

71. 非法经营案（第 225 条）

72. 非法转让、倒卖土地使用权案（第 228 条）

73. 提供虚假证明文件案（第 229 条第 1 款）

74. 出具证明文件重大失实案（第 229 条第 3 款）

（三）《刑法》分则第五章侵犯财产罪中的下列案件：

75. 职务侵占案（第 271 条第 1 款）

76. 挪用资金案（第 272 条第 1 款）

（四）《刑法》分则第六章妨害社会管理秩序罪中的下列案件：

第二节　妨害司法罪中的下列案件：

77. 虚假诉讼案（第 307 条之一）

三、治安管理局管辖案件范围（共 76 种）

（一）《刑法》分则第二章危害公共安全罪中的下列案件：

1. 非法制造、买卖、运输、储存危险物质案（第 125 条第 2 款）

2. 违规制造、销售枪支案（第 126 条）

3. 非法持有、私藏枪支、弹药案（第 128 条第 1 款）

4. 非法出租、出借枪支案（第 128 条第 2 款、第 3 款）

5. 丢失枪支不报案（第 129 条）

6. 非法携带枪支、弹药、管制刀具、危险物品危及公共安全案（第 130 条）

7. 重大责任事故案（第 134 条第 1 款）

8. 强令违章冒险作业案（第 134 条第 2 款）

9. 重大劳动安全事故案（第 135 条）

10. 大型群众性活动重大安全事故案（第 135 条之一）

11. 危险物品肇事案（第 136 条）
12. 工程重大安全事故案（第 137 条）
13. 教育设施重大安全事故案（第 138 条）
14. 不报、谎报安全事故案（第 139 条之一）

（二）《刑法》分则第三章破坏社会主义市场经济秩序罪中的下列案件：

第二节 走私罪中的下列案件：

15. 走私淫秽物品案（第 152 条第 1 款）

第八节 扰乱市场秩序罪中的下列案件：

16. 强迫交易案（第 226 条）
17. 伪造、倒卖伪造的有价票证案（第 227 条第 1 款）
18. 倒卖车票、船票案（第 227 条第 2 款）

（三）《刑法》分则第四章侵犯公民人身权利、民主权利罪中的下列案件：

19. 强迫劳动案（第 244 条）
20. 雇用童工从事危重劳动案（第 244 条之一）

（四）《刑法》分则第五章侵犯财产罪中的下列案件：

21. 故意毁坏财物案（第 275 条）
22. 破坏生产经营案（第 276 条）
23. 拒不支付劳动报酬案（第 276 条之一）

（五）《刑法》分则第六章妨害社会管理秩序罪中的下列案件：

第一节 扰乱公共秩序罪中的下列案件：

24. 非法生产、买卖警用装备案（第 281 条）
25. 代替考试案（第 284 条之一第 4 款）
26. 聚众扰乱社会秩序案（第 290 条第 1 款）
27. 聚众冲击国家机关案（第 290 条第 2 款）
28. 扰乱国家机关工作秩序案（第 290 条第 3 款）
29. 组织、资助非法聚集案（第 290 条第 4 款）
30. 聚众扰乱公共场所秩序、交通秩序案（第 291 条）

31. 聚众斗殴案（第 292 条）
32. 寻衅滋事案（第 293 条）
33. 非法集会、游行、示威案（第 296 条）
34. 非法携带武器、管制刀具、爆炸物参加集会、游行、示威案（第 297 条）
35. 破坏集会、游行、示威案（第 298 条）
36. 聚众淫乱案（第 301 条第 1 款）
37. 引诱未成年人聚众淫乱案（第 301 条第 2 款）
38. 赌博案（第 303 条第 1 款）
39. 开设赌场案（第 303 条第 2 款）
40. 故意延误投递邮件案（第 304 条）

第四节　妨害文物管理罪中的下列案件：

41. 故意损毁文物案（第 324 条第 1 款）
42. 故意损毁名胜古迹案（第 324 条第 2 款）
43. 过失损毁文物案（第 324 条第 3 款）

第五节　危害公共卫生罪中的下列案件：

44. 妨害传染病防治案（第 330 条）
45. 非法组织卖血案（第 333 条）
46. 强迫卖血案（第 333 条）
47. 非法采集、供应血液、制作、供应血液制品案（第 334 条第 1 款）
48. 采集、供应血液、制作、供应血液制品事故案（第 334 条第 2 款）
49. 医疗事故案（第 335 条）
50. 非法行医案（第 336 条第 1 款）
51. 非法进行节育手术案（第 336 条第 2 款）

第八节　组织、强迫、引诱、容留、介绍卖淫罪中的下列案件：

52. 组织卖淫案（第 358 条第 1 款）
53. 强迫卖淫案（第 358 条第 1 款）
54. 协助组织卖淫案（第 358 条第 4 款）
55. 引诱、容留、介绍卖淫案（第 359 条第 1 款）

56. 引诱幼女卖淫案（第 359 条第 2 款）

57. 传播性病案（第 360 条）

第九节　制作、贩卖、传播淫秽物品罪中的下列案件：

58. 制作、复制、出版、贩卖、传播淫秽物品牟利案（第 363 条第 1 款）

59. 为他人提供书号出版淫秽书刊案（第 363 条第 2 款）

60. 传播淫秽物品案（第 364 条第 1 款）

61. 组织播放淫秽音像制品案（第 364 条第 2 款）

62. 组织淫秽表演案（第 365 条）

（六）《刑法》分则第七章危害国防利益罪中的下列案件：

63. 故意提供不合格武器装备、军事设施案（第 370 条第 1 款）

64. 过失提供不合格武器装备、军事设施案（第 370 条第 2 款）

65. 聚众冲击军事禁区案（第 371 条第 1 款）

66. 聚众扰乱军事管理区秩序案（第 371 条第 2 款）

67. 煽动军人逃离部队案（第 373 条）

68. 雇用逃离部队军人案（第 373 条）

69. 接送不合格兵员案（第 374 条）

70. 非法生产、买卖武装部队制式服装案（第 375 条第 2 款）

71. 伪造、盗窃、买卖、非法提供、非法使用武装部队专用标志案（第 375 条第 3 款）

72. 战时拒绝、逃避征召、军事训练案（第 376 条第 1 款）

73. 战时拒绝、逃避服役案（第 376 条第 2 款）

74. 战时窝藏逃离部队军人案（第 379 条）

75. 战时拒绝、故意延误军事订货案（第 380 条）

76. 战时拒绝军事征收、征用案（第 381 条）

治安管理局指导长江航运公安机关，办理长江干线跨区域的中央管理水域发生的刑事案件。

四、防范和处理邪教犯罪工作局管辖案件范围（共 2 种）

《刑法》分则第六章第一节扰乱公共秩序罪中的下列案件：

1. 组织、利用会道门、邪教组织、利用迷信破坏法律实施案（第300条第1款）

2. 组织、利用会道门、邪教组织、利用迷信致人重伤、死亡案（第300条第2款）

五、刑事侦查局管辖案件范围（共119种）

（一）《刑法》分则第二章危害公共安全罪中的下列案件：

1. 放火案（第114条、第115条第1款）
2. 决水案（第114条、第115条第1款）
3. 爆炸案（第114条、第115条第1款）
4. 投放危险物质案（第114条、第115条第1款）
5. 以危险方法危害公共安全案（第114条、第115条第1款）
6. 失火案（第115条第2款）
7. 过失决水案（第115条第2款）
8. 过失爆炸案（第115条第2款）
9. 过失投放危险物质案（第115条第2款）
10. 过失以危险方法危害公共安全案（第115条第2款）
11. 破坏交通工具案（第116条、第119条第1款）
12. 破坏交通设施案（第117条、第119条第1款）
13. 破坏电力设备案（第118条、第119条第1款）
14. 破坏易燃易爆设备案（第118条、第119条第1款）
15. 过失损坏交通工具案（第119条第2款）
16. 过失损坏交通设施案（第119条第2款）
17. 过失损坏电力设备案（第119条第2款）
18. 过失损坏易燃易爆设备案（第119条第2款）
19. 劫持航空器案（第121条）
20. 劫持船只、汽车案（第122条）
21. 暴力危及飞行安全案（第123条）
22. 破坏广播电视设施、公用电信设施案（第124条第1款）
23. 过失损坏广播电视设施、公用电信设施案（第124条第2款）

24. 非法制造、买卖、运输、邮寄、储存枪支、弹药、爆炸物案（第125条第1款）

25. 盗窃、抢夺枪支、弹药、爆炸物、危险物质案（第127条第1款）

26. 抢劫枪支、弹药、爆炸物、危险物质案（第127条第2款）

27. 消防责任事故案（第139条）

（二）《刑法》分则第三章第二节走私罪中的下列案件：

28. 走私武器、弹药案（第151条第1款）

29. 走私核材料案（第151条第1款）

30. 走私文物案（第151条第2款）

31. 走私贵重金属案（第151条第2款）

32. 走私珍贵动物、珍贵动物制品案（第151条第2款）

33. 走私国家禁止进出口的货物、物品案（第151条第3款）

34. 走私废物案（第152条第2款）

（三）《刑法》分则第四章侵犯公民人身权利、民主权利罪中的下列案件：

35. 故意杀人案（第232条）

36. 过失致人死亡案（第233条）

37. 故意伤害案（第234条）

38. 组织出卖人体器官案（第234条之一第1款）

39. 过失致人重伤案（第235条）

40. 强奸案（第236条）

41. 强制猥亵、侮辱案（第237条第1款、第2款）

42. 猥亵儿童案（第237条第3款）

43. 非法拘禁案（第238条）

44. 绑架案（第239条）

45. 拐卖妇女、儿童案（第240条）

46. 收买被拐卖的妇女、儿童案（第241条）

47. 聚众阻碍解救被收买的妇女、儿童案（第242条第2款）

48. 诬告陷害案（第 243 条）
49. 非法搜查案（第 245 条）
50. 非法侵入住宅案（第 245 条）
51. 侮辱案（告诉才处理的除外）（第 246 条）
52. 侵犯通信自由案（第 252 条）
53. 私自开拆、隐匿、毁弃邮件、电报案（第 253 条第 1 款）
54. 破坏选举案（第 256 条）
55. 暴力干涉婚姻自由案（告诉才处理的除外）（第 257 条）
56. 重婚案（第 258 条）
57. 破坏军婚案（第 259 条第 1 款）
58. 虐待案（第 260 条）
59. 虐待被监护、看护人案（第 260 条之一）
60. 遗弃案（第 261 条）
61. 拐骗儿童案（第 262 条）
62. 组织残疾人、儿童乞讨案（第 262 条之一）
63. 组织未成年人进行违反治安管理活动案（第 262 条之二）

（四）《刑法》分则第五章侵犯财产罪中的下列案件：

64. 抢劫案（第 263 条）
65. 盗窃案（第 264 条）
66. 诈骗案（第 266 条）
67. 抢夺案（第 267 条）
68. 聚众哄抢案（第 268 条）
69. 敲诈勒索案（第 274 条）

（五）《刑法》分则第六章妨害社会管理秩序罪中的下列案件：

第一节　扰乱公共秩序罪中的下列案件：

70. 妨害公务案（第 277 条）
71. 煽动暴力抗拒法律实施案（第 278 条）
72. 招摇撞骗案（第 279 条）
73. 伪造、变造、买卖国家机关公文、证件、印章案（第 280 条

第1款）

74. 盗窃、抢夺、毁灭国家机关公文、证件、印章案（第280条第1款）

75. 伪造公司、企业、事业单位、人民团体印章案（第280条第2款）

76. 伪造、变造、买卖身份证件案（第280条第3款）

77. 使用虚假身份证件、盗用身份证件案（第280条之一）

78. 非法生产、销售窃听、窃照专用器材案（第283条）

79. 扰乱无线电通讯管理秩序案（第288条）

80. 投放虚假危险物质案（第291条之一第1款）

81. 编造、故意传播虚假恐怖信息案（第291条之一第1款）

82. 组织、领导、参加黑社会性质组织案（第294条第1款）

83. 入境发展黑社会组织案（第294条第2款）

84. 包庇、纵容黑社会性质组织案（第294条第3款）

85. 传授犯罪方法案（第295条）

86. 盗窃、侮辱、故意毁坏尸体、尸骨、骨灰案（第302条）

第二节　妨害司法罪中的下列案件：

87. 伪证案（第305条）

88. 辩护人、诉讼代理人毁灭证据、伪造证据、妨害作证案（第306条）

89. 妨害作证案（第307条第1款）

90. 帮助毁灭、伪造证据案（第307条第2款）

91. 打击报复证人案（第308条）

92. 泄露不应公开的案件信息案（第308条之一第1款）

93. 披露、报道不应公开的案件信息案（第308条之一第3款）

94. 扰乱法庭秩序案（第309条）

95. 窝藏、包庇案（第310条）

96. 掩饰、隐瞒犯罪所得、犯罪所得收益案（第312条）

97. 拒不执行判决、裁定案（第313条）

98. 非法处置查封、扣押、冻结的财产案（第 314 条）
99. 破坏监管秩序案（第 315 条）
100. 脱逃案（第 316 条第 1 款）
101. 劫夺被押解人员案（第 316 条第 2 款）
102. 组织越狱案（第 317 条第 1 款）
103. 暴动越狱案（第 317 条第 2 款）
104. 聚众持械劫狱案（第 317 条第 2 款）
第三节　妨害国（边）境管理罪中的下列案件：
105. 破坏永久性测量标志案（第 323 条）
第四节　妨害文物管理罪中的下列案件：
106. 非法向外国人出售、赠送珍贵文物案（第 325 条）
107. 倒卖文物案（第 326 条）
108. 非法出售、私赠文物藏品案（327 条）
109. 盗掘古文化遗址、古墓葬案（第 328 条第 1 款）
110. 盗掘古人类化石、古脊椎动物化石案（第 328 条第 2 款）
111. 抢夺、窃取国有档案案（第 329 条第 1 款）
112. 擅自出卖、转让国有档案案（第 329 条第 2 款）
（六）《刑法》分则第七章危害国防利益罪中的下列案件：
113. 阻碍军人执行职务案（第 368 条第 1 款）
114. 阻碍军事行动案（第 368 条第 2 款）
115. 破坏武器装备、军事设施、军事通信案（第 369 条第 1 款）
116. 过失损坏武器装备、军事设施、军事通信案（第 369 条第 2 款）
117. 冒充军人招摇撞骗案（第 372 条）
118. 伪造、变造、买卖武装部队公文、证件、印章案（第 375 条第 1 款）
119. 盗窃、抢夺武装部队公文、证件、印章案（第 375 条第 1 款）

六、反恐怖局管辖案件范围（共 7 种）

（一）《刑法》分则第二章危害公共安全罪中的下列案件：
1. 组织、领导、参加恐怖组织案（第 120 条）

2. 帮助恐怖活动案（以培训招募、运送人员方式实施的帮助行为，第120条之一第2款）

3. 准备实施恐怖活动案（第120条之二）

4. 宣扬恐怖主义、煽动实施恐怖活动案（第120条之三）

5. 强制穿戴宣扬恐怖主义服饰、标志案（第120条之五）

6. 非法持有宣扬恐怖主义物品案（第120条之六）

（二）《刑法》分则第六章第二节妨害司法罪中的下列案件：

7. 拒绝提供恐怖主义犯罪证据案（第311条）

七、食品药品犯罪侦查局管辖案件范围（共33种）

（一）《刑法》分则第三章破坏社会主义市场经济秩序罪中的下列案件：

第一节　生产、销售伪劣商品罪中的下列案件：

1. 生产、销售伪劣产品案（第140条）

2. 生产、销售假药案（第141条）

3. 生产、销售劣药案（第142条）

4. 生产、销售不符合安全标准的食品案（第143条）

5. 生产、销售有毒、有害食品案（第144条）

6. 生产、销售不符合标准的医用器材案（第145条）

7. 生产、销售不符合安全标准的产品案（第146条）

8. 生产、销售伪劣农药、兽药、化肥、种子案（第147条）

9. 生产、销售不符合卫生标准的化妆品案（第148条）

第七节　侵犯知识产权罪中的下列案件：

10. 假冒注册商标案（第213条）

11. 销售假冒注册商标的商品案（第214条）

12. 非法制造、销售非法制造的注册商标标识案（第215条）

13. 假冒专利案（第216条）

14. 侵犯著作权案（第217条）

15. 销售侵权复制品案（第218条）

16. 侵犯商业秘密案（第219条）

（二）《刑法》分则第六章妨害社会管理秩序罪中的下列案件：

第五节　危害公共卫生罪中的下列案件：

17. 传染病菌种、毒种扩散案（第 331 条）

18. 妨害动植物防疫案（第 337 条）

第六节　破坏环境资源保护罪中的下列案件：

19. 污染环境案（第 338 条）

20. 非法处置进口的固体废物案（第 339 条第 1 款）

21. 擅自进口固体废物案（第 339 条第 2 款）

22. 非法捕捞水产品案（第 340 条）

23. 非法猎捕、杀害珍贵、濒危野生动物案（第 341 条第 1 款）

24. 非法收购、运输、出售珍贵、濒危野生动物、珍贵、濒危野生动物制品案（第 341 条第 1 款）

25. 非法狩猎案（第 341 条第 2 款）

26. 非法占用农用地案（第 342 条）

27. 非法采矿案（第 343 条第 1 款）

28. 破坏性采矿案（第 343 条第 2 款）

29. 非法采伐、毁坏国家重点保护植物案（第 344 条）

30. 非法收购、运输、加工、出售国家重点保护植物、国家重点保护植物制品案（第 344 条）

31. 盗伐林木案（第 345 条第 1 款）

32. 滥伐林木案（第 345 条第 2 款）

33. 非法收购、运输盗伐、滥伐的林木案（第 345 条第 3 款）

八、铁路公安局管辖案件范围

（一）铁路系统的机关、厂、段、院、校、所、队、工区等单位发生的刑事案件；

（二）车站工作区域内、列车内发生的刑事案件；

（三）铁路沿线发生的盗窃或者破坏铁路、通信、电力线路和其他重要设施的刑事案件；

（四）内部职工在铁路线上工作时发生的刑事案件；

（五）铁路系统的计算机信息系统延伸到地方涉及铁路业务的网点，其计算机信息系统发生的刑事案件；

（六）《刑法》分则第二章危害公共安全罪中的下列案件：

1. 铁路运营安全事故案（第132条）

九、网络安全保卫局管辖案件范围（共11种）

（一）《刑法》分则第四章侵犯公民人身权利、民主权利罪中的下列案件：

1. 侵犯公民个人信息案（第253条之一）

（二）《刑法》分则第六章第一节扰乱公共秩序罪中的下列案件：

2. 组织考试作弊案（第284条之一第1款）

3. 非法出售、提供试题、答案案（第284条之一第3款）

4. 非法侵入计算机信息系统案（第285条第1款）

5. 非法获取计算机信息系统数据、非法控制计算机信息系统案（第285条第2款）

6. 提供侵入、非法控制计算机信息系统程序、工具案（第285条第3款）

7. 破坏计算机信息系统案（第286条）

8. 拒不履行信息网络安全管理义务案（第286条之一）

9. 非法利用信息网络案（第287条之一）

10. 帮助信息网络犯罪活动案（第287条之二）

11. 编造、故意传播虚假信息案（第291条之一第2款）

十、海关总署缉私局管辖案件范围（共15种）

（一）海关关境内发生的《刑法》分则第三章第二节走私罪中的下列案件：

1. 走私普通货物、物品案（第153条、第154条）

（二）海关监管区内发生的《刑法》分则第三章第二节走私罪和第六章第七节走私、贩卖、运输、制造毒品罪中的下列案件：

2. 走私武器、弹药案（第151条第1款）

3. 走私核材料案（第151条第1款）

4. 走私假币案（第151条第1款）

5. 走私文物案（第151条第2款）

6. 走私贵重金属案（第151条第2款）

7. 走私珍贵动物、珍贵动物制品案（第151条第2款）

8. 走私国家禁止进出口的货物、物品案（第151条第3款）

9. 走私淫秽物品案（第152条第1款）

10. 走私废物案（第152条第2款）

11. 走私毒品案（第347条）

12. 走私制毒物品案（第350条）

（三）《刑法》分则第三章第八节扰乱市场秩序罪中的下列案件：

13. 逃避商检案（第230条）

（四）《刑法》分则第六章第五节危害公共卫生罪中的下列案件：

14. 妨害国境卫生检疫案（第332条）

15. 妨害动植物检疫案（第337条）

十一、中国民用航空局公安局管辖案件范围

（一）民航系统的机关、厂、段、院、校、所、队、工区等单位发生的刑事案件；

（二）机场工作区域内、民航飞机内发生的刑事案件；

（三）《刑法》分则第二章危害公共安全罪中的下列案件：

1. 重大飞行事故案（第131条）

十二、交通管理局管辖案件范围（共2种）

《刑法》分则第二章危害公共安全罪中的下列案件：

1. 交通肇事案（第133条）

2. 危险驾驶案（第133条之一）

十三、禁毒局管辖案件范围（共11种）

《刑法》分则第六章第七节走私、贩卖、运输、制造毒品罪中的下列案件：

1. 走私、贩卖、运输、制造毒品案（第347条）

2. 非法持有毒品案（第348条）

3. 包庇毒品犯罪分子案（第349条第1款）

4. 窝藏、转移、隐瞒毒品、毒赃案（第349条第1款）

5. 非法生产、买卖、运输制毒物品、走私制毒物品案（第350条）

6. 非法种植毒品原植物案（第351条）

7. 非法买卖、运输、携带、持有毒品原植物种子、幼苗案（第352条）

8. 引诱、教唆、欺骗他人吸毒案（第353条第1款）

9. 强迫他人吸毒案（第353条第2款）

10. 容留他人吸毒案（第354条）

11. 非法提供麻醉药品、精神药品案（第355条）

十四、国家移民管理局管辖案件范围（共7种）

《刑法》分则第六章第三节妨害国（边）境管理罪中的下列案件：

1. 组织他人偷越国（边）境案（第318条）

2. 骗取出境证件案（第319条）

3. 提供伪造、变造的出入境证件案（第320条）

4. 出售出入境证件案（第320条）

5. 运送他人偷越国（边）境案（第321条）

6. 偷越国（边）境案（第322条）

7. 破坏界碑、界桩案（第323条）

最高人民检察院、公安部关于公安机关管辖的刑事案件立案追诉标准的规定（二）（节录）

（2022年4月6日　公通字〔2022〕12号）

……

第二十五条　〔妨害信用卡管理案（刑法第一百七十七条之一第一款）〕妨害信用卡管理，涉嫌下列情形之一的，应予立案追诉：

（一）明知是伪造的信用卡而持有、运输的；

（二）明知是伪造的空白信用卡而持有、运输，数量累计在十张以上的；

（三）非法持有他人信用卡，数量累计在五张以上的；

（四）使用虚假的身份证明骗领信用卡的；

（五）出售、购买、为他人提供伪造的信用卡或者以虚假的身份证明骗领的信用卡的。

违背他人意愿，使用其居民身份证、军官证、士兵证、港澳居民往来内地通行证、台湾居民来往大陆通行证、护照等身份证明申领信用卡的，或者使用伪造、变造的身份证明申领信用卡的，应当认定为“使用虚假的身份证明骗领信用卡”。

第二十六条　〔窃取、收买、非法提供信用卡信息案（刑法第一百七十七条之一第二款）〕窃取、收买或者非法提供他人信用卡信息资料，足以伪造可进行交易的信用卡，或者足以使他人以信用卡持卡人名义进行交易，涉及信用卡一张以上的，应予立案追诉。

……

第四十九条　〔信用卡诈骗案（刑法第一百九十六条）〕进行信用卡诈骗活动，涉嫌下列情形之一的，应予立案追诉：

（一）使用伪造的信用卡、以虚假的身份证明骗领的信用卡、作废的信用卡或者冒用他人信用卡，进行诈骗活动，数额在五千元以上的；

（二）恶意透支，数额在五万元以上的。

本条规定的“恶意透支”，是指持卡人以非法占有为目的，超过规定限额或者规定期限透支，经发卡银行两次有效催收后超过三个月仍不归还的。

恶意透支的数额，是指公安机关刑事立案时尚未归还的实际透支的本金数额，不包括利息、复利、滞纳金、手续费等发卡银行收取的费用。归还或者支付的数额，应当认定为归还实际透支的本金。

恶意透支，数额在五万元以上不满五十万元的，在提起公诉前全部归还或者具有其他情节轻微情形的，可以不起诉。但是，因信用卡诈骗受过二次以上处罚的除外。

……

第七十一条 〔非法经营案（刑法第二百二十五条）〕违反国家规定，进行非法经营活动，扰乱市场秩序，涉嫌下列情形之一的，应予立案追诉：

……

（二）未经国家有关主管部门批准，非法经营证券、期货、保险业务，或者非法从事资金支付结算业务，具有下列情形之一的：

1. 非法经营证券、期货、保险业务，数额在一百万元以上，或者违法所得数额在十万元以上的；

2. 非法从事资金支付结算业务，数额在五百万元以上，或者违法所得数额在十万元以上的；

3. 非法从事资金支付结算业务，数额在二百五十万元以上不满五百万元，或者违法所得数额在五万元以上不满十万元，且具有下列情形之一的：

（1）因非法从事资金支付结算业务犯罪行为受过刑事追究的；

（2）二年内因非法从事资金支付结算业务违法行为受过行政处罚的；

（3）拒不交代涉案资金去向或者拒不配合追缴工作，致使赃款无法追缴的；

（4）造成其他严重后果的。

4. 使用销售点终端机具（POS 机）等方法，以虚构交易、虚开价格、现金退货等方式向信用卡持卡人直接支付现金，数额在一百万元以上的，或者造成金融机构资金二十万元以上逾期未还的，或者造成金融机构经济损失十万元以上的。

……

（六）采取租用国际专线、私设转接设备或者其他方法，擅自经营国际电信业务或者涉港澳台电信业务进行营利活动，扰乱电信市场管理秩序，具有下列情形之一的：

1. 经营去话业务数额在一百万元以上的；

2. 经营来话业务造成电信资费损失数额在一百万元以上的；

3. 虽未达到上述数额标准，但具有下列情形之一的：

（1）二年内因非法经营国际电信业务或者涉港澳台电信业务行为受过二次以上行政处罚，又非法经营国际电信业务或者涉港澳台电信业务的；

（2）因非法经营国际电信业务或者涉港澳台电信业务行为造成其他严重后果的。

（七）以营利为目的，通过信息网络有偿提供删除信息服务，或者明知是虚假信息，通过信息网络有偿提供发布信息等服务，扰乱市场秩序，具有下列情形之一的：

1. 个人非法经营数额在五万元以上，或者违法所得数额在二万元以上的；

2. 单位非法经营数额在十五万元以上，或者违法所得数额在五万元以上的。

（八）非法生产、销售“黑广播”“伪基站”、无线电干扰器等无线电设备，具有下列情形之一的：

1. 非法生产、销售无线电设备三套以上的；

2. 非法经营数额在五万元以上的；

3. 虽未达到上述数额标准，但二年内因非法生产、销售无线电设备受过二次以上行政处罚，又非法生产、销售无线电设备的。

（九）以提供给他人开设赌场为目的，违反国家规定，非法生产、销售具有退币、退分、退钢珠等赌博功能的电子游戏设施设备或者其专用软件，具有下列情形之一的：

1. 个人非法经营数额在五万元以上，或者违法所得数额在一万元以上的；

2. 单位非法经营数额在五十万元以上，或者违法所得数额在十万元以上的；

3. 虽未达到上述数额标准，但二年内因非法生产、销售赌博机行为受过二次以上行政处罚，又进行同种非法经营行为的；

4. 其他情节严重的情形。

……

附　　则

第七十九条　本规定中的“货币”是指在境内外正在流通的以下货币：

（一）人民币（含普通纪念币、贵金属纪念币）、港元、澳门元、新台币；

（二）其他国家及地区的法定货币。

贵金属纪念币的面额以中国人民银行授权中国金币总公司的初始发售价格为准。

第八十条　本规定中的“多次”，是指三次以上。

第八十一条　本规定中的“虽未达到上述数额标准”，是指接近上述数额标准且已达到该数额的百分之八十以上的。

第八十二条　对于预备犯、未遂犯、中止犯，需要追究刑事责任的，应予立案追诉。

第八十三条　本规定中的立案追诉标准，除法律、司法解释、本规定中另有规定的以外，适用于相应的单位犯罪。

第八十四条　本规定中的“以上”，包括本数。

第八十五条　本规定自2022年5月15日施行。《最高人民检察院、公安部关于公安机关管辖的刑事案件立案追诉标准的规定（二）》（公通字〔2010〕23号）和《最高人民检察院、公安部关于公安机关管辖的刑事案件立案追诉标准的规定（二）的补充规定》（公通字〔2011〕47号）同时废止。

公安部、最高人民法院、最高人民检察院、国家安全部、工业和信息化部、中国人民银行、中国银行业监督管理委员会关于办理流动性团伙性跨区域性犯罪案件有关问题的意见

（2011 年 5 月 1 日　公通字〔2011〕14 号）

为有效惩治流动性、团伙性、跨区域性犯罪活动，保障公民合法权益，维护社会治安稳定，根据《中华人民共和国刑法》、《中华人民共和国刑事诉讼法》等有关法律规定，结合工作实际，制定本意见。

第一条　流动性、团伙性、跨区域性犯罪案件，由犯罪地的公安机关、人民检察院、人民法院管辖。如果由犯罪嫌疑人、被告人居住地的公安机关、人民检察院、人民法院管辖更为适宜的，可以由犯罪嫌疑人、被告人居住地的公安机关、人民检察院、人民法院管辖。犯罪地包括犯罪行为发生地和犯罪结果发生地。犯罪嫌疑人、被告人居住地包括经常居住地、户籍所在地。

前款中所称“犯罪行为发生地”包括被害人接到诈骗、敲诈勒索电话、短信息、电子邮件、信件、传真等犯罪信息的地方，以及犯罪行为持续发生的开始地、流转地、结束地；“犯罪结果发生地”包括被害人向犯罪嫌疑人、被告人指定的账户转账或存款的地方，以及犯罪所得的实际取得地、藏匿地、转移地、使用地、销售地。

第二条　几个公安机关都有管辖权的案件，由最初受理的公安机关管辖。对管辖有争议的，应当本着有利于查清犯罪事实，有利于诉讼的原则，协商解决。经协商无法达成一致的，报共同的上级公安机关指定管辖。

第三条　有下列情形之一的，主办地公安机关可以依照法律和有

关规定对全部人员和全部案件一并立案侦查，需要提请批准逮捕、移送审查起诉、提起公诉的，由该公安机关所在地的同级人民检察院、人民法院受理：

（一）一人在两个以上县级行政区域作案的；

（二）一人在一地利用电话、网络、信件等通讯工具和媒介以非接触性的方式作案，涉及两个以上县级行政区域的被害人的；

（三）两人以上结伙在两个以上县级行政区域共同作案的；

（四）两人以上结伙在一地利用电话、网络、信件等通讯工具和媒介以非接触性的方式共同作案，涉及两个以上县级行政区域的被害人的；

（五）三人以上时分时合，交叉结伙在两个以上县级行政区域作案的；

（六）跨区域实施的涉及同一犯罪对象的盗窃、抢劫、抢夺、诈骗、敲诈勒索以及掩饰、隐瞒犯罪所得、犯罪所得收益行为的。

第四条 人民检察院对于公安机关移送审查起诉的案件，人民法院对于已进入审判程序的案件，当事人、法定代理人、诉讼代理人、辩护人提出管辖异议的，或者办案单位发现没有管辖权的，受案的人民检察院、人民法院经审查，可以报请与有管辖权的人民检察院、人民法院共同的上级人民检察院、人民法院指定管辖。

第五条 办案地公安机关跨区域查询、调取银行账户、网站等信息，或者跨区域查询、冻结涉案银行存款、汇款，可以通过公安机关信息化应用系统传输加盖电子签章的办案协作函和相关法律文书及凭证，或者将办案协作函和相关法律文书及凭证电传至协作地县级以上公安机关。办理跨区域查询、调取电话信息的，由地市以上公安机关办理。

协作地公安机关接收后，经审查确认，在传来法律文书上加盖本地公安机关印章，到银行、电信等部门查询、调取相关证据或者查询、冻结银行存款、汇款，银行、电信等部门应当予以配合。

第六条 办案地公安机关跨区域调取犯罪嫌疑人、被告人的户籍证明，可以通过公安机关信息化应用系统获取，加盖本地公安机关印章。调取时不得少于二人，并应当记载调取的时间、使用的电脑等相关信息，经审核证明真实的，可以作为诉讼证据。

有下列情形之一的，应当调取原始户籍证明，但犯罪嫌疑人、被告人没有户籍或者真实姓名无法查明的除外：

（一）犯罪嫌疑人、被告人可能是未满十八周岁或者已满七十五周岁人的；

（二）可能判处五年有期徒刑以上刑罚的；

（三）犯罪嫌疑人、被告人、被害人、辩护人和诉讼代理人对采取本条第一款规定方式所调取的户籍证明提出异议的。

第七条 对部分共同犯罪嫌疑人、被告人在逃的案件，现有证据能够认定已到案犯罪嫌疑人、被告人为共同犯罪的，可以先行追究已到案犯罪嫌疑人、被告人的刑事责任。

第八条 本意见所称的“流动性犯罪案件”，是指跨县级行政区域连续作案，或者在居住地作案后逃跑到其他县级行政区域继续作案；“团伙性犯罪案件”，是指二人以上共同作案或者三人以上交叉结伙作案；“跨区域性犯罪案件”，是指犯罪案件涉及两个以上县级行政区域。

第九条 本意见所称以上、以下，包括本数在内。

第十条 国家安全机关侦办流动性、团伙性、跨区域性犯罪案件适用本意见。涉及跨区域调取有关犯罪嫌疑人户籍证明的，公安机关应予以配合。

第十一条 本意见自二〇一一年五月一日起施行。

最高人民法院、最高人民检察院、公安部、工业和信息化部、中国人民银行、中国银行业监督管理委员会关于防范和打击电信网络诈骗犯罪的通告

（2016年9月23日）

电信网络诈骗犯罪是严重影响人民群众合法权益、破坏社会和谐稳定的社会公害，必须坚决依法严惩。为切实保障广大人民群众合法权益，维护社会和谐稳定，根据《中华人民共和国刑法》《中华人民共和国刑事诉讼法》《全国人民代表大会常务委员会关于加强网络信息保护的决定》等有关规定，现就防范和打击电信网络诈骗犯罪相关事项通告如下：

一、凡是实施电信网络诈骗犯罪的人员，必须立即停止一切违法犯罪活动。自本通告发布之日起至2016年10月31日，主动投案、如实供述自己罪行的，依法从轻或者减轻处罚，在此规定期限内拒不投案自首的，将依法从严惩处。

二、公安机关要主动出击，将电信网络诈骗案件依法立为刑事案件，集中侦破一批案件、打掉一批犯罪团伙、整治一批重点地区，坚决拔掉一批地域性职业电信网络诈骗犯罪“钉子”。对电信网络诈骗案件，公安机关、人民检察院、人民法院要依法快侦、快捕、快诉、快审、快判，坚决遏制电信网络诈骗犯罪发展蔓延势头。

三、电信企业（含移动转售企业，下同）要严格落实电话用户真实身份信息登记制度，确保到2016年10月底前全部电话实名率达到96%，年底前达到100%。未实名登记的单位和个人，应按要求对所持有的电话进行实名登记，在规定时间内未完成真实身份信息登记的，

一律予以停机。电信企业在为新入网用户办理真实身份信息登记手续时，要通过采取二代身份证识别设备、联网核验等措施验证用户身份信息，并现场拍摄和留存用户照片。

四、电信企业立即开展一证多卡用户的清理，对同一用户在同一家基础电信企业或同一移动转售企业办理有效使用的电话卡达到5张的，该企业不得为其开办新的电话卡。电信企业和互联网企业要采取措施阻断改号软件网上发布、搜索、传播、销售渠道，严禁违法网络改号电话的运行、经营。电信企业要严格规范国际通信业务出入口局主叫号码传送，全面实施语音专线规范清理和主叫鉴权，加大网内和网间虚假主叫发现与拦截力度，立即清理规范一号通、商务总机、400等电话业务，对违规经营的网络电话业务一律依法予以取缔，对违规经营的各级代理商责令限期整改，逾期不改的一律由相关部门吊销执照，并严肃追究民事、行政责任。移动转售企业要依法开展业务，对整治不力、屡次违规的移动转售企业，将依法坚决查处，直至取消相应资质。

五、各商业银行要抓紧完成借记卡存量清理工作，严格落实“同一客户在同一商业银行开立借记卡原则上不得超过4张”等规定。任何单位和个人不得出租、出借、出售银行账户（卡）和支付账户，构成犯罪的依法追究刑事责任。自2016年12月1日起，同一个人在同一家银行业金融机构只能开立一个Ⅰ类银行账户，在同一家非银行支付机构只能开立一个Ⅲ类支付账户。自2017年起，银行业金融机构和非银行支付机构对经设区市级及以上公安机关认定的出租、出借、出售、购买银行账户（卡）或支付账户的单位和个人及相关组织者，假冒他人身份或虚构代理关系开立银行账户（卡）或支付账户的单位和个人，5年内停止其银行账户（卡）非柜面业务、支付账户所有业务，3年内不得为其新开立账户。对经设区市级及以上公安机关认定为被不法分子用于电信网络诈骗作案的涉案账户，将对涉案账户开户人名下其他银行账户暂停非柜面业务，支付账户暂停全部业务。自2016年12月1日起，个人通过银行自助柜员机向非同名账户转账的，资金24小时后到账。

六、严禁任何单位和个人非法获取、非法出售、非法向他人提供公民个人信息。对泄露、买卖个人信息的违法犯罪行为，坚决依法打击。对互联网上发布的贩卖信息、软件、木马病毒等要及时监控、封堵、删除，对相关网站和网络账号要依法关停，构成犯罪的依法追究刑事责任。

七、电信企业、银行、支付机构和银联，要切实履行主体责任，对责任落实不到位导致被不法分子用于实施电信网络诈骗犯罪的，要依法追究责任。各级行业主管部门要落实监管责任，对监管不到位的，要严肃问责。对因重视不够，防范、打击、整治措施不落实，导致电信网络诈骗犯罪问题严重的地区、部门、国有电信企业、银行和支付机构，坚决依法实行社会治安综合治理"一票否决"，并追究相关责任人的责任。

八、各地各部门要加大宣传力度，广泛开展宣传报道，形成强大舆论声势。要运用多种媒体渠道，及时向公众发布电信网络犯罪预警提示，普及法律知识，提高公众对各类电信网络诈骗的鉴别能力和安全防范意识。

九、欢迎广大人民群众积极举报相关违法犯罪线索，对在捣毁特大犯罪窝点、打掉特大犯罪团伙中发挥重要作用的，予以重奖，并依法保护举报人的个人信息及安全。

本通告自发布之日起施行。

公安部关于新冠肺炎疫情期间依法严厉打击跨境赌博和电信网络诈骗犯罪的通告

（2020 年 4 月 9 日）

跨境赌博和电信网络诈骗犯罪，严重危害人民群众合法权益，严重影响经济社会健康发展。特别是新冠肺炎疫情发生以来，境外赌场、赌博网站加大对我公民招赌力度，一些不法分子大肆借疫情实施电信网络诈骗，两类犯罪组织、人员还相互勾联，危害更加突出，必须坚决依法严惩。为切实保障广大人民群众合法权益、维护我经济社会良好秩序，依据《中华人民共和国刑法》《中华人民共和国刑事诉讼法》及有关规定，现就依法严厉打击跨境赌博和电信网络诈骗犯罪相关事项通告如下：

一、凡是在境内外实施跨境赌博和电信网络诈骗犯罪，以及为犯罪分子传授作案方法、提供网络技术支持及资金支付结算等帮助的，都将受到依法严厉打击。

二、凡是在境外从事有关犯罪活动的，公安机关将“回国必查”，逐一调查、一查到底，依法打击处理。对在当前加快复工复产阶段从事跨境赌博和电信网络诈骗犯罪，造成境内人员被骗或公司企业财产受损等情况的，将依法从重惩处。同时，参与跨境网络赌博活动是违法行为，公安机关将依法查处参赌人员。

三、移民管理部门将会同有关部门，加强出入境管控，强化边境地区巡控，依法打击违法出入国（边）境活动，及时发现并严厉打击出入国（边）境或偷越国（边）境的跨境赌博、电信网络诈骗违法犯罪嫌疑人。对明知已感染或可能感染新冠肺炎，仍然出入国（边）境或偷越国（边）境，引起病毒传播或者有传播严重危险的，公安机关将以涉嫌危害公共安全罪、妨害传染病防治罪、妨害国境卫生检疫罪等一并立案侦查。

四、公安机关将会同有关部门，加强对跨境赌博和电信网络诈骗的综合治理，加大非法资金管控力度，严肃查处一批违法违规为跨境赌资提供结算服务的支付机构，最大限度阻断资金非法流通。对相关违法犯罪人员，还将在出入境管理、个人征信等方面加大管控惩戒力度，建立参赌及从业人员“黑名单”等制度。

五、跨境赌博“十赌九输”，电信网络诈骗全是“陷阱”。请广大群众认清其骗人本质和严重危害，自觉抵制赴境外或在网上参赌，高度警惕电信网络诈骗的新手法新特点，不断提高防范意识和能力。

六、欢迎广大人民群众积极检举揭发相关违法犯罪行为。对所提供的违法犯罪线索在捣毁特大犯罪窝点、打掉特大犯罪团伙中发挥重要作用的，公安机关将予以重奖，并依法保护举报人的个人信息及安全。对窝藏、包庇犯罪人员或者帮助毁灭、伪造证据以及掩饰、隐瞒犯罪所得、犯罪所得收益，构成犯罪的，将依法追究刑事责任。

本通告自发布之日起施行。

最高人民法院、最高人民检察院、公安部、工业和信息化部、中国人民银行关于依法严厉打击惩戒治理非法买卖电话卡银行卡违法犯罪活动的通告

（2020 年 12 月 16 日）

当前，非法买卖电话卡、银行卡（以下简称“两卡”）用于电信网络诈骗及其他相关违法犯罪活动问题日益突出，严重损害人民群众切身利益，严重侵蚀社会诚信根基，必须坚决依法严厉打击、惩戒和治理。为切实维护人民群众合法权益和社会治安大局稳定，依据《中华人民共和国刑法》《中华人民共和国刑事诉讼法》《中华人民共和国网络安全法》等有关法律规定，现就依法严厉打击惩戒治理非法买卖“两卡”违法犯罪活动的有关事项通告如下：

一、凡是实施非法出租、出售、购买“两卡”（包括手机卡、物联网卡、个人银行卡、单位银行账户及结算卡、支付账户等）违法犯罪活动的人员，必须立即停止一切违法犯罪活动。自本通告发布之日起至 2021 年 1 月 15 日前，主动投案自首，如实供述、积极揭发的，可以依法从轻或者减轻处罚。在规定期限内拒不投案自首的，将依法从严惩处。

二、公安机关、人民检察院、人民法院将以“零容忍”的态度，依法从严打击非法买卖“两卡”违法犯罪活动，全力斩断非法买卖“两卡”的黑灰产业链。

三、电信行业监管部门和人民银行将依法加强行业监管，电信企业、银行业金融机构、非银行支付机构要按照“谁开卡、谁负责”的原则，落实主体责任，强化风险防控。

四、公安机关将对重点电信运营商和银行营业网点加强巡查，及时发现非法买卖“两卡”的可疑人员。涉案“两卡”较多地区公安机关将逐一上门，与涉案“两卡”开卡人见面，并签订承诺书。

五、对经设区的市级及以上公安机关认定的非法出租、出售、购买银行账户（卡）或者支付账户的单位和个人及相关组织者，银行业金融机构和非银行支付机构根据《中国人民银行 公安部对买卖银行卡或账户的个人实施惩戒的通知》（银发〔2019〕304号）实施5年内暂停其银行账户（卡）非柜面业务、支付账户所有业务，不得新开户等惩戒措施。相关单位和个人对惩戒提出申诉的，经公安机关确认后，银行业金融机构和非银行支付机构将及时解除相关惩戒措施，恢复业务办理。对经设区的市级及以上公安机关认定并处理的非法出租、出售、购买电话卡的失信用户，电信行业监管部门将联合公安机关，推动实施相关惩戒措施。

广大人民群众要提高防范意识，切莫贪图小利、心存侥幸，非法买卖“两卡”，并积极向公安机关反诈骗中心举报涉“两卡”的违法犯罪线索，打一场打击惩戒治理非法买卖“两卡”违法犯罪活动的人民战争。

本通告自发布之日起施行。

最高人民法院、最高人民检察院、公安部关于敦促电信网络诈骗犯罪集团头目和骨干自首的通告

（2022 年 8 月 1 日）

为全面贯彻习近平法治思想，坚决遏制电信网络诈骗违法犯罪高发态势，切实维护人民群众合法权益，根据中央办公厅、国务院办公厅《关于加强打击治理电信网络诈骗违法犯罪工作的意见》精神，依据《中华人民共和国刑法》《中华人民共和国刑事诉讼法》有关规定，贯彻落实宽严相济刑事政策，现就依法打击电信网络诈骗违法犯罪、严厉惩处诈骗犯罪集团头目和骨干相关事项通告如下：

一、实施电信网络诈骗犯罪活动的组织者、策划者、指挥者、骨干分子及其他人员，必须立即停止一切违法犯罪活动。自本通告发布之日起至 2022 年 9 月 30 日前，主动投案自首、如实供述违法犯罪事实的，可以依法从轻或者减轻处罚。犯罪嫌疑人委托他人代为投案或者先以信函、电话、电子邮件等方式投案，本人随后到案的；经亲友规劝，陪同投案的；或者亲友主动报案后将犯罪嫌疑人送去投案的，均视为自动投案。

二、人民法院、人民检察院、公安机关将以“零容忍”态度依法严厉打击电信网络诈骗违法犯罪活动，犯罪嫌疑人要认清形势、珍惜机会，尽快投案自首，争取从宽处理。在上述规定期限内拒不投案自首，继续实施电信网络诈骗违法犯罪活动的，将依法从严惩处；对于其中的电信网络诈骗犯罪集团、犯罪团伙的组织者、策划者、指挥者和骨干分子，将依法从重惩处。

三、犯罪嫌疑人到案后有检举、揭发他人违法犯罪行为，指证犯罪集团头目和骨干，经查证属实的；提供重要线索，从而得以侦破其

他案件的；或者有积极协助司法机关抓捕其他犯罪嫌疑人等立功表现的，可以依法从轻或者减轻处罚。有重大立功表现的，可以依法减轻或者免除处罚。

请广大人民群众和组织积极举报、控告电信网络诈骗违法犯罪活动，规劝在逃犯罪嫌疑人投案自首。对举报人、控告人及其他有关证人，司法机关将依法保护其安全。对威胁、报复举报人、控告人及其他有关证人，或者窝藏、包庇电信网络诈骗犯罪分子，构成犯罪的，依法追究刑事责任。

本通告自发布之日起施行。

2. 电信治理

电话用户真实身份信息登记规定

（2013年7月16日工业和信息化部令第25号公布　自2013年9月1日起施行）

第一条　为了规范电话用户真实身份信息登记活动，保障电话用户和电信业务经营者的合法权益，维护网络信息安全，促进电信业的健康发展，根据《全国人民代表大会常务委员会关于加强网络信息保护的决定》和《中华人民共和国电信条例》，制定本规定。

第二条　中华人民共和国境内的电话用户真实身份信息登记活动，适用本规定。

第三条　本规定所称电话用户真实身份信息登记，是指电信业务经营者为用户办理固定电话、移动电话（含无线上网卡，下同）等入网手续，在与用户签订协议或者确认提供服务时，如实登记用户提供的真实身份信息的活动。

本规定所称入网，是指用户办理固定电话装机、移机、过户，移动电话开户、过户等。

第四条 工业和信息化部和各省、自治区、直辖市通信管理局（以下统称电信管理机构）依法对电话用户真实身份信息登记工作实施监督管理。

第五条 电信业务经营者应当依法登记和保护电话用户办理入网手续时提供的真实身份信息。

第六条 电信业务经营者为用户办理入网手续时，应当要求用户出示有效证件、提供真实身份信息，用户应当予以配合。

用户委托他人办理入网手续的，电信业务经营者应当要求受托人出示用户和受托人的有效证件，并提供用户和受托人的真实身份信息。

第七条 个人办理电话用户真实身份信息登记的，可以出示下列有效证件之一：

（一）居民身份证、临时居民身份证或者户口簿；

（二）中国人民解放军军人身份证件、中国人民武装警察身份证件；

（三）港澳居民来往内地通行证、台湾居民来往大陆通行证或者其他有效旅行证件；

（四）外国公民护照；

（五）法律、行政法规和国家规定的其他有效身份证件。

第八条 单位办理电话用户真实身份信息登记的，可以出示下列有效证件之一：

（一）组织机构代码证；

（二）营业执照；

（三）事业单位法人证书或者社会团体法人登记证书；

（四）法律、行政法规和国家规定的其他有效证件或者证明文件。

单位办理登记的，除出示以上证件之一外，还应当出示经办人的有效证件和单位的授权书。

第九条 电信业务经营者应当对用户出示的证件进行查验，并如实登记证件类别以及证件上所记载的姓名（名称）、号码、住址信息；

对于用户委托他人办理入网手续的，应当同时查验受托人的证件并登记受托人的上述信息。

为了方便用户提供身份信息、办理入网手续，保护用户的合法权益，电信业务经营者复印用户身份证件的，应当在复印件上注明电信业务经营者名称、复印目的和日期。

第十条 用户拒绝出示有效证件，拒绝提供其证件上所记载的身份信息，冒用他人的证件，或者使用伪造、变造的证件的，电信业务经营者不得为其办理入网手续。

第十一条 电信业务经营者在向电话用户提供服务期间及终止向其提供服务后两年内，应当留存用户办理入网手续时提供的身份信息和相关材料。

第十二条 电信业务经营者应当建立健全用户真实身份信息保密管理制度。

电信业务经营者及其工作人员对在提供服务过程中登记的用户真实身份信息应当严格保密，不得泄露、篡改或者毁损，不得出售或者非法向他人提供，不得用于提供服务之外的目的。

第十三条 电话用户真实身份信息发生或者可能发生泄露、毁损、丢失的，电信业务经营者应当立即采取补救措施；造成或者可能造成严重后果的，应当立即向相关电信管理机构报告，配合相关部门进行的调查处理。

电信管理机构应当对报告或者发现的可能违反电话用户真实身份信息保护规定的行为的影响进行评估；影响特别重大的，相关省、自治区、直辖市通信管理局应当向工业和信息化部报告。电信管理机构在依据本规定作出处理决定前，可以要求电信业务经营者暂停有关行为，电信业务经营者应当执行。

第十四条 电信业务经营者委托他人代理电话入网手续、登记电话用户真实身份信息的，应当对代理人的用户真实身份信息登记和保护工作进行监督和管理，不得委托不符合本规定有关用户真实身份信息登记和保护要求的代理人代办相关手续。

第十五条 电信业务经营者应当对其电话用户真实身份信息登记和保护情况每年至少进行一次自查，并对其工作人员进行电话用户真实身份信息登记和保护相关知识、技能和安全责任培训。

第十六条 电信管理机构应当对电信业务经营者的电话用户真实身份信息登记和保护情况实施监督检查。电信管理机构实施监督检查时，可以要求电信业务经营者提供相关材料，进入其生产经营场所调查情况，电信业务经营者应当予以配合。

电信管理机构实施监督检查，应当记录监督检查的情况，不得妨碍电信业务经营者正常的经营或者服务活动，不得收取任何费用。

电信管理机构及其工作人员对在实施监督检查过程中知悉的电话用户真实身份信息应当予以保密，不得泄露、篡改或者毁损，不得出售或者非法向他人提供。

第十七条 电信业务经营者违反本规定第六条、第九条至第十五条的规定，或者不配合电信管理机构依照本规定开展的监督检查的，由电信管理机构依据职权责令限期改正，予以警告，可以并处一万元以上三万元以下罚款，向社会公告。其中，《中华人民共和国电信条例》规定法律责任的，依照其规定处理；构成犯罪的，依法追究刑事责任。

第十八条 用户以冒用、伪造、变造的证件办理入网手续的，电信业务经营者不得为其提供服务，并由相关部门依照《中华人民共和国居民身份证法》、《中华人民共和国治安管理处罚法》、《现役军人和人民武装警察居民身份证申领发放办法》等规定处理。

第十九条 电信管理机构工作人员在对电话用户真实身份信息登记工作实施监督管理的过程中玩忽职守、滥用职权、徇私舞弊的，依法给予处理；构成犯罪的，依法追究刑事责任。

第二十条 电信业务经营者应当通过电话、短信息、书面函件或者公告等形式告知用户并采取便利措施，为本规定施行前尚未提供真实身份信息或者所提供身份信息不全的电话用户补办登记手续。

电信业务经营者为电话用户补办登记手续，不得擅自加重用户责任。

电信业务经营者应当在向尚未提供真实身份信息的用户确认提供

服务时，要求用户提供真实身份信息。

第二十一条 本规定自2013年9月1日起施行。

电信设备进网管理办法（节录）

（2001年5月10日信息产业部令第11号公布 根据2014年9月23日《工业和信息化部关于废止和修改部分规章的决定》修正）

第一章 总 则

……

第二条 本办法所称电信设备是指电信终端设备、无线电通信设备和涉及网间互联的设备。

电信终端设备是指连接在公用电信网末端，为用户提供发送和接收信息功能的电信设备。

无线电通信设备是指连接在公用电信网上，以无线电为通信手段的电信设备。

涉及网间互联的设备是指涉及不同电信业务经营者的网络之间或者不同电信业务的网络之间互联互通的电信设备。

第三条 国家对接入公用电信网的电信终端设备、无线电通信设备和涉及网间互联的电信设备实行进网许可制度。

实行进网许可制度的电信设备必须获得工业和信息化部颁发的进网许可证；未获得进网许可证的，不得接入公用电信网使用和在国内销售。

第四条 实行进网许可制度的电信设备目录由工业和信息化部会同国务院产品质量监督部门制定和公布。

……

第三章　进网许可证和进网许可标志

第十五条　生产企业应当在其获得进网许可的电信设备上粘贴进网许可标志。进网许可标志由工业和信息化部统一印制和核发。进网许可标志属于质量标志。

未获得进网许可和进网许可证失效的电信设备上不得加贴进网许可标志。

第十六条　进网许可证和进网许可标志不得转让、涂改、伪造和冒用。

第十七条　进网许可证的有效期为3年。

生产企业需要继续生产和销售已获得进网许可的电信设备的，在进网许可证有效期届满前三个月，应当重新申请办理进网许可证，并附送一年内的送样检测报告或产品质量监督抽查报告，原证交回。

……

第四章　监督管理

第二十一条　工业和信息化部定期向社会公布获得进网许可证的电信设备和生产企业。

获得进网许可证的生产企业应当接受所在的省、自治区、直辖市通信管理局的监督管理。

任何单位不得对已获得进网许可证的电信设备进行重复检测、发证。

……

第二十五条　实行进网许可制度的电信设备未获得进网许可的，电信业务经营者不得使用。

……

第五章 罚 则

第二十八条 违反本办法规定，销售未获得进网许可的电信终端设备的，由省、自治区、直辖市通信管理局责令改正，并处1万元以上10万元以下罚款。

第二十九条 违反本办法规定，伪造、冒用、转让进网许可证，编造进网许可证编号或粘贴伪造的进网许可标志的，由工业和信息化部或者省、自治区、直辖市通信管理局没收违法所得，并处违法所得3倍以上5倍以下罚款；没有违法所得或者违法所得不足1万元的，处1万元以上10万元以下罚款。

……

第六章 附 则

……

第三十九条 本办法自发布之日起施行。1998年12月31日信息产业部发布的《电信设备进网审批管理办法》同时废止。

电信网码号资源管理办法（节录）

（2003年1月29日信息产业部令第28号公布 根据2014年9月23日《工业和信息化部关于废止和修改部分规章的决定》修正）

第一章 总 则

……

第二条 在中华人民共和国境内管理和使用电信网码号资源（以下简称码号资源），应当遵守本办法。

本办法所称码号资源，是指由数字、符号组成的用于实现电信功能的用户编号和网络编号。

……

第七条 电信主管部门管理的码号资源范围包括：

（一）固定电话网码号

1. 长途区号、网号、过网号和国际来话路由码；

2. 国际、国内长途字冠；

3. 本地网号码中的短号码、接入码、局号等；

4. 智能网业务等新业务号码。

（二）移动通信网码号

1. 数字蜂窝移动通信网的网号、归属位置识别码、短号码、接入码等；

2. 卫星移动通信网网号、归属位置识别码、短号码；

3. 标识不同运营者的代码。

（三）数据通信网码号

1. 数据网网号；

2. 网内紧急业务号码、网间互通号码；

3. 国际、国内呼叫前缀。

（四）信令点编码

1. 国际 No. 7 信令点编码；

2. 国内 No. 7 信令点编码。

工业和信息化部根据电信技术、业务和市场的发展需要，可以对码号资源的管理范围进行调整。

……

第二章 码号资源的申请与分配

第十一条 申请跨省、自治区、直辖市行政区域范围使用的码号，应当向工业和信息化部提出申请。

申请在省、自治区、直辖市行政区域范围内使用的码号，应当向当地省、自治区、直辖市通信管理局提出申请。

电信主管部门可以委托码号资源咨询受理机构承担码号资源申请的受理工作。

……

第三章　码号资源的使用

……

第二十二条　专用电信网单位使用本地网码号资源实行属地管理。对跨本地网的专用电信网，应根据所跨本地网的服务范围，分别使用所属本地网的码号资源；本地网内的专用电信网应使用所属本地网码号资源。

……

通信短信息服务管理规定（节录）

（2015 年 5 月 19 日工业和信息化部令第 31 号公布　自 2015 年 6 月 30 日起施行）

第一章　总　　则

……

第四条　提供、使用短信息服务的，应当遵守法律、行政法规和电信管理机构的相关规定，不得利用短信息服务从事违法活动。

……

第二章　短信息服务规范

第六条　经营短信息服务的，应当依法取得电信业务经营许可。

基础电信业务经营者不得为未取得电信业务经营许可的单位或者个人提供用于经营短信息服务的网络或者业务接入服务。

第七条　基础电信业务经营者应当准确记录接入其网络的短信息服务提供者的名称、接入代码和接入地点等信息。

第八条　短信息服务提供者应当制定短信息服务规则，并将与用户相关的内容通过服务合同或者入网协议等方式告知用户，不得利用格式条款侵犯用户合法权益。

……

第十条　短信息服务提供者发送短信息，应当将发送端电话号码或者代码一并发送，不得发送缺少发送端电话号码或者代码的短信息，不得发送含有虚假、冒用的发送端电话号码或者代码的短信息。

第十一条　短信息服务提供者应当在其服务系统中记录短信息发送和接收时间、发送端和接收端电话号码或者代码、用户订阅和退订情况等信息，端口类短信息还应当保存短信息内容。

前款规定的记录应当保存至少 5 个月，其中用户订阅和退订情况应当保存至短信息服务提供者与用户服务关系终止后 5 个月。

第十二条　短信息服务提供者提供端口类短信息服务，应当要求短信息内容提供者提供真实身份信息，并进行查验和登记。

第十三条　短信息服务提供者提供端口类短信息服务，应当按照电信管理机构批准的码号结构、位长、用途和使用范围使用端口号。未经电信管理机构批准，不得转让或者出租端口号。

第十四条　短信息服务提供者在业务活动中收集、使用用户个人信息，应当严格遵守有关法律法规的规定。

……

第十六条　短信息服务提供者、短信息内容提供者不得制作、复制、发布和传播含有《中华人民共和国电信条例》等法律法规规定的禁止性内容的短信息。

……

第三章 商业性短信息管理

第十八条 短信息服务提供者、短信息内容提供者未经用户同意或者请求，不得向其发送商业性短信息。用户同意后又明确表示拒绝接收商业性短信息的，应当停止向其发送。

短信息服务提供者、短信息内容提供者请求用户同意接收商业性短信息的，应当说明拟发送商业性短信息的类型、频次和期限等信息。用户未回复的，视为不同意接收。用户明确拒绝或者未回复的，不得再次向其发送内容相同或者相似的短信息。

基础电信业务经营者对通过其电信网发送端口类商业性短信息的，应当保证有关用户已经同意或者请求接收有关短信息。

第十九条 短信息服务提供者、短信息内容提供者用于发送业务管理和服务类短信息的端口，不得用于发送商业性短信息。

……

第二十一条 短信息服务提供者、短信息内容提供者向用户发送商业性短信息，应当在短信息中明确注明短信息内容提供者的名称。

第二十二条 短信息服务提供者应当建立短信息管理制度和预警监测机制，通过规范管理、技术手段和合同约定等措施，防范未经用户同意或者请求发送的商业性短信息。

第二十三条 基础电信业务经营者发现短信息服务提供者、短信息内容提供者违反本规定第十八条发送商业性短信息的，应当采取必要的措施暂停或者停止为其提供相关的电信资源，并保存有关记录。

……

第四章 用户投诉和举报

第二十五条 短信息服务提供者应当建立投诉处理机制，公布有效、便捷的联系方式，接受与短信息服务有关的投诉。

第二十六条 工业和信息化部委托 12321 网络不良与垃圾信息举报受理中心（以下简称举报中心）受理短信息服务举报。

第二十七条 用户认为其受到商业性短信息侵扰或者收到含有法律法规规定的禁止性内容的短信息的，可以向短信息服务提供者投诉或者向举报中心举报。

举报中心受理用户举报后，应当在 5 个工作日内转送短信息服务提供者处理。发现存在违法行为的，应当及时报告国家有关部门处理。

短信息服务提供者收到用户投诉或者举报中心转办的举报，经核实后应当及时采取有效手段，并在 15 个工作日内向投诉方或举报中心反馈处置结果。

第二十八条 短信息服务提供者发现被投诉或者举报的短信息明显含有本规定第十六条规定的内容的，应当立即停止发送，保存有关记录，并及时向国家有关机关报告；涉及本单位的，应当立即开展调查，采取有效的防范或者处理措施，并及时将调查结果报告电信管理机构。

第二十九条 用户与短信息服务提供者发生短信息服务争议的，可以依法向电信管理机构委托的电信用户申诉受理机构申诉。

……

第六章 法律责任

第三十三条 违反本规定第六条第一款、第十三条规定的，由电信管理机构依据《中华人民共和国电信条例》第六十九条规定处罚。

第三十四条 基础电信业务经营者、短信息服务提供者违反本规定第七条至第十二条、第十五条、第十八条至第二十一条、第二十七条第三款规定的，由电信管理机构依据职权责令限期改正，予以警告，可以并处一万元以上三万元以下罚款，向社会公告。

短信息内容提供者违反本规定第十八条至第二十一条规定的，由有关部门按照国家有关法律、行政法规予以处罚。

第三十五条 违反本规定第十六条规定的，依据《中华人民共和国电信条例》第六十六条规定处罚。

第三十六条 电信管理机构、举报中心工作人员在短信息服务监督管理工作中滥用职权、玩忽职守、徇私舞弊的，依法给予处理；构成犯罪的，依法追究刑事责任。

第七章 附 则

第三十七条 本规定下列用语的含义是：

（一）短信息服务，是指利用电信网向移动电话、固定电话等通信终端用户，提供有限长度的文字、数据、声音、图像等信息的电信业务。

（二）短信息服务提供者，是指提供短信息发送、存储、转发和接收等基础网络服务，以及利用基础网络设施和服务为其他组织和个人发送短信息提供平台的电信业务经营者（包含但不限于基础电信业务、增值电信业务中的信息服务业务和移动通信转售业务经营者）。

（三）短信息内容提供者，是指将其短信息通过短信息服务提供者发送的组织或者个人。

（四）端口类短信息，是指短信息服务提供者利用自有端口或者行业类应用端口发送的短信息。

（五）商业性短信息，是指用于介绍、推销商品、服务或者商业投资机会的短信息。

（六）公益性短信息，是指各级人民政府相关部门等单位向用户发送的，旨在服务社会公共利益，倡导社会公序良俗、预防或处置突发事件、提醒群众防灾避灾等非盈利性质的短信息。

第三十八条 利用互联网向固定电话、移动电话等通信终端用户提供文字、数据、声音、图像等具有短信息特征的信息递送类服务，参照本规定执行。依法需经有关主管部门审核同意的，应当经有关部门审核同意。

第三十九条 本规定自2015年6月30日起施行。

电信业务经营许可管理办法（节录）

（2017年7月3日工业和信息化部令第42号公布 自2017年9月1日起施行）

第一章 总 则

……

第三条 工业和信息化部和省、自治区、直辖市通信管理局（以下统称电信管理机构）是经营许可证的审批管理机构。

经营许可证审批管理应当遵循便民、高效、公开、公平、公正的原则。

工业和信息化部建立电信业务综合管理平台（以下简称管理平台），推进经营许可证的网上申请、审批和管理及相关信息公示、查询、共享，完善信用管理机制。

第四条 经营电信业务，应当依法取得电信管理机构颁发的经营许可证。

电信业务经营者在电信业务经营活动中，应当遵守经营许可证的规定，接受、配合电信管理机构的监督管理。

电信业务经营者按照经营许可证的规定经营电信业务受法律保护。

……

第三章 经营许可证的审批

第九条 经营许可证分为《基础电信业务经营许可证》和《增值电信业务经营许可证》两类。其中，《增值电信业务经营许可证》分为《跨地区增值电信业务经营许可证》和省、自治区、直辖市范围内的《增值电信业务经营许可证》。

《基础电信业务经营许可证》和《跨地区增值电信业务经营许可证》由工业和信息化部审批。省、自治区、直辖市范围内的《增值电信业务经营许可证》由省、自治区、直辖市通信管理局审批。

外商投资电信企业的经营许可证，由工业和信息化部根据《外商投资电信企业管理规定》审批。

……

第十四条 《基础电信业务经营许可证》的有效期，根据电信业务种类分为5年、10年。

《跨地区增值电信业务经营许可证》和省、自治区、直辖市范围内的《增值电信业务经营许可证》的有效期为5年。

……

第四章 经营许可证的使用

第十六条 电信业务经营者应当按照经营许可证所载明的电信业务种类，在规定的业务覆盖范围内，按照经营许可证的规定经营电信业务。

电信业务经营者应当在公司主要经营场所、网站主页、业务宣传材料等显著位置标明其经营许可证编号。

……

第十九条 任何单位和个人不得伪造、涂改、冒用和以任何方式转让经营许可证。

第五章　经营行为的规范

第二十条　基础电信业务经营者应当按照公开、平等的原则为取得经营许可证的电信业务经营者提供经营相关电信业务所需的电信服务和电信资源，不得为无经营许可证的单位或者个人提供用于经营电信业务的电信资源或者提供网络接入、业务接入服务。

……

第二十四条　提供接入服务的增值电信业务经营者应当遵守下列规定：

（一）应当租用取得相应经营许可证的基础电信业务经营者提供的电信服务或者电信资源从事业务经营活动，不得向其他从事接入服务的增值电信业务经营者转租所获得的电信服务或者电信资源；

（二）为用户办理接入服务手续时，应当要求用户提供真实身份信息并予以查验；

（三）不得为未依法取得经营许可证或者履行非经营性互联网信息服务备案手续的单位或者个人提供接入或者代收费等服务；

（四）按照电信管理机构的规定，建立相应的业务管理系统，并按要求实现同电信管理机构相应系统对接，定期报送有关业务管理信息；

（五）对所接入网站传播违法信息的行为进行监督，发现传播明显属于《中华人民共和国电信条例》第五十六条规定的信息的，应当立即停止接入和代收费等服务，保存有关记录，并向国家有关机关报告；

（六）按照电信管理机构的要求终止或者暂停对违法网站的接入服务。

第二十五条　电信管理机构建立电信业务市场监测制度。相关电信业务经营者应当按照规定向电信管理机构报送相应的监测信息。

第二十六条　电信业务经营者应当按照国家和电信管理机构的规定，明确相应的网络与信息安全管理机构和专职网络与信息安全管理人员，建立网络与信息安全保障、网络安全防护、违法信息监测处置、新业务安全评估、网络安全监测预警、突发事件应急处置、用户信息安全保护等制度，并具备相应的技术保障措施。

……

第八章 法律责任

第四十五条 隐瞒有关情况或者提供虚假材料申请电信业务经营许可的，电信管理机构不予受理或者不予行政许可，给予警告，申请人在一年内不得再次申请该行政许可。

以欺骗、贿赂等不正当手段取得电信业务经营许可的，电信管理机构撤销该行政许可，给予警告并直接列入电信业务经营失信名单，并视情节轻重处5000元以上3万元以下的罚款，申请人在三年内不得再次申请该行政许可；构成犯罪的，依法追究刑事责任。

第四十六条 违反本办法第十六条第一款、第二十八条第一款规定，擅自经营电信业务或者超范围经营电信业务的，依照《中华人民共和国电信条例》第六十九条规定予以处罚，其中情节严重、给予责令停业整顿处罚的，直接列入电信业务经营失信名单。

第四十七条 违反本办法第十九条规定的，依照《中华人民共和国电信条例》第六十八条规定予以处罚。

第四十八条 违反本办法第四条第二款、第二十条、第二十二条、第二十三条、第二十四条、第二十九条、第三十一条或者第三十五条第三款规定的，由电信管理机构责令改正，给予警告，可以并处5000元以上3万元以下的罚款。

《中华人民共和国网络安全法》《中华人民共和国电信条例》对前款规定的情形规定法律责任的，电信管理机构从其规定处理。

……

第五十条 电信管理机构的工作人员在经营许可证管理工作中，玩忽职守、滥用职权、徇私舞弊，构成犯罪的，移交司法机关依法追究刑事责任；尚不构成犯罪的，由所在单位或者上级主管部门依法给予处分。

第九章 附 则

……

第五十三条 本办法自2017年9月1日起施行。2009年3月5日公布的《电信业务经营许可管理办法》（工业和信息化部令第5号）同时废止。

最高人民法院、最高人民检察院、公安部、国家安全部关于依法办理非法生产销售使用“伪基站”设备案件的意见

（2014年3月14日 公通字〔2014〕13号）

各省、自治区、直辖市高级人民法院，人民检察院，公安厅、局，国家安全厅、局，新疆维吾尔自治区高级人民法院生产建设兵团分院，新疆生产建设兵团人民检察院、公安局、国家安全局：

近年来，各地非法生产、销售、使用“伪基站”设备违法犯罪活动日益猖獗，有的借以非法获取公民个人信息，有的非法经营广告业务，或者发送虚假广告，甚至实施诈骗等犯罪活动。“伪基站”设备是未取得电信设备进网许可和无线电发射设备型号核准的非法无线电通信设备，具有搜取手机用户信息，强行向不特定用户手机发送短信息等功能，使用过程中会非法占用公众移动通信频率，局部阻断公众移动通信网络信号。非法生产、销售、使用“伪基站”设备，不仅破坏正常电信秩序，影响电信运营商正常经营活动，危害公共安全，扰乱市场秩序，而且严重影响用户手机使用，损害公民财产权益，侵犯公民隐私，社会危害性严重。为依法办理非法生产、销售、使用“伪基站”设备案件，保障国家正常电信秩序，维护市场经济秩序，保护

公民合法权益，根据有关法律规定，制定本意见。

一、准确认定行为性质

（一）非法生产、销售“伪基站”设备，具有以下情形之一的，依照《刑法》第二百二十五条的规定，以非法经营罪追究刑事责任：

1. 个人非法生产、销售“伪基站”设备三套以上，或者非法经营数额五万元以上，或者违法所得数额二万元以上的；

2. 单位非法生产、销售“伪基站”设备十套以上，或者非法经营数额十五万元以上，或者违法所得数额五万元以上的；

3. 虽未达到上述数额标准，但两年内曾因非法生产、销售“伪基站”设备受过两次以上行政处罚，又非法生产、销售“伪基站”设备的。

实施前款规定的行为，数量、数额达到前款规定的数量、数额五倍以上的，应当认定为《刑法》第二百二十五条规定的“情节特别严重”。

非法生产、销售“伪基站”设备，经鉴定为专用间谍器材的，依照《刑法》第二百八十三条的规定，以非法生产、销售间谍专用器材罪追究刑事责任；同时构成非法经营罪的，以非法经营罪追究刑事责任。

（二）非法使用“伪基站”设备干扰公用电信网络信号，危害公共安全的，依照《刑法》第一百二十四条第一款的规定，以破坏公用电信设施罪追究刑事责任；同时构成虚假广告罪、非法获取公民个人信息罪、破坏计算机信息系统罪、扰乱无线电通讯管理秩序罪的，依照处罚较重的规定追究刑事责任。

除法律、司法解释另有规定外，利用“伪基站”设备实施诈骗等其他犯罪行为，同时构成破坏公用电信设施罪的，依照处罚较重的规定追究刑事责任。

（三）明知他人实施非法生产、销售“伪基站”设备，或者非法使用“伪基站”设备干扰公用电信网络信号等犯罪，为其提供资金、场所、技术、设备等帮助的，以共同犯罪论处。

（四）对于非法使用“伪基站”设备扰乱公共秩序，侵犯他人人身权利、财产权利，情节较轻，尚不构成犯罪，但构成违反治安管理行为的，依法予以治安管理处罚。

二、严格贯彻宽严相济刑事政策

对犯罪嫌疑人、被告人的处理，应当结合其主观恶性大小、行为危害程度以及在案件中所起的作用等因素，切实做到区别对待。对组织指挥、实施非法生产、销售、使用“伪基站”设备的首要分子、积极参加的犯罪分子，以及曾因非法生产、销售、使用“伪基站”设备受到行政处罚或者刑事处罚，又实施非法生产、销售、使用“伪基站”设备的犯罪分子，应当作为打击重点依法予以严惩；对具有自首、立功、从犯等法定情节的犯罪分子，可以依法从宽处理。对情节显著轻微、危害不大的，依法不作为犯罪处理。

三、合理确定管辖

（一）案件一般由犯罪地公安机关管辖，犯罪嫌疑人居住地公安机关管辖更为适宜的，也可以由犯罪嫌疑人居住地公安机关管辖。对案件管辖有争议的，可以由共同的上级公安机关指定管辖；情况特殊的，上级公安机关可以指定其他公安机关管辖。

（二）上级公安机关指定下级公安机关立案侦查的案件，需要逮捕犯罪嫌疑人的，由侦查该案件的公安机关提请同级人民检察院审查批准，人民检察院应当依法作出批准逮捕或者不批准逮捕的决定；需要移送审查起诉的，由侦查该案件的公安机关移送同级人民检察院审查起诉。

（三）人民检察院对于审查起诉的案件，按照《刑事诉讼法》的管辖规定，认为应当由上级人民检察院或者同级其他人民检察院起诉的，将案件移送有管辖权的人民检察院，或者报上级检察机关指定管辖。

（四）符合最高人民法院、最高人民检察院、公安部、国家安全部、司法部、全国人大法工委《关于实施刑事诉讼法若干问题的规定》有关并案处理规定的，人民法院、人民检察院、公安机关可以在职责范围内并案处理。

四、加强协作配合

人民法院、人民检察院、公安机关、国家安全机关要认真履行职责，加强协调配合，形成工作合力。国家安全机关要依法做好相关鉴定工作；公安机关要全面收集证据，特别是注意做好相关电子数据的收集、固定工作，对疑难、复杂案件，及时向人民检察院、人民法院通报情况，对已经提请批准逮捕的案件，积极跟进、配合人民检察院的审查批捕工作，认真听取意见；人民检察院对于公安机关提请批准逮捕、移送审查起诉的案件，符合批捕、起诉条件的，应当依法尽快予以批捕、起诉；人民法院应当加强审判力量，制订庭审预案，并依法及时审结。

禁止非法生产销售使用窃听窃照专用器材和“伪基站”设备的规定

（2014年12月23日国家工商行政管理总局、公安部、国家质量监督检验检疫总局令第72号公布　自公布之日起30日后施行）

第一条　为制止和打击非法生产、销售、使用窃听窃照专用器材和“伪基站”设备的违法犯罪行为，维护国家安全、公共安全和社会秩序，保障公民人身财产安全，制定本规定。

第二条　禁止自然人、法人及其他组织非法生产、销售、使用窃听窃照专用器材和“伪基站”设备。

第三条　本规定所称窃听专用器材，是指以伪装或者隐蔽方式使用，经公安机关依法进行技术检测后作出认定性结论，有以下情形之一的：

（一）具有无线发射、接收语音信号功能的发射、接收器材；

（二）微型语音信号拾取或者录制设备；

（三）能够获取无线通信信息的电子接收器材；

（四）利用搭接、感应等方式获取通讯线路信息的器材；

（五）利用固体传声、光纤、微波、激光、红外线等技术获取语音信息的器材；

（六）可遥控语音接收器件或者电子设备中的语音接收功能，获取相关语音信息，且无明显提示的器材（含软件）；

（七）其他具有窃听功能的器材。

第四条 本规定所称窃照专用器材，是指以伪装或者隐蔽方式使用，经公安机关依法进行技术检测后作出认定性结论，有以下情形之一的：

（一）具有无线发射功能的照相、摄像器材；

（二）微型针孔式摄像装置以及使用微型针孔式摄像装置的照相、摄像器材；

（三）取消正常取景器和回放显示器的微小相机和摄像机；

（四）利用搭接、感应等方式获取图像信息的器材；

（五）可遥控照相、摄像器件或者电子设备中的照相、摄像功能，获取相关图像信息，且无明显提示的器材（含软件）；

（六）其他具有窃照功能的器材。

第五条 本规定所称“伪基站”设备，是指未取得电信设备进网许可和无线电发射设备型号核准，具有搜取手机用户信息，强行向不特定用户手机发送短信息等功能，使用过程中会非法占用公众移动通信频率，局部阻断公众移动通信网络信号，经公安机关依法认定的非法无线电通信设备。

第六条 公安机关、工商行政管理部门和质量技术监督部门按照职责分工，依法查处非法生产、销售、使用窃听窃照专用器材和“伪基站”设备行为。其他有关部门依法查处与非法生产、销售、使用窃听窃照专用器材和“伪基站”设备有关的行为。

法律、法规对查处非法生产、销售、使用窃听窃照专用器材和“伪基站”设备另有规定的，依照其规定。

第七条 公安机关负责对窃听窃照专用器材、“伪基站”设备的认定工作。

质量技术监督部门、工商行政管理部门在执法检查中，发现涉嫌非法生产、销售窃听窃照专用器材、“伪基站”设备的，应当及时将有关器材、设备送当地公安机关认定，公安机关应当在7日内出具认定结论。工商行政管理部门、质量技术监督部门应当依据公安机关出具的认定结论，对不构成犯罪的非法生产、销售窃听窃照专用器材和“伪基站”设备行为以及为非法销售窃听窃照专用器材和“伪基站”设备提供广告设计制作、代理、发布的行为依法予以处理。

第八条 非法生产窃听窃照专用器材、“伪基站”设备，不构成犯罪的，由质量技术监督部门责令停止生产，处以3万元以下罚款。

第九条 非法销售窃听窃照专用器材、“伪基站”设备，不构成犯罪的，由工商行政管理部门责令停止销售，处以3万元以下罚款。

第十条 为非法销售窃听窃照专用器材、“伪基站”设备提供广告设计、制作、代理、发布，不构成犯罪的，由工商行政管理部门对广告经营者、广告发布者处以3万元以下罚款。

第十一条 对非法使用窃听窃照专用器材、“伪基站”设备行为，不构成犯罪的，由公安机关责令停止使用。对从事非经营活动的，处1000元以下罚款。对从事经营活动，有违法所得的，处违法所得3倍以下罚款，最高不得超过3万元；没有违法所得的，处1万元以下罚款。

第十二条 有关部门对非法销售窃听窃照专用器材、“伪基站”设备和发布相关违法广告作出行政处罚或者追究刑事责任后，可以提请通信监管部门对相关网站及时依法查处。

第十三条 质量技术监督部门、工商行政管理部门对两年内因非法生产、销售窃听窃照专用器材、“伪基站”设备受过两次以上行政处罚，又涉嫌非法生产、销售的，直接移送公安机关。

第十四条 公安机关、工商行政管理部门和质量技术监督部门查处案件过程中，需要征求有关部门意见的，应当征求有关部门意见；对发现不属于本部门职能的案件线索，应当及时向有关部门通报。

第十五条 在查处涉嫌非法生产、销售、使用窃听窃照专用器材和“伪基站”设备的违法犯罪行为时，对以暴力、威胁等方法阻碍国家机关工作人员执行公务的，由公安机关依法予以查处；构成犯罪的，依法追究刑事责任。

第十六条 公安机关、工商行政管理和质量技术监督等部门的工作人员，在查处案件过程中滥用职权、玩忽职守、徇私舞弊的，依法依纪追究责任；构成犯罪的，依法追究刑事责任。

第十七条 本规定由国家工商行政管理总局、公安部、国家质量监督检验检疫总局负责解释。

第十八条 本规定自公布之日起30日后施行。

工业和信息化部关于进一步落实网站备案信息真实性核验工作方案（试行）

（2010年2月8日 工信部电管函〔2010〕64号）

为切实保证网站备案信息的真实性，落实《工业和信息化部关于进一步深入整治手机淫秽色情专项行动工作方案》中的要求："基础电信企业和各接入服务商在向通信管理局提交网站申请备案之前，要对主办者身份信息当面核验、留存有效证件复印件，要对网站主体信息、联系方式和接入信息等进行审查"。依据《互联网信息服务管理办法》（国务院令第292号）、《非经营性互联网信息服务备案管理办法》（信息产业部令第33号）的相关规定，制定网站备案信息真实性核验工作方案。

一、核验内容

接入服务单位根据相关网站的委托代为履行备案、备案变更等手续时，应对网站主办者提交的主体信息、联系方式、网站信息，以及本单位提交的接入信息的真实性进行核验。

1. 网站主办者（主体）信息

网站主办者是指互联网信息服务提供者，包括单位和个人两类。

（1）网站主办者为单位，核验证件为：

如网站主办者为机关、事业单位、社会团体，组织机构代码证书原件为核验其单位资质的第一证件，在没有组织机构代码证书的情况下，可核验事业法人证书或社团法人证书等原件。

如网站主办者为企业，核验工商营业执照或组织机构代码证书等原件。

如网站主办者为军队，核验军队代号证书原件。

网站负责人的个人证件：如网站负责人为中国公民，身份证原件为核验其身份的第一证件，在没有身份证的情况下，可核验户口簿、军官证、台胞证等原件；如网站负责人非中国公民，则核验其护照原件。

(2) 网站主办者为个人，核验证件为：

如网站主办者为中国公民，身份证原件为核验其身份的第一证件，在没有身份证的情况下，可核验户口簿、军官证、台胞证等原件。

如网站主办者非中国公民，则核验其护照原件。

(3) 网站负责人的定义：若网站主办者为单位，网站负责人是指法定代表人或单位委派具体负责网站的部门负责人；若网站主办者为个人，网站负责人为其本人。

2. 联系方式

如网站主办者为单位，联系方式是指网站负责人手机号码、办公电话、电子邮箱、通信地址；如网站主办者为个人，联系方式是指网站负责人手机号码、办公电话或住宅电话、电子邮箱、通信地址。

3. 网站信息

网站名称、网站域名、涉及需前置审批或专项审批内容、网站服务内容/项目。

4. 接入信息

接入服务提供者名称、接入方式、服务器放置地点、网站 IP 地址。

二、核验、审核、核查规程

(一) 备案信息真实性责任主体

接入服务单位根据相关网站的委托代为履行备案、备案变更等手续时，核验主体为接入服务单位，包括：基础电信企业省分公司（含市、县级分公司)、互联网接入服务单位（IDC、ISP)、公益性互联单位等。

审核主体为各省、自治区、直辖市通信管理局。

核查主体为工业和信息化部（委托国家互联网备案管理支撑中心，

以下简称“备案中心”）。

（二）备案信息真实性核验、审核、核查规程

网站备案信息真实性核验、审核工作流程图见附件。

1. 接入服务单位网站备案核验规程

（1）网站主办者登录接入服务单位备案系统录入网站备案信息。

（2）接入服务单位受理网站主办者提交信息后，对主体信息、联系方式等信息进行预核验：初步判定主体信息是否真实，通过电话、邮件等途径核验联系方式是否正确。预核验后，接入服务单位应向网站主办者发送现场核验通知或信息退回的短信提示：“您提交的网站备案信息已通过预核验，请在1个月内由网站负责人本人携带有关证件原件到我单位备案现场办理核验手续”或“您提交的网站备案信息未通过预核验，请修改后重新提交”。预核验工作必须在主办者提交备案信息后5个工作日内完成。

（3）网站主办者接到通知后，由网站负责人本人携带核验所需证件原件、材料到接入服务单位备案现场办理核验手续。

（4）接入服务单位在本单位备案现场采集并留存网站负责人彩色正面免冠照（电子照片规格：800×600像素）。备案中心统一制作、提供带有标识的幕布作为拍照背景，照片应显示拍照时间和背景标识。

（5）接入服务单位备案人员利用公安、质检、工商等相关部门提供的居民身份证、组织机构代码证、工商营业执照等信息源，核验网站主办者提供证件原件的真实性。同时通过网站负责人身份证原件核验身份证与当事人是否一致。核验无误，留存身份证明和单位有效证件复印件。

接入服务单位备案人员登录本单位备案系统，依据证件原件内容对网站主办者网上提交的主体信息进行核验：核验证件持有者、证件类型、证件内容与备案系统中录入的网站备案信息是否完全一致，不一致不予受理；依据网站主办者提交的域名证书或域名注册机构网站公共查询信息，核验网站域名所有者与网站主办者身份的一致性，不一致不予受理；依据本单位对网站的实际接入情况，准确录入网站备

案接入信息各项内容。

（6）若核验无误，接入服务单位备案人员填写统一格式的《网站备案信息真实性核验单》（备案中心负责制订《网站备案信息真实性核验单》格式）；若发现备案信息有误，现场核实修改，并在《网站备案信息真实性核验单》中进行记录。《网站备案信息真实性核验单》一式两份：一份接入服务单位留存，一份上报网站主体所在地通信管理局，加盖接入服务单位公章。网站主办者和接入服务单位同时签订信息安全管理协议书。

（7）在确认备案信息全部核验无误后，接入服务单位通过本单位备案系统向主体所在地通信管理局备案系统提交网站备案信息，并提交《网站备案信息真实性核验单》纸制原件、传真件或电子扫描件。

2. 省通信管理局审核规程

各省、自治区、直辖市通信管理局登录省局备案系统，在二十个工作日内对接入服务单位提交备案信息进行审核。审核合格下发网站备案号，接入服务单位实施网站接入；不合格将备案信息退回接入服务单位系统，由接入服务单位重新核验。

3. 备案中心核查规程

（1）备案中心受工业和信息化部委托，建设网站备案信息校验平台，对各通信管理局提交网站备案信息中的身份证信息进行全量自动核查。结合人工电话抽查，每月对备案系统提交的网站备案信息进行准确性核查和抽样评估并反馈情况。

（2）备案中心每季度对部备案系统中存量网站备案信息准确率、备案率分省分接入商进行核查和抽样评估并反馈情况。

三、工作要求

（一）接入服务单位核验工作要求

1. 组织保障和制度完善要求

各接入服务单位应在 2010 年 2 月底前设立现场核验网站备案信息部门，专门负责网站备案信息真实性核验工作，并实行单位领导负责制。应建立本单位的备案业务规范，备案工作考核制度。明确备案人员的工作责任，对备案人员业务能力实行年度考核，将日常备案工作质量作为考核的重要指标。

各接入服务单位应在2010年3月底前正式实施网站备案信息当面核验，并将工作开展情况报许可证发证机关和单位注册所在地通信管理局。

基础电信企业应在2010年4月份对租用本单位电信资源从事接入业务的接入服务单位是否设立当面核验人员、履行当面核验备案信息的情况进行检查，对未履行当面核验责任的，不得为其提供电信资源。

2. 业务明示要求

接入服务单位在业务经营中应向网站主办者明示开办网站要依法办理备案手续、网站备案流程、需提供的证件、材料清单及网站备案有关注意事项。

3. 业务合同内容要求

接入服务单位应在与网站主办者签订业务合同中，明文要求："依据《非经营性互联网备案管理办法》第二十三条规定，如备案信息不真实，将关闭网站并注销备案。请您承诺并确认：您提交的所有备案信息真实有效，当您的备案信息发生变化时请及时到备案系统中提交更新信息，如因未及时更新而导致备案信息不准确，我公司有权依法对接入网站进行关闭处理。"双方签字、单位盖章确认。

4. 信息安全管理责任要求

接入服务单位建立网站主办者资料档案，妥善保管核验过程中获取的网站主办者证件信息、照片信息、《网站备案信息真实性核验单》、与网站主办者签署的各项协议，保证信息不泄露，承担对网站主办者提交材料的信息安全保密管理责任。上述资料至少留存5年以上，以备通信行业主管部门依法进行检查。

5. 网站备案信息更新要求

接入服务单位应做好日常回访核查工作，确保网站备案信息变更后，网站主办者及时更新主体信息、联系方式、网站信息。同时接入服务单位应根据网站接入变化情况，及时更新接入信息，并配合主管部门做好网站备案信息真实性核查工作。因未开展日常回访核查工作导致接入网站备案信息不准确的接入服务单位，主管部门依法对其进行处罚。

6. 存量网站备案信息核验要求

对备案信息真实性当面核验工作正式启动前接入的网站，各接入服务单位要在2010年2月底前制定备案信息真实性核验工作详细计划，报许可证发证机关和单位注册所在地通信管理局，并在2010年9月底前完成全部网站的备案信息真实性核验。

（二）省通信管理局审核工作要求

1. 做好日常审核工作

各通信管理局应做好日常网站备案信息真实性审核工作，保证对重点信息（营业执照、身份证等）的逐一细致审核。二期备案系统升级改造后可由各通信管理局审核人员用口令登录接入服务单位系统抽检审核证件原件，同时检查接入服务单位上交的《网站备案信息真实性核验单》。

2. 检查“当面核验”工作开展情况

各通信管理局对接入服务单位当面核验网站备案信息的部门设立和工作制度完善情况进行指导和检查。根据接入服务单位保存的真实性核验证明材料，对接入服务单位“当面核验”工作的开展情况、接入服务单位提交备案信息的准确性进行定期检查或不定期抽查，对发现未执行“当面核验”或提供虚假信息的，应严肃处理。同时将日常检查考核结果作为许可证年检重要参考。

（三）备案中心核查工作要求

1. 新增网站备案信息核查

备案中心每月对新提交的网站备案信息进行准确性抽查。对备案主体信息中身份证、组织机构代码证等信息进行重点抽查核查。

2. 存量网站备案信息核查

备案中心按季度对系统存量网站备案信息进行准确性核查，对各接入服务单位真实性核验网站备案信息工作开展情况、完成进度、工作质量进行核查和抽查评估。

3. 制定核查标准和监督评估办法

备案中心根据工业和信息化部的委托，适时制订、细化、完善网站备案信息核查标准和监督评估办法，并向各通信管理局、接入服务单位发布。

4. 加强对工作开展情况的督导、统计

备案中心根据工业和信息化部的委托，对各单位落实网站备案信息真实性核验工作开展情况进行指导帮助和监督评估。加强对各单位落实网站备案信息真实性核验工作情况的分类统计，开展对各地通信管理局行政处罚情况汇总等工作。

5. 开展网站备案业务培训

备案中心根据工业和信息化部的委托，编写、制订网站备案培训资料，组织开展面向各接入服务单位的全国性网站备案培训工作，对应掌握的网站备案相关政策法规、业务知识进行统一讲解。

四、问责

各省、自治区、直辖市通信管理局根据属地化管理原则，对未按《工业和信息化部关于进一步深入整治手机淫秽色情专项行动工作方案》中提出的“对网站主办者身份信息当面核验、留存有效证件复印件”要求开展工作，未认真开展网站备案信息真实性核验工作，提交不真实网站备案信息的接入服务单位，依据《非经营性互联网信息服务备案管理办法》第十条和第二十四条的规定依法处罚，责令限期改正。

工业和信息化部关于进一步做好防范打击通讯信息诈骗相关工作的通知

（2015年　工信部网安函〔2015〕601号）

各省、自治区、直辖市通信管理局，各省、自治区、直辖市无线电管理机构，中国信息通信研究院、国家计算机网络应急技术处理协调中心、国家无线电监测中心、人民邮电报社、中国互联网协会，各基础电信企业、移动通信转售企业、相关增值电信服务企业：

为切实保障正常通信秩序，保护人民群众合法权益，维护社会和谐稳定，进一步防范与打击不法分子利用通信网络实施通讯信息诈骗等违法犯罪活动，现将我部前期开展的“综合治理不良网络信息 防范打击通讯信息诈骗行动”延期至2016年4月30日。同时，结合国务院打击治理电信网络新型违法犯罪工作部际联席会议办公室（以下简称部际联席会议办公室）近期开展的打击治理电信网络新型违法犯罪专项行动涉及通信行业的有关工作任务和要求，现就进一步做好防范打击通讯信息诈骗等有关工作通知如下：

一、工作目标

认真贯彻落实国务院相关工作部署和要求，按照“突出重点、技管结合、落实责任、标本兼治”的总体思路，针对重点电信业务中存在的违规出租、违规使用、违规经营、主叫号码传送不规范等问题，突出抓好重点电信业务清理规范，大力加强技术防范管控力度，强化社会监督举报受理，严肃查处违法违规行为，加大工作监督检查与责任考核力度，完善固化相关工作机制，着力实现企业网络与信息安全责任落实到位、重点电信业务经营秩序有效规范、通讯信息诈骗传播渠道有力遏制、违法违规行为得到坚决惩处。

二、主要任务和工作措施

（一）整顿规范重点电信业务经营秩序

1. 严格规范语音专线出租业务。一是各基础电信企业要进一步健全语音专线用户资质审查和业务出租审批制度，坚决杜绝无审查、审批出租语音专线，严禁向个人出租语音专线，严禁无呼叫中心业务经营许可资质的企业租用语音专线经营呼叫中心业务。强化业务出租合同的责任约束，合同中必须明示允许传送的真实有效主叫号码或号段。二是各基础电信企业集团公司要全面落实语音专线出租备案与检查制度，要求所属各级企业认真填报出租专线的客户资质、使用用途、线路类型、接入位置、对端接入设备类型、允许传送的主叫号码等信息，并定期抽查复核。

2. 切实规范“一号通”、“400”、商务总机业务。各基础电信企业要严格落实上述电信业务实名登记制度，加强用户登记信息核实，严禁向个人用户提供“400”、商务总机业务，“400”、商务总机业务真实落地号码必须为申请单位实名办理的电话号码。对用户资质发生变化的，要建立复核制度，及时更新登记信息。在同一基础电信企业全国范围内申请多个“一号通”、“400”、商务总机业务号码的，要从严审核，加强监管。

3. 加强电话用户实名登记。各单位要继续深入贯彻落实《电话“黑卡”治理专项行动工作方案》（工信部联保〔2014〕570 号，以下简称“570 号文”）部署，加大对违规批量办理、非实名办理电话卡行为的整治力度，对未实名登记用户，基础电信企业和移动通信转售业务经营者要采取有力措施加快推进完成实名补登。同时，各基础电信企业要加大力度，全面清理解决网络宽带地址虚假登记问题。

4. 从严管理社会营销渠道。一是各基础电信企业要严格执行社会营销渠道代理资质审核制度，加强代理行为监管，严禁社会营销渠道转租转售语音专线、“一号通”、“400”、商务总机业务。二是今后涉及语音专线、“一号通”、“400”、商务总机业务的用户资质审核、实名认证、签约开户、投诉复核等环节均须由基础电信企业负责，并承担管理责任。

（二）坚决遏制虚假主叫传输与改号软件传播

1. 严格规范国际通信业务出入口局主叫号码传送。各基础电信企业集团公司要认真对照《网间主叫号码的传送》等技术标准以及《关于加强国际来话中“+86”主叫号码传送管理的通知》（工信部电管函〔2013〕248 号）要求，全面开展自查整改，全面落实“+86”国际虚假主叫拦截，严格规范国际主叫号码传送。对公安部核实并书面通报的涉嫌通讯信息诈骗的国际来话虚假主叫号码，由各基础电信企业集团公司在国际通信业务出入口局列入黑名单进行拦截。

2. 全面实施语音专线主叫鉴权。各基础电信企业集团公司要组织所属省、市、县三级基础电信企业，加快完成老旧设备改造，全面落实语音专线主叫鉴权机制，对未鉴权的主叫呼叫一律进行拦截，除特殊用户外，不得传输主叫号码为空号以及设置主叫号码禁显的呼叫，坚决遏制虚假改号呼叫通过语音专线落地传输问题。

3. 加大网内和网间虚假主叫发现与拦截力度。各基础电信企业要建立必要的网内技术监测手段，对发现的虚假改号呼叫，固定证据后进行技术拦截。加强协同配合，建立健全网间虚假号码呼叫的联动处置机制。

4. 集中清理改号软件。提供搜索引擎、电商平台、应用商店、社交网络等服务的相关增值电信服务企业，加大清理力度，通过关键词屏蔽、APP 下架等方式，斩断改号软件的网上发布、搜索、传播、销售、宣传渠道。中国互联网协会要充分发挥行业自律组织优势，加强对改号软件的社会举报受理，组织、督促应用商店及时下架。

（三）大力加强技术防范管控工作

1. 建设防范打击通讯信息诈骗业务管理系统。各基础电信企业集团公司要组织建立防范打击通讯信息诈骗业务管理系统，对语音专线、“一号通”、“400”、商务总机等重点电信业务的开办信息进行登记、报备、审核、复查，对业务监督检查、责任追究和考核等情况予以记录和备案。

2. 推动本地电信网防诈骗技术手段建设。各通信管理局、国家计算机网络应急技术处理协调中心要加强与当地相关部门的协调配合，组织基础电信企业积极推进电信网通讯信息诈骗技术防范手段建设。

3. 提升用户终端安全防护能力。一是中国互联网协会牵头，组织规范开发与推广手机客户端来电安全防护类应用，提升手机客户端来电安全防护能力。同时，整合手机安全厂商相关数据资源，实现资源共享与防控联动。二是各基础电信企业集团公司要有效整合内外部资源，向用户免费提供涉嫌通讯信息诈骗来电号码提示服务。

4. 加强相关技术手段研发与规范管理。国家计算机网络应急技术处理协调中心要充分发挥技术优势，支撑我部做好通讯信息诈骗防范手段的技术研发、标准制定、规划建设与规范使用，提升对各类通讯信息诈骗的综合技术防范能力。

（四）依法严厉查处违法违规行为

1. 依法查处违法违规经营电信业务行为。对各单位工作中主动发现的或社会举报的涉嫌违法违规经营国际电信业务、经营 IP 电话平台、提供 IP 电话落地及网络改号服务、经营呼叫中心业务等线索，相关省级通信管理局要牵头组织各基础电信企业依法依规严肃查处，并列入违法违规电信业务经营者黑名单，涉嫌违法犯罪的通报公安机关落地查人，形成震慑效应。

2. 严厉整顿重点地区突出问题。对河北丰宁、广西宾阳、广东电白、广东茂名、海南儋州等通讯信息诈骗犯罪活动严重的重点地区，相关省级通信管理局、各基础电信企业集团公司要分别牵头，组织上述地区基础电信企业开展专项整治，针对语音专线、有线宽带、“400”等重点电信业务以及电话卡、上网卡实名登记使用情况等，逐一梳理，重拳出击，从严整顿规范电信业务经营秩序，严查严打违法违规业务行为，并通报公安机关落地查人。

3. 积极配合公安机关做好打击查处工作。各通信管理局要加强与当地公安机关的协调配合，按照相关政策与要求，依法依规配合公安机关做好涉嫌通讯信息诈骗等电信网络新型违法犯罪的号码关停、涉案线索快速查询和调查取证等工作。专项行动期间，对公安机关发现、核实并书面通报的涉嫌通讯信息诈骗等电信网络新型违法犯罪号码，比照 570 号文中关于码号关停的工作机制执行。

4. 严打“伪基站”和“黑广播”。各地无线电管理机构要充分发挥无线电监测手段的重要作用，积极配合公安、广电、工商等部门，联合开展打击治理非法生产、销售和使用“伪基站”、“黑广播”等无线电发射设备的违法犯罪行为。

（五）强化工作督查与责任考核

1. 依托用户举报数据开展重点督查。中国互联网协会每月收集汇总用户举报数量大的涉嫌通讯信息诈骗的电话号码，通报各基础电信企业集团公司彻查违规行为源头。各基础电信企业集团公司要对发现的问题，纳入企业绩效考核，敦促相关省级公司严格整改，并严肃追究涉及违法违规的人员责任，构成犯罪的，依法移交司法机关追究刑事责任。各基础电信企业集团公司要将核查整改结果及时报我部。

2. 加强基础电信企业网络信息安全责任考核。以部际联席会议办公室通报的涉及各基础电信企业违法违规案件数量和案件性质、以及在行业管理中发现查实的涉及各基础电信企业的违法违规行为作为重要考核指标，将防范打击通讯信息诈骗专项工作作为重要考核内容，纳入省级基础电信企业网络与信息安全责任考核。我部将定期汇总分析相关情况并书面通报各基础电信企业集团公司和各通信管理局，依据违法违规行为严重程度严格扣分。中国信息通信研究院做好支撑。

3. 强化自查自纠与监督检查。各基础电信企业、移动通信转售业务经营者要进一步完善自查自纠工作机制，明确自查重点与标准要求，针对重点电信业务、关键业务环节和突出问题全面开展深入自查与集中整治，不留死角。各通信管理局、各基础电信企业集团公司分别牵头，突出问题导向，定期开展全面检查和专项检查，检查结果作为省级基础电信企业网络与信息安全责任考核重要依据。

4. 加大处罚力度。对上述工作中发现存在违法违规行为的企业，将依法约谈，督促限期整改，对于违规行为较为严重的或者整改不力的，将依法从严处罚。

（六）加强社会监督举报与宣传引导

1. 畅通社会监督举报渠道。中国互联网协会、各基础电信企业集团公司、移动通信转售业务经营者要加强社会举报渠道建设与对外宣传，进一步完善举报受理工作机制，设立通讯信息诈骗举报专区，加大举报受理力度，及时对举报投诉予以有效处理和反馈，自觉接受用户监督。

2. 加强公众教育与宣传引导。一是各单位要建立宣传机制，及时向社会发布专项行动工作进展，积极营造良好社会舆论环境。人民邮电报社做好支撑配合。二是各基础电信企业、移动通信转售业务经营者要及时通过手机短彩信向用户发送防范通讯信息诈骗预警类、提醒类信息，并综合利用营业厅以及网站、微博、微信等载体，通过制作播放视频材料、悬挂警示标语、张贴防范提示、发放宣传资料等方式，深入开展经常性防范宣传教育活动，提高人民群众防范通讯信息诈骗的意识与能力。三是中国互联网协会要组织重点互联网企业，在相关网站显要位置建立专题或专栏，集中开展宣传教育活动。

三、工作要求

（一）提高认识，加强领导，强化责任担当。防范打击通讯信息诈骗等电信网络新型违法犯罪工作事关广大人民群众根本利益，事关通信行业社会形象与公信力，是落实行业法律责任和社会责任的根本要求。各单位要充分认识到这项工作的重要意义，进一步增强大局意识和责任意识，加强组织领导，统筹工作部署，严格责任落实。我部成立防范打击通讯信息诈骗专项工作领导小组，与各基础电信企业集团公司等相关单位建立防范打击通讯信息诈骗工作协调机制，统筹推进全国防范打击通讯信息诈骗工作。各通信管理局、各基础电信企业集团公司要牵头成立本地区、本企业防范打击通讯信息诈骗工作领导小组和办公室，确保各项工作任务落到实处。

（二）突出重点，狠抓落实，确保工作成效。各单位要紧紧围绕制度完善、手段建设、业务整顿、监督检查和责任追究等重点环节，进一步细化工作方案与措施，确保每项工作都有具体责任部门与责任人、有时间表和路线图，形成管理闭环，加强联动配合，切实提高防范打击通讯信息诈骗源头监管与治理能力。各基础电信企业要针对各项重点电信业务建立完善全要素、全覆盖的管理制度规范，每项制度内容都要有具体要求，有培训、有检查、有考核、有追责，完善业务流程，提高内控水平。涉及企业内部自建技术手段的，各基础电信企业要加快项目审批和建设进度，并向企业网络信息安全部门开放监督管理权限；涉及通信主管部门牵头建设的技术手段，相关企业要积极配合。

（三）密切联系，强化协同，形成工作合力。各单位要完善信息通报与沟通反馈机制，每月定期向我部书面报告相关工作开展情况，各基础电信企业集团公司主要报告内容应包括查处违规出租电信线路、拦截非法主叫号码、查处违规非实名办理电话卡和上网卡、依法关停涉案违法号码、查处违规行为和违规人员等情况与数量。各通信管理局要认真落实属地监管责任，加大对本地区防范打击通讯信息诈骗工作的组织协调与推进力度，加强与公安机关的沟通协调，提高工作主动性与有效性。遇重大问题及时报我部。

（四）总结经验，持之以恒，形成长效机制。专项行动结束后，各单位要在已有工作基础上，及时总结经验，查堵漏洞，进一步细化工作举措，狠抓工作责任落实，将行之有效的治理措施形成管理制度，建立健全长效工作机制，持续保持对通讯信息诈骗的高压打击态势，巩固工作成效。

工业和信息化部关于进一步防范和打击通讯信息诈骗工作的实施意见

（2016年11月7日 工信部网安函〔2016〕452号）

为坚决贯彻党中央、国务院近期系列决策部署，细化落实工业和信息化部等六部门《关于防范和打击电信网络诈骗犯罪的通告》要求，有效防范和打击通讯信息诈骗，切实保障正常通信秩序，保护用户合法权益，维护社会和谐稳定，提出以下实施意见。

一、从严从快全面落实电话用户实名制

（一）加快完成未实名电话存量用户身份信息补登记。各基础电信企业要加快推进未实名老用户补登记，在2016年底前实名率达到100%。各移动转售企业要对170、171号段全部用户进行回访和身份信息确认，对未登记或登记信息错误的用户进行补登记，2016年底前实名率达到100%。在规定时间内未完成补登记的，一律予以停机。

（二）从严做好新入网电话用户实名登记。各基础电信企业和移动转售企业要采取有效的管理和技术措施，确保电话用户登记信息真实、准确、可溯源。为新用户办理入网手续时，要严格落实用户身份证件核查责任，采取二代身份证识别设备、联网核验等措施验证用户身份信息，并现场拍摄和留存办理用户照片。通过网络渠道发展新用户时，要采取在线视频实人认证等技术方式核验用户身份信息。

（三）严格限制一证多卡。2016年底前，各基础电信企业和移动转售企业应全面完成一证多卡用户摸排清理，对在本企业全国范围内已经办理5张（含）以上移动电话卡的存量用户，要对用户身份信息逐一重新核实。同一用户在同一基础电信企业或同一移动转售企业全国范围内办理使用的移动电话卡达到5张的，按照六部委《关于防范和打击电信网络诈骗犯罪的通告》第四条相关要求处理。

（四）强化行业卡实名登记管理。一是各基础电信企业和移动转售企业要对已经在网使用的行业卡实名登记情况进行重新核实，对未登记或登记信息错误的用户进行补登记，2016年底前实名率达到100%。二是对新办理使用行业卡的，要从严审核行业用户单位资质、所需行业卡功能、数量及业务量，按照“功能最小化”原则，屏蔽语音、短信功能，并充分利用技术手段对行业卡使用范围（包括可访问IP地址、端口、通话及短信号码等）、使用场景（如设备IMEI与号卡IMSI一一对应）等进行严格限制和绑定。三是原则上新增的行业卡必须使用13位专用号段，并通过专用网络承载相关业务，特殊情况下需使用11位号段且开通无限制的语音功能的，必须按照公众移动电话用户进行实名登记。四是按照“谁发卡、谁负责”原则，各基础电信企业和移动转售企业要加强对行业卡使用情况的监测和管控，严禁二次销售和违规使用行业卡。对未采取有效监测和管控措施，致使行业卡被倒卖或被用于非行业用户的，从严追究相关企业和负责人的责任。

（五）严格落实代理渠道电话实名制管理要求。各基础电信企业和移动转售企业要进一步严格代理渠道准入，强化代理商资质审核，严格禁止代理渠道擅自委托下级代理。建立委托代理渠道电话入网和实名登记违规责任追究制度，各基础电信企业集团公司要签订电话实名制责任承诺书，各企业建立内部问责机制，对出现不登记、虚假登记、批量开卡、“养卡”等违规行为的代理渠道，一经发现立即取消其代理资格，纳入委托代理渠道黑名单，并从严追究相关基础电信企业省级公司相关部门和负责人责任。各通信管理局要在2016年11月底前组织电信企业完善委托代理渠道黑名单制度，对纳入黑名单的渠道和个人，各电信企业不得委托其办理电话入网和实名登记手续。

二、大力整顿和规范重点电信业务

（六）全面开展存量用户自查清理。2016年11月底前，各基础电信企业要全面完成语音专线和“400”、“一号通”、“商务总机”等存量重点电信业务排查清理。对未进行主体信息登记、虚假登记、登记信息不完整、未登记使用用途或者实际用途与登记用途不符合、资质不符或者存在其他不符合业务运营和使用规范、使用异常的，要督促用户限期整改，问题严重、拒不整改或未按要求整改的，一律依法予以取缔。2016年11月底前，各基础电信企业要将上述重点电信业务自查清理情况书面报部及所在地通信管理局。

（七）从严加强新用户入网审核和管理。一是严格申请主体资格。语音专线和“400”、“一号通”、“商务总机”等重点电信业务的申办主体必须为单位用户，严禁发展个人用户。二是严格办理渠道。用户必须在基础电信企业自有实体渠道申请办理上述重点电信业务，并由基础电信企业负管理责任，严禁代理渠道或网络渠道代为办理。三是严格资质核验。申请用户应当提供单位有效证照（企业用户应当提供营业执照，政府部门、事业单位、社会团体用户应当提供组织机构代码证）、法定代表人的有效身份证件、申请单位办理人的有效身份证件，属申请资源经营电信业务的，要同时提供相应的电信业务许可证。基础电信企业要严格核验、登记与留存上述证照信息以及业务使用用途。四是严格申请数量。同一用户在同一基础电信企业全国范围内申请“400”、“一号通”、“商务总机”等重点业务号码，每类原则上不得超过5个。五是严格台账管理。各基础电信企业集团公司和各省级公司要在2016年底前分别建立上述重点电信业务统一台账，并动态更新管理，确保监管部门可随时依法查询用户的登记情况、使用状态和业务变更记录。

（八）从严加强业务外呼管理。一是严格外呼审批。用户申请“400”、“商务总机”外呼以及自带95、96等字头短号码通过租用语音专线开展外呼的，必须由基础电信企业省级及以上公司从严审批并负管理责任，业务合同中必须明示允许的外呼号码或号段以及外呼用途、时段、频次等。新增“一号通”一律禁止外呼。二是建立外呼白名单制度。各基础电信企业允许外呼的上述重点电信业务号码必须为本网实际开通的、属本企业分配的号码或号段，并统一纳入白名单管理，对白名单以外的外呼号码一律进行拦截。通过本网中继外呼时，严禁使用它网的固定、移动用户号码或“400”等业务号码。

（九）强化业务合同责任约束。各基础电信企业要进一步强化上述重点电信业务合同约束，细化责任条款，明确规定发现冒用或伪造身份证照、违法使用、违规外呼、呼叫频次异常、超约定用途使用、转租转售、被公安机关通报以及用户就上述问题投诉较多等情况的，核实确认后，一律终止业务接入。2016年底前，各基础电信企业要与存量用户全部补签订相关责任条款。

（十）建立健全业务使用动态复核机制。2016年底前，各基础电信企业要采取必要的管理与技术措施，建立随机拨测、现场随机巡检、用户资质年度复核等制度，加强对重点电信业务使用的动态管理。发现违规使用的，依据相关管理规范和业务协议从严从重处置，并通报通信管理部门依法依规处理，涉嫌违法犯罪的通报公安机关。

三、坚决整治网络改号问题

（十一）严格规范号码传送和使用管理。一是严格防范国际改号呼叫。各基础电信企业要对从境外诈骗电话来话高发区输入的国际来话进行重点管理甄别，对“+86”等不规范国际来话，以及公安机关核实通报的伪造国内公检法和党政部门便民电话的虚假主叫号码，在国际通信业务出入口局一律进行拦截。对携带“通用号码”的来话，在国际通信业务出入口局和国内网间互联互通关口局将其“通用号码”信息一律予以删除。二是严格规范主叫号码传送。落实号码传送行业规定和有关行业标准。禁止违规传送主叫号码为空号或设置主叫号码禁显的呼叫。各基础电信企业在网间关口局对不符合号码管理、网间互联规定和标准的违规呼叫、违规号码一律进行拦截。从严管理语音专线呼叫转移业务功能，确需开通的，应当由基础电信企业集团公司统一审核并建立台账；各基础电信企业要在2016年11月底前全面完成已经开通的语音专线呼叫转移功能排查清理。三是严格号码使用管理。号码使用者应当严格遵循号码管理的各项规定，按照通信管理部门批准的地域、用途、位长格式规范使用号码，禁止转让。四是提升网络改号电话发现处置能力。各基础电信企业要会同国家计算机网络与信息安全管理中心等单位，开展网络改号电话检测技术研究，进一步提升对网络改号电话的监测、发现、拦截、处置能力。

（十二）全面落实语音专线主叫鉴权机制。2016年底前，各基础电信企业语音专线主叫鉴权比例按规范达到100%，对未按规范进行主叫鉴权的呼叫一律拦截。同时，建立主叫呼叫过程的鉴权日志留存和稽核等机制，发现传送非业务合同约定的主叫号码的语音专线一律关停，对存在私自转接国际来话、为非法VoIP和改号电话提供语音落地、转租转售等严重问题的专线用户，应全面终止与其合作，并报通信管理部门依法依规处理。

（十三）建立网络改号呼叫源头倒查和打击机制。严禁违法网络改号电话的运行、经营。对用户举报以及公安机关通报的网络改号电话等，通信管理部门组织基础电信企业联动倒查其话务落地源头，对为改号呼叫落地提供电信线路等资源的单位或个人，立即清理停止相关电信线路接入；涉及电信企业的，依法予以处理，并严肃追究相关部门和人员的管理责任；涉嫌违法犯罪的通报公安机关。各基础电信企业要建立健全内部快速倒查机制，设立专人负责工作对接，并按照通信管理部门规定时限要求留存信令数据。基础电信企业因规定的信令留存时限不满足等自身原因致使倒查工作无法开展的，作为改号电话呼叫来源责任方。

（十四）坚决清理网上改号软件。2016年11月底前，相关互联网企业要通过关键词屏蔽、软件下架、信息删除和账户封停等方式，对网站页面、搜索引擎、手机应用软件商城、电商平台、社交平台上的改号软件信息进行深入清理，切断下载、搜索、传播、兜售改号软件的渠道。

四、不断提升技术防范和打击能力

（十五）抓紧完成企业侧技术手段建设。各基础电信企业要按照部《关于进一步做好防范打击通讯信息诈骗相关工作的通知》（工信部网安函〔2015〕601号）以及《基础电信企业防范打击通讯信息诈骗不良呼叫号码处置技术能力要求》（工信厅网安〔2016〕143号）相关要求，在2016年底前全面建成防范打击通讯信息诈骗业务管理系统和用户终端侧安全提示服务两类技术手段，2017年3月底前全面建成网内和网间不良呼叫号码监测处置系统，综合运用多种技术手段持续提升企业侧技术防范打击能力。

（十六）进一步打击“伪基站”、“黑广播”。各地无线电管理机构要充分发挥技术优势，进一步提升对“伪基站”、“黑广播”的监测定位、逼近查找等技术支持能力，完善与公安、广电、民航、工商等相关部门的重大案件情况通报机制，积极配合做好“伪基站”、“黑广播”查处打击工作。

五、加强行业用户个人信息保护

（十七）严格保护行业用户个人信息。电信和互联网企业要严格落实《全国人民代表大会常务委员会关于加强网络信息保护的决定》、《电信和互联网用户个人信息保护规定》（工业和信息化部令第24号）等规定，严格用户个人信息使用内部管理，采取必要的网络安全技术保障措施。2016年11月底前，各基础电信企业、移动转售企业和互联网企业要全面完成用户个人信息保护自查，重点检查营业厅、代理点等环节用户个人信息保护管理和涉及用户个人信息系统的安全防护，加强内部安全审计，严肃处理非法出售、泄露用户个人信息的问题。部将结合2016年网络安全防护检查工作，对基础电信企业、重点移动转售企业和互联网企业开展抽查，对于明知存在严重安全隐患仍不采取措施的，严肃查处并公开曝光。

（十八）强化手机应用软件监督管理。加大技术检测力度，按照

“发现、取证、处置、曝光”工作机制，对手机应用软件收集、使用用户个人信息情况进行技术检测，对发现的违规应用软件统一下架和公开曝光，并依法查处违规企业。

六、强化社会监督与宣传教育

（十九）强化监督举报受理与处置。一是各基础电信企业和移动转售企业要进一步完善用户举报渠道和方式，建立健全举报奖励制度，设立专区及时受理与处置涉嫌通讯信息诈骗用户举报。中国互联网协会要充分发挥 12321 举报平台作用，建立电话、短信、网站、手机 APP 等多渠道举报机制。二是对公安机关通报的以及 12321 举报中心受理的用户投诉举报情况，各基础电信企业和移动转售企业要逐一认真核查，并对存在的问题进行及时整改和严肃追责。

（二十）加强宣传提升用户防范能力。一是各基础电信企业和移动转售企业要充分运用传统媒体、新媒体以及短彩信等渠道，及时向用户宣传提醒通讯信息诈骗类型和危害。二是各基础电信企业和互联网企业应向国内手机用户免费提供涉嫌通讯信息诈骗来电号码标注提醒和风险防控警示。部支持中国信息通信研究院等第三方单位，整合各类监测举报资源和手机用户标记资源，实现行业内资源共享。

七、强化行业监管与责任追究

（二十一）强化属地通信管理部门行业监管责任。一是各通信管理局要及时对辖区基础电信企业防范打击通讯信息诈骗工作责任落实情况开展监督检查，并将检查结果纳入基础电信企业省级公司信息安全责任考核，从严扣分，同时依法依规实施行政处罚、公开曝光。二是各通信管理局要善用外部监督，根据用户举报和公安机关通报情况，对连续三个月被举报率排名全国前 5 位，或者被公安机关点名通报的基础电信企业省级公司，视情节严重程度采取约谈、责令整改、通报、公开曝光等措施。三是各通信管理局应按照《关于加强依法治理电信市场的若干规定》（信部政〔2003〕453 号）相关规定，及时反映通报基础电信企业省级公司防范打击通讯信息诈骗工作责任落实情况，作为相关基础电信企业集团公司对省级公司领导班子成员开展考核、干部调整时的重要依据。

（二十二）建立健全基础电信企业责任追究机制。一是各基础电信企业集团公司要健全内部责任追究制度，实行防范打击通讯信息诈骗工作责任一票否决制，并在2016年12月底前，将本公司防范打击通讯信息诈骗工作责任追究制度报部审核后，向社会公布。二是基础电信企业要强化制度执行，层层签署责任书，对于未有效建立和实施业务规范、技术防范、监督检查、考核追责、教育培训等防范打击工作管理制度闭环体系，以及责任落实不到位特别是导致大案要案发生的，根据公安机关的案件通报和监管部门的责任认定意见，基础电信企业集团公司要严肃处理涉事分支机构，追究其主要领导和相关责任人员的责任，并对省级公司及集团公司相关部门领导及相关责任人采取通报、约谈、降级直至责令免职等追究措施。有关追责情况及时报部和相关通信管理局。三是各基础电信企业集团公司对下属机构的违规行为，在公司内部管理考核中从严扣分。

（二十三）健全移动转售业务监管和违规退出机制。将170、171号段实名制等管理要求落实情况、公安机关通报的重大涉案情况、用户投诉举报问题突出情况等，作为移动转售企业申请扩大经营范围、增加码号资源、发放正式经营许可的一票否决项，对问题较为严重、整改不力的，一律暂停新增码号资源、扩大试点范围等相关申请受理，对问题情节严重、屡教屡犯的，依法取消其相关资质。

（二十四）加大对增值电信业务经营者和代理商违法违规行为的惩处力度。一是对查实的违法违规电信业务经营者，由通信管理部门通报工商部门，依法纳入企业信用信息基础数据库，并适时向社会公布。二是对查实的违法增值电信企业，依法责令相关业务停业整顿直至吊销相关电信业务许可证，并按照《电信业务经营许可管理办法》等相关规定，3年内不予审批新的电信业务经营许可。三是对查实的存在严重违规行为的代理商，相关电信企业要一律取消其代理资质。四是加大曝光力度，对违规经营行为定期或不定期向社会曝光。

（二十五）建立通信行业防范打击通讯信息诈骗“黑名单”共享

机制。部委托中国信息通信研究院牵头建立通信行业防范打击通讯信息诈骗“黑名单”全国共享库。对在防范和打击通讯信息诈骗工作中被相关部门认定违规的企业和个人，纳入黑名单，对其营业执照、法人信息、违规行为等进行详细分类记录，在全行业实现信息共享。各基础电信企业对黑名单用户在申请成为业务代理以及申请使用语音专线、“400”、“商务总机”等重点电信业务时一律拒绝受理。

八、切实强化防范治理的工作保障

（二十六）进一步加强组织保障。各基础电信企业、移动转售企业和相关互联网企业要进一步健全内部网络信息安全组织体系，明确本企业防范打击通讯信息诈骗责任部门，明确其工作组织实施和内部监督考核问责职责。其中，各基础电信企业在集团公司层面要进一步健全专职网络信息安全部门，切实加强组织领导，充实工作力量，加强本企业防范打击通讯信息诈骗工作的组织保障。国家计算机网络与信息安全管理中心、中国信息通信研究院等单位要建立健全管理支撑组织体系，明确相应管理支撑部门，配齐配足人员力量，进一步强化防范打击通讯信息诈骗技术保障和法律政策研究能力，全力支撑做好防范治理相关工作。

（二十七）进一步健全安全制度体系。各基础电信企业、移动转售企业和相关互联网企业应建立防范打击通讯信息诈骗安全管理制度，建立相关业务规范、考核奖惩、教育培训、安全事件报告等制度，制定重大突发事件应急处置预案，加强与通信管理部门工作配合和信息共享。

（二十八）进一步加强通讯信息诈骗风险评估防范。各基础电信企业、移动转售企业和相关互联网企业要针对“一卡双号”、“融合通信”、“短信营业厅”等可能引发通讯信息诈骗风险的存量业务，重新组织开展全流程、全环节的安全评估，积极消除安全隐患；对拟新上线的业务，要把通讯信息诈骗风险作为安全评估重点内容，对存在通讯信息诈骗高安全风险的业务一律禁止上线。

（二十九）进一步加强信息通报工作。自本意见发布之日起，各单位应当全面对照工作任务分工表（见附件），将本单位防范打击通讯信息诈骗工作进展、经验做法、存在问题和相关建议情况，于每月1日和15日报部防范打击通讯信息诈骗工作领导小组办公室（网络安全管理局），重大情况及时报告。

各地区、各单位要以对党对人民高度负责的精神，切实增强使命感、责任感和紧迫感，把防范和打击通讯信息诈骗工作作为当前一项重大政治任务和重要民生工程，进一步加强组织领导，细化工作措施，坚决压实责任，加大工作力度，尽快取得实质性成效，实现根本性好转，使人民群众有获得感，推动通信行业健康可持续发展。

工业和信息化部关于贯彻落实《反恐怖主义法》等法律规定进一步做好用户真实身份信息登记工作的通知

（2016年5月24日　工信部网安〔2016〕182号）

各省、自治区、直辖市通信管理局，中国电信集团公司、中国移动通信集团公司、中国联合网络通信集团有限公司，各移动通信转售企业、各网络交易平台经营者：

电话用户实名登记工作自2013年全面开展以来，在多方共同努力下，各项工作稳步推进，特别是随着2015年电话“黑卡”治理专项行动的开展，实名登记工作逐步规范，新入网用户基本实现实名登记，但是仍存在网络营销渠道新入网用户实名登记不严、移动通信转售企业（以下简称转售企业）违规现象突出、未实名老用户补登记进展缓慢等问题。为贯彻落实《中华人民共和国反恐怖主义法》和《全国人民代表大会常务委员会关于加强网络信息保护的决定》等法律规定，进一步做好电话用户实名登记工作，现将有关要求通知如下：

一、进一步提高思想认识

2012年12月，全国人大常委会公布《关于加强网络信息保护的决定》（以下简称《人大决定》），要求电信业务经营者为用户办理固定电话、移动电话等入网手续时，如实登记用户真实身份信息。2015年12月27日，全国人大常委会审议通过《中华人民共和国反恐怖主义法》（以下简称《反恐怖主义法》），其中第二十一条规定：电信等业务经营者应当对客户身份进行查验；对身份不明或者拒绝身份查验的，不得提供服务。各单位要认真学习《人大决定》和《反恐怖主义法》有关要求，进一步提高对电话用户实名登记工作重要性的认识，从促进电信行业健康发展、维护人民群众合法权益、防范恐怖活动、保障国家安全和社会安定的高度，充分认识做好电话用户实名登记的重要意义，将规范实体及网络营销渠道、转售企业用户实名登记和未实名老用户补登记作为当前工作重点，加大整治力度，促进实名登记工作规范有序开展。

二、切实从严做好新入网用户实名登记

（一）从严做好用户身份信息核验。电信企业（含基础电信企业、转售企业）要按照《电话用户真实身份信息登记规定》（工业和信息化部令第25号）、《电话“黑卡”治理专项行动工作方案》（工信部联保〔2014〕570号）有关要求，进一步固化有关流程、规范操作，在为新用户办理入网手续时，必须采取二代身份证识别设备、联网核验等措施核验用户身份信息，禁止人工录入居民身份证信息。

（二）从严审核一证多卡用户办理新卡。各电信企业要采取措施，坚决杜绝代理商批量开卡、养卡问题。对同一身份证件在同一基础电信企业省级公司或同一转售企业已登记了5张及5张以上移动电话卡的用户，在申请办理新入网的移动电话卡时，必须由电信企业自有实体营业厅从严核实身份信息后办理入网手续。

（三）强化行业用户实名登记管理。电信企业在设计用于车联网、物联网、可穿戴设备等行业应用的无线上网卡产品（以下简称行业卡）时，要对行业卡功能、业务范围、使用场景、产品形态等进行严格的限定和绑定，防止行业卡被用作其他用途；在销售行业卡时，对购买单位要从严审核，如实登记使用人信息，对难以与实际使用人一一对应的行业卡产品，要登记责任单位和责任人信息，并在协议中明确不得进行二次销售；在行业卡使用过程中，电信企业要加强监测，发现违反有关规定和协议使用行业卡时，要依法依规进行处置。

三、加强网络营销渠道用户入网实名登记管理

（一）建立健全网络营销渠道委托管理制度。各电信企业要加强对网络代理商销售移动电话卡的管理，委托网络代理商销售移动电话卡前，应要求其取得工商营业执照、具备电话用户实名登记和用户信息保护条件，并为其配发统一标识（包括电信企业名称及标志、网络代理商名称及编号、委托代理范围、防伪二维码等）。网络交易平台经营者要加强网络代理商的审核，不得允许未取得工商营业执照和电信企业网络代理委托的经营者在平台内销售移动电话卡；要督促平台内网络代理商在网店显著位置显示工商营业执照和电信企业为其配发的统一标识。电信企业要在网站上公布并定期更新网络代理商信息。

（二）完善身份信息核验技术手段。电信企业、网络代理商通过网络渠道销售电话卡时，在用户网上预选卡号环节，应要求用户提供居民身份证正面、反面扫描信息及用户手持本人居民身份证正面免冠照片，并与“全国公民身份证号码查询服务中心”进行联网比对，核验通过后方可配送移动电话卡；在物流交付环节，应确认收件人、所提供的身份证件均与网上提交身份信息一致后，方可向其交付移动电话卡并为其开通移动通信服务。对不能确保在物流交付环节对用户身份证件进行查验的，应在网上预选卡号环节，要求用户填写身份信息，为用户配送未激活的电话卡，用户收到电话卡后，电信企业要通过图像、视频等技术在线核验用户身份信息，验证持卡人、所提供的身份证件与网上提交的身份信息一致后，激活电话卡并开通移动通信服务。

（三）建立对网络营销渠道实名登记巡查制度。电信企业、网络交易平台经营者要定期对网络代理商进行巡查，建立快速沟通处置机制。电信企业发现网络代理商存在违法违规行为时，要按照委托协议对其处理，对违法违规行为严重的网络代理商要取消委托代理，通报相关网络交易平台经营者；发现在网上销售移动电话卡但未取得网络代理委托的网店时，要通报相关网络交易平台经营者，并对移动电话卡流出渠道进行核查，对违规销售的渠道进行处理。网络交易平台经营者要及时清理没有取得电信企业委托销售电话卡的网店，发现网络代理商存在不实名登记、二次转卖移动电话卡等违法违规行为的，要立即制止和纠正其违法违规行为，依照协议进行处理，必要时应停止向其提供网络交易平台服务，并通报相关电信企业。网络交易平台经营者发现售卖二代身份证识别设备破解软、硬件工具的，要立即进行下架处理，并将有关情况通报公安机关。

（四）加大对网络营销渠道的监督检查力度。各通信管理局要加强对网络营销渠道电话用户实名登记工作的监督检查，对未取得网络代理委托在网上销售移动电话卡的网站，由网站备案地通信管理局通知网站主办者限期进行整改，由电话卡归属地通信管理局责成相关电信企业收回未售出的电话卡并对流出渠道核查，对违规销售的渠道进行处理。网络交易平台经营者不履行平台管理责任，允许未取得工商营业执照和电信企业网络代理委托的经营者销售移动电话卡，以及未对网络代理商违法违规行为及时采取制止措施的，由网络交易平台归属地通信管理局会同工商管理部门依法对网络交易平台经营者进行处理。

（五）全面清理非委托网络代理商。各电信企业要于2016年7月31日前，完成对本公司网络代理商的排查和清理，向社会公布本公司委托的网络代理商信息。各网络交易平台经营者要于2016年8月31日前，完成对平台内移动电话卡经营者的排查和清理，对未取得工商营业执照和电信企业网络代理委托的经营者，不得继续向其提供网络交易平台服务。

四、全面完成未实名老用户补登记工作

各单位要严格落实《反恐怖主义法》第二十一条规定，积极稳妥、依法依规做好未实名老用户补登记工作。各基础电信企业要确保在2016年12月31日前本企业全部电话用户实名率达到95%以上，2017年6月30日前全部电话用户实现实名登记。

（一）指导和督促省级基础电信企业做好补登记工作。各基础电信企业集团公司要制定本公司未实名老用户补登记真实身份信息工作方案，指导和督促各省级基础电信企业投入必要的人力、财力，依法做好未实名老用户补登记工作，对拒不配合补登记身份信息的，不得提供通信服务。各基础电信企业要采取有效措施，切实保护用户身份信息安全。

（二）统筹做好各地未实名老用户补登记工作。各通信管理局要组织本辖区基础电信企业制定补登记工作实施方案，统筹好相关时间节点安排，加强与当地宣传部门的沟通协调，组织做好媒体舆论宣传引导和用户咨询投诉解释工作，积极争取社会各界的理解和支持。对因补登记要求而引起的投诉，企业无过错的，各通信管理局核实后不记入百万用户申诉率。

（三）多种方式告知用户补登记要求。各基础电信企业应通过电话或短信、书面函件、公告等方式，通知已在网但未登记真实身份信息或者登记信息不完整的用户在规定的时间内补办登记手续。对在规定的时间内未补办登记手续的用户，基础电信企业暂停其通信服务（火警、匪警、医疗急救、交通事故报警等紧急服务除外），并再次催告其补登记，在催告期满仍未补办登记手续的，基础电信企业要依法停止通信服务。

（四）提供便捷补登记措施与渠道。为方便用户办理补登记手续，各基础电信企业要结合实际情况，在营业厅设立专门座席、通过网络渠道等方式为用户办理补登记手续。在补登记过程中，基础电信企业要对用户提供的身份证件和身份信息进行查验。

（五）不得擅自加重用户责任。基础电信企业为用户办理补登记手续时，不得擅自加重用户责任，不得要求用户变更资费套餐等。在对拒不配合补办身份信息登记的用户暂停通信服务期间，不得收取用户费用；终止提供通信服务的，应当简便快捷退还用户预存的剩余费用；电信合同另有约定的，从其约定。

3. 金融治理

银行业金融机构协助人民检察院公安机关国家安全机关查询冻结工作规定（节录）

（2014年12月29日 银监发〔2014〕53号）

……

第二条 本规定所称银行业金融机构是指依法设立的商业银行、农村信用合作社、农村合作银行等吸收公众存款的金融机构以及政策性银行。

第三条 本规定所称“协助查询、冻结”是指银行业金融机构依法协助人民检察院、公安机关、国家安全机关查询、冻结单位或个人在本机构的涉案存款、汇款等财产的行为。

……

第六条 银行业金融机构应当在总部，省、自治区、直辖市、计划单列市分行和有条件的地市级分行指定专门受理部门和专人负责，在其他分支机构指定专门受理部门或者专人负责，统一接收和反馈人民检察院、公安机关、国家安全机关查询、冻结要求。

银行业金融机构应当将专门受理部门和专人信息及时报告银行业监督管理机构，并抄送同级人民检察院、公安机关、国家安全机关。上述信息发生变动的，应当及时报告。

……

第十一条 对于涉案账户较多，办案地人民检察院、公安机关、国家安全机关需要对其集中查询、冻结的，可以分别按照以下程序办理：

人民检察院、公安机关、国家安全机关需要查询、冻结的账户属于同一省、自治区、直辖市的，由办案地人民检察院、公安机关、国家安全机关出具协助查询财产或协助冻结/解除冻结财产法律文书，逐级上报并经省级人民检察院、公安机关、国家安全机关的相关业务部门批准后，由办案地人民检察院、公安机关、国家安全机关指派两名以上办案人员持有效的本人工作证或人民警察证和上述法律文书原件，到有关银行业金融机构的省、自治区、直辖市、计划单列市分行或其授权的分支机构要求办理。

人民检察院、公安机关、国家安全机关需要查询、冻结的账户分属不同省、自治区、直辖市的，由办案地人民检察院、公安机关、国家安全机关出具协助查询财产或协助冻结/解除冻结财产法律文书，逐级上报并经省级人民检察院、公安机关、国家安全机关负责人批准后，由办案地人民检察院、公安机关、国家安全机关指派两名以上办案人员持有效的本人工作证或人民警察证和上述法律文书原件，到有关银行业金融机构总部或其授权的分支机构要求办理。

第十二条 对人民检察院、公安机关、国家安全机关提出的超出查询权限或者属于跨地区查询需求的，有条件的银行业金融机构可以通过内部协作程序，向有权限查询的上级机构或系统内其他分支机构提出协查请求，并通过内部程序反馈查询的人民检察院、公安机关、国家安全机关。

……

第十四条 银行业金融机构协助人民检察院、公安机关、国家安全机关查询的信息仅限于涉案财产信息，包括：被查询单位或者个人开户销户信息，存款余额、交易日期、交易金额、交易方式、交易对手账户及身份等信息，电子银行信息，网银登录日志等信息，POS机商户、自动机具相关信息等。

人民检察院、公安机关、国家安全机关根据需要可以抄录、复制、照相，并要求银行业金融机构在有关复制材料上加盖证明印章，但一般不得提取原件。人民检察院、公安机关、国家安全机关要求提供电子版查询结果的，银行业金融机构应当在采取必要加密措施的基础上提供，必要时可予以标注和说明。

涉案账户较多，需要批量查询的，人民检察院、公安机关、国家安全机关应当同时提供电子版查询清单。

第十五条 银行业金融机构接到人民检察院、公安机关、国家安全机关协助查询需求后，应当及时办理。能够现场办理完毕的，应当现场办理并反馈。如无法现场办理完毕，对于查询单位或者个人开户销户信息、存款余额信息的，原则上应当在三个工作日以内反馈；对于查询单位或者个人交易日期、交易方式、交易对手账户及身份等信息、电子银行信息、网银登录日志等信息、POS 机商户、自动机具相关信息的，原则上应当在十个工作日以内反馈。

对涉案账户较多，人民检察院、公安机关、国家安全机关办理集中查询的，银行业金融机构总部或有关省、自治区、直辖市、计划单列市分行应当在前款规定的时限内反馈。

因技术条件、不可抗力等客观原因，银行业金融机构无法在规定时限内反馈的，应当向人民检察院、公安机关、国家安全机关说明原因，并采取有效措施尽快反馈。

第十六条 协助冻结财产法律文书应当明确冻结账户名称、冻结账号、冻结数额、冻结期限等要素。

冻结涉案账户的款项数额，应当与涉案金额相当。不得超出涉案金额范围冻结款项。冻结数额应当具体、明确。暂时无法确定具体数额的，人民检察院、公安机关、国家安全机关应当在协助冻结财产法律文书上明确注明“只收不付”。

人民检察院、公安机关、国家安全机关应当明确填写冻结期限起止时间，并应当给银行业金融机构预留必要的工作时间。

第十七条 人民检察院、公安机关、国家安全机关提供手续齐全的，银行业金融机构应当立即办理冻结手续，并在协助冻结财产法律文书回执中注明办理情况。

对涉案账户较多，人民检察院、公安机关、国家安全机关办理集中冻结的，银行业金融机构总部或有关省、自治区、直辖市、计划单列市分行一般应当在二十四小时以内采取冻结措施。

如被冻结账户财产余额低于人民检察院、公安机关、国家安全机关要求数额时，银行业金融机构应当在冻结期内对该账户做“只收不付”处理，直至达到要求的冻结数额。

第十八条 冻结涉案存款、汇款等财产的期限不得超过六个月。

有特殊原因需要延长的，作出原冻结决定的人民检察院、公安机关、国家安全机关应当在冻结期限届满前按照本规定第八条办理续冻手续。每次续冻期限不得超过六个月，续冻没有次数限制。

对于重大、复杂案件，经设区的市一级以上人民检察院、公安机关、国家安全机关负责人批准，冻结涉案存款、汇款等财产的期限可以为一年。需要延长期限的，应当按照原批准权限和程序，在冻结期限届满前办理续冻手续，每次续冻期限最长不得超过一年。

冻结期限届满，未办理续冻手续的，冻结自动解除。

……

第二十条 对已被冻结的涉案存款、汇款等财产，人民检察院、公安机关、国家安全机关不得重复冻结，但可以轮候冻结。冻结解除的，登记在先的轮候冻结自动生效。冻结期限届满前办理续冻的，优先于轮候冻结。

两个以上人民检察院、公安机关、国家安全机关要求对同一单位或个人的同一账户采取冻结措施时，银行业金融机构应当协助最先送达协助冻结财产法律文书且手续完备的人民检察院、公安机关、国家安全机关办理冻结手续。

第二十一条 下列财产和账户不得冻结：

（一）金融机构存款准备金和备付金；

（二）特定非金融机构备付金；

（三）封闭贷款专用账户（在封闭贷款未结清期间）；

（四）商业汇票保证金；

（五）证券投资者保障基金、保险保障基金、存款保险基金、信托业保障基金；

（六）党、团费账户和工会经费集中户；

（七）社会保险基金；

（八）国有企业下岗职工基本生活保障资金；

（九）住房公积金和职工集资建房账户资金；

（十）人民法院开立的执行账户；

（十一）军队、武警部队一类保密单位开设的“特种预算存款”、“特种其他存款”和连队账户的存款；

（十二）金融机构质押给中国人民银行的债券、股票、贷款；

（十三）证券登记结算机构、银行间市场交易组织机构、银行间市场集中清算机构、银行间市场登记托管结算机构、经国务院批准或者同意设立的黄金交易组织机构和结算机构等依法按照业务规则收取并存放于专门清算交收账户内的特定股票、债券、票据、贵金属等有价凭证、资产和资金，以及按照业务规则要求金融机构等登记托管结算参与人、清算参与人、投资者或者发行人提供的、在交收或者清算结算完成之前的保证金、清算基金、回购质押券、价差担保物、履约担保物等担保物，支付机构客户备付金；

（十四）其他法律、行政法规、司法解释、部门规章规定不得冻结的账户和款项。

……

第二十五条 银行业金融机构在协助人民检察院、公安机关、国家安全机关办理完毕冻结手续后，在存款单位或者个人查询时，应当告知其账户被冻结情况。被冻结款项的单位或者个人对冻结有异议的，银行业金融机构应当告知其与作出冻结决定的人民检察院、公安机关、国家安全机关联系。

第二十六条 人民检察院、公安机关、国家安全机关可以与银行业金融机构建立快速查询、冻结工作机制，办理重大、紧急案件查询、冻结工作。具体办法由银监会会同最高人民检察院、公安部、国家安全部另行制定。

人民检察院、公安机关、国家安全机关可以与银行业金融机构建立电子化专线信息传输机制，查询、冻结（含续冻、解除冻结）需求发送和结果反馈原则上依托银监会及其派出机构与银行业金融机构的金融专网完成。

银监会会同最高人民检察院、公安部、国家安全部制定规范化的电子化信息交互流程，确保各方依法合规使用专线传输数据，保障专线运行和信息传输的安全性。

……

第三十一条 此前有关银行业金融机构协助人民检察院、公安机关、国家安全机关查询、冻结工作的相关规定与本规定不一致的，以本规定为准。

第三十二条 非银行金融机构协助人民检察院、公安机关、国家安全机关查询、冻结单位或个人涉案存款、汇款等财产的，适用本规定。

第三十三条 本规定由国务院银行业监督管理机构和最高人民检察院、公安部、国家安全部共同解释。

第三十四条 本规定所称的“以上”、“以内”包括本数。

……

非银行支付机构网络支付业务管理办法

（2015年12月28日 中国人民银行公告〔2015〕第43号）

第一章 总 则

第一条 为规范非银行支付机构（以下简称支付机构）网络支付业务，防范支付风险，保护当事人合法权益，根据《中华人民共和国中国人民银行法》、《非金融机构支付服务管理办法》（中国人民银行令〔2010〕第2号发布）等规定，制定本办法。

第二条 支付机构从事网络支付业务，适用本办法。

本办法所称支付机构是指依法取得《支付业务许可证》，获准办理互联网支付、移动电话支付、固定电话支付、数字电视支付等网络支付业务的非银行机构。

本办法所称网络支付业务，是指收款人或付款人通过计算机、移动终端等电子设备，依托公共网络信息系统远程发起支付指令，且付款人电子设备不与收款人特定专属设备交互，由支付机构为收付款人提供货币资金转移服务的活动。

本办法所称收款人特定专属设备，是指专门用于交易收款，在交易过程中与支付机构业务系统交互并参与生成、传输、处理支付指令的电子设备。

第三条 支付机构应当遵循主要服务电子商务发展和为社会提供小额、快捷、便民小微支付服务的宗旨，基于客户的银行账户或者按照本办法规定为客户开立支付账户提供网络支付服务。

本办法所称支付账户，是指获得互联网支付业务许可的支付机构，根据客户的真实意愿为其开立的，用于记录预付交易资金余额、客户凭以发起支付指令、反映交易明细信息的电子簿记。

支付账户不得透支，不得出借、出租、出售，不得利用支付账户从事或者协助他人从事非法活动。

第四条 支付机构基于银行卡为客户提供网络支付服务的，应当执行银行卡业务相关监管规定和银行卡行业规范。

支付机构对特约商户的拓展与管理、业务与风险管理应当执行《银行卡收单业务管理办法》（中国人民银行公告〔2013〕第9号公布）等相关规定。

支付机构网络支付服务涉及跨境人民币结算和外汇支付的，应当执行中国人民银行、国家外汇管理局相关规定。

支付机构应当依法维护当事人合法权益，遵守反洗钱和反恐怖融资相关规定，履行反洗钱和反恐怖融资义务。

第五条 支付机构依照中国人民银行有关规定接受分类评价，并执行相应的分类监管措施。

第二章 客户管理

第六条 支付机构应当遵循“了解你的客户”原则，建立健全客户身份识别机制。支付机构为客户开立支付账户的，应当对客户实行实名制管理，登记并采取有效措施验证客户身份基本信息，按规定核对有效身份证件并留存有效身份证件复印件或者影印件，建立客户唯一识别编码，并在与客户业务关系存续期间采取持续的身份识别措施，确保有效核实客户身份及其真实意愿，不得开立匿名、假名支付账户。

第七条 支付机构应当与客户签订服务协议，约定双方责任、权利和义务，至少明确业务规则（包括但不限于业务功能和流程、身份识别和交易验证方式、资金结算方式等），收费项目和标准，查询、差错争议及投诉等服务流程和规则，业务风险和非法活动防范及处置措施，客户损失责任划分和赔付规则等内容。

支付机构为客户开立支付账户的，还应在服务协议中以显著方式告知客户，并采取有效方式确认客户充分知晓并清晰理解下列内容：“支付账户所记录的资金余额不同于客户本人的银行存款，不受《存款保险条例》保护，其实质为客户委托支付机构保管的、所有权归属于客户的预付价值。该预付价值对应的货币资金虽然属于客户，但不以客户本人名义存放在银行，而是以支付机构名义存放在银行，并且由支付机构向银行发起资金调拨指令。”

支付机构应当确保协议内容清晰、易懂，并以显著方式提示客户注意与其有重大利害关系的事项。

第八条 获得互联网支付业务许可的支付机构，经客户主动提出申请，可为其开立支付账户；仅获得移动电话支付、固定电话支付、数字电视支付业务许可的支付机构，不得为客户开立支付账户。

支付机构不得为金融机构，以及从事信贷、融资、理财、担保、信托、货币兑换等金融业务的其他机构开立支付账户。

第三章 业务管理

第九条 支付机构不得经营或者变相经营证券、保险、信贷、融资、理财、担保、信托、货币兑换、现金存取等业务。

第十条 支付机构向客户开户银行发送支付指令，扣划客户银行账户资金的，支付机构和银行应当执行下列要求：

（一）支付机构应当事先或在首笔交易时自主识别客户身份并分别取得客户和银行的协议授权，同意其向客户的银行账户发起支付指令扣划资金；

（二）银行应当事先或在首笔交易时自主识别客户身份并与客户直接签订授权协议，明确约定扣款适用范围和交易验证方式，设立与客户风险承受能力相匹配的单笔和单日累计交易限额，承诺无条件全额承担此类交易的风险损失先行赔付责任；

（三）除单笔金额不超过200元的小额支付业务，公共事业缴费、税费缴纳、信用卡还款等收款人固定并且定期发生的支付业务，以及符合第三十七条规定的情形以外，支付机构不得代替银行进行交易验证。

第十一条 支付机构应根据客户身份对同一客户在本机构开立的所有支付账户进行关联管理，并按照下列要求对个人支付账户进行分类管理：

（一）对于以非面对面方式通过至少一个合法安全的外部渠道进行身份基本信息验证，且为首次在本机构开立支付账户的个人客户，支付机构可以为其开立Ⅰ类支付账户，账户余额仅可用于消费和转账，余额付款交易自账户开立起累计不超过1000元（包括支付账户向客户本人同名银行账户转账）；

（二）对于支付机构自主或委托合作机构以面对面方式核实身份

的个人客户，或以非面对面方式通过至少三个合法安全的外部渠道进行身份基本信息多重交叉验证的个人客户，支付机构可以为其开立Ⅱ类支付账户，账户余额仅可用于消费和转账，其所有支付账户的余额付款交易年累计不超过 10 万元（不包括支付账户向客户本人同名银行账户转账）；

（三）对于支付机构自主或委托合作机构以面对面方式核实身份的个人客户，或以非面对面方式通过至少五个合法安全的外部渠道进行身份基本信息多重交叉验证的个人客户，支付机构可以为其开立Ⅲ类支付账户，账户余额可以用于消费、转账以及购买投资理财等金融类产品，其所有支付账户的余额付款交易年累计不超过 20 万元（不包括支付账户向客户本人同名银行账户转账）。

客户身份基本信息外部验证渠道包括但不限于政府部门数据库、商业银行信息系统、商业化数据库等。其中，通过商业银行验证个人客户身份基本信息的，应为Ⅰ类银行账户或信用卡。

第十二条 支付机构办理银行账户与支付账户之间转账业务的，相关银行账户与支付账户应属于同一客户。

支付机构应按照与客户的约定及时办理支付账户向客户本人银行账户转账业务，不得对Ⅱ类、Ⅲ类支付账户向客户本人银行账户转账设置限额。

第十三条 支付机构为客户办理本机构发行的预付卡向支付账户转账的，应当按照《支付机构预付卡业务管理办法》（中国人民银行公告〔2012〕第 12 号公布）相关规定对预付卡转账至支付账户的余额单独管理，仅限其用于消费，不得通过转账、购买投资理财等金融类产品等形式进行套现或者变相套现。

第十四条 支付机构应当确保交易信息的真实性、完整性、可追溯性以及在支付全流程中的一致性，不得篡改或者隐匿交易信息。交易信息包括但不限于下列内容：

（一）交易渠道、交易终端或接口类型、交易类型、交易金额、交易时间，以及直接向客户提供商品或者服务的特约商户名称、编码和按照国家与金融行业标准设置的商户类别码；

（二）收付款客户名称，收付款支付账户账号或者银行账户的开户银行名称及账号；

（三）付款客户的身份验证和交易授权信息；

（四）有效追溯交易的标识；

（五）单位客户单笔超过5万元的转账业务的付款用途和事由。

第十五条 因交易取消（撤销）、退货、交易不成功或者投资理财等金融类产品赎回等原因需划回资金的，相应款项应当划回原扣款账户。

第十六条 对于客户的网络支付业务操作行为，支付机构应当在确认客户身份及真实意愿后及时办理，并在操作生效之日起至少五年内，真实、完整保存操作记录。

客户操作行为包括但不限于登录和注销登录、身份识别和交易验证、变更身份信息和联系方式、调整业务功能、调整交易限额、变更资金收付方式，以及变更或挂失密码、数字证书、电子签名等。

第四章 风险管理与客户权益保护

第十七条 支付机构应当综合客户类型、身份核实方式、交易行为特征、资信状况等因素，建立客户风险评级管理制度和机制，并动态调整客户风险评级及相关风险控制措施。

支付机构应当根据客户风险评级、交易验证方式、交易渠道、交易终端或接口类型、交易类型、交易金额、交易时间、商户类别等因素，建立交易风险管理制度和交易监测系统，对疑似欺诈、套现、洗钱、非法融资、恐怖融资等交易，及时采取调查核实、延迟结算、终止服务等措施。

第十八条 支付机构应当向客户充分提示网络支付业务的潜在风险，及时揭示不法分子新型作案手段，对客户进行必要的安全教育，并对高风险业务在操作前、操作中进行风险警示。

支付机构为客户购买合作机构的金融类产品提供网络支付服务的，应当确保合作机构为取得相应经营资质并依法开展业务的机构，并在首次购买时向客户展示合作机构信息和产品信息，充分提示相关责任、权利、义务及潜在风险，协助客户与合作机构完成协议签订。

第十九条 支付机构应当建立健全风险准备金制度和交易赔付制度，并对不能有效证明因客户原因导致的资金损失及时先行全额赔付，保障客户合法权益。

支付机构应于每年1月31日前，将前一年度发生的风险事件、客户风险损失发生和赔付等情况在网站对外公告。支付机构应在年度监管报告中如实反映上述内容和风险准备金计提、使用及结余等情况。

第二十条 支付机构应当依照中国人民银行有关客户信息保护的规定，制定有效的客户信息保护措施和风险控制机制，履行客户信息保护责任。

支付机构不得存储客户银行卡的磁道信息或芯片信息、验证码、密码等敏感信息，原则上不得存储银行卡有效期。因特殊业务需要，支付机构确需存储客户银行卡有效期的，应当取得客户和开户银行的授权，以加密形式存储。

支付机构应当以“最小化”原则采集、使用、存储和传输客户信息，并告知客户相关信息的使用目的和范围。支付机构不得向其他机构或个人提供客户信息，法律法规另有规定，以及经客户本人逐项确认并授权的除外。

第二十一条 支付机构应当通过协议约定禁止特约商户存储客户银行卡的磁道信息或芯片信息、验证码、有效期、密码等敏感信息，并采取定期检查、技术监测等必要监督措施。

特约商户违反协议约定存储上述敏感信息的，支付机构应当立即暂停或者终止为其提供网络支付服务，采取有效措施删除敏感信息、防止信息泄露，并依法承担因相关信息泄露造成的损失和责任。

第二十二条 支付机构可以组合选用下列三类要素，对客户使用支付账户余额付款的交易进行验证：

（一）仅客户本人知悉的要素，如静态密码等；

（二）仅客户本人持有并特有的，不可复制或者不可重复利用的要素，如经过安全认证的数字证书、电子签名，以及通过安全渠道生成和传输的一次性密码等；

（三）客户本人生理特征要素，如指纹等。

支付机构应当确保采用的要素相互独立，部分要素的损坏或者泄露不应导致其他要素损坏或者泄露。

第二十三条 支付机构采用数字证书、电子签名作为验证要素的，数字证书及生成电子签名的过程应符合《中华人民共和国电子签名法》、《金融电子认证规范》（JR/T0118-2015）等有关规定，确保数字证书的唯一性、完整性及交易的不可抵赖性。

支付机构采用一次性密码作为验证要素的，应当切实防范一次性密码获取端与支付指令发起端为相同物理设备而带来的风险，并将一次性密码有效期严格限制在最短的必要时间内。

支付机构采用客户本人生理特征作为验证要素的，应当符合国家、金融行业标准和相关信息安全管理要求，防止被非法存储、复制或重放。

第二十四条 支付机构应根据交易验证方式的安全级别，按照下列要求对个人客户使用支付账户余额付款的交易进行限额管理：

（一）支付机构采用包括数字证书或电子签名在内的两类（含）以上有效要素进行验证的交易，单日累计限额由支付机构与客户通过协议自主约定；

（二）支付机构采用不包括数字证书、电子签名在内的两类（含）以上有效要素进行验证的交易，单个客户所有支付账户单日累计金额应不超过5000元（不包括支付账户向客户本人同名银行账户转账）；

（三）支付机构采用不足两类有效要素进行验证的交易，单个客户所有支付账户单日累计金额应不超过1000元（不包括支付账户向客户本人同名银行账户转账），且支付机构应当承诺无条件全额承担此类交易的风险损失赔付责任。

第二十五条 支付机构网络支付业务相关系统设施和技术，应当持续符合国家、金融行业标准和相关信息安全管理要求。如未符合相关标准和要求，或者尚未形成国家、金融行业标准，支付机构应当无条件全额承担客户直接风险损失的先行赔付责任。

第二十六条 支付机构应当在境内拥有安全、规范的网络支付业务处理系统及其备份系统，制定突发事件应急预案，保障系统安全性和业务连续性。

支付机构为境内交易提供服务的，应当通过境内业务处理系统完成交易处理，并在境内完成资金结算。

第二十七条 支付机构应当采取有效措施，确保客户在执行支付指令前可对收付款客户名称和账号、交易金额等交易信息进行确认，并在支付指令完成后及时将结果通知客户。

因交易超时、无响应或者系统故障导致支付指令无法正常处理的，支付机构应当及时提示客户；因客户原因造成支付指令未执行、未适当执行、延迟执行的，支付机构应当主动通知客户更改或者协助客户采取补救措施。

第二十八条 支付机构应当通过具有合法独立域名的网站和统一的服务电话等渠道，为客户免费提供至少最近一年以内交易信息查询服务，并建立健全差错争议和纠纷投诉处理制度，配备专业部门和人员据实、准确、及时处理交易差错和客户投诉。支付机构应当告知客户相关服务的正确获取途径，指导客户有效辨识服务渠道的真实性。

支付机构应当于每年1月31日前，将前一年度发生的客户投诉数量和类型、处理完毕的投诉占比、投诉处理速度等情况在网站对外公告。

第二十九条 支付机构应当充分尊重客户自主选择权，不得强迫客户使用本机构提供的支付服务，不得阻碍客户使用其他机构提供的支付服务。

支付机构应当公平展示客户可选用的各种资金收付方式，不得以任何形式诱导、强迫客户开立支付账户或者通过支付账户办理资金收付，不得附加不合理条件。

第三十条 支付机构因系统升级、调试等原因，需暂停网络支付服务的，应当至少提前5个工作日予以公告。

支付机构变更协议条款、提高服务收费标准或者新设收费项目的，应当于实施之前在网站等服务渠道以显著方式连续公示30日，并于客户首次办理相关业务前确认客户知悉且接受拟调整的全部详细内容。

第五章 监督管理

第三十一条 支付机构提供网络支付创新产品或者服务、停止提供产品或者服务、与境外机构合作在境内开展网络支付业务的，应当至少提前30日向法人所在地中国人民银行分支机构报告。

支付机构发生重大风险事件的，应当及时向法人所在地中国人民银行分支机构报告；发现涉嫌违法犯罪的，同时报告公安机关。

第三十二条 中国人民银行可以结合支付机构的企业资质、风险管控特别是客户备付金管理等因素，确立支付机构分类监管指标体系，建立持续分类评价工作机制，并对支付机构实施动态分类管理。具体办法由中国人民银行另行制定。

第三十三条 评定为“A”类且Ⅱ类、Ⅲ类支付账户实名比例超过95%的支付机构，可以采用能够切实落实实名制要求的其他客户身份核实方法，经法人所在地中国人民银行分支机构评估认可并向中国人民银行备案后实施。

第三十四条 评定为“A”类且Ⅱ类、Ⅲ类支付账户实名比例超过95%的支付机构，可以对从事电子商务经营活动、不具备工商登记注册条件且相关法律法规允许不进行工商登记注册的个人客户（以下简称个人卖家）参照单位客户管理，但应建立持续监测电子商务经营活动、对个人卖家实施动态管理的有效机制，并向法人所在地中国人民银行分支机构备案。

支付机构参照单位客户管理的个人卖家，应至少符合下列条件：

（一）相关电子商务交易平台已依照相关法律法规对其真实身份信息进行审查和登记，与其签订登记协议，建立登记档案并定期核实更新，核发证明个人身份信息真实合法的标记，加载在其从事电子商务经营活动的主页面醒目位置；

（二）支付机构已按照开立Ⅲ类个人支付账户的标准对其完成身份核实；

（三）持续从事电子商务经营活动满6个月，且期间使用支付账户收取的经营收入累计超过20万元。

第三十五条 评定为“A”类且Ⅱ类、Ⅲ类支付账户实名比例超过95%的支付机构，对于已经实名确认、达到实名制管理要求的支付账户，在办理第十二条第一款所述转账业务时，相关银行账户与支付账户可以不属于同一客户。但支付机构应在交易中向银行准确、完整发送交易渠道、交易终端或接口类型、交易类型、收付款客户名称和账号等交易信息。

第三十六条 评定为“A”类且Ⅱ类、Ⅲ类支付账户实名比例超过95%的支付机构，可以将达到实名制管理要求的Ⅱ类、Ⅲ类支付账户的余额付款单日累计限额，提高至第二十四条规定的2倍。

评定为“B”类及以上，且Ⅱ类、Ⅲ类支付账户实名比例超过90%的支付机构，可以将达到实名制管理要求的Ⅱ类、Ⅲ类支付账户的余额付款单日累计限额，提高至第二十四条规定的1.5倍。

第三十七条 评定为“A”类的支付机构按照第十条规定办理相关业务时，可以与银行根据业务需要，通过协议自主约定由支付机构代替进行交易验证的情形，但支付机构应在交易中向银行完整、准确发送交易渠道、交易终端或接口类型、交易类型、商户名称、商户编码、商户类别码、收付款客户名称和账号等交易信息；银行应核实支付机构验证手段或渠道的安全性，且对客户资金安全的管理责任不因支付机构代替验证而转移。

第三十八条 对于评定为“C”类及以下、支付账户实名比例较低、对零售支付体系或社会公众非现金支付信心产生重大影响的支付机构，中国人民银行及其分支机构可以在第十九条、第二十八条等规定的基础上适度提高公开披露相关信息的要求，并加强非现场监管和现场检查。

第三十九条 中国人民银行及其分支机构对照上述分类管理措施相应条件，动态确定支付机构适用的监管规定并持续监管。支付机构分类评定结果和支付账户实名比例不符合上述分类管理措施相应条件的，应严格按照第十条、第十一条、第十二条及第二十四条等相关规定执行。

中国人民银行及其分支机构可以根据社会经济发展情况和支付机构分类管理需要，对支付机构网络支付业务范围、模式、功能、限额及业务创新等相关管理措施进行适时调整。

第四十条 支付机构应当加入中国支付清算协会，接受行业自律组织管理。

中国支付清算协会应当根据本办法制定网络支付业务行业自律规范，建立自律审查机制，向中国人民银行备案后组织实施。自律规范应包括支付机构与客户签订协议的范本，明确协议应记载和不得记载事项，还应包括支付机构披露有关信息的具体内容和标准格式。

中国支付清算协会应当建立信用承诺制度，要求支付机构以标准格式向社会公开承诺依法合规开展网络支付业务、保障客户信息安全和资金安全、维护客户合法权益、如违法违规自愿接受约束和处罚。

第六章 法律责任

第四十一条 支付机构从事网络支付业务有下列情形之一的，中国人民银行及其分支机构依据《非金融机构支付服务管理办法》第四十二条的规定进行处理：

（一）未按规定建立客户实名制管理、支付账户开立与使用、差错争议和纠纷投诉处理、风险准备金和交易赔付、应急预案等管理制度的；

（二）未按规定建立客户风险评级管理、支付账户功能与限额管理、客户支付指令验证管理、交易和信息安全管理、交易监测系统等风险控制机制的，未按规定对支付业务采取有效风险控制措施的；

（三）未按规定进行风险提示、公开披露相关信息的；

（四）未按规定履行报告义务的。

第四十二条 支付机构从事网络支付业务有下列情形之一的，中国人民银行及其分支机构依据《非金融机构支付服务管理办法》第四十三条的规定进行处理；情节严重的，中国人民银行及其分支机构依据《中华人民共和国中国人民银行法》第四十六条的规定进行处理：

（一）不符合支付机构支付业务系统设施有关要求的；

（二）不符合国家、金融行业标准和相关信息安全管理要求的，采用数字证书、电子签名不符合《中华人民共和国电子签名法》、《金融电子认证规范》等规定的；

（三）为非法交易、虚假交易提供支付服务，发现客户疑似或者涉嫌违法违规行为未按规定采取有效措施的；

（四）未按规定采取客户支付指令验证措施的；

（五）未真实、完整、准确反映网络支付交易信息，篡改或者隐匿交易信息的；

（六）未按规定处理客户信息，或者未履行客户信息保密义务，造成信息泄露隐患或者导致信息泄露的；

（七）妨碍客户自主选择支付服务提供主体或资金收付方式的；

（八）公开披露虚假信息的；

（九）违规开立支付账户，或擅自经营金融业务活动的。

第四十三条 支付机构违反反洗钱和反恐怖融资规定的，依据国家有关法律法规进行处理。

第七章 附 则

第四十四条 本办法相关用语含义如下：

单位客户，是指接受支付机构支付服务的法人、其他组织或者个体工商户。

个人客户，是指接受支付机构支付服务的自然人。

单位客户的身份基本信息，包括客户的名称、地址、经营范围、统一社会信用代码或组织机构代码；可证明该客户依法设立或者可依法开展经营、社会活动的执照、证件或者文件的名称、号码和有效期限；法定代表人（负责人）或授权办理业务人员的姓名、有效身份证件的种类、号码和有效期限。

个人客户的身份基本信息，包括客户的姓名、国籍、性别、职业、住址、联系方式以及客户有效身份证件的种类、号码和有效期限。

法人和其他组织客户的有效身份证件，是指政府有权机关颁发的能够证明其合法真实身份的证件或文件，包括但不限于营业执照、事业单位法人证书、税务登记证、组织机构代码证；个体工商户的有效身份证件，包括营业执照、经营者或授权经办人员的有效身份证件。

个人客户的有效身份证件，包括：在中国境内已登记常住户口的中国公民为居民身份证，不满十六周岁的，为居民身份证或户口簿；香港、澳门特别行政区居民为港澳居民往来内地通行证；台湾地区居民为台湾居民来往大陆通行证；定居国外的中国公民为中国护照；外国公民为护照或者外国人永久居留证（外国边民，按照边贸结算的有关规定办理）；法律、行政法规规定的其他身份证明文件。

客户本人，是指客户本单位（单位客户）或者本人（个人客户）。

第四十五条 本办法由中国人民银行负责解释和修订。

第四十六条 本办法自2016年7月1日起施行。

电信网络新型违法犯罪案件冻结资金返还若干规定

（2016年8月4日　银监发〔2016〕41号）

第一条　为维护公民、法人和其他组织的财产权益，减少电信网络新型违法犯罪案件被害人的财产损失，确保依法、及时、便捷返还冻结资金，根据《中华人民共和国刑法》、《中华人民共和国刑事诉讼法》、《中华人民共和国银行业监督管理法》、《中华人民共和国商业银行法》等法律、行政法规，制定本规定。

第二条　本规定所称电信网络新型违法犯罪案件，是指不法分子利用电信、互联网等技术，通过发送短信、拨打电话、植入木马等手段，诱骗（盗取）被害人资金汇（存）入其控制的银行账户，实施的违法犯罪案件。

本规定所称冻结资金，是指公安机关依照法律规定对特定银行账户实施冻结措施，并由银行业金融机构协助执行的资金。本规定所称被害人，包括自然人、法人和其他组织。

第三条　公安机关应当依照法律、行政法规和本规定的职责、范围、条件和程序，坚持客观、公正、便民的原则，实施涉案冻结资金返还工作。

银行业金融机构应当依照有关法律、行政法规和本规定，协助公安机关实施涉案冻结资金返还工作。

第四条　公安机关负责查清被害人资金流向，及时通知被害人，并作出资金返还决定，实施返还。

银行业监督管理机构负责督促、检查辖区内银行业金融机构协助查询、冻结、返还工作，并就执行中的问题与公安机关进行协调。

银行业金融机构依法协助公安机关查清被害人资金流向，将所涉资金返还至公安机关指定的被害人账户。

第五条 被害人在办理被骗（盗）资金返还过程中，应当提供真实有效的信息，配合公安机关和银行业金融机构开展相应的工作。

被害人应当由本人办理冻结资金返还手续。本人不能办理的，可以委托代理人办理；公安机关应当核实委托关系的真实性。

被害人委托代理人办理冻结资金返还手续的，应当出具合法的委托手续。

第六条 对电信网络新型违法犯罪案件，公安机关冻结涉案资金后，应当主动告知被害人。

被害人向冻结公安机关或者受理案件地公安机关提出冻结涉案资金返还请求的，应当填写《电信网络新型违法犯罪涉案资金返还申请表》（附件1）。

冻结公安机关应当对被害人的申请进行审核，经查明冻结资金确属被害人的合法财产，权属明确无争议的，制作《电信网络新型违法犯罪涉案资金流向表》和《呈请返还资金报告书》（附件2），由设区的市一级以上公安机关批准并出具《电信网络新型违法犯罪冻结资金返还决定书》（附件3）。

受理案件地公安机关与冻结公安机关不是同一机关的，受理案件地公安机关应当及时向冻结公安机关移交受、立案法律手续、询问笔录、被骗盗银行卡账户证明、身份信息证明、《电信网络新型违法犯罪涉案资金返还申请表》等相关材料，冻结公安机关按照前款规定进行审核决定。

冻结资金应当返还至被害人原汇出银行账户，如原银行账户无法接受返还，也可以向被害人提供的其他银行账户返还。

第七条 冻结公安机关对依法冻结的涉案资金，应当以转账时间戳（银行电子系统记载的时间点）为标记，核查各级转账资金走向，一一对应还原资金流向，制作《电信网络新型违法犯罪案件涉案资金流向表》。

第八条 冻结资金以溯源返还为原则，由公安机关区分不同情况按以下方式返还：

（一）冻结账户内仅有单笔汇（存）款记录，可直接溯源被害人的，直接返还被害人；

（二）冻结账户内有多笔汇（存）款记录，按照时间戳记载可以直接溯源被害人的，直接返还被害人；

（三）冻结账户内有多笔汇（存）款记录，按照时间戳记载无法直接溯源被害人的，按照被害人被骗（盗）金额占冻结在案资金总额的比例返还（返还计算公式见附件4）。

按比例返还的，公安机关应当发出公告，公告期为30日，公告期间内被害人、其他利害关系人可就返还冻结提出异议，公安机关依法进行审核。

冻结账户返还后剩余资金在原冻结期内继续冻结；公安机关根据办案需要可以在冻结期满前依法办理续冻手续。如查清新的被害人，公安机关可以按照本规定启动新的返还程序。

第九条 被害人以现金通过自动柜员机或者柜台存入涉案账户内的，涉案账户交易明细账中的存款记录与被害人笔录核对相符的，可以依照本规定第八条的规定，予以返还。

第十条 公安机关办理资金返还工作时，应当制作《电信网络新型违法犯罪冻结资金协助返还通知书》（附件5），由两名以上公安机关办案人员持本人有效人民警察证和《电信网络新型违法犯罪冻结资金协助返还通知书》前往冻结银行办理返还工作。

第十一条 立案地涉及多地，对资金返还存在争议的，应当由共同上级公安机关确定一个公安机关负责返还工作。

第十二条 银行业金融机构办理返还时，应当对办案人员的人民警察证和《电信网络新型违法犯罪冻结资金协助返还通知书》进行审查。对于提供的材料不完备的，有权要求办案公安机关补正。

银行业金融机构应当及时协助公安机关办理返还。能够现场办理完毕的，应当现场办理；现场无法办理完毕的，应当在三个工作日内办理完毕。银行业金融机构应当将回执反馈公安机关。

银行业金融机构应当留存《电信网络新型违法犯罪冻结资金协助返还通知书》原件、人民警察证复印件，并妥善保管留存，不得挪作他用。

第十三条 银行业金融机构应当指定专门机构和人员，承办电信网络新型违法犯罪涉案资金返还工作。

第十四条 公安机关违法办理资金返还，造成当事人合法权益损失的，依法承担法律责任。

第十五条 中国银监会和公安部应当加强对新型电信网络违法犯罪冻结资金返还工作的指导和监督。

银行业金融机构违反协助公安机关资金返还义务的，按照《银行业金融机构协助人民检察院公安机关国家安全机关查询冻结工作规定》第二十八条的规定，追究相应机构和人员的责任。

第十六条 本规定由中国银监会和公安部共同解释。执行中遇有具体应用问题，可以向银监会法律部门和公安部刑事侦查局报告。

第十七条 本规定自发布之日起施行。

电信网络新型违法犯罪案件冻结资金返还若干规定实施细则

（2016年12月2日　银监办发〔2016〕170号）

第一条 根据《电信网络新型违法犯罪案件冻结资金返还若干规定》（以下简称《返还规定》）制定本实施细则（以下简称《实施细则》）。

第二条 《返还规定》目前仅适用于我国公安机关立案侦办的电信网络犯罪案件。外国通过有关国际条约、协议、规定的联系途径、外交途径，提出刑事司法协助请求的，由银监会和公安部批准后，可参照此规定执行。

第三条 《返还规定》第二条第二款所称的冻结资金不包括止付资金。

第四条 《返还规定》第五条第一款中的“真实有效的信息”，是指受害人应当提供本人有效身份证件、接受资金返还银行卡（卡状态为正常）原件及复印件，并在复印件上注明“此复印件由本人提供，经核对，与原件无误，此件只做冻结资金返还使用”。

第五条 被害人委托代理人办理资金返还手续时，委托代理人需提供本人有效身份证件、被害人有效证件以及被害人签名或盖章的授权委托书。

被害人为无民事行为能力或者限制民事行为能力的，由其监护人办理资金返还；被害人死亡的，由其继承人办理资金返还。被害人的监护人或继承人需提供相应证明文件。

第六条 《返还规定》第五条中的“公安机关”是指受理案件地公安机关。

第七条 受理地公安机关应当制作返还资金询问笔录，笔录中应详细记明被害人接收资金返还的银行账户、银行有无赔偿垫付等内容。告知被返还人应当承担的法律责任，对返还错误的款项应及时退回，如故意伪造证据材料或拒不归还的，将依法追究其法律责任。

第八条 《返还规定》第六条第一款中的“应当主动告知被害人”，是指受理案件地公安机关应当口头或书面告知被害人，告知应当包括以下内容：

（一）涉案资金的冻结情况；

（二）已冻结资金是否属于被害人，需公安机关进一步查证；

（三）资金返还工作一般在立案3个月后启动。

第九条 被害人原则上只能向受理案件地公安机关提出申请。《返还规定》第六条第二款中的“冻结公安机关或者受理案件地公安机关”是指“冻结公安机关和受理案件地公安机关为同一公安机关”情形。

第十条 《电信网络新型违法犯罪案件冻结资金返还申请表》应当一人一表、一卡（账户）一表，对多个申请人涉及一个账户或一个申请人涉及多个账户需要办理资金返还的，应当分别填表。

第十一条 《电信网络新型违法犯罪案件冻结资金返还申请表》

中“返还银行账户”栏应当填写户名、账号、开户网点、所属银行。立案单位一栏中加盖的公章应与立案决定书的公章一致。冻结单位一栏中加盖的公章应与冻结通知书的公章一致。“冻结金额”栏应当填写返还金额。

第十二条 受理案件地公安机关与冻结公安机关不是同一机关的，由受理案件地公安机关负责核查各级转账资金流向，并负责制作《电信网络新型违法犯罪涉案资金流向表》(附件1)。

第十三条 《电信网络新型违法犯罪冻结资金返还决定书》应一式两份，一份由冻结地公安机关留存，一份交办理返还工作的银行。

第十四条 《呈请返还资金报告书》中“返还银行账号”栏应当填写户名、账号、开户网点、所属银行。“返还金额”栏金额应当用大写汉字填写（精确到分)。“审核意见”栏签字由冻结公安机关负责人审批并加盖单位公章；“领导批示”栏由设区的市一级以上公安机关负责人审批，并加盖公章。

第十五条 《返还规定》第六条第四款中的“移交”，是指受理案件地公安机关派2名民警持本人有效人民警察证，携带相关材料赴冻结地公安机关移交。移交证据材料时，除《返还规定》第六条第四款规定的材料外，还需出具冻结资金返还工作协作函（附件2）和涉案账户的交易流水明细（加盖公章)。冻结地公安机关收到材料后，应当填写回执交受理地公安机关。

第十六条 《返还规定》第六条第五款中的“如原银行账户无法接受返还”时，原则上应返还至本人的其他银行账户，如确需返还至非本人银行账户，需要由本人出具书面申请，详细说明原因、其与返还账户持有人的关系以及自愿要求返还至该账户的声明，并签字确认。

第十七条 按比例返还的，应当制作《按比例返还资金流向参照表》(附件3)。冻结公安机关通过其官方网站、微信公众号、官方微博、主流电视、广播、报纸等多种方式发出公告。已明确被害人的，冻结公安机关应当以电话、书面等形式通知所有被害人，并做好记录。

公告期间内被害人、其他利害关系人可就返还被冻结资金提出异议并提供相关证明材料，公安机关应当予以受理，制作书面记录并出具回执。公安机关应当对材料进行审核并作出异议是否成立的决定，同时通知被害人、其他利害关系人。异议成立的，公安机关应当中止冻结资金返还，重新确定返还比例。异议不成立或者公告期内被害人、其他利害关系人未提出异议的，公安机关应当按照原确定的比例返还被冻结资金。

第十八条 冻结资金返还的金额以冻结账户的实际到账金额为准。资金返还产生的手续费从返还金额中扣除。

第十九条 办理资金返还后账户仍有余额的，冻结地公安机关应当在冻结期满前办理续冻手续。

第二十条 被害人以现金通过自动柜员机或者柜台存入涉案账户内的，在返还资金时受理案件地公安机关除向冻结公安机关提供账户交易明细中的存款记录与被害人笔录外，还应当提供银行柜台、ATM柜员机存（汇）款监控录像、存（汇）款底单等材料。

第二十一条 《返还规定》第十条中“公安机关”是指冻结公安机关。

第二十二条 办理冻结资金返还时，由两名以上冻结公安机关办案人员持本人有效人民警察证、《电信网络新型违法犯罪冻结资金返还决定书》原件和《电信网络新型违法犯罪冻结资金协助返还通知书》原件前往冻结银行办理返还工作，商业银行对相关手续材料内容进行形式审查，并可留存《电信网络新型违法犯罪冻结资金返还决定书》复印件。冻结公安机关在办理冻结资金返还时，应同时告知所在地省级反诈骗中心。

第二十三条 《电信网络新型违法犯罪冻结资金协助返还通知书》中“类型”栏一般填写“银行存款”；“所在机构”、“户名或权利人”、“被冻结账号”栏均应填写被冻结账户的信息；“返还接受账号”栏应填写户名、账号、开户网点及所属银行；加盖公章应与原冻结通知书一致。

第二十四条 银行业金融机构应当指定各省的专门分支机构和人

员，负责资金返还的办理工作（另件下发）。《返还规定》第十条中“冻结银行”指冻结账户的归属行在冻结地公安机关所在的省一级分支机构。如该银行在冻结地尚未设立分支机构的，冻结公安机关可就近选择该行公安机关所在地其他省一级分支机构办理。

第二十五条 冻结银行受理资金返还时，可以向冻结公安机关所在地的省级反诈骗中心（附件4）电话核实办案民警身份，并按照第二十二条、第二十三条规定，审核冻结公安机关提供的材料。身份有疑问或材料不齐全的，冻结银行有权拒绝办理资金返还工作。

第二十六条 资金返还时，冻结银行发现该冻结账户还有被其他司法部门冻结的，可暂停资金返还工作。协商一致同意并出具加盖司法部门公章函件后，方可启动资金返还工作。

第二十七条 银行业金融机构仅承担审核司法手续齐全性、完备性和核实民警身份的责任，不承担因执行公安机关返还通知书而产生的责任。

第二十八条 各级公安机关和银行业金融机构要认真贯彻落实《返还规定》，切实做好涉案冻结资金返还工作。银监会、公安部将对相关工作进行监督检查，对于不落实《返还规定》造成不良影响的，严肃追究责任，并进行通报。

第二十九条 本《实施细则》自印发之日起施行。

中国银行业监督管理委员会关于银行业打击治理电信网络新型违法犯罪有关工作事项的通知

（2015年11月13日 银监发〔2015〕48号）

各银监局，各政策性银行、大型银行、股份制银行，邮储银行，外资银行，金融资产管理公司，其他会管金融机构：

国务院打击治理电信网络新型违法犯罪工作部际联席会议办公室

决定，2015 年 11 月至 2016 年 4 月在全国范围内开展打击治理电信网络新型违法犯罪专项行动。现将《公安部关于印发〈打击治理电信网络新型违法犯罪专项行动工作方案〉的通知》（公刑〔2015〕3410 号）印发给你们，请结合以下工作要求抓好贯彻落实。

一、统一思想，高度重视，增强打击治理电信网络新型违法犯罪专项行动的责任感

各银监局和银行业金融机构要深刻认识当前电信网络新型违法犯罪形势的严峻性、复杂性，进一步增强责任感、紧迫感，积极回应人民群众迫切期待。坚持标本兼治、综合治理、落实责任，整合各方面资源，统筹各方面力量，全面落实打击治理、源头监管、宣传防范等各项工作措施，坚决遏制电信网络新型违法犯罪发展蔓延势头，切实维护人民群众合法权益，切实维护社会和谐稳定。

二、积极协助，全力配合，确保做好涉案账户查控工作

各银监局和银行业金融机构要严格执行《银行业金融机构协助人民检察院公安机关国家安全机关查询冻结工作规定》（银监发〔2014〕53 号）。根据《打击治理电信网络新型违法犯罪专项行动工作方案》部署，积极配合公安机关做好涉案账户的及时查询、紧急止付、快速冻结等查控工作。同时，各银监局和银行业金融机构要根据银监会和公安部相关工作部署，大力推进涉案账户资金网络查控平台建设应用，切实提高涉案资金查控的合法性、及时性、准确性。

三、认真核实，限制开卡数量，严格执行实名制管理规定

各银行业金融机构要严格执行《个人存款账户实名制规定》（国务院令第 285 号），充分利用身份证联网核查等技术手段，认真审核办理人身份证件，坚决杜绝违规代开卡、乱开卡、批量开卡等问题。同一客户在同一商业银行开立借记卡原则上不得超过 4 张；如该客户之前已持有同一商业银行全国范围内 4 张（含）以上借记卡的，商业银行不得为其开立或激活新的借记卡，社会保障卡、医疗保险卡、军人保障卡、已销户的借记卡除外。同一代理人在同一商业银行代理开卡原则上不得超过 3 张。确有正当理由，需要超出上述开卡数量限制的，由商业银行核实后酌情办理。对已办理 4 张以上借记卡的客户，银行业金融机构要主动与开卡客户进行联系，开展核查工作，发现非本人意愿办理的，应当中止服务。

对于公安机关或司法机关正式提供的文件显示客户（持卡人、申请人、代理人等）曾参与出租、出借、出售本人或他人借记卡账户以及相关各类验证工具的，同一商业银行在全国范围内对该客户（持卡人、申请人、代理人）等开立的借记卡账户数量不得超过 2 个。如该客户（持卡人、申请人、代理人等）之前已持有同一商业银行全国范围内 2 个（含）以上借记卡账户的，商业银行不得为其开立或激活新的借记卡账户。限制时间自收到公安机关或司法机关正式文件之日起至少 5 年。社会保障卡、医疗保险卡、军人保障卡、已销户的借记卡账户除外。

对于代理开立的借记卡，需被代理人持本人有效身份证件在柜面办理卡片启用后方可正常使用，在启用前应只支持存款转入等贷方交易，不支持取款、转出、消费、理财投资等借方交易。对于存款人因病残、出国等特殊原因无法由本人办理启用业务的，银行核实情况后应开设绿色通道，做到特事特办。其中，16 岁以下中国公民由监护人代理开立的借记卡，不受上述限制。

对于新开银行卡客户，原则上应预留本人实名登记的手机号码；确无手机号码的，可以不予预留。对于新开办网银、手机银行、电话银行等业务的客户，应当要求预留本人实名登记的手机号码。若客户预留非本人实名登记的手机号码，一经发现，银行业金融机构有权停用该银行卡，待客户更新本人实名登记的手机号码再恢复使用。16 岁以下中国公民由监护人代理开立的银行账户，可留存监护人或存款人本人经实名认证的手机号码。

对于个人客户主动向银行业金融机构提出申请，要求对其名下非本人意愿办理的本地和异地银行卡进行处置的，银行业金融机构在核实后，应中止银行卡服务。

四、强化内控，完善流程，提升银行卡安全管理水平

各银行业金融机构要全面梳理完善业务流程，提升内控水平，切实加强银行卡安全管理，不断强化行业自律，严格落实社会责任。同时，应尽快建立涉嫌电信网络诈骗账户黑名单制度，依法限制涉嫌电信网络诈骗银行卡的境内、境外使用功能。

五、密切联系，协调配合，形成打击治理电信网络新型违法犯罪的强大合力

各银监局、银行业金融机构应参照《关于进一步做好涉恐案件资金查控工作的通知》（公刑〔2015〕846号）要求，建立健全与公安机关的资金查控联系人机制。在专项行动和资金查控工作中，各方确定的联系人应切实负起责任，直接对接、直接联络、快速反应，共同做好涉案资金的查询、冻结工作。对于重大、复杂案件，各银监局应配合公安机关进行重点协调和部署，做好有关银行业金融机构的督促和指导工作，努力形成打击治理电信网络新型违法犯罪的强大合力。

六、大力宣传，打防结合，着力提升广大群众防范电信网络诈骗的意识和能力

各银监局、银行业金融机构要精心组织开展宣传教育活动，采取群众喜闻乐见的方式，推动电信网络新型违法犯罪防范工作宣传教育活动进社区、进学校、进家庭。各银行业金融机构应综合运用柜台、ATM等终端，积极借助手机短信、互联网等载体，通过悬挂警示标语、张贴防范提示、发放宣传资料等方式，深入开展经常性防范宣传教育活动，及时揭露不法分子犯罪手法和伎俩，切实提高广大群众防范意识和能力。特别是在客户办理业务过程中，要主动提示核查本人名下全部银行账户信息，发现异常，及时处置。

七、落实责任，严肃查处，建立健全考核奖惩和责任追究制度

各银监局、银行业金融机构要按照电信网络新型违法犯罪打击治理职责分工，严格落实工作责任，建立健全考核奖惩和责任追究制度。对于工作成绩突出的，要予以表彰奖励；对于重视不够，措施不力的，要予以通报批评。对于在协助查控工作中通风报信、拖延推诿、协助隐匿转移财产的，以及涉及违规办卡的银行业金融机构和从业人员，要对责任机构和责任人予以严厉处罚。构成犯罪的，依法移交司法机关追究刑事责任。

本通知执行中遇有问题，请及时与银监会法规部联系。银监会将适时对银行业金融机构打击治理电信网络新型违法犯罪工作情况进行监督检查。

中国人民银行、工业和信息化部、公安部、国家工商行政管理总局关于建立电信网络新型违法犯罪涉案账户紧急止付和快速冻结机制的通知

（2016 年 3 月 18 日　银发〔2016〕86 号）

为提高公安机关冻结诈骗资金效率，切实保护社会公众财产安全，中国人民银行、工业和信息化部、公安部、工商总局决定建立电信网络新型违法犯罪涉案账户紧急止付和快速冻结机制。现就有关事项通知如下：

一、开通管理平台紧急止付、快速冻结功能

自 2016 年 6 月 1 日起，各银行业金融机构（以下简称银行）、公安机关通过接口方式与电信网络新型违法犯罪交易风险事件管理平台（以下简称管理平台）连接，实现对涉案账户的紧急止付、快速冻结、信息共享和快速查询功能。获得网络支付业务许可的非银行支付机构（以下简称支付机构）应于 2016 年 12 月 31 日前，通过接口方式与管理平台连接，实现上述功能。

二、规范紧急止付、快速冻结业务流程

公安机关、银行、支付机构依托管理平台收发电子报文，对涉案账户采取紧急止付、快速冻结措施。

（一）止付流程。

1. 被害人申请紧急止付。被害人被骗后，可拨打报警电话（110），直接向公安机关报案；也可向开户行所在地同一法人银行的任一网点举报。涉案账户为支付账户的向公安机关报案。

被害人向银行举报的，应出示本人有效身份证件，填写《紧急止付申请表》（见附件），详细说明资金汇出账户、收款人开户行名称、收款人账户（以下简称止付账户）、汇出金额、汇出时间、汇出渠道、疑似诈骗电话或短信内容等，承诺承担相关的法律责任并签名确认。同时，银行应当告知被害人拨打当地110报警电话。公安机关110报警服务台应立即指定辖区内的公安机关受理并告知被害人。被害人将110指定的受案公安机关名称告知银行。银行应当立即将《紧急止付申请表》以及被害人身份证件扫描件，通过管理平台发送至受案公安机关。

2. 紧急止付。公安机关应将加盖电子签章的紧急止付指令，以报文形式通过管理平台发送至止付账户开户行总行或支付机构，止付账户开户行总行或支付机构通过本单位业务系统，对相关账户的户名、账号、汇款金额和交易时间进行核对。核对一致的，立即进行止付操作，止付期限为自止付时点起48小时；核对不一致的，不得进行止付操作。止付银行或支付机构完成相关操作后，立即通过管理平台发送“紧急止付结果反馈报文”。公安机关可根据办案需要对同一账户再次止付，但止付次数以两次为限。

3. 冻结账户。公安机关应当在止付期限内，对被害人报案事项的真实性进行审查。报案事项属实的，经公安机关负责人批准，予以立案，并通过管理平台向止付账户开户行总行或支付机构发送“协助冻结财产通知报文”。银行或支付机构收到“协助冻结财产通知报文”后，对相应账户进行冻结。在止付期限内，未收到公安机关“协助冻结财产通知报文”的，止付期满后账户自动解除止付。

4. 同一法人银行特殊情形处理。如被害人开户行和止付账户开户行属于同一法人银行的，在情况紧急时，止付账户开户行可先行采取紧急止付，同时告知被害人立即报案，公安机关应在24小时内将紧急止付指令通过管理平台补送到止付银行。

（二）延伸止付。

如被害人被骗资金已被转出，止付账户开户行总行或支付机构应当将资金划转信息通过管理平台反馈公安机关，由公安机关决定是否延伸止付。若公安机关选择延伸止付，应通过管理平台将“延伸紧急止付报文”发送到相关银行或支付机构采取延伸止付。止付时间从止付操作起计算，止付期限为48小时。

延伸止付账户开户行或支付机构应根据“延伸紧急止付报文”，对涉案账户立即采取延伸止付，并将“延伸紧急止付结果反馈报文”通过管理平台反馈至发起延伸止付的公安机关。

如资金被多次转移的，应当进行多次延伸止付。多次延伸止付流程同上。

（三）明确责任。

客户恶意举报或因客户恶意举报采取的紧急止付措施对开户银行、开户支付机构、止付银行、止付支付机构以及止付账户户主等相关当事人造成损失和涉及法律责任的，应依法追究报案人责任。

三、限制涉案及可疑账户业务

银行、支付机构应对涉案账户或可疑账户采取业务限制措施。

（一）信息报送。

公安机关将涉案账户信息通过“涉案账户信息统计报文”发送到管理平台；银行、支付机构、公安机关将可疑账户信息通过“可疑账户信息统计报文”发送到管理平台。

（二）限制银行账户业务。

对于纳入“涉案账户信息”的账户（卡），开户银行应中止其业务，及时封停涉案账户（卡）在境内和境外的转账、取现等功能；银行不得向纳入“涉案账户信息”账户（卡）办理转账汇款、存现业务。对于纳入“涉案账户信息”的支付账户，支付机构应中止其转账支付业务。对于纳入“可疑账户信息”的账户，开户银行应取消其网上银行、手机银行、境内和境外自动柜员机（ATM）取现功能；汇入银行或支付机构客户账户（卡）纳入“可疑账户信息”的，汇出银行或支付机构应向汇款人提示“收款账户可疑，谨防诈骗”。

（三）加强对涉案账户的监测。

对于纳入“涉案账户信息”和“可疑账户信息”的客户，银行、支付机构应对其采取重新识别客户身份的措施，加强对其交易活动的监测；对于认定存在诈骗洗钱行为的客户信息应及时报送中国反洗钱监测分析中心。

四、相关要求

（一）人民银行、公安机关、电信主管部门、工商行政管理部门和银行、支付机构应加强沟通、密切配合，积极推进信息共享，建立高效运转的紧急止付和快速冻结工作机制，推动紧急止付和快速冻结顺利实施，最大限度挽回社会公众的财产损失。

（二）银行、支付机构和公安机关应根据本通知要求细化并制定本单位紧急止付和快速冻结操作规范，规范电信网络新型违法犯罪报案流程，核实报案人的身份信息，明确相关法律责任；完成系统改造，按期接入管理平台，及时上报和同步更新涉案账户信息库，实现对涉案账户的紧急止付、快速冻结。同时，银行、支付机构应对账户的网上交易记录IP地址进行集中管理，便于公安机关查询取证。

（三）公安机关应当积极受理电信网络新型违法犯罪报案，核实情况属实后应当立即予以立案，及时向银行、支付机构发送冻结指令并出具冻结法律文书。银行、支付机构应畅通本单位内部紧急止付和快速冻结通道，认真核实涉案账户流转情况，对涉案账户实现业务控制。

（四）各银行、支付机构、公安机关、电信主管部门应加强电信网络新型违法犯罪的宣传教育，及时通报电信网络新型违法犯罪案例，总结作案手段和特点，交流防堵经验做法，展示宣传资料，提高一线人员的防范和识别能力，加强社会公众风险防范意识，有效劝阻、提示社会公众谨防诈骗。

请人民银行上海总部，各分行、营业管理部、省会（首府）城市中心支行，深圳市中心支行会同各省、自治区、直辖市及计划单列市通信管理局、公安厅（局）、工商行政管理局（市场监督管理部门）；新疆生产建设兵团公安局及时将本通知转发至辖区内相关机构。

中国人民银行关于加强支付结算管理防范电信网络新型违法犯罪有关事项的通知

（2016年9月30日 银发〔2016〕261号）

中国人民银行上海总部，各分行、营业管理部，各省会（首府）城市中心支行，深圳市中心支行；国家开发银行，各政策性银行、国有商业银行、股份制商业银行，中国邮政储蓄银行；中国银联股份有限公司，中国支付清算协会；各非银行支付机构：

为有效防范电信网络新型违法犯罪，切实保护人民群众财产安全和合法权益，现就加强支付结算管理有关事项通知如下：

一、加强账户实名制管理

（一）全面推进个人账户分类管理。

1. 个人银行结算账户。自2016年12月1日起，银行业金融机构（以下简称银行）为个人开立银行结算账户的，同一个人在同一家银行（以法人为单位，下同）只能开立一个Ⅰ类户，已开立Ⅰ类户，再新开户的，应当开立Ⅱ类户或Ⅲ类户。银行对本银行行内异地存取现、转账等业务，收取异地手续费的，应当自本通知发布之日起三个月内实现免费。

个人于2016年11月30日前在同一家银行开立多个Ⅰ类户的，银行应当对同一存款人开户数量较多的情况进行摸排清理，要求存款人作出说明，核实其开户的合理性。对于无法核实开户合理性的，银行应当引导存款人撤销或归并账户，或者采取降低账户类别等措施，使存款人运用账户分类机制，合理存放资金，保护资金安全。

2. 个人支付账户。自2016年12月1日起，非银行支付机构（以下简称支付机构）为个人开立支付账户的，同一个人在同一家支付机构只能开立一个Ⅲ类账户。支付机构应当于2016年11月30日前完成存量支付账户清理工作，联系开户人确认需保留的账户，其余账户降低类别管理或予以撤并；开户人未按规定时间确认的，支付机构应当保留其使用频率较高和金额较大的账户，后续可根据其申请进行变更。

（二）暂停涉案账户开户人名下所有账户的业务。自 2017 年 1 月 1 日起，对于不法分子用于开展电信网络新型违法犯罪的作案银行账户和支付账户，经设区的市级及以上公安机关认定并纳入电信网络新型违法犯罪交易风险事件管理平台“涉案账户”名单的，银行和支付机构中止该账户所有业务。

银行和支付机构应当通知涉案账户开户人重新核实身份，如其未在 3 日内向银行或者支付机构重新核实身份的，应当对账户开户人名下其他银行账户暂停非柜面业务，支付账户暂停所有业务。银行和支付机构重新核实账户开户人身份后，可以恢复除涉案账户外的其他账户业务；账户开户人确认账户为他人冒名开立的，应当向银行和支付机构出具被冒用身份开户并同意销户的声明，银行和支付机构予以销户。

（三）建立对买卖银行账户和支付账户、冒名开户的惩戒机制。自 2017 年 1 月 1 日起，银行和支付机构对经设区的市级及以上公安机关认定的出租、出借、出售、购买银行账户（含银行卡，下同）或者支付账户的单位和个人及相关组织者，假冒他人身份或者虚构代理关系开立银行账户或者支付账户的单位和个人，5 年内暂停其银行账户非柜面业务、支付账户所有业务，3 年内不得为其新开立账户。人民银行将上述单位和个人信息移送金融信用信息基础数据库并向社会公布。

（四）加强对冒名开户的惩戒力度。银行在办理开户业务时，发现个人冒用他人身份开立账户的，应当及时向公安机关报案并将被冒用的身份证件移交公安机关。

（五）建立单位开户审慎核实机制。对于被全国企业信用信息公示系统列入“严重违法失信企业名单”，以及经银行和支付机构核实单位注册地址不存在或者虚构经营场所的单位，银行和支付机构不得为其开户。银行和支付机构应当至少每季度排查企业是否属于严重违法企业，情况属实的，应当在3个月内暂停其业务，逐步清理。

对存在法定代表人或者负责人对单位经营规模及业务背景等情况不清楚、注册地和经营地均在异地等异常情况的单位，银行和支付机构应当加强对单位开户意愿的核查。银行应当对法定代表人或者负责人面签并留存视频、音频资料等，开户初期原则上不开通非柜面业务，待后续了解后再审慎开通。支付机构应当留存单位法定代表人或者负责人开户时的视频、音频资料等。

支付机构为单位开立支付账户，应当参照《人民币银行结算账户管理办法》（中国人民银行令〔2003〕第5号发布）第十七条、第二十四条、第二十六条等相关规定，要求单位提供相关证明文件，并自主或者委托合作机构以面对面方式核实客户身份，或者以非面对面方式通过至少三个合法安全的外部渠道对单位基本信息进行多重交叉验证。对于本通知发布之日前已经开立支付账户的单位，支付机构应当于2017年6月底前按照上述要求核实身份，完成核实前不得为其开立新的支付账户；逾期未完成核实的，支付账户只收不付。支付机构完成核实工作后，将有关情况报告法人所在地人民银行分支机构。

支付机构应当加强对使用个人支付账户开展经营性活动的资金交易监测和持续性客户管理。

（六）加强对异常开户行为的审核。有下列情形之一的，银行和支付机构有权拒绝开户：

1. 对单位和个人身份信息存在疑义，要求出示辅助证件，单位和个人拒绝出示的。

2. 单位和个人组织他人同时或者分批开立账户的。

3. 有明显理由怀疑开立账户从事违法犯罪活动的。

银行和支付机构应当加强账户交易活动监测，对开户之日起6个月内无交易记录的账户，银行应当暂停其非柜面业务，支付机构应当暂停其所有业务，银行和支付机构向单位和个人重新核实身份后，可以恢复其业务。

（七）严格联系电话号码与身份证件号码的对应关系。银行和支付机构应当建立联系电话号码与个人身份证件号码的一一对应关系，对多人使用同一联系电话号码开立和使用账户的情况进行排查清理，联系相关当事人进行确认。对于成年人代理未成年人或者老年人开户预留本人联系电话等合理情形的，由相关当事人出具说明后可以保持不变；对于单位批量开户，预留财务人员联系电话等情形的，应当变更为账户所有人本人的联系电话；对于无法证明合理性的，应当对相关银行账户暂停非柜面业务，支付账户暂停所有业务。

二、加强转账管理

（八）增加转账方式，调整转账时间。自2016年12月1日起，银行和支付机构提供转账服务时应当执行下列规定：

1. 向存款人提供实时到账、普通到账、次日到账等多种转账方式选择，存款人在选择后才能办理业务。

2. 除向本人同行账户转账外，个人通过自助柜员机（含其他具有存取款功能的自助设备，下同）转账的，发卡行在受理24小时后办理资金转账。在发卡行受理后24小时内，个人可以向发卡行申请撤销转账。受理行应当在受理结果界面对转账业务办理时间和可撤销规定作出明确提示。

3. 银行通过自助柜员机为个人办理转账业务的，应当增加汉语语音提示，并通过文字、标识、弹窗等设置防诈骗提醒；非汉语提示界面应当对资金转出等核心关键字段提供汉语提示，无法提示的，不得提供转账。

（九）加强银行非柜面转账管理。自2016年12月1日起，银行在为存款人开通非柜面转账业务时，应当与存款人签订协议，约定非柜面渠道向非同名银行账户和支付账户转账的日累计限额、笔数和年累计限额等，超出限额和笔数的，应当到银行柜面办理。

除向本人同行账户转账外，银行为个人办理非柜面转账业务，单日累计金额超过5万元的，应当采用数字证书或者电子签名等安全可靠的支付指令验证方式。单位、个人银行账户非柜面转账单日累计金额分别超过100万元、30万元的，银行应当进行大额交易提醒，单位、个人确认后方可转账。

（十）加强支付账户转账管理。自2016年12月1日起，支付机构在为单位和个人开立支付账户时，应当与单位和个人签订协议，约定支付账户与支付账户、支付账户与银行账户之间的日累计转账限额和笔数，超出限额和笔数的，不得再办理转账业务。

（十一）加强交易背景调查。银行和支付机构发现账户存在大量转入转出交易的，应当按照“了解你的客户”原则，对单位或者个人的交易背景进行调查。如发现存在异常的，应当按照审慎原则调整向单位和个人提供的相关服务。

（十二）加强特约商户资金结算管理。银行和支付机构为特约商户提供T+0资金结算服务的，应当对特约商户加强交易监测和风险管理，不得为入网不满90日或者入网后连续正常交易不满30日的特约商户提供T+0资金结算服务。

三、加强银行卡业务管理

（十三）严格审核特约商户资质，规范受理终端管理。任何单位和个人不得在网上买卖POS机（包括MPOS）、刷卡器等受理终端。银行和支付机构应当对全部实体特约商户进行现场检查，逐一核对其受理终端的使用地点。对于违规移机使用、无法确认实际使用地点的受理终端一律停止业务功能。银行和支付机构应当于2016年11月30日前形成检查报告备查。

（十四）建立健全特约商户信息管理系统和黑名单管理机制。中国支付清算协会、银行卡清算机构应当建立健全特约商户信息管理系统，组织银行、支付机构详细记录特约商户基本信息、启动和终止服务情况、合规风险状况等。对同一特约商户或者同一个人控制的特约商户反复更换服务机构等异常状况的，银行和支付机构应当审慎为其提供服务。

中国支付清算协会、银行卡清算机构应当建立健全特约商户黑名单管理机制，将因存在重大违规行为被银行和支付机构终止服务的特约商户及其法定代表人或者负责人、公安机关认定为违法犯罪活动转移赃款提供便利的特约商户及相关个人、公安机关认定的买卖账户的单位和个人等，列入黑名单管理。中国支付清算协会应当将黑名单信息移送金融信用信息基础数据库。银行和支付机构不得将黑名单中的单位以及由相关个人担任法定代表人或者负责人的单位拓展为特约商户；已经拓展为特约商户的，应当自该特约商户被列入黑名单之日起10日内予以清退。

四、强化可疑交易监测

（十五）确保交易信息真实、完整、可追溯。支付机构与银行合作开展银行账户付款或者收款业务的，应当严格执行《银行卡收单业务管理办法》（中国人民银行令〔2013〕第9号发布）、《非银行支付机构网络支付业务管理办法》（中国人民银行公告〔2015〕第43号公布）等制度规定，确保交易信息的真实性、完整性、可追溯性以及在支付全流程中的一致性，不得篡改或者隐匿交易信息，交易信息应当至少保存5年。银行和支付机构应当于2017年3月31日前按照网络支付报文相关金融行业技术标准完成系统改造，逾期未完成改造的，暂停有关业务。

（十六）加强账户监测。银行和支付机构应当加强对银行账户和支付账户的监测，建立和完善可疑交易监测模型，账户及其资金划转具有集中转入分散转出等可疑交易特征的（详见附件1），应当列入可疑交易。

对于列入可疑交易的账户，银行和支付机构应当与相关单位或者个人核实交易情况；经核实后银行和支付机构仍然认定账户可疑的，银行应当暂停账户非柜面业务，支付机构应当暂停账户所有业务，并按照规定报送可疑交易报告或者重点可疑交易报告；涉嫌违法犯罪的，应当及时向当地公安机关报告。

（十七）强化支付结算可疑交易监测的研究。中国支付清算协会、银行卡清算机构应当根据公安机关、银行、支付机构提供的可疑交易情形，构建可疑交易监测模型，向银行和支付机构发布。

五、健全紧急止付和快速冻结机制

（十八）理顺工作机制，按期接入电信网络新型违法犯罪交易风险事件管理平台。2016年11月30日前，支付机构应当理顺本机构协助有权机关查询、止付、冻结和扣划工作流程；实现查询账户信息和交易流水以及账户止付、冻结和扣划等；指定专人专岗负责协助查询、止付、冻结和扣划工作，不得推诿、拖延。银行、从事网络支付的支付机构应当根据有关要求，按时完成本单位核心系统的开发和改造工作，在2016年底前全部接入电信网络新型违法犯罪交易风险事件管理平台。

六、加大对无证机构的打击力度

（十九）依法处置无证机构。人民银行分支机构应当充分利用支付机构风险专项整治工作机制，加强与地方政府以及工商部门、公安机关的配合，及时出具相关非法从事资金支付结算的行政认定意见，加大对无证机构的打击力度，尽快依法处置一批无证经营机构。人民银行上海总部，各分行、营业管理部、省会（首府）城市中心支行应当按月填制《无证经营支付业务专项整治工作进度表》（见附件2），将辖区工作进展情况上报总行。

七、建立责任追究机制

（二十）严格处罚，实行责任追究。人民银行分支机构、银行和支付机构应当履职尽责，确保打击治理电信网络新型违法犯罪工作取得实效。

凡是发生电信网络新型违法犯罪案件的，应当倒查银行、支付机构的责任落实情况。银行和支付机构违反相关制度以及本通知规定的，应当按照有关规定进行处罚；情节严重的，人民银行依据《中华人民共和国中国人民银行法》第四十六条的规定予以处罚，并可采取暂停1个月至6个月新开立账户和办理支付业务的监管措施。

凡是人民银行分支机构监管责任不落实，导致辖区内银行和支付机构未有效履职尽责，公众在电信网络新型违法犯罪活动中遭受严重资金损失，产生恶劣社会影响的，应当对人民银行分支机构进行问责。

人民银行分支机构、银行、支付机构、中国支付清算协会、银行卡清算机构应当按照规定向人民银行总行报告本通知执行情况并填报有关统计表（具体报送方式及内容见附件3）。

请人民银行上海总部，各分行、营业管理部、省会（首府）城市中心支行，深圳市中心支行及时将该通知转发至辖区内各城市商业银行、农村商业银行、农村合作银行、村镇银行、城市信用社、农村信用社和外资银行等。

各单位在执行中如遇问题，请及时向人民银行报告。

附件：1. 涉电信诈骗犯罪可疑特征报送指引

2. 无证经营支付业务专项整治工作进度表（略）

3. 报告模板（略）

附件1

涉电信诈骗犯罪可疑特征报送指引

涉电信诈骗资金的交易环节复杂、交易层级较多，从开立账户接收诈骗资金，到转移赃款直至最终清洗完毕（多为取现），其间涉及众多账户。在每个交易环节，所涉账户均存在诸多不同的可疑特征。要有效发现相关涉案账户，不能简单依靠某一个可疑特征作出判断，必须在客户尽职调查的基础上，结合多种可疑特征，进行综合判断。

一、开户环节

（一）开户人无合理理由执意开立多个个人账户；

（二）开户人持非居民身份证（如军官证、士兵证、护照、港澳台地区证件等）、伪造的证件开立账户；

（三）开户代理人持他人证件开立账户，尤其是代理相对特殊人群开立账户，如持他人异地身份证件、偏远地区身份证件代理开立账户，或者代理未成年人、老年人、学生、无职业者等开立账户；

（四）陪同他人集中开立账户，尤其是陪同相对特殊人群集中开立账户，如陪同他人持异地身份证件、偏远地区身份证件集中开立账户，或者陪同未成年人、老年人、学生、无职业者等开立账户；

（五）不填写个人信息或开户资料信息虚假，如联系地址为公共场所、电话号码已停机或为空号；

（六）不同主体账户开户资料存在较密切关联，如不同主体的开户时间、地点、联系地址相同或相近且交易对手相同，不同主体留存的开户电话相同；

（七）开户资金较小，且开户后随即将资金取走；

（八）开户时或办理业务过程中回避客户身份调查或掩饰面貌；

（九）开户人频繁开户、销户。

二、转账交易环节

（一）资金集中转入、分散转出，尤其是资金汇往多个地区且汇款人看似无关联；

（二）资金分散转入、集中转出，尤其是资金来源于多个地区，汇款人看似无关联且多为单次交易；

（三）账户资金快进快出、过渡性质明显，尤其是资金在极短时间内通过多个账户划转；

（四）账户无余额或余额相对于交易额比例较低；

（五）账户交易笔数短期内明显增多；

（六）存在构造性资金交易，意图规避限额交易；

（七）跨行收款并跨行转账；

（八）账户在发生小额试探性交易后即出现频繁或大额交易；

（九）长期未使用的账户突然发生频繁或大额交易；

（十）账户短期内发生频繁或大额交易后突然停止使用；

（十一）机构账户资金交易与其经营范围、规模明显不符；

（十二）同一主体在极短时间内在境内不同地区或在境内、境外发生资金业务；

（十三）不同主体账户使用同一 IP 或 MAC 地址，尤其是 IP 地址涉及境外地区；

（十四）账户交易多为网银、自助柜员机等非柜面交易方式。

三、取现交易环节

（一）银行卡在境外自助设备上按照取现标准限额频繁支取现金；

（二）境内同一自助设备在极短时间内集中发生多张银行卡（尤其是异地卡或他行卡）连续按照取现标准限额频繁支取现金的交易。

四、其他

人民银行通过印发《洗钱风险提示》、《可疑交易类型和识别点对照表》等提示的可疑交易特征。

中国人民银行关于进一步加强支付结算管理防范电信网络新型违法犯罪有关事项的通知

（2019年3月22日　银发〔2019〕85号）

中国人民银行上海总部，各分行、营业管理部，各省会（首府）城市中心支行，深圳市中心支行；国家开发银行，各政策性银行、国有商业银行、股份制商业银行，中国邮政储蓄银行；中国银联股份有限公司，中国支付清算协会，网联清算有限公司；各非银行支付机构：

为有效应对和防范电信网络新型违法犯罪新形势和新问题，保护人民群众财产安全和合法权益，现就进一步加强支付结算管理有关事项通知如下：

一、健全紧急止付和快速冻结机制

（一）准确反馈交易流水号。自2019年6月1日起，银行业金融机构（以下简称银行）和非银行支付机构（以下简称支付机构）在受理公安机关通过电信网络新型违法犯罪交易风险事件管理平台（以下简称管理平台）发起的查询业务时，应当执行下列规定：

1. 对于支付机构发起涉及银行账户的网络支付业务，银行应当按照管理平台报文要求，准确提供该笔业务对应的由清算机构发送的交易流水号（具体规则见附件）。

2. 支付机构应当支持根据清算机构发送的交易流水号查询对应业务的相关信息，并按照管理平台报文要求反馈。

（二）强化涉案账户查询、止付、冻结管理。对于公安机关通过管理平台发起的涉案账户查询、止付和冻结业务，符合法律法规和相关规定的，银行和支付机构应当立即办理并及时反馈。银行和支付机构应当建立涉案账户查询、止付、冻结7×24小时紧急联系人机制，设置AB角，并于2019年4月1日前将紧急联系人姓名、联系方式等信息报送法人所在地公安机关。紧急联系人发生变更的，应当于变更之日起1个工作日内重新报送。

二、加强账户实名制管理

（三）加强单位支付账户开户审核。支付机构为单位开立支付账户应当严格审核单位开户证明文件的真实性、完整性和合规性，开户申请人与开户证明文件所属人的一致性，并向单位法定代表人或负责人核实开户意愿，留存相关工作记录。支付机构可采取面对面、视频等方式向单位法定代表人或负责人核实开户意愿，具体方式由支付机构根据客户风险评级情况确定。

单位存在异常开户情形的，支付机构应当按照反洗钱等规定采取延长开户审核期限、强化客户尽职调查等措施，必要时应当拒绝开户。

（四）开展存量单位支付账户核实。支付机构应当按照本通知第三项规定的开户审核要求，开展全部存量单位支付账户实名制落实情况核实工作。核实中发现单位支付账户未落实实名制要求或者无法核实实名制落实情况的，应当中止其支付账户所有业务，且不得为其新开立支付账户；发现疑似电信网络新型违法犯罪涉案账户的，应当立即报告公安机关。支付机构应当于2019年4月1日前制定核实计划，于2019年6月30日前完成核实工作。

（五）完善支付账户密码安全管理。支付机构应当完善客户修改支付账户登录密码、支付密码等业务的安全管理，不得仅凭验证支付账号绑定银行账户信息即为客户办理修改支付账户登录密码、支付密码和预留手机号码等业务。

（六）健全单位客户风险管理。支付机构应当健全单位客户风险评级管理制度，根据单位客户风险评级，合理设置并动态调整同一单位所有支付账户余额付款总限额。

支付机构发现单位支付账户存在可疑交易特征的，应当采取面对面、视频等方式重新核实客户身份，甄别可疑交易行为，确属可疑的，应当按照反洗钱有关规定采取相关措施，无法核实的，应当中止该支付账户所有业务；对公安机关移送涉案账户的开户单位法定代表人或负责人、经办人员开立的其他单位支付账户，应当重点核实。

（七）优化个人银行账户变更和撤销服务。自 2019 年 6 月 1 日起，银行应当为个人提供境内分支机构跨网点办理账户变更和撤销服务。

（八）建立合法开立和使用账户承诺机制。自 2019 年 6 月 1 日起，银行和支付机构为客户开立账户时，应当在开户申请书、服务协议或开户申请信息填写界面醒目告知客户出租、出借、出售、购买账户的相关法律责任和惩戒措施，并载明以下语句："本人（单位）充分了解并清楚知晓出租、出借、出售、购买账户的相关法律责任和惩戒措施，承诺依法依规开立和使用本人（单位）账户"，由客户确认。

（九）加大买卖银行账户和支付账户、冒名开户惩戒力度。自 2019 年 4 月 1 日起，银行和支付机构对经设区的市级及以上公安机关认定的出租、出借、出售、购买银行账户（含银行卡）或者支付账户的单位和个人及相关组织者，假冒他人身份或者虚构代理关系开立银行账户或者支付账户的单位和个人，5 年内暂停其银行账户非柜面业务、支付账户所有业务，并不得为其新开立账户。惩戒期满后，受惩戒的单位和个人办理新开立账户业务的，银行和支付机构应加大审核力度。人民银行将上述单位和个人信息移送金融信用信息基础数据库并向社会公布。

三、加强转账管理

（十）载明非实时到账信息。自 2019 年 6 月 1 日起，对于客户选择普通到账、次日到账等非实时到账的转账业务的，银行和支付机构应当在办理结果回执或界面明确载明该笔转账业务非实时到账。

（十一）改进自助柜员机转账管理。银行通过自助柜员机为个人办理业务时，可在转账受理界面（含外文界面）以中文显示收款人姓名、账号和转账金额等信息（姓名应当脱敏处理），并以中文明确提示该业务实时到账，由客户确认。符合上述要求的，可不再执行《中国人民银行关于加强支付结算管理 防范电信网络新型违法犯罪有关事项的通知》（银发〔2016〕261号）第八项关于自助柜员机转账24小时后到账的规定。鼓励银行在自助柜员机应用生物特征识别等多因素身份认证方式，积极探索兼顾安全与便捷的支付服务。

四、强化特约商户与受理终端管理

（十二）建立特约商户信息共享联防机制。自2019年6月1日起，收单机构拓展特约商户时，应当通过中国支付清算协会或银行卡清算机构的特约商户信息管理系统查询其签约、更换收单机构情况和黑名单信息。对于同一特约商户或者同一个人担任法定代表人（负责人）的特约商户存在频繁更换收单机构、被收单机构多次清退或同时签约多个收单机构等异常情形的，收单机构应当谨慎将其拓展为特约商户。对于黑名单中的单位以及相关个人担任法定代表人或负责人的单位，收单机构不得将其拓展为特约商户；已经拓展为特约商户的，应当自其被列入黑名单之日起10日内予以清退。

（十三）加强特约商户管理。收单机构应当严格按规定审核特约商户申请资料，采取有效措施核实其经营活动的真实性和合法性，不得仅凭特约商户主要负责人身份证件为其提供收单服务。不得直接或变相为互联网赌博、色情平台，互联网销售彩票平台，非法外汇、贵金属投资交易平台，非法证券期货类交易平台，代币发行融资及虚拟货币交易平台，未经监管部门批准通过互联网开展资产管理业务以及未取得省级政府批文的大宗商品交易场所等非法交易提供支付结算服务。

（十四）严格受理终端管理。自本通知发布之日起，对于受理终端应当执行下列规定：

1. 收单机构为特约商户安装可移动的银行卡、条码支付受理终端

（以下简称移动受理终端）时，应当结合商户经营地址限定受理终端的使用地域范围。收单机构应当对移动受理终端所处位置持续开展实时监测，并逐笔记录交易位置信息，对于无法监测位置或与商户经营地址不符的交易，暂停办理资金结算并立即核实；确认存在移机等违规行为的，应当停止收单服务并收回受理机具。本通知发布前已安装的移动受理终端不符合上述要求的，收单机构应当于 2019 年 6 月 30 日前完成改造；逾期未完成改造的，暂停移动受理终端业务功能。

2. 对于连续 3 个月内未发生交易的受理终端或收款码，收单机构应当重新核实特约商户身份，无法核实的应当停止为其提供收款服务。对于连续 12 个月内未发生交易的受理终端或收款码，收单机构应当停止为其提供收款服务。

3. 清算机构应当强化受理终端入网管理，参照国家标准及金融行业标准制定受理终端入网管理制度；应当通过特约商户信息管理系统运用大数据分析技术，持续开展受理终端注册信息与交易信息监测校验，并向收单机构反馈校验结果。收单机构对异常校验结果应当及时采取措施核实、整改。

（十五）强化收单业务风险监测。收单机构、清算机构应当强化收单业务风险管理，持续监测和分析交易金额、笔数、类型、时间、频率和收款方、付款方等特征，完善可疑交易监测模型。收单机构发现交易金额、时间、频率与特约商户经营范围、规模不相符等异常情形的，应当对特约商户采取延迟资金结算、设置收款限额、暂停银行卡交易、收回受理终端（关闭网络支付接口）等措施；发现涉嫌电信网络新型违法犯罪的，应当立即向公安机关报告。收单机构应当与特约商户签订受理协议时明确上述规定。

（十六）健全特约商户分类巡检机制。收单机构应当根据特约商户风险评级确定其巡检方式和频率。对于具备固定经营场所的实体特约商户，收单机构应当每年独立开展至少一次现场巡检；对于不具备固定经营场所的实体特约商户，收单机构应当定期采集其经营影像或照片、开展受理终端定位监测；对于网络特约商户，收单机构应当定期登录其经营网页查看经营内容、开展网络支付接口技术监测和大数据分析。收单机构应当按照上述要求对存量实体特约商户和网络特约商户开展一次全面巡检，于2019年6月30日前形成检查报告备查。

（十七）准确展示交易信息。银行、支付机构应当按照清算机构报文规范要求准确、完整报送实际交易的特约商户信息和收款方、付款方信息，并向客户准确展示商户名称或收款方、付款方名称。

五、广泛宣传教育

（十八）全面设置防诈骗提示。自2019年4月1日起，银行应当在营业网点和柜台醒目位置张贴防范电信网络新型违法犯罪提示，并提醒客户阅知。自2019年6月1日起，银行和支付机构应当在所有电子渠道的转账操作界面设置防范电信网络新型违法犯罪提示。

（十九）开展集中宣传活动。2019年4月至12月，人民银行分支机构、银行、支付机构、清算机构和中国支付清算协会应当制定防范电信网络诈骗宣传方案，综合运用解读文章、海报、漫画等各种宣传方式，利用电视、广播、报纸、微博、微信、微视频等各种宣传渠道，持续向客户宣传普及电信网络新型违法犯罪典型手法及应对措施、转账汇款注意事项、买卖账户社会危害、个人金融信息保护和支付结算常识等内容。应当加强对在校学生、企业财务人员、老年人、农村居民等群体的宣传教育，针对性地开展防范电信网络新型违法犯罪知识进学校、进企业、进社区、进农村等宣传活动。

六、落实责任追究机制

（二十）建立通报约谈机制。对于被公安机关通报配合打击治理电信网络新型违法犯罪工作不力的银行和支付机构，人民银行及其分支机构将会同公安机关约谈相关负责人，根据公安机关移送线索倒查责任落实情况，列为执法检查随机抽查的重点检查对象。

（二十一）依法严格处罚。银行和支付机构违反相关制度以及本通知规定的，应当按照有关规定进行处罚；情节严重的，人民银行依据《中华人民共和国中国人民银行法》第四十六条的规定予以处罚。

各单位在执行中如遇问题，请及时向人民银行报告。人民银行以前发布的通知与本通知不一致的部分，以本通知为准。

请人民银行上海总部，各分行、营业管理部、省会（首府）城市中心支行，深圳市中心支行及时将该通知转发至辖区内各城市商业银行、农村商业银行、农村合作银行、村镇银行、城市信用社、农村信用社和外资银行等。

附件：

电信网络新型违法犯罪交易风险事件管理平台部分业务事项说明

一、查询反馈业务重点数据项说明

对公安机关通过电信网络新型违法犯罪交易风险事件管理平台发起的账户交易信息明细查询（银行对应报文类型编码为100301，支付机构对应报文类型编码为A00301），银行和支付机构应当在账户交易明细查询反馈报文（银行对应报文类型编码为100302，支付机构对应报文类型编码为A00302）中准确反馈下列信息：

（一）交易流水号。对于支付机构发起的涉及银行账户的交易，银行和支付机构应当按照以下规则反馈交易流水号和交易类型：

1. 通过中国银联股份有限公司（以下简称银联）处理的业务。

（1）网银支付。反馈银联发送银行的交易订单号（唯一订单标识），交易类型字段填写“银联网银”。

（2）协议支付。反馈协议支付请求报文（报文类型1001）中的交易流水号字段（TrxId），交易类型字段填写“银联协议”。

（3）直接支付。反馈直接支付请求报文（报文类型1002）中的交易流水号字段（TrxId），交易类型字段填写“银联直接”。

（4）贷记付款。反馈贷记付款请求报文（报文类型2001）中的交易流水号字段（TrxId），交易类型字段填写“银联贷记”。

2. 通过网联清算有限公司（以下简称网联）处理的业务。

（1）协议支付。反馈协议支付申请报文（epcc. 201. 001. 01）中的交易流水号字段（TrxId），交易类型字段填写“网联协议”。

（2）网关支付。反馈网关支付跳转报文（epcc. 242. 001. 01）中交易流水号字段（TrxId），交易类型字段填写“网联网关”。

（3）认证支付。反馈银行验证支付申请报文（epcc. 231. 001. 01）中交易流水号字段（TrxId），交易类型字段填写“网联认证”。

（4）商业委托支付。反馈协议支付申请报文（epcc. 201. 001. 01）中交易流水号字段（TrxId），交易类型字段填写“网联商业委托”。

（5）付款业务。反馈付款申请报文（epcc. 211. 001. 01）中交易流水号字段（TrxId），交易类型字段填写“网联付款”。

（二）商户名称和交易发生地。对银行卡收单业务，银行和支付机构应当准确填写“商户名称”数据项。对于通过自动柜员机办理的业务，银行应当在“交易发生地”字段填写办理该笔业务的自动柜员机布放地址。

（三）备注。交易通过网联处理的，在备注中填写“网联”；交易通过银联处理的，在备注中填写“银联”。

（四）支付机构应当支持根据清算机构发送的交易流水号进行查询；同时支持根据银行卡号查询交易明细，在“支付账户交易明细查询”报文（报文类型编码 A00301）中，当“明细查询操作的传入参数”<DataType>=01 时，支付机构依据传入的支付账号，查询该账号下所有账户交易明细并反馈；当<DataType>=02 时，支付机构依据传入的银行卡号，查询该银行卡号所绑定的支付账户交易明细并反馈。

二、交易查询要求

对于公安机关发起交易信息明细查询（银行对应报文类型编码为 100301，支付机构对应报文类型编码为 A00301），银行和支付机构应当支持查询近两年内的交易，同时支持查询当日交易。对于查询反馈结果超过 1000 笔交易信息的，反馈最近 1000 笔交易。对于已撤销账户，支持查询销户前交易明细。

中国支付清算协会关于进一步加强银行卡收单业务风险管理防范网络新型违法犯罪的提示

（2016年10月24日　中支协函〔2016〕67号）

各会员单位：

为有效防范电信网络新型违法犯罪，切实保护人民群众财产安全和合法权益，推进落实中国人民银行《关于加强支付结算管理、防范电信网络新型违法犯罪有关事项的通知》（银发〔2016〕261号）相关要求，现就近期银行卡收单业务风险管理工作做出以下提示：

一、规范受理终端管理，杜绝网上买卖受理终端

会员单位不得在网上售卖POS机（包括MPOS）、手机刷卡器等业务受理终端。会员单位应严格落实相关监管制度及自律规范要求，建立相关管理制度和工作机制，采取入网终端签名、唯一性标识等技术措施，加强受理终端入网管理，自觉防范不符合技术标准要求、被非法改装过的受理终端、通过网上购买的以及其他来源不明的受理终端进入业务平台，以有效隔离客户信息泄露、资金被盗等风险。

会员单位对于存量终端应建立定期检查机制，确保自身布放的以及专业化服务机构提供的业务受理终端持续符合国家、金融行业技术标准和相关信息安全管理要求，确保布放的终端与合格样品的一致性，并在2016年11月30日前对全部实体特约商户进行现场检查，核对全部受理终端的使用地点，形成检查报告备查。对于违规移机使用、无法确认实际使用地点的受理终端一律停止业务功能，防止受理终端被不法分子利用从事非法活动。

二、严格审核特约商户资质，贯彻落实客户实名制要求

会员单位应严格落实银行卡收单、网络支付相关监管制度规定，切实履行商户资质审核、风险管理、受理终端和网络支付接口管理等责任，确保商户为依法设立且经营活动合法合规，严防虚假商户申领受理终端或开通网络支付接口、违规移机使用受理终端、违规布放移动受理终端等问题。

会员单位应当对特约商户实行实名制管理，严格审核特约商户的营业执照等证明文件，以及法定代表人或负责人有效身份证件等申请材料。特约商户为自然人的，收单机构应当审核其有效身份证件。商户及其法定代表人或负责人在中国人民银行指定的风险信息管理系统中存在不良信息的，收单机构应当谨慎或拒绝为该商户提供银行卡收单服务。

三、确保交易信息真实性，提高风险监测力度

会员单位应严格执行《银行卡收单业务管理办法》（中国人民银行令〔2013〕第9号发布）、《非银行支付机构网络支付业务管理办法》（中国人民银行公告〔2015〕第43号公布）等制度规定，确保交易信息的真实性、完整性、可追溯性以及在支付全流程中的一致性，不得篡改或者隐匿交易信息，交易信息应当至少保存5年。加强支付交易风险监控，提升交易信息数据在风险监测和防范欺诈方面的应用价值，利用大数据分析、用户行为建模等手段，建立交易风险监控模型和系统，及时预警异常交易，并及时采取调查核实、风险提示、延迟结算等措施。针对批量或高频登录等异常行为，应利用IP地址、终端设备标识信息、浏览器缓存信息等进行综合识别，及时采取附加验证、拒绝请求等风险控制措施。

四、积极参与行业风险信息共享，共同提升行业风险联防水平

协会已上线运行的银行卡收单外包机构登记及风险信息共享系统、行业风险信息共享系统以及风险事件协查管理系统，可为会员单位提供收单外包服务机构、个人、商户等各类型风险信息的报送、查询和协查服务。会员单位应充分利用风险信息共享平台，按要求及时报送业务风险信息，加强风险事件协查互动，强化业务事前、事中、事后风险预警防范能力，共同提升行业风险联防联控水平。

中国人民银行、中央网信办、最高人民法院、最高人民检察院、工业和信息化部、公安部、市场监管总局、银保监会、证监会、外汇局关于进一步防范和处置虚拟货币交易炒作风险的通知

（2021 年 9 月 15 日　银发〔2021〕237 号）

各省、自治区、直辖市人民政府，新疆生产建设兵团：

近期，虚拟货币交易炒作活动抬头，扰乱经济金融秩序，滋生赌博、非法集资、诈骗、传销、洗钱等违法犯罪活动，严重危害人民群众财产安全。为进一步防范和处置虚拟货币交易炒作风险，切实维护国家安全和社会稳定，依据《中华人民共和国中国人民银行法》《中华人民共和国商业银行法》《中华人民共和国证券法》《中华人民共和国网络安全法》《中华人民共和国电信条例》《防范和处置非法集资条例》《期货交易管理条例》《国务院关于清理整顿各类地方交易场所切实防范金融风险的决定》《国务院办公厅关于清理整顿各类交易场所的实施意见》等规定，现就有关事项通知如下：

一、明确虚拟货币和相关业务活动本质属性

（一）虚拟货币不具有与法定货币等同的法律地位。比特币、以太币、泰达币等虚拟货币具有非货币当局发行、使用加密技术及分布式账户或类似技术、以数字化形式存在等主要特点，不具有法偿性，不应且不能作为货币在市场上流通使用。

（二）虚拟货币相关业务活动属于非法金融活动。开展法定货币与虚拟货币兑换业务、虚拟货币之间的兑换业务、作为中央对手方买卖虚拟货币、为虚拟货币交易提供信息中介和定价服务、代币发行融资以及虚拟货币衍生品交易等虚拟货币相关业务活动涉嫌非法发售代

币票券、擅自公开发行证券、非法经营期货业务、非法集资等非法金融活动，一律严格禁止，坚决依法取缔。对于开展相关非法金融活动构成犯罪的，依法追究刑事责任。

（三）境外虚拟货币交易所通过互联网向我国境内居民提供服务同样属于非法金融活动。对于相关境外虚拟货币交易所的境内工作人员，以及明知或应知其从事虚拟货币相关业务，仍为其提供营销宣传、支付结算、技术支持等服务的法人、非法人组织和自然人，依法追究有关责任。

（四）参与虚拟货币投资交易活动存在法律风险。任何法人、非法人组织和自然人投资虚拟货币及相关衍生品，违背公序良俗的，相关民事法律行为无效，由此引发的损失由其自行承担；涉嫌破坏金融秩序、危害金融安全的，由相关部门依法查处。

二、建立健全应对虚拟货币交易炒作风险的工作机制

（五）部门协同联动。人民银行会同中央网信办、最高人民法院、最高人民检察院、工业和信息化部、公安部、市场监管总局、银保监会、证监会、外汇局等部门建立工作协调机制，协同解决工作中的重大问题，督促指导各地区按统一部署开展工作。

（六）强化属地落实。各省级人民政府对本行政区域内防范和处置虚拟货币交易炒作相关风险负总责，由地方金融监管部门牵头，国务院金融管理部门分支机构以及网信、电信主管、公安、市场监管等部门参加，建立常态化工作机制，统筹调动资源，积极预防、妥善处理虚拟货币交易炒作有关问题，维护经济金融秩序和社会和谐稳定。

三、加强虚拟货币交易炒作风险监测预警

（七）全方位监测预警。各省级人民政府充分发挥地方监测预警机制作用，线上监测和线下排查相结合，提高识别发现虚拟货币交易炒作活动的精度和效率。人民银行、中央网信办等部门持续完善加密资产监测技术手段，实现虚拟货币“挖矿”、交易、兑换的全链条跟踪和全时信息备份。金融管理部门指导金融机构和非银行支付机构加强对涉虚拟货币交易资金的监测工作。

（八）建立信息共享和快速反应机制。在各省级人民政府领导下，地方金融监管部门会同国务院金融管理部门分支机构、网信部门、公安机关等加强线上监控、线下摸排、资金监测的有效衔接，建立虚拟货币交易炒作信息共享和交叉验证机制，以及预警信息传递、核查、处置快速反应机制。

四、构建多维度、多层次的风险防范和处置体系

（九）金融机构和非银行支付机构不得为虚拟货币相关业务活动提供服务。金融机构和非银行支付机构不得为虚拟货币相关业务活动提供账户开立、资金划转和清算结算等服务，不得将虚拟货币纳入抵质押品范围，不得开展与虚拟货币相关的保险业务或将虚拟货币纳入保险责任范围，发现违法违规问题线索应及时向有关部门报告。

（十）加强对虚拟货币相关的互联网信息内容和接入管理。互联网企业不得为虚拟货币相关业务活动提供网络经营场所、商业展示、营销宣传、付费导流等服务，发现违法违规问题线索应及时向有关部门报告，并为相关调查、侦查工作提供技术支持和协助。网信和电信主管部门根据金融管理部门移送的问题线索及时依法关闭开展虚拟货币相关业务活动的网站、移动应用程序、小程序等互联网应用。

（十一）加强对虚拟货币相关的市场主体登记和广告管理。市场监管部门加强市场主体登记管理，企业、个体工商户注册名称和经营范围中不得含有“虚拟货币”“虚拟资产”“加密货币”“加密资产”等字样或内容。市场监管部门会同金融管理部门依法加强对涉虚拟货币相关广告的监管，及时查处相关违法广告。

（十二）严厉打击虚拟货币相关非法金融活动。发现虚拟货币相关非法金融活动问题线索后，地方金融监管部门会同国务院金融管理部门分支机构等相关部门依法及时调查认定、妥善处置，并严肃追究有关法人、非法人组织和自然人的法律责任，涉及犯罪的，移送司法机关依法查处。

（十三）严厉打击涉虚拟货币犯罪活动。公安部部署全国公安机关继续深入开展“打击洗钱犯罪专项行动”“打击跨境赌博专项行动”

“断卡行动”，依法严厉打击虚拟货币相关业务活动中的非法经营、金融诈骗等犯罪活动，利用虚拟货币实施的洗钱、赌博等犯罪活动和以虚拟货币为噱头的非法集资、传销等犯罪活动。

（十四）加强行业自律管理。中国互联网金融协会、中国支付清算协会、中国银行业协会加强会员管理和政策宣传，倡导和督促会员单位抵制虚拟货币相关非法金融活动，对违反监管政策和行业自律规则的会员单位，依照有关自律管理规定予以惩戒。依托各类行业基础设施开展虚拟货币交易炒作风险监测，及时向有关部门移送问题线索。

五、强化组织实施

（十五）加强组织领导和统筹协调。各部门、各地区要高度重视应对虚拟货币交易炒作风险工作，加强组织领导，明确工作责任，形成中央统筹、属地实施、条块结合、共同负责的长效工作机制，保持高压态势，动态监测风险，采取有力措施，防范化解风险，依法保护人民群众财产安全，全力维护经济金融秩序和社会稳定。

（十六）加强政策解读和宣传教育。各部门、各地区及行业协会要充分运用各类媒体等传播渠道，通过法律政策解读、典型案例剖析、投资风险教育等方式，向社会公众宣传虚拟货币炒作等相关业务活动的违法性、危害性及其表现形式等，增强社会公众风险防范意识。

中国农业银行股份有限公司关于加强支付结算管理防范电信网络新型违法犯罪的公告

（2016年11月28日）

尊敬的客户：

根据最高人民法院、最高人民检察院、公安部、工业和信息化部、中国人民银行、中国银行业监督管理委员会联合发布的《防范和打击电信网络诈骗犯罪的通告》（以下简称《通告》）、中国人民银行《关于加强支付结算管理防范电信网络新型违法犯罪有关事项的通知》（银发〔2016〕261号，以下简称《通知》）要求，为有效防范电信网络新型违法犯罪，切实保护存款人账户资金安全和合法权益，现将有关事项公告如下：

一、加强账户开立管理。自2016年12月1日起，同一个人客户在我行只能开立一个Ⅰ类账户（含借记卡、个人人民币活期结算存折，下同）。12月1日前已在我行开立的各类Ⅰ类账户不受影响，可继续正常使用，您若需要再新开个人账户，则只能开立Ⅱ类账户。

二、开展存量个人银行账户清理。为提高账户使用效率，建议您对名下账户进行清理归并。若您在我行已开立5个及以上Ⅰ类账户（借记卡或存折），请您持本人有效身份证件尽快到我行任一网点进行账户信息确认，我行将为您提供账户归并和无效账户注销服务，以免影响您其他账户的正常使用。

三、加强高风险账户管理。自2017年1月1日起，如您名下有银行账户被公安机关认定为涉案账户，我行将中止该账户所有业务。我行将通过电话、短信或其他方式进行通知，请您接到我行通知后，于3个自然日内携带有效身份证件到我行任一网点核实身份，逾期未核实的，我行将暂停您在我行开立的其他所有账户的非柜面业务，待我行完成身份核实后，再对账户功能进行恢复。若您确认名下账户为他人冒名开立的，我行将按照冒名开户有关流程进行处理，请予以配合。

若您对公安机关的认定结果有疑义，请及时联系公安机关，我行将根据公安机关确认结果对您的账户进行相应处理。

四、加强对违法违规行为的管理。自2017年1月1日起，若您被公安机关认定为出租、出借、出售、购买银行账户的单位和个人及相关组织者，以及假冒他人身份或虚构代理关系开户的单位和个人，我行将暂停您名下所有账户5年内的非柜面业务，3年内不再为您新开立账户。

若您对公安机关的认定结果有疑义，请您及时联系公安机关，我行将根据公安机关确认结果对您的账户进行相应处理。

五、加强开户管理。如存在下列情形之一，我行有权拒绝开户：

（一）对单位和个人的身份信息存在疑义，要求出示辅助证件，单位和个人拒绝出示的。

（二）单位和个人组织他人同时或者分批开立账户的。

（三）有明显理由怀疑开立账户从事违法犯罪活动的。

六、加强账户使用管理。自 2016 年 10 月 1 日起，若您新开立的银行账户自开户之日起 6 个月内无交易记录，我行将暂停该账户的非柜面业务，待我行核实身份后再恢复账户功能。

七、加强电话号码管理。若您在我行预留的手机号码同时在多人名下的账户使用或记录，请您尽快携带有效身份证件到我行任一网点进行信息确认并作出合理说明，否则相关账户的非柜面业务可能会被暂停，在您到我行核实身份并作出合理说明后再恢复账户功能。

八、加强转账结算管理。自 2016 年 12 月 1 日起，除向您本人同行账户转账外，您通过我行自助柜员机（含现金类自助设备、自助服务终端）办理转账业务的，您的银行卡发卡行将在受理 24 小时后办理资金转账，在发卡行受理后 24 小时内，您可以向发卡行申请撤销转账。若您使用的是我行卡，可到我行营业网点或拨打 95599 客服热线申请撤销。

九、我行在进行上述核实工作过程中，不会以任何理由要求您提供账户密码、支付密码、网银登陆密码、手机银行登录密码、短信验证码等信息，请您注意保护相关信息，防止信息泄露给您造成资金损失。

中国银行股份有限公司关于加强支付结算管理防范电信网络新型违法犯罪的公告

（2016 年 11 月 30 日）

尊敬的客户：

为切实保护您的账户资金安全和合法权益，有效防范电信网络新型违法犯罪，根据最高人民法院、最高人民检察院、公安部、工业和信息化部、中国人民银行、中国银行业监督管理委员会联合发布的《关于防范和打击电信网络诈骗犯罪的通告》（以下简称《通告》）、《中国人民银行关于加强支付结算管理防范电信网络新型违法犯罪有关事项的通知》（银发〔2016〕261号，以下简称《通知》）要求，现将有关事项公告如下：

一、实施账户分类，隔离账户风险。根据人民银行规定，个人银行结算账户分为Ⅰ类银行账户、Ⅱ类银行账户、Ⅲ类银行账户。Ⅰ类银行账户为全功能银行账户，主要用于大额资金转账结算；Ⅱ类和Ⅲ类银行账户在功能和限额上与Ⅰ类银行账户有差别，可分别主要用于投资理财、小额支付消费和缴费等。自2016年12月1日起，同一个人客户在我行只能开立一个Ⅰ类银行账户（借记卡，下同）。12月1日前已在我行开立的一个或多个Ⅰ类银行账户可继续正常使用，您若需要再新开个人银行结算账户，则只能开立Ⅱ类或Ⅲ类银行账户（借记卡）。

账户开立后，建议您尽快使用，自2016年10月1日起，若您新开立的个人银行账户自开户之日起6个月内没有交易记录，为确保您的账户安全，该账户将无法通过柜面之外的其他渠道办理业务，您到我行任意网点进行身份核实后，我行将为您恢复该账户的非柜面业务。

二、开展账户清理，降低潜在风险。为提高个人银行账户使用效率，建议您仅保留日常使用较多的账户，对名下账户进行清理，避免出现遗失后被不法分子利用的风险。若您在我行已开立5个及以上Ⅰ类银行账户，请您持本人有效身份证件尽快到我行任意网点进行账户信息确认，我行将为您提供账户合并和无效账户注销服务，以免影响您其他账户的正常使用。

三、配合公安机关，加强高风险管理。自2017年1月1日起，如您（贵单位）名下有银行账户被公安机关认定为涉案账户，我行将中止该账户所有业务。我行将通过电话、短信或其他方式进行通知，请您（贵单位）接到我行通知后，积极配合我行核实您（贵单位）的身份。个人客户请于3个自然日内携带有效身份证件到我行任意网点核实身份。未完成核实的，您在我行开立的其他账户将无法通过非柜面渠道办理业务，待我行完成身份核实后，可以恢复涉案账户外的其他账户业务。若您（贵单位）确认名下银行账户为他人冒名开立的，我行将按照冒名开户有关流程进行处理。

若您（贵单位）对公安机关的认定结果有疑义，请及时联系公安机关进行确认，我行将根据公安机关确认结果对相关账户进行相应处理。

四、加强对违法违规行为的管理。自2017年1月1日起，若您被公安机关认定为出租、出借、出售、购买银行账户（含银行卡）的单位和个人及相关组织者，或假冒他人身份或虚构代理关系开立银行账户的，您（贵单位）在我行所有账户5年内不得办理非柜面业务，3年内不得在我行新开立账户。

若您（贵单位）对公安机关的认定结果有疑义，请及时联系公安机关，我行将根据公安机关确认结果对相关账户进行相应处理。

五、加强对异常开户行为的管理。如有下列情形之一，您（贵单位）在我行可能无法开户：

（一）身份信息存在疑义，您（贵单位）无法配合出示辅助证件的。

（二）单位或个人组织他人同时或者分批开立账户的。

（三）有明显理由怀疑开立账户从事违法犯罪活动的。

六、加强单位开户的审慎核实。如贵单位被列入全国企业信用信息公示系统“严重违法失信企业名单”，或经我行核实单位注册地址不存在或者虚构经营场所的，我行将不再为贵单位新开账户。

我行将定期对已开立账户的单位进行排查，如发现贵单位被列入全国企业信用信息公示系统“严重违法失信企业名单”，我行将暂停贵单位账户的支付业务，请贵单位积极配合我行办理销户。

如贵单位存在法定代表人或者负责人对单位经营规模及业务背景等情况不清楚、注册地和经营地均在异地等异常情况，我行将加强对贵单位开户意愿的核查，对法定代表人或者负责人进行面签并留存视频、音频资料等。开户初期原则上不开通非柜面业务，待后续了解后再审慎开通，请贵单位理解并予以配合。

七、规范银行预留手机号码管理。若您（或贵单位法定代表人/负责人、财务主管或授权代理人）在我行预留的手机号码同时在多人名下的账户使用或记录，请您（贵单位）尽快到我行任意网点（个人账户）或开户网点（单位账户）进行修改和确认，并做出合理说明，否则相关账户的非柜面业务可能会被暂停，在您（贵单位）到我行核实身份并做出合理说明后再恢复账户功能。

八、贵单位办理对公转账业务时，我行将根据贵单位选择的支付工具、支付渠道，提供多种处理方式。在我行营业网点办理转账业务的，对于我行系统内的转账业务，提供实时到账服务（收付款信息有误等原因造成的延误除外）；对于使用人民银行现代化支付系统办理转账业务的，将根据人民银行相关规定时间安排予以转账；对于持支票、本票、汇票或者当地监管部门制定的特色凭证办理转账业务，将根据国家有关票据法律法规、当地人民银行票据交换的时间安排予以转账。通过企业网银办理转账业务的，可通过预约方式实现当日指定时间、次日及以后（30天内）任意日期的转账，有关转账时间遇周六、日或法定节假日的，将根据人民银行现代化支付系统的开放时间予以顺延。

九、增加转账延时，保障自助柜员机转账资金安全。自2016年12月1日起，除向您本人同行账户转账外，您通过我行自助柜员机（含现金类自助设备、自助服务终端）办理转账业务的，您的银行卡发卡行将在受理24小时后办理资金转账，在发卡行受理后24小时内，您可以向发卡行申请撤销转账。若您使用我行卡在我行自助柜员机（含现金类自助设备、自助服务终端）办理转账业务，可到我行营业网点或自助柜员机申请撤销；若您使用我行卡在他行自助柜员机（含现金类自助设备、自助服务终端）办理转账业务，可到我行营业网点或拨打我行客户服务热线申请撤销。若您使用他行卡在我行自助柜员机上办理转账业务，请按照他行卡发卡银行的要求申请撤销。单位客户申请办理的单位结算卡在我行自助柜员机办理转账业务，不受24小时延迟到账影响。

十、加强可疑交易管理。如果我行发现您的账户存在可疑交易行为，我行将与您（贵单位）核实，请您积极配合我行相关工作，提供有关证明材料，如您所提供的说明及材料不足以证明有关交易的合法、合规性，我行将暂停该账户的非柜面业务。

十一、我行在进行上述核实工作过程中，不会以任何理由要求您（贵单位）提供账户密码、支付密码、网银登录密码、手机银行登录密码、短信验证码等信息，请您（贵单位）注意保护相关信息，防止信息泄露给您（贵单位）造成资金损失。

中国建设银行股份有限公司关于加强支付结算管理防范电信网络新型违法犯罪的公告

（2016年11月30日）

尊敬的客户：

根据最高人民法院、最高人民检察院、公安部、工业和信息化部、中国人民银行、中国银行业监督管理委员会联合发布的《防范和打击电信网络诈骗犯罪的通告》（以下简称《通告》）、中国人民银行《关于加强支付结算管理防范电信网络新型违法犯罪有关事项的通知》（银发〔2016〕261号，以下简称《通知》）要求，为有效防范电信网络新型违法犯罪，切实保护存款人账户资金安全和合法权益，现将有关事项公告如下：

一、加强账户开立管理。自2016年12月1日起，同一客户在我行只能开立一个Ⅰ类账户（含借记卡、活期一本通存折，下同）。已开立Ⅰ类账户的，您若需要新开个人账户，则只能开立Ⅱ类或Ⅲ类账户。

二、开展存量个人银行账户清理。为提高账户使用效率，建议您对名下账户进行清理。若您在我行已开立 5 个（含）以上Ⅰ类账户（借记卡或存折），请您持本人有效身份证件到我行任一网点进行账户信息确认，我行将为您提供账户撤销或归并等服务，以免影响您相关账户的正常使用。

三、加强高风险账户管理。自 2017 年 1 月 1 日起，如您（贵单位）名下有账户被公安机关认定为涉案账户，我行将按《通知》要求中止该账户所有业务。我行将通过电话、短信等方式进行通知，请您（贵单位）接到我行通知后，积极配合我行核实您（贵单位）的身份。个人客户请于 3 个自然日内携带有效身份证件到我行任意网点核实身份，单位客户请于 3 个自然日内携带开户证明文件等相关资料到我行开户网点核实身份。逾期未核实的，我行将暂停您（贵单位）在我行开立的其他所有账户的非柜面业务，待您（贵单位）配合我行完成身份核实后，我行将恢复除涉案账户外的其他账户业务。若您（贵单位）确认名下账户为他人冒名开立的，我行将按照冒名开户有关流程进行处理，请予以配合。

若您（贵单位）对公安机关的认定结果有疑义，请及时联系公安机关，我行将根据公安机关确认结果对您（贵单位）的账户进行相应处理。

四、加强对违法违规行为的管理。自 2017 年 1 月 1 日起，若您（贵单位）被公安机关认定为出租、出借、出售、购买银行账户的单位和个人及相关组织者，或假冒他人身份或虚构代理关系开户的单位和个人，您（贵单位）在我行所有账户 5 年内不得办理非柜面业务，3 年内不得在我行新开立账户。

若您（贵单位）对公安机关的认定结果有疑义，请及时联系公安机关，我行将根据公安机关确认结果对您（贵单位）的账户进行相应处理。

五、加强开户管理。如您（贵单位）存在下列情形之一，我行有权拒绝开户：

（一）对单位或个人的身份信息存在疑义，要求您（贵单位）出示辅助证件，单位或个人拒绝出示的。

（二）单位和个人组织他人同时或者分批开立账户的。

（三）有明显理由怀疑开立账户从事违法犯罪活动的。

六、加强单位开户的审慎核实。如贵单位被列入全国企业信用信息公示系统“严重违法失信企业名单”，或经我行核实单位注册地址不存在或者虚构经营场所的，我行将不再为贵单位新开账户。

我行将定期对已开立账户的单位进行排查，如发现贵单位被列入全国企业信用信息公示系统“严重违法失信企业名单”，我行将暂停贵单位账户的支付业务，请贵单位积极配合我行办理销户。

如贵单位存在法定代表人或者负责人对单位经营规模及业务背景等情况不清楚、注册地和经营地均在异地等异常情况，我行将加强对贵单位开户意愿的核查，对法定代表人或者负责人进行面签并留存视频、音频资料等，请贵单位理解并予以配合。

七、加强账户使用管理。自 2016 年 10 月 1 日起，若您（贵单位）新开立的个人银行账户或单位银行结算账户自开户之日起 6 个月内无交易记录，我行将暂停该账户的非柜面业务，待您（贵单位）配合我行核实身份后再恢复账户功能。

八、加强电话号码管理。若您（或贵单位法定代表人/负责人、财务主管或授权代理人）在我行预留的手机号码同时在多人名下的账户使用或记录，请您（贵单位）到我行任一网点（个人账户）或开户网点（单位账户）进行修改和确认，并作出合理性说明，否则相关账户的非柜面业务可能会被暂停，在您（贵单位）到我行核实身份并作出合理性说明后再恢复账户功能。

九、贵单位办理对公转账业务时，我行将根据贵单位选择的支付工具、支付渠道，提供多种处理方式。在我行营业网点办理转账业务的，对于本行内的转账业务，提供实时到账服务（收付款信息有误等原因造成的延误除外）；对于使用人民银行现代化支付系统办理转账业务的，将根据人民银行相关规定时间安排予以转账；对于持支票、本票、汇票或者当地监管部门制定的特色凭证办理转账业务，将根据国家有关票据法律法规、当地人民银行票据交换的时间安排予以转账。通过企业网银办理转账业务的，可通过预约方式实现当日指定时间、当日后指定任一时间、次日的转账，有关转账时间遇周六、日或法定节假日的，将根据人民银行现代化支付系统的开放时间予以顺延。

十、加强自助柜员机转账结算管理。自 2016 年 12 月 1 日起，除向您本人同行账户转账外，您通过我行自助柜员机（含现金类自助设备、自助服务终端，不含智慧柜员机）办理转账业务的，您的银行卡发卡行将在受理 24 小时后办理资金转账，在发卡行受理后 24 小时内，您可以向发卡行申请撤销转账。若您使用的是我行卡，可到我行营业网点或拨打 95533 客服热线申请撤销。单位客户申请办理的单位结算卡在我行自助柜员机办理转账业务不受 24 小时延迟到账影响。

十一、加强账户监测。为保障您（贵单位）的资金安全，根据相关监管要求，我行将对您（贵单位）的账户交易行为进行监测，如果存在可疑交易行为，我行将与您（贵单位）核实，请您（贵单位）积极配合我行相关工作，经我行核实后仍然被认定可疑的，我行将暂停该账户的非柜面业务，并按监管机构要求报送相关信息。

十二、我行在进行核实工作过程中，不会以任何理由要求您（贵单位）提供账户密码、支付密码、网银登录密码、手机银行登录密码、短信验证码等信息，请您（贵单位）注意保护相关信息，防止信息泄露给您（贵单位）造成资金损失。

中国工商银行股份有限公司关于加强个人支付结算管理防范电信网络新型违法犯罪的通告

（2016 年 11 月 30 日）

尊敬的客户：

为保护您的账户资金安全和合法权益，有效防范电信网络新型违法犯罪，根据最高人民法院、最高人民检察院、公安部、工业和信息化部、中国人民银行、中国银行业监督管理委员会联合发布的《防范和打击电信网络诈骗犯罪的通告》（简称《通告》）、中国人民银行《关于加强支付结算管理防范电信网络新型违法犯罪有关事项的通知》（银发〔2016〕261号，简称《通知》）要求，我行现将有关事项通告如下：

一、实施账户分类，隔离账户风险。根据人民银行规定，个人银行结算账户分为Ⅰ类账户、Ⅱ类账户、Ⅲ类账户，Ⅰ类账户为全功能银行账户，主要用于大额资金转账结算，相当于您的“金库”，Ⅱ类和Ⅲ类账户在功能和限额上与Ⅰ类账户有差别，主要用于投资理财和小额支付缴费等，相当于您的“钱包”。通过账户分类管理和使用，可以将“金库”与“钱包”分离，保障您的资金安全。自2016年12月1日起，同一个人客户在我行只能开立一个Ⅰ类账户（含借记卡、个人人民币活期结算存折，下同）。12月1日前您已在我行开立的各类Ⅰ类账户不受影响，可继续正常使用，您若需要再新开个人账户，则只能开立Ⅱ类或Ⅲ类账户。

账户开立后，建议您尽快使用。自2016年10月1日起，若您新开立的个人银行账户自开户之日起6个月内没有交易记录，为确保您的账户安全，该账户将无法通过除柜面之外的其他渠道办理业务，您到我行进行身份核实后我行将为您恢复该账户非柜面业务。

二、开展账户清理，降低潜在风险。为提高账户使用效率，建议您仅保留日常使用较多的账户，对名下其他不常用的账户进行清理归并，避免出现遗失后被不法分子利用的风险。若您在我行已开立5个及以上Ⅰ类账户，请您持本人有效身份证件尽快到我行任意网点进行账户信息确认，我行将为您提供账户归并和无效账户注销服务，以免影响您其他账户的正常使用。

三、配合公安机关，加强高风险账户管理。自2017年1月1日起，若银行账户被公安机关认定为涉案账户，我行将中止该账户所有业务。我行将通过电话、短信或其他方式进行通知，请客户接到通知后于3个自然日内携带有效身份证件到我行任意网点核实身份。未完成核实的，在我行开立的其他账户将无法通过非柜面渠道办理业务，在我行完成身份核实后予以恢复。若确认名下账户为他人冒名开立的，我行会按照冒名开户有关流程进行处理，切实保护客户资金和信息安全。若对公安机关的认定结果有疑义，请及时联系公安机关进行确认，我行将根据公安机关确认结果对账户进行相应处理。

四、违法违规行为管理。自2017年1月1日起，若被公安机关认定为出租、出借、出售、购买银行账户的个人或相关组织者，或假冒他人身份或虚构代理关系开户的，客户在我行所有账户5年内不得办理非柜面业务，3年内不得在我行新开立账户。若对公安机关的认定结果有疑义，请及时联系公安机关确认，我行将根据公安机关确认结果对账户进行相应处理。

五、如有下列情形之一，客户在我行可能无法开户：

（一）身份信息存在疑义，拒绝出示辅助证件的。

（二）组织他人同时或者分批开立账户的。

六、规范银行预留手机号码管理。若您在我行预留的手机号码同时在多人名下的账户使用或记录，且您确实需要多人使用同一手机号码的，请尽快携带有效身份证件到我行进行说明，否则，为确保您的账户和资金安全，相关账户的非柜面业务将被暂停。您到我行核实身份并作出说明后我行将恢复相关账户的非柜面业务。

七、增加转账延时，保障自助柜员机转账资金安全。自2016年12月1日起，除向您本人同行账户转账外，您通过我行自助柜员机（含现金类自助设备、自助服务终端）办理转账业务的，您的银行卡发卡行将在受理24小时后办理资金转账，在发卡行受理后24小时内，您可以向发卡行申请撤销转账。若您使用的是我行卡，可到我行营业网点或拨打95588客服热线申请撤销。

八、我行在进行上述核实工作过程中，不会以任何理由要求您提供账户密码、支付密码、网银登录密码、手机银行登录密码、短信验证码等信息，请您注意保护相关信息，防止信息泄露给您造成资金损失。

中国工商银行股份有限公司关于加强单位账户支付结算管理防范电信网络新型违法犯罪的通告

（2016年12月6日）

尊敬的单位客户：

为保护贵单位的账户资金安全和合法权益，有效防范电信网络新型违法犯罪，根据最高人民法院、最高人民检察院、公安部、工业和信息化部、中国人民银行、中国银行业监督管理委员会联合发布的《防范和打击电信网络诈骗犯罪的通告》（简称《通告》）、中国人民银行《关于加强支付结算管理防范电信网络新型违法犯罪有关事项的通知》（银发〔2016〕261号，简称《通知》）要求，我行现将有关事项通告如下：

一、自2017年1月1日起，对经公安机关认定为涉案账户的，我行将中止该涉案账户所有业务。为最大限度地保护贵单位的合法权益，若涉案账户系以贵单位名义开立，我行将与贵单位联系，请贵单位积极配合我行，在3天内完成身份核实及名下其他账户开户真实性确认。逾期未完成核实的，贵单位名下其他账户将无法通过非柜面渠道办理业务，需待我行完成核实后恢复。若贵单位确认名下其他账户系冒名开立，我行将按照冒名开户有关流程进行处理。若贵单位对公安机关的认定结果有疑义，请及时联系公安机关，我行将根据公安机关确认结果进行处理。

二、自2017年1月1日起，被公安机关认定为出租、出借、出售、购买银行账户的单位，或假冒他人身份或虚构代理关系开户的，该单位在我行所有账户5年内不得办理非柜面业务，3年内不得在我行新开立账户。若对公安机关的认定结果有疑义，请及时联系公安机关确认，我行将根据公安机关确认结果进行处理。

三、若贵单位被列入全国企业信用信息公示系统“严重违法失信企业名单”，或经我行核实单位注册地址不存在或者虚构经营场所的，我行将无法为贵单位新开账户。

我行将定期对已开立账户的单位进行排查，如发现贵单位被列入全国企业信用信息公示系统“严重违法失信企业名单”，我行将暂停账户的支付业务，请配合我行办理销户。

对存在法定代表人或者负责人对单位经营规模及业务背景等情况不清楚、注册地和经营地均在异地等异常情况，我行将加强开户意愿核查，对法定代表人或者负责人进行面签并留存视频、音频资料等，请理解并予以配合。

四、若贵单位身份信息存在疑义，且无法配合出示辅助证件的，我行将无法为贵单位开立账户。

五、单位结算账户开立后，建议尽快使用。为保证贵单位的账户安全，对 2016 年 10 月 1 日后开立的单位结算账户，自开户之日起 6 个月内无交易记录的，该账户将无法通过非柜面渠道办理业务，贵单位经重新核实身份后可恢复该账户非柜面业务。

六、为了确保单位客户账户资金安全，我行将加强预留电话号码的管理。若不同单位客户且法定代表人/负责人非同一人，但在我行预留电话号码相同的，我行将进行核实，请贵单位予以配合，未完成核实的，相关账户非柜面业务将被暂停，待完成核实后予以恢复。

七、为了全方位满足贵单位的转账需要，我行将根据贵单位选择的支付工具、支付渠道，提供多种转账方式的服务。

贵单位在我行营业网点办理转账业务，向我行账户转账的，我行为您提供实时到账服务；向其他银行账户转账，或向我行账户转账且指定使用人民银行支付系统办理的特定业务，我行将根据人民银行支付系统开放时间的安排，尽快完成转账服务；贵单位持支票、本票、汇票或者当地监管部门制定的特色凭证办理转账的，我行将根据国家有关票据法律法规、当地人民银行票据交换的时间安排，尽快完成转账服务；贵单位使用我行企业网银办理转账业务的，可以选择加急、普通、跨行快汇等转账方式，也可以通过选择预约方式实现当日指定时点或一个月内任一日期的转账。

请贵单位在转账业务办理中，提供准确的收付款信息，确保我行能够按照贵单位的要求完成转账业务。相关转账业务如遇周六、日或法定节假日且必须使用人民银行支付系统办理的，将根据人民银行支付系统的开放时间予以顺延。

八、自 2016 年 12 月 1 日起，贵单位在我行开通财智账户卡或者企业网银时，我行将分别与贵单位约定财智账户卡在我行向非同名银行账户自助机具渠道办理转账业务或者在企业网银办理转账业务的日累计限额、笔数和年累计限额，其中，财智账户卡向非同名银行账户自助机具渠道转账的单日最大限额为 100 万元。超过约定限额或笔数的转账，请贵单位到我行柜面办理。

九、我行在进行上述核实工作过程中，不会以任何理由、通过任何方式要求贵单位提供账户密码、支付密码、网银登录密码、手机银行登录密码、短信验证码等信息，请贵单位注意保护相关信息，防止信息泄露造成资金损失。

4. 互联网治理

互联网 IP 地址备案管理办法（节录）

（2005 年 2 月 8 日信息产业部令第 34 号发布　自 2005 年 3 月 20 日起施行）

……

第四条　国家对 IP 地址的分配使用实行备案管理。

第五条　中华人民共和国信息产业部（以下简称“信息产业部”）对基础电信业务经营者、公益性互联网络单位和中国互联网络信息中心的IP地址备案实施监督管理。

各省、自治区、直辖市通信管理局（以下简称“省通信管理局”）对本行政区域内其他各级IP地址分配机构的IP地址备案活动实施监督管理。

第六条 信息产业部统一建设并管理全国的互联网IP地址数据库，制定和调整IP地址分配机构需报备的IP地址信息；各省通信管理局通过使用全国互联网IP地址数据库管理本行政区域内各级IP地址分配机构报备的IP地址信息。

第七条 各级IP地址分配机构应当通过信息产业部指定的网站，按照IP地址备案的要求以电子形式报备IP地址信息。

第八条 各级IP地址分配机构在进行IP地址备案时，应当如实、完整地报备IP地址信息（需报备的IP地址信息参见本办法附录）。

第九条 各级IP地址分配机构应自取得IP地址之日起二十个工作日内完成IP地址信息的第一次报备。

第十条 各级IP地址分配机构申请和分配使用的IP地址信息发生变化的，IP地址分配机构应自变化之日起五个工作日内通过信息产业部指定的网站，按照IP地址备案的要求以电子形式提交变更后的IP地址信息。

各级IP地址分配机构的联系人或联系方式发生变更的，应自变更之日起十个工作日内报备变更后的信息。

第十一条 基础电信业务经营者IP地址信息的报备，由各基础电信业务经营者集团公司（总公司）和基础电信业务经营者的省级公司（省级分支机构）共同完成。

各基础电信业务经营者集团公司（总公司）按照本办法的规定完成由其申请、使用和分配到省级公司（省级分支机构）的IP地址信息的报备。各基础电信业务经营者的省级公司（省级分支机构）按照本办法的规定统一完成该省级公司（省级分支机构）及其所属公司（分支机构）申请、使用和分配的IP地址信息的报备。

……

第十三条 IP 地址分配机构同时是互联网接入服务提供者的，应当如实记录和保存由其提供接入服务的使用自带 IP 地址的用户的 IP 地址信息，并自提供接入服务之日起五日内，填报 IP 地址备案信息，进行备案。

第十四条 各级 IP 地址分配机构应当建立健全本单位的 IP 地址管理制度。

第十五条 各级 IP 地址分配机构分配 IP 地址时，应当通知其下一级 IP 地址分配机构报备 IP 地址信息。

……

第十七条 违反本办法第八条、第九条、第十条、第十三条的规定的，由信息产业部或者省通信管理局依据职权责令限期改正；逾期不改的，给予警告或者处人民币一万元罚款，或者同时处以上两种处罚。

第十八条 违反本办法第十四条规定，未建立 IP 地址管理制度的，由信息产业部或者省通信管理局依据职权责令限期改正；逾期不改的，给予警告或者处人民币五千元以上一万元以下罚款，或者同时处以上两种处罚。

第十九条 本办法实施前直接从亚太互联网信息中心等具有 IP 地址管理权的国际机构获得 IP 地址供本单位使用或者分配 IP 地址供其他单位或个人使用的，应自本办法施行之日起四十五个工作日内，按照本办法的规定完成备案手续。

第二十条 本办法自 2005 年 3 月 20 日起实施。

附录：

需报备的 IP 地址信息

一、备案单位基本情况，包括备案单位名称、备案单位地址、备案单位性质、电信业务经营许可证编号、联系人姓名、联系人电话、联系人电子邮件等。

二、备案单位的 IP 地址来源信息，包括 IP 地址来源机构名称、IP 地址总量、各 IP 地址段起止地址码等。

三、备案单位的 IP 地址分配使用信息，包括：

（一）本单位自用的 IP 地址信息，包括 IP 地址总量、各 IP 地址段起止 IP 地址码、IP 地址使用方式、网关 IP 地址、网关所在地址；

（二）尚未分配的 IP 地址信息，包括 IP 地址总量、各 IP 地址段起止地址码；

（三）向其他用户分配的 IP 地址信息，包括所分配的用户基本信息（包括用户名称、单位类别、单位所属行业、单位详细地址、联系人姓名、联系人电话、联系人电子邮件）、所分配的 IP 地址总量、各 IP 地址段起止地址码、网关 IP 地址、网关所在地址、IP 地址使用方式。

四、自带 IP 地址的互联网接入用户信息，包括用户基本信息（含用户名称、单位类别、单位所属行业、单位详细地址、联系人姓名、联系人电话、联系人电子邮件）、自带 IP 地址总量、IP 地址段起止地址码、自带 IP 地址的来源、网关 IP 地址、网关所在地址、IP 地址使用方式等。

即时通信工具公众信息服务发展管理暂行规定（节录）

（2014 年 8 月 7 日国家互联网信息办公室发布）

……

第二条 在中华人民共和国境内从事即时通信工具公众信息服务，适用本规定。

本规定所称即时通信工具，是指基于互联网面向终端使用者提供即时信息交流服务的应用。本规定所称公众信息服务，是指通过即时通信工具的公众账号及其他形式向公众发布信息的活动。

第三条 国家互联网信息办公室负责统筹协调指导即时通信工具公众信息服务发展管理工作，省级互联网信息内容主管部门负责本行政区域的相关工作。

互联网行业组织应当积极发挥作用，加强行业自律，推动行业信用评价体系建设，促进行业健康有序发展。

第四条 即时通信工具服务提供者应当取得法律法规规定的相关资质。即时通信工具服务提供者从事公众信息服务活动，应当取得互联网新闻信息服务资质。

第五条 即时通信工具服务提供者应当落实安全管理责任，建立健全各项制度，配备与服务规模相适应的专业人员，保护用户信息及公民个人隐私，自觉接受社会监督，及时处理公众举报的违法和不良信息。

第六条 即时通信工具服务提供者应当按照“后台实名、前台自愿”的原则，要求即时通信工具服务使用者通过真实身份信息认证后注册账号。

即时通信工具服务使用者注册账号时，应当与即时通信工具服务提供者签订协议，承诺遵守法律法规、社会主义制度、国家利益、公民合法权益、公共秩序、社会道德风尚和信息真实性等“七条底线”。

……

第九条 对违反本规定的行为，由有关部门依照相关法律法规处理。

第十条 本规定自公布之日起施行。

互联网用户账号名称管理规定（节录）

（2015年2月4日国家互联网信息办公室发布）

……

第二条 在中华人民共和国境内注册、使用和管理互联网用户账号名称，适用本规定。

本规定所称互联网用户账号名称，是指机构或个人在博客、微博客、即时通信工具、论坛、贴吧、跟帖评论等互联网信息服务中注册或使用的账号名称。

第三条 国家互联网信息办公室负责对全国互联网用户账号名称的注册、使用实施监督管理，各省、自治区、直辖市互联网信息内容主管部门负责对本行政区域内互联网用户账号名称的注册、使用实施监督管理。

第四条 互联网信息服务提供者应当落实安全管理责任，完善用户服务协议，明示互联网信息服务使用者在账号名称、头像和简介等注册信息中不得出现违法和不良信息，配备与服务规模相适应的专业人员，对互联网用户提交的账号名称、头像和简介等注册信息进行审核，对含有违法和不良信息的，不予注册；保护用户信息及公民个人隐私，自觉接受社会监督，及时处理公众举报的账号名称、头像和简介等注册信息中的违法和不良信息。

第五条 互联网信息服务提供者应当按照“后台实名、前台自愿”的原则，要求互联网信息服务使用者通过真实身份信息认证后注册账号。

互联网信息服务使用者注册账号时，应当与互联网信息服务提供者签订协议，承诺遵守法律法规、社会主义制度、国家利益、公民合法权益、公共秩序、社会道德风尚和信息真实性等七条底线。

第六条 任何机构或个人注册和使用的互联网用户账号名称，不得有下列情形：

（一）违反宪法或法律法规规定的；

（二）危害国家安全，泄露国家秘密，颠覆国家政权，破坏国家统一的；

（三）损害国家荣誉和利益的，损害公共利益的；

（四）煽动民族仇恨、民族歧视，破坏民族团结的；

（五）破坏国家宗教政策，宣扬邪教和封建迷信的；

（六）散布谣言，扰乱社会秩序，破坏社会稳定的；

（七）散布淫秽、色情、赌博、暴力、凶杀、恐怖或者教唆犯罪的；

（八）侮辱或者诽谤他人，侵害他人合法权益的；

（九）含有法律、行政法规禁止的其他内容的。

第七条 互联网信息服务使用者以虚假信息骗取账号名称注册，或其账号头像、简介等注册信息存在违法和不良信息的，互联网信息服务提供者应当采取通知限期改正、暂停使用、注销登记等措施。

第八条 对冒用、关联机构或社会名人注册账号名称的，互联网信息服务提供者应当注销其账号，并向互联网信息内容主管部门报告。

第九条 对违反本规定的行为，由有关部门依照相关法律规定处理。

第十条 本规定自 2015 年 3 月 1 日施行。

互联网直播服务管理规定

（2016 年 11 月 4 日国家互联网信息办公室公布）

第一条 为加强对互联网直播服务的管理，保护公民、法人和其他组织的合法权益，维护国家安全和公共利益，根据《全国人民代表大会常务委员会关于加强网络信息保护的决定》《国务院关于授权国家互联网信息办公室负责互联网信息内容管理工作的通知》《互联网信息服务管理办法》和《互联网新闻信息服务管理规定》，制定本规定。

第二条 在中华人民共和国境内提供、使用互联网直播服务，应当遵守本规定。

本规定所称互联网直播，是指基于互联网，以视频、音频、图文等形式向公众持续发布实时信息的活动；本规定所称互联网直播服务提供者，是指提供互联网直播平台服务的主体；本规定所称互联网直播服务使用者，包括互联网直播发布者和用户。

第三条 提供互联网直播服务，应当遵守法律法规，坚持正确导向，大力弘扬社会主义核心价值观，培育积极健康、向上向善的网络文化，维护良好网络生态，维护国家利益和公共利益，为广大网民特别是青少年成长营造风清气正的网络空间。

第四条 国家互联网信息办公室负责全国互联网直播服务信息内容的监督管理执法工作。地方互联网信息办公室依据职责负责本行政区域内的互联网直播服务信息内容的监督管理执法工作。国务院相关管理部门依据职责对互联网直播服务实施相应监督管理。

各级互联网信息办公室应当建立日常监督检查和定期检查相结合的监督管理制度，指导督促互联网直播服务提供者依据法律法规和服务协议规范互联网直播服务行为。

第五条 互联网直播服务提供者提供互联网新闻信息服务的，应当依法取得互联网新闻信息服务资质，并在许可范围内开展互联网新闻信息服务。

开展互联网新闻信息服务的互联网直播发布者，应当依法取得互联网新闻信息服务资质并在许可范围内提供服务。

第六条 通过网络表演、网络视听节目等提供互联网直播服务的，还应当依法取得法律法规规定的相关资质。

第七条 互联网直播服务提供者应当落实主体责任，配备与服务规模相适应的专业人员，健全信息审核、信息安全管理、值班巡查、应急处置、技术保障等制度。提供互联网新闻信息直播服务的，应当设立总编辑。

互联网直播服务提供者应当建立直播内容审核平台，根据互联网直播的内容类别、用户规模等实施分级分类管理，对图文、视频、音频等直播内容加注或播报平台标识信息，对互联网新闻信息直播及其互动内容实施先审后发管理。

第八条 互联网直播服务提供者应当具备与其服务相适应的技术条件，应当具备即时阻断互联网直播的技术能力，技术方案应符合国家相关标准。

第九条 互联网直播服务提供者以及互联网直播服务使用者不得利用互联网直播服务从事危害国家安全、破坏社会稳定、扰乱社会秩序、侵犯他人合法权益、传播淫秽色情等法律法规禁止的活动，不得利用互联网直播服务制作、复制、发布、传播法律法规禁止的信息内容。

第十条 互联网直播发布者发布新闻信息，应当真实准确、客观公正。转载新闻信息应当完整准确，不得歪曲新闻信息内容，并在显著位置注明来源，保证新闻信息来源可追溯。

第十一条 互联网直播服务提供者应当加强对评论、弹幕等直播互动环节的实时管理，配备相应管理人员。

互联网直播发布者在进行直播时，应当提供符合法律法规要求的直播内容，自觉维护直播活动秩序。

用户在参与直播互动时，应当遵守法律法规，文明互动，理性表达。

第十二条 互联网直播服务提供者应当按照“后台实名、前台自愿”的原则，对互联网直播用户进行基于移动电话号码等方式的真实身份信息认证，对互联网直播发布者进行基于身份证件、营业执照、组织机构代码证等的认证登记。互联网直播服务提供者应当对互联网直播发布者的真实身份信息进行审核，向所在地省、自治区、直辖市互联网信息办公室分类备案，并在相关执法部门依法查询时予以提供。

互联网直播服务提供者应当保护互联网直播服务使用者身份信息和隐私，不得泄露、篡改、毁损，不得出售或者非法向他人提供。

第十三条 互联网直播服务提供者应当与互联网直播服务使用者签订服务协议，明确双方权利义务，要求其承诺遵守法律法规和平台公约。

互联网直播服务协议和平台公约的必备条款由互联网直播服务提供者所在地省、自治区、直辖市互联网信息办公室指导制定。

第十四条 互联网直播服务提供者应当对违反法律法规和服务协

议的互联网直播服务使用者，视情采取警示、暂停发布、关闭账号等处置措施，及时消除违法违规直播信息内容，保存记录并向有关主管部门报告。

第十五条 互联网直播服务提供者应当建立互联网直播发布者信用等级管理体系，提供与信用等级挂钩的管理和服务。

互联网直播服务提供者应当建立黑名单管理制度，对纳入黑名单的互联网直播服务使用者禁止重新注册账号，并及时向所在地省、自治区、直辖市互联网信息办公室报告。

省、自治区、直辖市互联网信息办公室应当建立黑名单通报制度，并向国家互联网信息办公室报告。

第十六条 互联网直播服务提供者应当记录互联网直播服务使用者发布内容和日志信息，保存六十日。

互联网直播服务提供者应当配合有关部门依法进行的监督检查，并提供必要的文件、资料和数据。

第十七条 互联网直播服务提供者和互联网直播发布者未经许可或者超出许可范围提供互联网新闻信息服务的，由国家和省、自治区、直辖市互联网信息办公室依据《互联网新闻信息服务管理规定》予以处罚。

对于违反本规定的其他违法行为，由国家和地方互联网信息办公室依据职责，依法予以处罚；构成犯罪的，依法追究刑事责任。通过网络表演、网络视听节目等提供网络直播服务，违反有关法律法规的，由相关部门依法予以处罚。

第十八条 鼓励支持相关行业组织制定行业公约，加强行业自律，建立健全行业信用评价体系和服务评议制度，促进行业规范发展。

第十九条 互联网直播服务提供者应当自觉接受社会监督，健全社会投诉举报渠道，设置便捷的投诉举报入口，及时处理公众投诉举报。

第二十条 本规定自2016年12月1日起施行。

移动智能终端应用软件预置和分发管理暂行规定（节录）

（2016年12月16日　工信部信管〔2016〕407号）

……

第二条　本规定规范移动智能终端生产企业（以下简称生产企业）的移动智能终端应用软件预置行为，以及互联网信息服务提供者提供的移动智能终端应用软件分发服务。

第三条　工业和信息化部依照本规定对全国范围内移动智能终端应用软件预置与分发服务实施监督管理。省、自治区、直辖市通信管理局（以下统称各地通信主管部门）在工业和信息化部领导下，按照本规定对本行政区域内的移动智能终端应用软件预置与分发服务实施监督管理。工业和信息化部和各地通信主管部门应进一步完善移动智能终端应用软件预置与分发服务监管制度，强化事中事后管理。

第四条　生产企业和提供移动智能终端应用软件分发服务的互联网信息服务提供者（以下简称互联网信息服务提供者）不得提供或传播含有下列内容的移动智能终端应用软件：

（一）反对宪法所确定的基本原则的；

（二）危害国家安全，泄露国家秘密，颠覆国家政权，破坏国家统一的；

（三）损害国家荣誉和利益的；

（四）煽动民族仇恨、民族歧视，破坏民族团结的；

（五）破坏国家宗教政策，宣扬邪教和封建迷信的；

（六）散布谣言，扰乱社会秩序，破坏社会稳定的；

（七）散布淫秽、色情、赌博、暴力、凶杀、恐怖或者教唆犯罪的；

（八）侮辱或者诽谤他人，侵害他人合法权益的；

（九）含有法律、行政法规禁止的其他内容的。

第五条 生产企业和互联网信息服务提供者应依法依规提供移动智能终端应用软件，采取有效措施，维护网络安全，切实保护用户合法权益。

（一）提供移动智能终端预置软件（以下简称预置软件）的生产企业和互联网信息服务提供者应自觉维护行业公平竞争，依法维护用户的知情权和选择权，不得实施破坏市场竞争秩序、侵犯用户合法权益的行为。

（二）生产企业和互联网信息服务提供者所提供移动智能终端应用软件不得调用与所提供服务无关的终端功能、违法发送商业性电子信息；未经明示且经用户同意，不得实施收集使用用户个人信息、开启应用软件、捆绑推广其他应用软件等侵害用户合法权益或危害网络安全的行为。

（三）为移动智能终端应用软件提供代收费的企业，应当采取必要措施，加强对计费、收费行为的管理，杜绝不明扣费；收费企业应对用户确认信息和计费原始数据至少保存5个月，并为用户查询提供方便。

（四）生产企业应约束销售渠道，未经用户同意不得擅自在移动智能终端中安装应用软件，并提示用户终端在销售渠道等环节被装入应用软件的可能性、风险和应对措施。

第六条 生产企业和互联网信息服务提供者均应明示所提供移动智能终端应用软件相关信息。

（一）生产企业和互联网信息服务提供者均应通过用户提示、企业网站等方式明示所提供移动智能终端应用软件的信息，包括名称、功能描述、卸载方法、开发者信息、软件安装及运行所需权限列表等，明确告知用户应用软件收集、使用用户个人信息的内容、目的、方式和范围等。

（二）生产企业应在终端产品说明书中提供预置软件列表信息，并在终端产品说明书或外包装中标示预置软件详细信息的查询方法。生产企业在提交移动智能终端进网申请时，应提供相关产品符合前述要求的声明。

（三）涉及收费的移动智能终端应用软件应严格遵守明码标价等相关规定，明示收费标准、收费方式，明示内容真实准确、醒目规范，经用户确认后方可扣费。

第七条 生产企业和互联网信息服务提供者应确保除基本功能软件外的移动智能终端应用软件可卸载。

（一）移动智能终端的基本功能软件是指保障移动智能终端硬件和操作系统正常运行的应用软件，主要包括操作系统基本组件、保证智能终端硬件正常运行的应用、基本通信应用、应用软件下载通道等。终端中预置的实现同一功能的基本功能软件，至多有一个可设置为不可卸载。

（二）生产企业和互联网信息服务提供者应确保所提供的除基本功能软件之外的移动智能终端应用软件可由用户方便卸载，且在不影响移动智能终端安全使用的情况下，附属于该软件的资源文件、配置文件和用户数据文件等也应能够被方便卸载。

（三）生产企业应确保已被卸载的预置软件在移动智能终端操作系统升级时不被强行恢复；应保证移动智能终端获得进网许可证前后预置软件的一致性；移动智能终端新增预置软件或有重大功能变化的，应及时向工业和信息化部报告。

第八条 从事应用商店等移动应用分发平台服务的互联网信息服务提供者，以及在移动智能终端中预置了移动应用分发平台的生产企业对所提供的应用软件负有以下管理责任：

（一）应登记应用软件提供者、运营者、开发者的真实身份、联系方式等信息。

（二）应建立应用软件管理机制，对应用软件进行审核及安全、服务等相关检测，对审核和检测中发现的恶意应用软件等违法违规软件，不得向用户提供；对所提供应用软件进行跟踪监测，及时处理违法违规软件，建立完善用户举报投诉处置措施等。

（三）应要求应用软件提供者在提交应用软件时声明其获取的用

户终端权限及用途，并将上述信息向软件下载用户明示。

（四）应留存所提供应用软件，以及该软件有关版本、上线时间、功能简介、用途、MD5（消息摘要算法 5）等校验值、服务器接入等信息以备追溯检测，相关信息的留存时间不短于 60 日。

（五）对于违反本规定第四条要求的应用软件，以及在通信主管部门监督检查中发现的恶意应用软件，相关企业应予以及时下架。

（六）应加强网络安全防护以及对相关人员的教育培训，保障自身系统安全和用户个人信息安全。

第九条 通信主管部门应对生产企业和互联网信息服务提供者落实本规定相关要求情况进行监督检查。

（一）通信主管部门应组织专业检测机构对生产企业预置的和互联网信息服务提供者提供的应用软件开展监督检测和恶意应用软件认定工作，相关企业应给予配合，并提供便捷的获取应用软件的条件。

（二）检测机构应及时将检测和认定报告提交通信主管部门。通信主管部门依据报告，要求并监督相关企业进行整改，通知并监督互联网信息服务提供者下架恶意应用软件。

（三）通信主管部门向社会通报监督检查和检测情况。

（四）对于紧急情况以及互联网信息服务提供者未按要求及时下架违法应用软件的，通信主管部门可依法依规要求有关单位采取处置措施。

第十条 相关企业和社会组织应进一步完善服务保障措施，提高用户权益保护水平。

（一）生产企业和互联网信息服务提供者应建立移动智能终端应用软件投诉举报受理制度，为用户提供便捷的投诉举报方式，接受、验证和处理用户投诉举报。如用户发现移动智能终端应用软件违反本规定要求，可向相关企业投诉举报，企业应在规定和公开承诺的时限内妥善处理；对处理结果不满的，用户可向电信用户申诉受理机构申诉。用户发现恶意应用软件，以及含有法律法规规定的禁止性内容或违法发送商业性电子信息的移动终端应用软件，可向网络不良与垃圾信息举报中心举报。

（二）工业和信息化部鼓励移动智能终端应用软件采用依法设立的电子认证服务机构颁发的数字证书进行签名；指导相关企业对已签名的移动智能终端应用软件采用依法设立的电子认证服务机构颁发的数字证书，进行验证并显著标识。

（三）工业和信息化部支持相关社会组织通过行业自律形式，建立恶意应用软件黑名单，实现黑名单信息在相关企业、专业检测机构以及用户之间的共享。

第十一条 违反本规定的，通信主管部门依据职权责令改正，依法进行处罚，并将生产企业、互联网信息服务提供者违反本规定受到行政处罚的情况记入信誉档案，向社会公布。对涉嫌违法犯罪的应用软件线索，各单位应及时报告公安机关。

第十二条 本规定下列用语的含义是：

移动智能终端是指接入公众移动通信网络、具有操作系统、可由用户自行安装和卸载应用软件的移动通信终端产品。

移动智能终端应用软件（英文简称 APP）包括移动智能终端预置应用软件，以及互联网信息服务提供者提供的可以通过网站、应用商店等移动应用分发平台下载、安装、升级的应用软件。

移动应用分发平台是指网站、应用商店等提供移动智能终端应用软件下载、安装、升级的应用软件平台。

移动智能终端预置应用软件是指由生产企业自行或与互联网信息服务提供者合作在移动智能终端出厂前安装的应用软件。

恶意应用软件是指含有信息窃取、恶意扣费、诱骗欺诈、系统破坏等恶意行为及其他危害用户权益和网络安全的应用软件。

商业性电子信息是指利用电信网或互联网，向用户介绍、推销商品、服务或者商业投资机会的电子信息。

第十三条 本规定解释权属于工业和信息化部。

互联网域名管理办法（节录）

（2017 年 8 月 24 日工业和信息化部令第 43 号公布　自 2017 年 11 月 1 日起施行）

第一章　总　　则

……

第二条　在中华人民共和国境内从事互联网域名服务及其运行维护、监督管理等相关活动，应当遵守本办法。

本办法所称互联网域名服务（以下简称域名服务），是指从事域名根服务器运行和管理、顶级域名运行和管理、域名注册、域名解析等活动。

第三条　工业和信息化部对全国的域名服务实施监督管理，主要职责是：

（一）制定互联网域名管理规章及政策；

（二）制定中国互联网域名体系、域名资源发展规划；

（三）管理境内的域名根服务器运行机构和域名注册管理机构；

（四）负责域名体系的网络与信息安全管理；

（五）依法保护用户个人信息和合法权益；

（六）负责与域名有关的国际协调；

（七）管理境内的域名解析服务；

（八）管理其他与域名服务相关的活动。

第四条　各省、自治区、直辖市通信管理局对本行政区域内的域名服务实施监督管理，主要职责是：

（一）贯彻执行域名管理法律、行政法规、规章和政策；

（二）管理本行政区域内的域名注册服务机构；

（三）协助工业和信息化部对本行政区域内的域名根服务器运行机构和域名注册管理机构进行管理；

（四）负责本行政区域内域名系统的网络与信息安全管理；

（五）依法保护用户个人信息和合法权益；

（六）管理本行政区域内的域名解析服务；

（七）管理本行政区域内其他与域名服务相关的活动。

第五条 中国互联网域名体系由工业和信息化部予以公告。根据域名发展的实际情况，工业和信息化部可以对中国互联网域名体系进行调整。

第六条 “.CN”和“.中国”是中国的国家顶级域名。

中文域名是中国互联网域名体系的重要组成部分。国家鼓励和支持中文域名系统的技术研究和推广应用。

……

第二章 域名管理

第九条 在境内设立域名根服务器及域名根服务器运行机构、域名注册管理机构和域名注册服务机构的，应当依据本办法取得工业和信息化部或者省、自治区、直辖市通信管理局（以下统称电信管理机构）的相应许可。

……

第十三条 申请设立域名根服务器及域名根服务器运行机构、域名注册管理机构的，应当向工业和信息化部提交申请材料。申请设立域名注册服务机构的，应当向住所地省、自治区、直辖市通信管理局提交申请材料。

申请材料应当包括：

（一）申请单位的基本情况及其法定代表人签署的依法诚信经营承诺书；

（二）对域名服务实施有效管理的证明材料，包括相关系统及场所、服务能力的证明材料、管理制度、与其他机构签订的协议等；

（三）网络与信息安全保障制度及措施；

（四）证明申请单位信誉的材料。

……

第十六条 域名根服务器运行机构、域名注册管理机构和域名注册服务机构的许可有效期为5年。

……

第三章 域名服务

……

第二十五条 域名注册管理机构应当通过电信管理机构许可的域名注册服务机构开展域名注册服务。

域名注册服务机构应当按照电信管理机构许可的域名注册服务项目提供服务，不得为未经电信管理机构许可的域名注册管理机构提供域名注册服务。

……

第二十八条 任何组织或者个人注册、使用的域名中，不得含有下列内容：

（一）反对宪法所确定的基本原则的；

（二）危害国家安全，泄露国家秘密，颠覆国家政权，破坏国家统一的；

（三）损害国家荣誉和利益的；

（四）煽动民族仇恨、民族歧视，破坏民族团结的；

（五）破坏国家宗教政策，宣扬邪教和封建迷信的；

（六）散布谣言，扰乱社会秩序，破坏社会稳定的；

（七）散布淫秽、色情、赌博、暴力、凶杀、恐怖或者教唆犯罪的；

（八）侮辱或者诽谤他人，侵害他人合法权益的；

（九）含有法律、行政法规禁止的其他内容的。

域名注册管理机构、域名注册服务机构不得为含有前款所列内容的域名提供服务。

……

第三十条 域名注册服务机构提供域名注册服务，应当要求域名注册申请者提供域名持有者真实、准确、完整的身份信息等域名注册信息。

域名注册管理机构和域名注册服务机构应当对域名注册信息的真实性、完整性进行核验。

域名注册申请者提供的域名注册信息不准确、不完整的，域名注册服务机构应当要求其予以补正。申请者不补正或者提供不真实的域名注册信息的，域名注册服务机构不得为其提供域名注册服务。

……

第三十二条 域名注册管理机构、域名注册服务机构应当依法存储、保护用户个人信息。未经用户同意不得将用户个人信息提供给他人，但法律、行政法规另有规定的除外。

……

第三十六条 提供域名解析服务，应当遵守有关法律、法规、标准，具备相应的技术、服务和网络与信息安全保障能力，落实网络与信息安全保障措施，依法记录并留存域名解析日志、维护日志和变更记录，保障解析服务质量和解析系统安全。涉及经营电信业务的，应当依法取得电信业务经营许可。

第三十七条 提供域名解析服务，不得擅自篡改解析信息。

任何组织或者个人不得恶意将域名解析指向他人的 IP 地址。

第三十八条 提供域名解析服务，不得为含有本办法第二十八条第一款所列内容的域名提供域名跳转。

第三十九条 从事互联网信息服务的，其使用域名应当符合法律法规和电信管理机构的有关规定，不得将域名用于实施违法行为。

第四十条 域名注册管理机构、域名注册服务机构应当配合国家有关部门依法开展的检查工作，并按照电信管理机构的要求对存在违法行为的域名采取停止解析等处置措施。

域名注册管理机构、域名注册服务机构发现其提供服务的域名发布、传输法律和行政法规禁止发布或者传输的信息的，应当立即采取消除、停止解析等处置措施，防止信息扩散，保存有关记录，并向有关部门报告。

……

第四十二条 任何组织或者个人认为他人注册或者使用的域名侵害其合法权益的，可以向域名争议解决机构申请裁决或者依法向人民法院提起诉讼。

第四十三条 已注册的域名有下列情形之一的，域名注册服务机构应当予以注销，并通知域名持有者：

（一）域名持有者申请注销域名的；

（二）域名持有者提交虚假域名注册信息的；

（三）依据人民法院的判决、域名争议解决机构的裁决，应当注销的；

（四）法律、行政法规规定予以注销的其他情形。

……

第五章 罚 则

第四十九条 违反本办法第九条规定，未经许可擅自设立域名根服务器及域名根服务器运行机构、域名注册管理机构、域名注册服务机构的，电信管理机构应当根据《中华人民共和国行政许可法》第八十一条的规定，采取措施予以制止，并视情节轻重，予以警告或者处一万元以上三万元以下罚款。

第五十条 违反本办法规定，域名注册管理机构或者域名注册服务机构有下列行为之一的，由电信管理机构依据职权责令限期改正，并视情节轻重，处一万元以上三万元以下罚款，向社会公告：

（一）为未经许可的域名注册管理机构提供域名注册服务，或者通过未经许可的域名注册服务机构开展域名注册服务的；

（二）未按照许可的域名注册服务项目提供服务的；

（三）未对域名注册信息的真实性、完整性进行核验的；

（四）无正当理由阻止域名持有者变更域名注册服务机构的。

第五十一条 违反本办法规定，提供域名解析服务，有下列行为之一的，由电信管理机构责令限期改正，可以视情节轻重处一万元以上三万元以下罚款，向社会公告：

（一）擅自篡改域名解析信息或者恶意将域名解析指向他人 IP 地址的；

（二）为含有本办法第二十八条第一款所列内容的域名提供域名跳转的；

（三）未落实网络与信息安全保障措施的；

（四）未依法记录并留存域名解析日志、维护日志和变更记录的；

（五）未按照要求对存在违法行为的域名进行处置的。

第五十二条 违反本办法第十七条、第十八条第一款、第二十一条、第二十二条、第二十八条第二款、第二十九条、第三十一条、第三十二条、第三十五条第一款、第四十条第一款、第四十一条规定的，由电信管理机构依据职权责令限期改正，可以并处一万元以上三万元以下罚款，向社会公告。

第五十三条 法律、行政法规对有关违法行为的处罚另有规定的，依照有关法律、行政法规的规定执行。

第五十四条 任何组织或者个人违反本办法第二十八条第一款规定注册、使用域名，构成犯罪的，依法追究刑事责任；尚不构成犯罪的，由有关部门依法予以处罚。

第六章 附　　则

第五十五条 本办法下列用语的含义是：

（一）域名：指互联网上识别和定位计算机的层次结构式的字符

标识，与该计算机的 IP 地址相对应。

（二）中文域名：指含有中文文字的域名。

（三）顶级域名：指域名体系中根节点下的第一级域的名称。

（四）域名根服务器：指承担域名体系中根节点功能的服务器（含镜像服务器）。

（五）域名根服务器运行机构：指依法获得许可并承担域名根服务器运行、维护和管理工作的机构。

（六）域名注册管理机构：指依法获得许可并承担顶级域名运行和管理工作的机构。

（七）域名注册服务机构：指依法获得许可、受理域名注册申请并完成域名在顶级域名数据库中注册的机构。

（八）域名注册代理机构：指受域名注册服务机构的委托，受理域名注册申请，间接完成域名在顶级域名数据库中注册的机构。

（九）域名管理系统：指域名注册管理机构在境内开展顶级域名运行和管理所需的主要信息系统，包括注册管理系统、注册数据库、域名解析系统、域名信息查询系统、身份信息核验系统等。

（十）域名跳转：指对某一域名的访问跳转至该域名绑定或者指向的其他域名、IP 地址或者网络信息服务等。

第五十六条 本办法中规定的日期，除明确为工作日的以外，均为自然日。

第五十七条 在本办法施行前未取得相应许可开展域名服务的，应当自本办法施行之日起十二个月内，按照本办法规定办理许可手续。

在本办法施行前已取得许可的域名根服务器运行机构、域名注册管理机构和域名注册服务机构，其许可有效期适用本办法第十六条的规定，有效期自本办法施行之日起计算。

第五十八条 本办法自 2017 年 11 月 1 日起施行。2004 年 11 月 5 日公布的《中国互联网络域名管理办法》（原信息产业部令第 30 号）同时废止。本办法施行前公布的有关规定与本办法不一致的，按照本办法执行。

互联网用户公众账号信息服务管理规定（节录）

（2021 年 1 月 22 日国家互联网信息办公室发布）

第一章　总　　则

……

第三条　国家网信部门负责全国互联网用户公众账号信息服务的监督管理执法工作。地方网信部门依据职责负责本行政区域内互联网用户公众账号信息服务的监督管理执法工作。

……

第五条　公众账号信息服务平台提供互联网用户公众账号信息服务，应当取得国家法律、行政法规规定的相关资质。

公众账号信息服务平台和公众账号生产运营者向社会公众提供互联网新闻信息服务，应当取得互联网新闻信息服务许可。

第二章　公众账号信息服务平台

……

第八条　公众账号信息服务平台应当采取复合验证等措施，对申请注册公众账号的互联网用户进行基于移动电话号码、居民身份证号码或者统一社会信用代码等方式的真实身份信息认证，提高认证准确率。用户不提供真实身份信息的，或者冒用组织机构、他人真实身份信息进行虚假注册的，不得为其提供相关服务。

公众账号信息服务平台应当对互联网用户注册的公众账号名称、头像和简介等进行合法合规性核验，发现账号名称、头像和简介与注册主体真实身份信息不相符的，特别是擅自使用或者关联党政机关、企事业单位等组织机构或者社会知名人士名义的，应当暂停提供服务并通知用户限期改正，拒不改正的，应当终止提供服务；发现相关注册信息含有违法和不良信息的，应当依法及时处置。

公众账号信息服务平台应当禁止被依法依约关闭的公众账号以相同账号名称重新注册；对注册与其关联度高的账号名称，还应当对账号主体真实身份信息、服务资质等进行必要核验。

第九条 公众账号信息服务平台对申请注册从事经济、教育、医疗卫生、司法等领域信息内容生产的公众账号，应当要求用户在注册时提供其专业背景，以及依照法律、行政法规获得的职业资格或者服务资质等相关材料，并进行必要核验。

公众账号信息服务平台应当对核验通过后的公众账号加注专门标识，并根据用户的不同主体性质，公示内容生产类别、运营主体名称、注册运营地址、统一社会信用代码、联系方式等注册信息，方便社会监督查询。

公众账号信息服务平台应当建立动态核验巡查制度，适时核验生产运营者注册信息的真实性、有效性。

……

第十一条 公众账号信息服务平台应当依法依约禁止公众账号生产运营者违规转让公众账号。

公众账号生产运营者向其他用户转让公众账号使用权的，应当向平台提出申请。平台应当依据前款规定对受让方用户进行认证核验，并公示主体变更信息。平台发现生产运营者未经审核擅自转让公众账号的，应当及时暂停或者终止提供服务。

公众账号生产运营者自行停止账号运营，可以向平台申请暂停或者终止使用。平台应当按照服务协议暂停或者终止提供服务。

……

第十四条 公众账号信息服务平台与生产运营者开展内容供给与账号推广合作，应当规范管理电商销售、广告发布、知识付费、用户打赏等经营行为，不得发布虚假广告、进行夸大宣传、实施商业欺诈及商业诋毁等，防止违法违规运营。

公众账号信息服务平台应当加强对原创信息内容的著作权保护，防范盗版侵权行为。

平台不得利用优势地位干扰生产运营者合法合规运营、侵犯用户合法权益。

第三章 公众账号生产运营者

……

第十八条 公众账号生产运营者不得有下列违法违规行为：

（一）不以真实身份信息注册，或者注册与自身真实身份信息不相符的公众账号名称、头像、简介等；

（二）恶意假冒、仿冒或者盗用组织机构及他人公众账号生产发布信息内容；

（三）未经许可或者超越许可范围提供互联网新闻信息采编发布等服务；

（四）操纵利用多个平台账号，批量发布雷同低质信息内容，生成虚假流量数据，制造虚假舆论热点；

（五）利用突发事件煽动极端情绪，或者实施网络暴力损害他人和组织机构名誉，干扰组织机构正常运营，影响社会和谐稳定；

（六）编造虚假信息，伪造原创属性，标注不实信息来源，歪曲事实真相，误导社会公众；

（七）以有偿发布、删除信息等手段，实施非法网络监督、营销诈骗、敲诈勒索，谋取非法利益；

（八）违规批量注册、囤积或者非法交易买卖公众账号；

（九）制作、复制、发布违法信息，或者未采取措施防范和抵制制作、复制、发布不良信息；

（十）法律、行政法规禁止的其他行为。

第四章 监督管理

第十九条 公众账号信息服务平台应当加强对本平台公众账号信息服务活动的监督管理，及时发现和处置违法违规信息或者行为。

公众账号信息服务平台应当对违反本规定及相关法律法规的公众账号，依法依约采取警示提醒、限制账号功能、暂停信息更新、停止广告发布、关闭注销账号、列入黑名单、禁止重新注册等处置措施，保存有关记录，并及时向网信等有关主管部门报告。

第二十条 公众账号信息服务平台和生产运营者应当自觉接受社会监督。

公众账号信息服务平台应当在显著位置设置便捷的投诉举报入口和申诉渠道，公布投诉举报和申诉方式，健全受理、甄别、处置、反馈等机制，明确处理流程和反馈时限，及时处理公众投诉举报和生产运营者申诉。

鼓励互联网行业组织开展公众评议，推动公众账号信息服务平台和生产运营者严格自律，建立多方参与的权威调解机制，公平合理解决行业纠纷，依法维护用户合法权益。

第二十一条 各级网信部门会同有关主管部门建立健全协作监管等工作机制，监督指导公众账号信息服务平台和生产运营者依法依规从事相关信息服务活动。

公众账号信息服务平台和生产运营者应当配合有关主管部门依法实施监督检查，并提供必要的技术支持和协助。

公众账号信息服务平台和生产运营者违反本规定的，由网信部门和有关主管部门在职责范围内依照相关法律法规处理。

第五章 附则

第二十二条 本规定所称互联网用户公众账号，是指互联网用户在互联网站、应用程序等网络平台注册运营，面向社会公众生产发布文字、图片、音视频等信息内容的网络账号。

本规定所称公众账号信息服务平台，是指为互联网用户提供公众账号注册运营、信息内容发布与技术保障服务的网络信息服务提供者。

本规定所称公众账号生产运营者，是指注册运营公众账号从事内容生产发布的自然人、法人或者非法人组织。

第二十三条 本规定自2021年2月22日起施行。本规定施行之前颁布的有关规定与本规定不一致的，按照本规定执行。

移动互联网应用程序信息服务管理规定

（2022年6月14日国家互联网信息办公室发布）

第一章 总 则

第一条 为了规范移动互联网应用程序（以下简称应用程序）信息服务，保护公民、法人和其他组织的合法权益，维护国家安全和公共利益，根据《中华人民共和国网络安全法》、《中华人民共和国数据安全法》、《中华人民共和国个人信息保护法》、《中华人民共和国未成年人保护法》、《互联网信息服务管理办法》、《互联网新闻信息服务管理规定》、《网络信息内容生态治理规定》等法律、行政法规和国家有关规定，制定本规定。

第二条 在中华人民共和国境内提供应用程序信息服务，以及从事互联网应用商店等应用程序分发服务，应当遵守本规定。

本规定所称应用程序信息服务，是指通过应用程序向用户提供文字、图片、语音、视频等信息制作、复制、发布、传播等服务的活动，包括即时通讯、新闻资讯、知识问答、论坛社区、网络直播、电子商务、网络音视频、生活服务等类型。

本规定所称应用程序分发服务，是指通过互联网提供应用程序发布、下载、动态加载等服务的活动，包括应用商店、快应用中心、互联网小程序平台、浏览器插件平台等类型。

第三条 国家网信部门负责全国应用程序信息内容的监督管理工作。地方网信部门依据职责负责本行政区域内应用程序信息内容的监督管理工作。

第四条 应用程序提供者和应用程序分发平台应当遵守宪法、法律和行政法规，弘扬社会主义核心价值观，坚持正确政治方向、舆论导向和价值取向，遵循公序良俗，履行社会责任，维护清朗网络空间。

应用程序提供者和应用程序分发平台不得利用应用程序从事危害国家安全、扰乱社会秩序、侵犯他人合法权益等法律法规禁止的活动。

第五条 应用程序提供者和应用程序分发平台应当履行信息内容管理主体责任，积极配合国家实施网络可信身份战略，建立健全信息内容安全管理、信息内容生态治理、数据安全和个人信息保护、未成年人保护等管理制度，确保网络安全，维护良好网络生态。

第二章 应用程序提供者

第六条 应用程序提供者为用户提供信息发布、即时通讯等服务的，应当对申请注册的用户进行基于移动电话号码、身份证件号码或者统一社会信用代码等方式的真实身份信息认证。用户不提供真实身份信息，或者冒用组织机构、他人身份信息进行虚假注册的，不得为其提供相关服务。

第七条 应用程序提供者通过应用程序提供互联网新闻信息服务的，应当取得互联网新闻信息服务许可，禁止未经许可或者超越许可范围开展互联网新闻信息服务活动。

应用程序提供者提供其他互联网信息服务，依法须经有关主管部门审核同意或者取得相关许可的，经有关主管部门审核同意或者取得相关许可后方可提供服务。

第八条 应用程序提供者应当对信息内容呈现结果负责，不得生产传播违法信息，自觉防范和抵制不良信息。

应用程序提供者应当建立健全信息内容审核管理机制，建立完善用户注册、账号管理、信息审核、日常巡查、应急处置等管理措施，配备与服务规模相适应的专业人员和技术能力。

第九条 应用程序提供者不得通过虚假宣传、捆绑下载等行为，通过机器或者人工刷榜、刷量、控评等方式，或者利用违法和不良信息诱导用户下载。

第十条 应用程序应当符合相关国家标准的强制性要求。应用程序提供者发现应用程序存在安全缺陷、漏洞等风险时，应当立即采取补救措施，按照规定及时告知用户并向有关主管部门报告。

第十一条 应用程序提供者开展应用程序数据处理活动，应当履行数据安全保护义务，建立健全全流程数据安全管理制度，采取保障数据安全技术措施和其他安全措施，加强风险监测，不得危害国家安全、公共利益，不得损害他人合法权益。

第十二条 应用程序提供者处理个人信息应当遵循合法、正当、必要和诚信原则，具有明确、合理的目的并公开处理规则，遵守必要个人信息范围的有关规定，规范个人信息处理活动，采取必要措施保障个人信息安全，不得以任何理由强制要求用户同意个人信息处理行为，不得因用户不同意提供非必要个人信息，而拒绝用户使用其基本功能服务。

第十三条 应用程序提供者应当坚持最有利于未成年人的原则，关注未成年人健康成长，履行未成年人网络保护各项义务，依法严格落实未成年人用户账号真实身份信息注册和登录要求，不得以任何形式向未成年人用户提供诱导其沉迷的相关产品和服务，不得制作、复制、发布、传播含有危害未成年人身心健康内容的信息。

第十四条 应用程序提供者上线具有舆论属性或者社会动员能力的新技术、新应用、新功能，应当按照国家有关规定进行安全评估。

第十五条 鼓励应用程序提供者积极采用互联网协议第六版

(IPv6)向用户提供信息服务。

第十六条 应用程序提供者应当依据法律法规和国家有关规定，制定并公开管理规则，与注册用户签订服务协议，明确双方相关权利义务。

对违反本规定及相关法律法规及服务协议的注册用户，应用程序提供者应当依法依约采取警示、限制功能、关闭账号等处置措施，保存记录并向有关主管部门报告。

第三章 应用程序分发平台

第十七条 应用程序分发平台应当在上线运营三十日内向所在地省、自治区、直辖市网信部门备案。办理备案时，应当提交以下材料：

(一)平台运营主体基本情况；

(二)平台名称、域名、接入服务、服务资质、上架应用程序类别等信息；

(三)平台取得的经营性互联网信息服务许可或者非经营性互联网信息服务备案等材料；

(四)本规定第五条要求建立健全的相关制度文件；

(五)平台管理规则、服务协议等。

省、自治区、直辖市网信部门收到备案材料后，材料齐全的应当予以备案。

国家网信部门及时公布已经履行备案手续的应用程序分发平台名单。

第十八条 应用程序分发平台应当建立分类管理制度，对上架的应用程序实施分类管理，并按类别向其所在地省、自治区、直辖市网信部门备案应用程序。

第十九条 应用程序分发平台应当采取复合验证等措施，对申请上架的应用程序提供者进行基于移动电话号码、身份证件号码或者统一社会信用代码等多种方式相结合的真实身份信息认证。根据应用程序提供者的不同主体性质，公示提供者名称、统一社会信用代码等信息，方便社会监督查询。

第二十条 应用程序分发平台应当建立健全管理机制和技术手段，建立完善上架审核、日常管理、应急处置等管理措施。

应用程序分发平台应当对申请上架和更新的应用程序进行审核，发现应用程序名称、图标、简介存在违法和不良信息，与注册主体真实身份信息不相符，业务类型存在违法违规等情况的，不得为其提供服务。

应用程序提供的信息服务属于本规定第七条规定范围的，应用程序分发平台应当对相关许可等情况进行核验；属于本规定第十四条规定范围的，应用程序分发平台应当对安全评估情况进行核验。

应用程序分发平台应当加强对在架应用程序的日常管理，对含有违法和不良信息，下载量、评价指标等数据造假，存在数据安全风险隐患，违法违规收集使用个人信息，损害他人合法权益等的，不得为其提供服务。

第二十一条 应用程序分发平台应当依据法律法规和国家有关规定，制定并公开管理规则，与应用程序提供者签订服务协议，明确双方相关权利义务。

对违反本规定及相关法律法规及服务协议的应用程序，应用程序分发平台应当依法依约采取警示、暂停服务、下架等处置措施，保存记录并向有关主管部门报告。

第四章 监督管理

第二十二条 应用程序提供者和应用程序分发平台应当自觉接受社会监督，设置醒目、便捷的投诉举报入口，公布投诉举报方式，健全受理、处置、反馈等机制，及时处理公众投诉举报。

第二十三条 鼓励互联网行业组织建立健全行业自律机制，制定完善行业规范和自律公约，指导会员单位建立健全服务规范，依法依规提供信息服务，维护市场公平，促进行业健康发展。

第二十四条 网信部门会同有关主管部门建立健全工作机制，监督指导应用程序提供者和应用程序分发平台依法依规从事信息服务活动。

应用程序提供者和应用程序分发平台应当对网信部门和有关主管部门依法实施的监督检查予以配合，并提供必要的支持和协助。

第二十五条 应用程序提供者和应用程序分发平台违反本规定的，由网信部门和有关主管部门在职责范围内依照相关法律法规处理。

第五章 附　　则

第二十六条 本规定所称移动互联网应用程序，是指运行在移动智能终端上向用户提供信息服务的应用软件。

本规定所称移动互联网应用程序提供者，是指提供信息服务的移动互联网应用程序所有者或者运营者。

本规定所称移动互联网应用程序分发平台，是指提供移动互联网应用程序发布、下载、动态加载等分发服务的互联网信息服务提供者。

第二十七条 本规定自 2022 年 8 月 1 日起施行。2016 年 6 月 28 日公布的《移动互联网应用程序信息服务管理规定》同时废止。

互联网用户账号信息管理规定（节录）

（2022 年 6 月 27 日国家互联网信息办公室令第 10 号公布 自 2022 年 8 月 1 日起施行）

第一章 总　　则

……

第二条 互联网用户在中华人民共和国境内的互联网信息服务提供者注册、使用互联网用户账号信息及其管理工作，适用本规定。法律、行政法规另有规定的，依照其规定。

第三条 国家网信部门负责全国互联网用户账号信息的监督管理工作。

地方网信部门依据职责负责本行政区域内的互联网用户账号信息的监督管理工作。

第四条 互联网用户注册、使用和互联网信息服务提供者管理互联网用户账号信息，应当遵守法律法规，遵循公序良俗，诚实信用，不得损害国家安全、社会公共利益或者他人合法权益。

第五条 鼓励相关行业组织加强行业自律，建立健全行业标准、行业准则和自律管理制度，督促指导互联网信息服务提供者制定完善服务规范、加强互联网用户账号信息安全管理、依法提供服务并接受社会监督。

第二章 账号信息注册和使用

……

第七条 互联网个人用户注册、使用账号信息，含有职业信息的，应当与个人真实职业信息相一致。

互联网机构用户注册、使用账号信息，应当与机构名称、标识等相一致，与机构性质、经营范围和所属行业类型等相符合。

第八条 互联网用户注册、使用账号信息，不得有下列情形：

（一）违反《网络信息内容生态治理规定》第六条、第七条规定；

（二）假冒、仿冒、捏造政党、党政军机关、企事业单位、人民团体和社会组织的名称、标识等；

（三）假冒、仿冒、捏造国家（地区）、国际组织的名称、标识等；

（四）假冒、仿冒、捏造新闻网站、报刊社、广播电视机构、通讯社等新闻媒体的名称、标识等，或者擅自使用“新闻”、“报道”等具有新闻属性的名称、标识等；

（五）假冒、仿冒、恶意关联国家行政区域、机构所在地、标志性建筑物等重要空间的地理名称、标识等；

（六）以损害公共利益或者谋取不正当利益等为目的，故意夹带二维码、网址、邮箱、联系方式等，或者使用同音、谐音、相近的文字、数字、符号和字母等；

（七）含有名不副实、夸大其词等可能使公众受骗或者产生误解的内容；

（八）含有法律、行政法规和国家有关规定禁止的其他内容。

第九条 互联网信息服务提供者为互联网用户提供信息发布、即时通讯等服务的，应当对申请注册相关账号信息的用户进行基于移动电话号码、身份证件号码或者统一社会信用代码等方式的真实身份信息认证。用户不提供真实身份信息，或者冒用组织机构、他人身份信息进行虚假注册的，不得为其提供相关服务。

第十条 互联网信息服务提供者应当对互联网用户在注册时提交的和使用中拟变更的账号信息进行核验，发现违反本规定第七条、第八条规定的，应当不予注册或者变更账号信息。

对账号信息中含有“中国”、“中华”、“中央”、“全国”、“国家”等内容，或者含有党旗、党徽、国旗、国歌、国徽等党和国家象征和标志的，应当依照法律、行政法规和国家有关规定从严核验。

互联网信息服务提供者应当采取必要措施，防止被依法依约关闭的账号重新注册；对注册与其关联度高的账号信息，应当对相关信息从严核验。

……

第十二条 互联网信息服务提供者应当在互联网用户账号信息页面展示合理范围内的互联网用户账号的互联网协议（IP）地址归属地信息，便于公众为公共利益实施监督。

第十三条 互联网信息服务提供者应当在互联网用户公众账号信息页面，展示公众账号的运营主体、注册运营地址、内容生产类别、统一社会信用代码、有效联系方式、互联网协议（IP）地址归属地等信息。

第三章　账号信息管理

……

第十五条　互联网信息服务提供者应当建立账号信息动态核验制度，适时核验存量账号信息，发现不符合本规定要求的，应当暂停提供服务并通知用户限期改正；拒不改正的，应当终止提供服务。

第十六条　互联网信息服务提供者应当依法保护和处理互联网用户账号信息中的个人信息，并采取措施防止未经授权的访问以及个人信息泄露、篡改、丢失。

第十七条　互联网信息服务提供者发现互联网用户注册、使用账号信息违反法律、行政法规和本规定的，应当依法依约采取警示提醒、限期改正、限制账号功能、暂停使用、关闭账号、禁止重新注册等处置措施，保存有关记录，并及时向网信等有关主管部门报告。

……

第十九条　互联网信息服务提供者应当在显著位置设置便捷的投诉举报入口，公布投诉举报方式，健全受理、甄别、处置、反馈等机制，明确处理流程和反馈时限，及时处理用户和公众投诉举报。

第四章　监督检查与法律责任

第二十条　网信部门会同有关主管部门，建立健全信息共享、会商通报、联合执法、案件督办等工作机制，协同开展互联网用户账号信息监督管理工作。

第二十一条　网信部门依法对互联网信息服务提供者管理互联网用户注册、使用账号信息情况实施监督检查。互联网信息服务提供者应当予以配合，并提供必要的技术、数据等支持和协助。

发现互联网信息服务提供者存在较大网络信息安全风险的，省级以上网信部门可以要求其采取暂停信息更新、用户账号注册或者其他相关服务等措施。互联网信息服务提供者应当按照要求采取措施，进行整改，消除隐患。

第二十二条 互联网信息服务提供者违反本规定的，依照有关法律、行政法规的规定处罚。法律、行政法规没有规定的，由省级以上网信部门依据职责给予警告、通报批评，责令限期改正，并可以处一万元以上十万元以下罚款。构成违反治安管理行为的，移交公安机关处理；构成犯罪的，移交司法机关处理。

第五章 附 则

第二十三条 本规定下列用语的含义是：

（一）互联网用户账号信息，是指互联网用户在互联网信息服务中注册、使用的名称、头像、封面、简介、签名、认证信息等用于标识用户账号的信息。

（二）互联网信息服务提供者，是指向用户提供互联网信息发布和应用平台服务，包括但不限于互联网新闻信息服务、网络出版服务、搜索引擎、即时通讯、交互式信息服务、网络直播、应用软件下载等互联网服务的主体。

第二十四条 本规定自2022年8月1日施行。本规定施行之前颁布的有关规定与本规定不一致的，按照本规定执行。

移动互联网应用商店网络安全责任指南

（2014年5月30日）

为明确应用商店网络安全责任，突出安全检查要点，督促应用商店建立完善安全管理制度，依据《全国人大常委会关于加强网络信息保护的决定》、《互联网信息服务管理办法》、《电信业务经营许可管理办法》、《非经营性互联网信息服务备案管理办法》、《通信网络安全防护管理办法》、《电信和互联网用户个人信息保护规定》等法律法规和部门规章，结合工作实践，特制定本指南，供应用商店安全检查中参考使用。

一、应用商店对本商店内上架的应用软件负有安全管理的责任。

二、应用商店应要求应用软件提供者如实提供身份信息（包括个人身份信息、营业执照、联系方式等），并由应用商店进行信息核验和留存。

三、应用商店应在与应用软件提供者的合作协议中明确应用软件提供者的安全责任，要求应用软件提供者承诺不提交违反我国网络与信息安全相关法律法规以及含有恶意行为的应用软件（含版本升级后的应用软件）。

四、应用商店应要求应用软件提供者在提交应用软件时声明其获取的使用权限及用途。应用商店应将上述信息向应用软件下载用户明示。

五、在应用软件上架前，应用商店应自行或委托第三方对其进行安全检测，对含有恶意扣费、信息窃取、远程控制、恶意传播、资费消耗、系统破坏、诱骗欺诈等行为，以及含有法律法规禁止内容的应用软件，不得上架发布，并将其纳入应用软件黑名单。应用商店应定期对已上架的应用软件进行安全复查。

六、应用商店应留存应用软件及其基本信息（版本、上线时间、应用软件简介、用途等）、状态信息（上线、下架）等，相关信息的留存时间不短于60日。

七、应用商店应建立应用软件举报制度，提供便利的举报渠道，当收到存在安全问题的应用软件举报时，应及时验证、处理。同时，建立与行业协会组织间的公众监督举报渠道。

八、应用商店应建立应用软件黑名单管理制度、黑名单申述机制，并积极推动黑名单信息行业内共享。

九、应用商店应按电信管理机构的要求及时下架存在安全问题的应用软件。

十、应用商店应当为电信管理机构开展安全检查提供便捷的获取上架应用软件的条件。

十一、应用商店应当加强自身系统的安全防护，保障自身系统安全和用户个人信息安全。

十二、应用商店应指定专人负责安全管理工作，加强对相关人员的安全教育和培训。

工业和信息化部、公安部关于依法清理整治涉诈电话卡、物联网卡以及关联互联网账号的通告

（2021年6月2日　工信部联网安函〔2021〕133号）

为深入贯彻落实党中央、国务院决策部署，坚决遏制电信网络诈骗犯罪高发多发态势，切实维护广大人民群众合法权益，按照《中华人民共和国刑法》《中华人民共和国治安管理处罚法》《中华人民共和国网络安全法》《互联网信息服务管理办法》等相关法律法规要求，现就依法清理整治涉诈电话卡、物联网卡以及关联互联网账号有关事项通告如下：

一、凡是实施非法办理、出租、出售、购买和囤积电话卡、物联网卡以及关联互联网账号的相关人员，自本通告发布之日起，应停止相关行为，并于2021年6月底前主动注销相关电话卡、物联网卡以及关联互联网账号。对通告发布后仍然进行上述非法行为的人员，将依法依规予以惩处。

二、电信主管部门、公安机关将持续深入推进“断卡行动”，以零容忍态度，依法严厉打击非法办理、出租、出售、购买和囤积电话卡、物联网卡以及关联互联网账号的行为，全力清理涉诈号卡资源。

三、电信企业、互联网企业应按照“谁开卡、谁负责，谁接入、

谁负责，谁运营、谁负责”的原则，严格落实网络信息安全主体责任，加强电话卡、物联网卡、互联网账号的实名制管理，加强涉诈网络信息监测处置，强化风险防控。

四、电信企业应建立电话卡“二次实人认证”工作机制，针对涉诈电话卡、“一证（身份证）多卡”、“睡眠卡”、“静默卡”、境外诈骗高发地卡、频繁触发预警模型等高风险电话卡，提醒用户在 24 小时内通过电信企业营业厅或线上方式进行实名核验，在规定期限内未核验或未通过核验的，暂停电话卡功能，有异议的可进行投诉反映，经核验通过的恢复功能。通过电信企业营业厅认证的，电信企业应要求用户现场签署涉诈风险告知书；采用线上方式认证的，电信企业应要求用户阅读勾选涉诈风险告知书，录制留存用户朗读知晓涉诈法律责任的认证视频。

五、互联网企业应根据公安机关、电信主管部门有关要求，对涉案电话卡、涉诈高风险电话卡所关联注册的微信、QQ、支付宝、淘宝等互联网账号依法依规进行实名核验，对违法违规账号及时采取关停等处置措施。

六、公安机关统一负责用户投诉受理、涉卡违法犯罪线索举报等事项，全国统一受理电话为 96110。

广大人民群众要提高风险防范意识，配合开展此次清理整治工作，并积极向公安机关举报涉及电话卡、物联网卡以及关联互联网账号的违法犯罪线索。

特此通告。

五、典型案例

最高人民法院发布9起
电信网络诈骗犯罪典型案例

（2016年3月4日）

案例1

江西省南昌市周文强等人虚构推荐优质股票诈骗案

（一）基本案情

2010年5月，被告人周文强为实施诈骗活动，承租了江西省南昌市红谷滩新区红谷经典大厦某楼层，并通过中介注册成立了江西三合科技有限公司。周文强将招聘来的数十名公司员工分配至公司下属名爵、德联、创达三个部门，并安排专人负责财务、后勤等事务。三个部门又各下设客服部、业务组和操盘部。其中，客服部负责群发“经公司拉升的某支股票会上涨”等虚假手机短信，接听股民电话，统计股民资料后交给业务组。业务组负责电话回访客服部提供的股民，以“公司能调动大量资金操纵股票交易”、“有实力拉升股票”、“保证客户有高收益”等为诱饵，骗取股民交纳数千元不等的“会员费”、“提成费”。操盘部又称证券部，由所谓的“专业老师”和“专业老师助理”负责“指导”已交纳“会员费”的客户购买股票，并负责安抚因遭受损失而投诉的客户，避免报案。2010年7月至2011年4月间，周文强诈骗犯罪团伙利用上述手段诈骗344名被害人，骗得钱款共计3 763 400元。

（二）裁判结果

本案由江西省南昌市中级人民法院一审，江西省高级人民法院二审。现已发生法律效力。

法院认为，被告人周文强等人采用虚构事实、隐瞒真相的方法，以“股票服务”的手段骗取他人钱款，其行为已构成诈骗罪。其中，被告人周文强以实施诈骗犯罪为目的成立公司，招聘人员，系主犯。据此，以诈骗罪判处被告人周文强有期徒刑十五年，并处没收财产人民币一百万元；以诈骗罪判处陆马强等被告人十年至二年六个月不等有期徒刑。

（三）典型意义

本案是以虚构推荐所谓的“优质股票”为手段实施诈骗的典型案件。随着经济的快速发展，参与炒股的人群急速增多。有不法分子即抓住部分股民急于通过炒股“致富”的心理，通过“推荐优质股票”实施诈骗行为。被告人周文强组织诈骗犯罪团伙，先通过向股民群发股票上涨的虚假短信，后通过电话与股民联系，谎称公司掌握股票交易的“内幕信息”，可由专业技术人员帮助分析股票行情、操纵股票交易，保证所推荐的股票上涨，保证客户获益等，骗取客户交纳“会员费”、“提成费”。一旦有受损失的客户投诉、质疑，还有专人负责安抚情绪，避免客户报案。以周文强为主的诈骗团伙分工明确，被害人数众多，诈骗数额特别巨大。希望广大股民在炒股过程中，不要轻信所谓的“内幕消息”，不要盲目依赖所谓的“股票咨询服务”等，应当充分认识股票投资客观上所具有的风险性，谨慎作出投资理财的决定。

案例2

河北省兴隆县谢怀丰、谢怀骋等人推销假冒保健产品诈骗案

（一）基本案情

被告人谢怀丰、谢怀骋系堂兄弟，二人商议在河北省兴隆县推销

假冒保健产品。2012 年 10 月至 2013 年 7 月间，谢怀丰、谢怀骋利用从网络上非法获取的公民个人信息，聘用多个话务员，冒充中国老年协会、保健品公司工作人员等身份，以促销、中奖为诱饵，向一些老年人推销无保健品标志、未经卫生许可登记的“保健产品”。如话务员联系的受话对象确定购买某个产品后，则由负责核单的人进行核实、确认，再采取货到付款方式，通过邮政速递有限公司寄出货物，回收货款。谢怀丰等人通过上述手段，共销售 3 000 余人次，涉及全国 20 余省份，涉案金额共计 1 886 689. 84 元。

（二）裁判结果

本案由河北省兴隆县人民法院一审，河北省承德市中级人民法院二审。现已发生法律效力。

法院认为，被告人谢怀丰、谢怀骋等人以非法占有为目的，采取虚构事实、隐瞒真相的方法，以推销假冒保健产品的手段骗取他人财物，其行为均已构成诈骗罪。被告人谢怀丰、谢怀骋系本案的发起人，谢怀丰出资租赁从事诈骗活动的房屋，购买从事诈骗的器材、设备，组织进货，谢怀骋提供熟悉推销方法的话务员，二被告人均系主犯。据此，以诈骗罪分别判处被告人谢怀丰、谢怀骋有期徒刑十一年，并处罚金人民币十万元；以诈骗罪判处陈秀杰等被告人三年至一年不等有期徒刑或单处罚金。

（三）典型意义

本案是以推销假冒保健品为手段实施诈骗的典型案件。目前，我国老年人数量不断攀升。随着生活水平的提高，老年人日益注重养生和保健，社会上针对老年人推销保健品的情况较为常见。被告人谢怀丰、谢怀骋雇佣多人，冒充老年协会、保健品公司工作人员等身份，以促销、中奖为诱饵，打电话向老年人推销假冒保健品，诈骗巨额钱财，且被骗老年人数众多，分布范围广，社会影响极为恶劣。希望广大老年朋友提高警惕，不要轻信通过电话推销保健品的人员，应通过正规渠道购买适合自己身体状况的保健品。

案例 3

福建省晋江市吴金龙等人发送医保卡出现异常虚假语音信息诈骗案

（一）基本案情

2013 年 7 月份，台湾地区人员“阿水”（另案处理）组织台湾被告人吴金龙等人前往老挝万象进行电信诈骗活动。该团伙在万象设置窝点，将事先编辑好的诈骗语音包通过网络电话向中国大陆各省市固定电话用户群发送语音信息，谎称被害人“医保卡出现异常，有疑问则回拨电话”。待被害人回拨时，电话转到冒充医保中心工作人员的团伙一线人员，谎称被害人的医保卡涉嫌盗刷违禁药品，要求被害人向公安机关“报案”，并引导被害人同意由其转接公安机关的报案电话，后一线人员将电话转接给冒充公安人员的团伙二线人员接听。期间，二线人员以预先更改好来电显示号码的“公安局号码”与被害人通话以取得被害人信任，后套取被害人个人信息，谎称被害人银行账户存在安全问题，并将电话转至冒充检察院工作人员的团伙三线人员，要求被害人将银行卡内的存款转到指定账户，进行所谓的“资金清查比对”，以此手段骗取被害人钱财。吴金龙等人诈骗金额共计 10 192 500 元。

（二）裁判结果

本案由福建省晋江市人民法院一审，福建省泉州市中级人民法院二审。现已发生法律效力。

法院认为，被告人吴金龙等人以非法占有为目的，通过互联网等电信技术方式发布虚假信息，对不特定多人实施诈骗，其行为已构成诈骗罪。其中，吴金龙负责召集、管理、培训人员，起主要作用，系主犯。据此以诈骗罪判处被告人吴金龙有期徒刑十三年六个月，并处罚金人民币二十万元；以诈骗罪判处庄靖凡等被告人十二年六个月至二年不等有期徒刑。

（三）典型意义

本案是以发送医保卡出现异常的虚假语音信息实施诈骗的典型案件。随着我国医疗保险制度的逐步完善，参保人员已逐步实现全覆盖，医保卡已成为人们经常使用的卡种，与百姓生活息息相关。被告人吴金龙等人在境外设立窝点，设置三线人员分别冒充医保中心工作人员、公安人员、检察院工作人员，先发送“医保卡出现异常，有疑问则回拨电话”的虚假语音信息，后通过三线人员的连环诈骗，套取被害人的个人信息，诱骗被害人将存款转至“指定账户”，从而骗得钱款。提醒广大医疗参保人员不要轻信医保卡出现异常的电话语音信息，更不要轻易在电话中将重要个人信息告知陌生人。

案例4

福建省平和县曾江权等人以台湾居民为犯罪对象诈骗案

（一）基本案情

2012年8月至2012年12月间，被告人曾江权伙同他人在福建省漳州市多个居民小区内租房作为诈骗窝点，在各窝点搭建可任意设置显示号码的网络电话平台，并安排被告人吕文忠等七人作为窝点负责人，组织窝点内人员实施诈骗。具体实施诈骗的人员分工配合，利用曾江权提供的台湾居民个人信息资料拨打电话，由冒充商店超市工作人员的窝点人员虚构台湾居民“因购物有错误付款须取消”的事实，再由冒充银行客户服务人员的窝点人员以“帮助取消上述分期付款业务”为由，诱骗台湾居民到ATM自动取款机操作，将银行存款转账到窝点人员提供的银行账户，从而骗取钱财。其中，台湾被告人颜安仁介绍能提供接收诈骗赃款的银行账户的台湾地区人员给曾江权，还用自己的银行卡为曾江权接收诈骗赃款。曾江权等人诈骗金额共计3 018 112元。

（二）裁判结果

本案由福建省平和县人民法院审理。现已发生法律效力。

法院认为，被告人曾江权等人以非法占有为目的，拨打不特定多数人电话，虚构事实骗取他人钱财。被告人颜安仁明知曾江权实施诈骗活动，而为其介绍他人提供通讯工具、网络技术支持；提供信用卡并转账、支取诈骗所得款项，帮助实施诈骗。二被告人的行为均已构成诈骗罪。被告人曾江权起组织、指挥作用，系主犯。据此，以诈骗罪判处被告人曾江权有期徒刑十一年五个月，并处罚金人民币五十万元；以诈骗罪判处颜安仁等被告人十年九个月至八个月不等有期徒刑、管制或者单处罚金。

（三）典型意义

本案是以我国台湾居民为诈骗对象的典型案件。本案中，曾江权等大陆被告人与台湾被告人相勾结，针对台湾居民进行诈骗，由台湾被告人提供台湾居民个人信息资料和网络技术支持，并且提供信用卡用于转账、支取诈骗所得款项。大陆被告人设置窝点，通过拨打电话实施具体诈骗行为。本案的发布，表明无论犯罪分子来自何地，针对何人，只要触犯我国法律，必将受到法律的惩处。

案例5

福建省厦门市上官永贵等人帮助诈骗团伙转取赃款诈骗案

（一）基本案情

2013年11月至2014年1月，被告人上官永贵与诈骗团伙共谋后，商定帮助诈骗团伙提取诈骗所得的赃款，以牟取非法利益。其后，上官永贵提供食宿，并支付每日数百元报酬，雇佣被告人上官福水、上官生木取款。上官永贵与诈骗团伙事先联系后，带领上官福水等人前往广东省深圳市、惠州市、东莞市等地，在银行ATM机上为诈骗团伙取款或转账，一人取款时，其他人在旁望风。上官永贵等人参与为诈骗团伙提取、转账诈骗赃款共计 8 954 413.78 元。此外，2013 年 3 月至 8 月，上官永贵还采用向不特定人发放虚假兑奖卡的手段，骗取他人财物共计 88 671.09 元。

（二）裁判结果

本案由福建省厦门市中级人民法院审理。现已发生法律效力。

法院认为，被告人上官永贵以非法占有为目的，采用向不特定人发放虚假兑奖卡的手段，骗取他人财物，并伙同被告人上官福水、上官生木为诈骗犯罪团伙提取、转账诈骗所得赃款，其行为已构成诈骗罪。其中，上官永贵负责与诈骗团伙的上线联系取款、交款等事宜，雇佣上官福水、上官生木等人取款，在共同犯罪中起主要作用，系主犯。上官永贵还系累犯，依法应当从重处罚。据此，以诈骗罪判处被告人上官永贵有期徒刑十三年，并处罚金人民币二十万元；以诈骗罪分别判处被告人上官福水、上官生木有期徒刑八年和有期徒刑五年。

（三）典型意义

本案是帮助诈骗团伙转取赃款犯罪的典型案件。随着电信网络诈骗犯罪的蔓延，社会上出现了专门为诈骗团伙转取赃款而牟取非法利益的“职业取款人”。这类犯罪分子通过频繁更换银行卡、身份证和手机号码，辗转各地为诈骗犯罪团伙转取款，作案手段极为隐蔽，严重干扰、阻碍了司法机关打击电信网络诈骗犯罪活动。本案中，被告人上官永贵在与诈骗团伙共谋后，使用 700 余张银行卡，纠集、雇佣人员，专门为诈骗团伙转取赃款，其取款的行为直接关系到诈骗目的能否实现，已构成诈骗罪的共犯。本案的公布，在于说明为诈骗团伙转取赃款，依法属于共同诈骗犯罪，同样要受到法律的惩处。

案例 6

湖南省双峰县秦献粮等人发送考试改分等虚假信息诈骗案

（一）基本案情

2014年4月至8月，被告人秦献粮分别伙同被告人康亮贤等人，以发送“代考”、“考后改分”等虚假信息进行诈骗。秦献粮事先购置银行卡、手机卡和QQ号，分配给康亮贤等人，而后，秦献粮找人发送虚假手机短信，谎称可以考后改分、代考等，并留下联系方式。如有人联系考后改分或代考，由康亮贤等人各自以“定金”等方式诱骗对方汇款至指定的银行账户，再将被害人信息交给秦献粮，由秦献粮冒充各地教育部门或人社部门的“领导”，以“保证金”等名义继续诱骗被害人汇款至指定的银行账户。秦献粮等人用此种手段诈骗十起，骗得金额共计60 700元。

（二）裁判结果

本案由湖南省双峰县人民法院审理。现已发生法律效力。

法院认为，被告人秦献粮伙同他人以非法占有为目的，虚构事实，诈骗被害人钱财，其行为已构成诈骗罪。在共同犯罪中，秦献粮系主犯。据此以诈骗罪判处被告人秦献粮有期徒刑五年，并处罚金人民币六万元；以诈骗罪判处康亮贤等被告人一年六个月至九个月不等有期徒刑。

（三）典型意义

本案是发送“考试改分”、“代考”虚假信息实施诈骗的典型案件。目前，各类从业资格和职业职称考试种类繁多，此类考试结果如何，直接关系到考生的就业、升职等个人利益。一些不法分子即利用个别考生或其家属的投机心态进行诈骗。本案中，被告人发送可以帮助“考后改分”、“代考”等虚假信息，以“定金”等方式先诱骗被害人汇款至指定的银行账户，而后又假冒教育部门工作人员等身份，以

"保证金"等名义继续骗取被害人的财物，社会影响极为恶劣。希望广大考生及亲属以平常心面对社会竞争，不要心存侥幸，轻信此类虚假消息，应本着诚实付出的态度参加各类考试，共同促使社会进一步形成诚实守信、公平竞争的良好氛围。

案例7

海南省儋州市羊大记开设虚假机票网站诈骗案

（一）基本案情

2014年7月起，被告人羊大记伙同他人开设虚假的代购机票网站"航空票务"，以实施网络诈骗。当被害人上网搜索到虚假的代购机票网站，并拨打电话4008928000联系时，即以"代购机票机器故障"或"票号不对，未办理成功"等为由，诱骗被害人到自动取款机进行操作，转账汇款至被告人指定的账号，羊大记负责取款。羊大记等人用此种手段诈骗二起，骗得金额共计49 573元。

（二）裁判结果

本案由海南省儋州市人民法院审理。现已发生法律效力。

法院认为，被告人羊大记以非法占有为目的，伙同他人用虚构事实的方法，通过互联网骗取被害人钱财，数额较大，其行为已构成诈骗罪。据此，以诈骗罪判处被告人羊大记有期徒刑一年八个月，并处罚金人民币四千元。

（三）典型意义

本案是通过开设虚假机票网站进行诈骗的典型案件。目前选择航空方式出行的人越来越多，通过网络或电话订购机票也已成为常态。本案中，被告人通过开设虚假的机票网站，当被害人订购机票时，以"机器故障"等为由，诱骗被害人将钱款转账至被告人控制的银行账户，从而骗得钱财。希望群众在准备出行时，应向各大航空公司的正规官方网站或客服热线订票或进行退票、改签等操作，切不可贸然选择陌生网站并听从陌生电话的指挥进行转账汇款。

案例 8

海南省儋州市陈洁发布电视节目中奖虚假信息诈骗案

（一）基本案情

2014 年 7 月起，被告人陈洁在百度吧、阿里巴巴等网站，发布关于在“中国好声音”、“星光大道”等栏目中奖的虚假信息，同时还发布关于“抽奖活动的二等奖是真的吗”、“中国好声音有场外抽奖活动吗”、“北京市中级人民法院电话是多少”、“北京市人民法院咨询电话是多少”等虚假咨询问题，并在网上予以回复，借此在网上留下虚假的“栏目组客服电话”或“北京市中级人民法院”、“北京市人民法院”的联系电话。当被害人拨打上述虚假联系电话咨询时，陈洁冒充客服人员或法院工作人员称，被害人所咨询的信息是真实的，并告知被害人如要领奖，需将“手续费”或者“风险基金”汇入指定的银行账户。陈洁用此种手段实施诈骗二起，骗得金额共计 8 800 元。

（二）裁判结果

本案由海南省儋州市人民法院审理。现已发生法律效力。

法院认为，被告人陈洁以非法占有为目的，利用互联网发布虚假信息，骗取他人钱财，数额较大，其行为已构成诈骗罪。据此，以诈骗罪判处被告人陈洁有期徒刑六个月，并处罚金人民币二千元。

（三）典型意义

本案是发布电视节目中奖虚假信息进行诈骗的典型案件。观看电视节目是老百姓喜闻乐见的休闲娱乐方式，近几年来，“中国好声音”、“星光大道”等电视综艺节目的收视率甚高，利用此类电视节目进行诈骗，潜在的被害人范围较为广泛，社会影响较为恶劣。本案中，被告人不仅在百度吧等网站发布电视栏目中奖的虚假信息，同时还发布“配套”的虚假咨询问题在网上予以回复，以此打消被害人的怀疑和顾虑。而后在被害人拨打领奖电话时，以“手续费”或者“风险基金”等名义，诱骗被害人将钱款汇入指定账户。此类作案手段具有很强的蒙蔽性。希望广大群众在看到电视节目中奖之类的信息后要提高警惕，向电视台或是电视栏目组官方网站、客服电话进行核实。此外，有关网站也应切实履行监管义务，对发布信息的真实性加强审核，防止犯罪分子利用网络平台进行诈骗。

案例 9

广西壮族自治区宾阳县罗仁成、罗仁胜假冒 QQ 好友诈骗案

（一）基本案情

2014 年 8 月至 11 月，被告人罗仁成、罗仁胜利用在互联网上盗取的 QQ 号码或者利用将其申请的 QQ 号码信息更改为被害人亲属的 QQ 信息等方式，冒充被害人亲属的身份，以“亲友出车祸急需借钱救治”等理由，诱骗被害人汇款至其指定账户。罗仁成、罗仁胜用此种手段实施诈骗二起，骗得金额共计 65 000 元。

（二）裁判结果

本案由广西壮族自治区宾阳县人民法院审理。现已发生法律效力。

法院认为，被告人罗仁成、罗仁胜以非法占有为目的，通过 QQ 采取虚构事实、隐瞒真相的方式，骗取他人财物，数额巨大，其行为均已构成诈骗罪；罗仁胜明知是犯罪所得而予以转移，其行为还构成掩饰、隐瞒犯罪所得罪。据此以诈骗罪判处被告人罗仁成有期徒刑四年，并处罚金人民币一万元；以诈骗罪、掩饰、隐瞒犯罪所得罪判处被告人罗仁胜有期徒刑二年，并处罚金人民币五千元。

（三）典型意义

本案是假冒 QQ 好友身份进行诈骗的典型案件。目前 QQ、微信等网络聊天软件已经替代传统方式成为社会主流沟通方式之一。这种以网络账号代表身份、“见字不见人”的聊天方式，容易被犯罪分子利用进行诈骗。本案中，被告人通过 QQ 号码冒充被害人亲属，以“亲友出车祸急需借钱救治”等容易使被害人心急冲动而不进行理性分析判断的借口，诱骗被害人汇款至其指定账户。希望广大 QQ 用户、微信用户注意对本人网络聊天工具用户信息的保护，以防被盗，一旦被盗要及时向软件运营方报案。同时，在收到亲友网上发送的要求转账之类的信息时，应认真进行核实，切不可贸然汇款。此外，网络聊天工具的运营方也应加强监管和技术革新，切实保护用户的个人信息安全。

最高人民法院发布 10 起
电信网络诈骗犯罪典型案例

（2019 年 11 月 19 日）

一、陈文辉等 7 人诈骗、侵犯公民个人信息案

（一）基本案情

2015 年 11 月至 2016 年 8 月，被告人陈文辉、黄进春、陈宝生、郑金锋、熊超、郑贤聪、陈福地等人交叉结伙，通过网络购买学生信息和公民购房信息，分别在江西省九江市、新余市、广西壮族自治区钦州市、海南省海口市等地租赁房屋作为诈骗场所，分别冒充教育局、财政局、房产局的工作人员，以发放贫困学生助学金、购房补贴为名，将高考学生为主要诈骗对象，拨打诈骗电话 2.3 万余次，骗取他人钱款共计 56 万余元，并造成被害人徐玉玉死亡。

（二）裁判结果

本案由山东省临沂市中级人民法院一审，山东省高级人民法院二审。现已发生法律效力。

法院认为，被告人陈文辉等人以非法占有为目的，结成电信诈骗犯罪团伙，冒充国家机关工作人员，虚构事实，拨打电话骗取他人钱款，其行为均构成诈骗罪。陈文辉还以非法方法获取公民个人信息，其行为又构成侵犯公民个人信息罪。陈文辉在江西省九江市、新余市的诈骗犯罪中起组织、指挥作用，系主犯。陈文辉冒充国家机关工作人员，骗取在校学生钱款，并造成被害人徐玉玉死亡，酌情从重处罚。据此，以诈骗罪、侵犯公民个人信息罪判处被告人陈文辉无期徒刑，剥夺政治权利终身，并处没收个人全部财产；以诈骗罪判处被告人郑金锋、黄进春等人十五年至三年不等有期徒刑。

（三）典型意义

电信网络诈骗类案件近年高发、多发，严重侵害人民群众的财产安全和合法权益，破坏社会诚信，影响社会的和谐稳定。山东高考考生徐玉玉因家中筹措的9000余元学费被诈骗，悲愤之下引发猝死，舆论反应强烈，对电信网络诈骗犯罪案件的打击问题再次引发了社会的广泛关注。为加大打击惩处力度，2016年12月，“两高一部”共同制定出台了《关于办理电信网络诈骗等刑事案件适用法律若干问题的意见》，明确对诈骗造成被害人自杀、死亡或者精神失常等严重后果的，冒充司法机关等国家机关工作人员实施诈骗的，组织、指挥电信网络诈骗犯罪团伙的，诈骗在校学生财物的，要酌情从重处罚。本案是适用《意见》审理的第一例大要案，在罪责刑相适应原则的前提下，对被告人陈文辉顶格判处，充分体现了对电信网络诈骗犯罪分子依法从严惩处的精神。

二、杜天禹侵犯公民个人信息案

（一）基本案情

被告人杜天禹通过植入木马程序的方式，非法侵入山东省2016年普通高等学校招生考试信息平台网站，取得该网站管理权，非法获取2016年山东省高考考生个人信息64万余条，并向另案被告人陈文辉出售上述信息10万余条，非法获利14 100元，陈文辉利用从杜天禹处购得的上述信息，组织多人实施电信诈骗犯罪，拨打诈骗电话共计1万余次，骗取他人钱款20余万元，并造成高考考生徐玉玉死亡。

（二）裁判结果

本案由山东省临沂市罗庄区人民法院一审，当庭宣判后，被告人杜天禹表示服判不上诉。现已发生法律效力。

法院认为，被告人杜天禹违反国家有关规定，非法获取公民个人信息64万余条，出售公民个人信息10万余条，其行为已构成侵犯公民个人信息罪。被告人杜天禹作为从事信息技术的专业人员，应当知道维护信息网络安全和保护公民个人信息的重要性，但却利用技术专长，非法侵入高等学校招生考试信息平台的网站，窃取考生个人信息并出卖牟利，严重危害网络安全，对他人的人身财产安全造成重大隐患。据此，以侵犯公民个人信息罪判处被告人杜天禹有期徒刑六年，并处罚金人民币六万元。

（三）典型意义

侵犯公民个人信息犯罪被称为网络犯罪的“百罪之源”，由此滋生了电信网络诈骗、敲诈勒索、绑架等一系列犯罪，社会危害十分严重，确有打击必要。本案系被害人徐玉玉被诈骗案的关联案件，被告人杜天禹窃取并出售公民个人信息的行为，给另案被告人陈文辉精准实施诈骗犯罪得以骗取他人钱财提供了便利条件，杜天禹应当对其出售公民个人信息行为所造成的恶劣社会影响承担相应的责任。法院在审理过程中适用“两高”《关于办理侵犯公民个人信息刑事案件适用法律若干问题的解释》相关规定，案件宣判后，被告人认罪服判未上诉，取得了良好的法律效果和社会效果。

三、陈明慧等7人诈骗案

（一）基本案情

被告人陈明慧纠集范治杰、高学忠、叶奇锋、熊运江等人结成诈骗团伙，群发“奔跑吧兄弟”等虚假中奖信息，诱骗收到信息者登录“钓鱼网站”填写个人信息认领奖品，后以兑奖需要交纳保证金、公证费、税款等为由，骗取被害人财物，再通过冒充律师、法院工作人员以被害人未按要求交纳保证金或领取奖品构成违约为由，恐吓要求被害人交纳手续费，2016年6月至8月间，共骗取被害人蔡淑妍等63人共计681 310元，骗取其他被害人财物共计359 812.21元。蔡淑妍得知受骗后，于2016年8月29日跳海自杀。陈明慧还通过冒充“爸爸去哪儿”等综艺节目发送虚假中奖诈骗信息共计73万余条。

（二）裁判结果

本案由广东省揭阳市中级人民法院一审，广东省高级人民法院二审。现已发生法律效力。

法院认为，被告人陈明慧等人以非法占有为目的，结成电信诈骗犯罪团伙，采用虚构事实的方法，通过利用“钓鱼网站”链接、发送诈骗信息、拨打诈骗电话等手段针对不特定多数人实施诈骗，其行为均已构成诈骗罪。陈明慧纠集其他同案人参与作案，在共同诈骗犯罪中起主要作用，系主犯，又有多个酌情从重处罚情节。据此，以诈骗罪判处被告人陈明慧无期徒刑，剥夺政治权利终身，并处没收个人全部财产；以诈骗罪判处被告人范治杰等人十五年至十一年不等有期徒刑。

（三）典型意义

本案作为高考学生被骗后猝死、自杀等重大案件之一，经媒体报导后，舆论高度关注，法院审理过程中适用“两高一部”《关于办理电信网络诈骗等刑事案件适用法律若干问题的意见》规定，以陈明慧组织、指挥电信诈骗团伙，有利用“钓鱼网站”链接、冒充司法机关工作人员、诈骗未成年人、在校学生、造成一名被害人自杀等多个从重处罚情节，在陈明慧实施诈骗既有既遂又有未遂，且达到同一量刑幅度的情况下，以诈骗罪既遂处罚，充分体现了对此类犯罪从严惩处的精神。

四、李时权等 69 人诈骗案

（一）基本案情

被告人李时权曾从事传销活动，掌握了传销组织的运作模式，在该模式下建立起 140 余人的诈骗犯罪集团。李时权作为诈骗犯罪集团的总经理，全面负责掌握犯罪集团的活动，任命被告人吴月琼、吴贵飞、闫群霞、闫燕飞、骆金、胡平安等人为主要管理人员，设立诈骗窝点并安排主要管理人员对各个窝点进行监控和管理，安排专人传授犯罪方法，收取诈骗所得资金，分配犯罪所得。该犯罪集团采用总经理-经理-主任-业务主管-业务员的层级传销组织管理模式，对新加入成员要求每人按照 2900 元一单的数额缴纳入门费，按照一定的比例数额层层返利，向组织交单作为成员晋升的业绩标准，层层返利作为对各层级的回报和利益刺激，不断诱骗他人加入该诈骗集团。2016 年 1 月至 2016 年 12 月 15 日期间，该犯罪集团在宁夏回族自治区固原市设立十个诈骗窝点，由多名下线诈骗人员从“有缘网”“百合网”等婚恋交友网站上获取全国各地被害人信息，利用手机微信、QQ 等实时通讯工具将被害人加为好友，再冒充单身女性以找对象、交朋友为名取得被害人信任，能骗来加入组织的加入组织，不能骗来的向其索要路费、电话费、疾病救治费等费用，对不特定的被害人实施诈骗活动，诈骗犯罪活动涉及全国 31 个省市自治区，诈骗非法所得 920 余万元。

（二）裁判结果

本案由宁夏回族自治区固原市原州区人民法院一审，固原市中级人民法院二审。现已发生法律效力。

法院认为，以被告人李时权为首的 69 名被告人以非法占有为目的，采取虚构事实和隐瞒真相的方式，骗取他人财物，其行为均已构成诈骗罪。本案属于三人以上共同实施犯罪组织的较为固定的犯罪组织，系犯罪集团。李时权对整个犯罪集团起组织、领导作用，是犯罪集团的首要分子，按照集团所犯的全部罪行处罚。被告人吴月琼、骆金、闫燕飞、闫群霞、吴贵飞、胡平安等协助首要分子对整个犯罪集团进行组织、领导、策划，是犯罪集团的骨干分子，系主犯，按照其所参与的或组织指挥的全部犯罪处罚。其他一般犯罪成员按照其在犯罪集团中所起的作用及其个人诈骗数额予以量刑。据此，以诈骗罪判处被告人李时权有期徒刑十四年，并处罚金人民币十万元；以诈骗罪判处被告人吴月琼等人十二年至一年三个月不等有期徒刑。

（三）典型意义

本案以被告人李时权为首的 69 人犯罪集团利用传销模式发展诈骗成员，计酬返利，不断发展壮大，集团内部层级严密，分工明确，组织特征鲜明。该诈骗集团的犯罪手段新颖，利用社会闲散青年创业找工作的想法，以偏远经济欠发达地区作为犯罪场所，在全国范围内不断诱骗他人加入诈骗集团，利用手机微信、QQ 等互联网软件，冒充单身女性，以索要交通费、疾病救治费等为名通过网络诈骗不特定被害人钱财，遍及全国 31 个省市自治区，造成了恶劣的社会影响。人民法院在审理过程中，对案件的事实、证据、适用法律、定罪、量刑等方面进行全面审查，最终对各被告人判处相应的刑罚，有力打击了猖獗的电信网络诈骗犯罪，维护了社会秩序，挽回了人民群众财产损失。

五、陈杰等9人诈骗案

（一）基本案情

被告人陈杰伙同被告人张振、姚登峰等人于2012年9月在湖北省武汉市成立了“武汉康伴益生科技有限公司”和“武汉益生康伴商贸有限公司”。陈杰等人以合法公司为掩护，在武汉市江岸区和江汉区分别设立两个窝点，组织朱娇娇、夏宗禄、刘琼等一百余名团伙成员实施电信诈骗。该团伙购买电脑、电话、手机等工具后，为每名团伙成员注册微信，统一使用伪造的“马天长”“吕柳荫”等人的图片为微信头像和以“秦小姐的补肾方”“马氏中医补肾方”“吕柳荫膏滋团队”等为微信昵称，专门针对患有各种男女生理疾病或脱发人群为目标，在网络、微信公众号等载体上发布治疗男女生理疾病或治疗脱发的广告，诈骗被害人浏览广告并填写联系电话或添加微信号，之后由团伙成员假扮名医或医疗机构专业人员的亲属、学生，根据“话术剧本”，使用电话或微信对被害人进行“问诊”，向被害人介绍产品，让被害人发送舌苔照和手指甲照片，再以客服名义对被害人进行“问诊”，以“指导老师”“健康顾问”名义与被害人沟通，取得信任后诱骗被害人购买不具有药品功效的保健品或食品。自2016年6月16日至11月1日期间，陈杰、姚登峰、张振组织该团伙成员共计诈骗被害人8945人，诈骗钱款1000余万元。

（二）裁判结果

本案由内蒙古自治区达拉特旗人民法院一审，鄂尔多斯市中级人民法院二审。现已发生法律效力。

法院认为，被告人陈杰等人以非法占有为目的，通过虚构事实、隐瞒真相的方式，利用电信网络技术手段，骗取他人财物，数额特别巨大，其行为均已构成诈骗罪。其中，被告人陈杰系共同犯罪中的主犯，应按照其组织的全部犯罪处罚。据此，以诈骗罪判处被告人陈杰有期徒刑十三年，并处罚金人民币四十万元；以诈骗罪判处被告人姚登峰等人十二年至三年不等有期徒刑。

（三）典型意义

当前，一些诈骗分子利用广大群众特别是一些患有特殊疾病或者中老年群众关注自身身体健康的心理，专门针对这些群体，推销所谓的“药品”或者是不具有药品功效的保健品、食品，骗取巨额款项，社会影响极为恶劣。本案以被告人陈杰为首的诈骗集团成立公司为掩护，专门以各种男女生理疾病人群为目标，通过在网络、微信等载体发布虚假广告，假扮名医利用电话或微信“问诊”，采用扩大病情、发送“成功案例”等手段实施诈骗，受害人遍布全国多地，涉案金额高达1000余万元，系特大电信诈骗案件，与本案关联的其他7起窝案、串案经依法审理，85名涉案被告人均以诈骗罪定罪处罚。

六、黄国良等9人诈骗案

（一）基本案情

被告人黄国良、吴希金、廖以冬、龙昌腾、梁宏卫等人谎称一批“海外要员”“海外老人”要回国，每人都有一笔巨额款项要带回大陆发放给老百姓，联系指使童敬侠（另案处理，已判刑）、被告人韩立军等人从事“民族资产解冻大业”，并向童、韩二人发送“国际梅协民族资产解冻委员会”“中华人民共和国委员会馈赠资金发放证明书”“馈赠资金各类收取费用通知”“国家外汇管理局中国银行总行证明”等文件，任命童敬侠、韩立军二人为“国际梅协民族资产解冻委员会”总指挥、副总指挥，以有巨额民族资产需要解冻为由，指使童敬侠、韩立军吸收会员收取会员费。自2015年12月至2016年5月，童敬侠、韩立军向全国各地人员收取会费并许诺发放巨额“民族资产解冻善款”，共向全国数十个省份近百万人次收取会费6 300余万元，二人将2 800余万元转账汇入黄国良、吴希金、龙昌腾等人指定的银行账户。

（二）裁判结果

本案由内蒙古自治区鄂尔多斯市中级人民法院一审，内蒙古自治区高级人民法院二审。现已发生法律效力。

法院认为，被告人黄国良等人以非法占有为目的，虚构民族资产解冻可获得巨额回报的事实，骗取他人财物，数额特别巨大，其行为均已构成诈骗罪。其中，被告人黄国良指使龙昌腾、梁宏卫等人冒充其助理给童敬侠、韩立军打电话，并多次使用或指使他人使用涉案银行卡在 POS 机上刷卡套现，系共同犯罪中的主犯。据此，以诈骗罪判处被告人黄国良、吴希金、廖以冬无期徒刑，剥夺政治权利终身，并处没收个人全部财产；以诈骗罪判处被告人龙昌腾等人十五年至四年不等有期徒刑。

（三）典型意义

“民族资产解冻”类诈骗犯罪早已有之，随着打击力度的加大，此类犯罪的发案率已经大幅下降甚至在一些地方已经销声匿迹，但近年来随着信息技术的发展，此类犯罪又借助现代通信和金融工具进行传播，逐渐演变成集返利、传销、诈骗为一体的混合型犯罪，极具诱惑性和欺骗性。犯罪分子往往抓住被害人以小博大、以小钱换大钱的心理，唆使被害人加入由被告人虚构的所谓“民族大业”“民族资产解冻”项目或“精准扶贫”等其他假借国家大政方针和社会热点的虚假项目，允诺被害人可以小投入获得大回报，积极组织和发展会员，以办证费、手续费、保证金等名目骗取他人财物。此类诈骗犯罪迷惑性强、传播速度快，往往在短时间内就能造成众多人员受骗，且涉案金额巨大，严重侵害人民群众财产安全，严重损害政府公信力，严重危害社会安定。被告人黄国良等人作为幕后的策划者、组织者和操纵者，指挥、指使童敬侠、韩立军以代理人身份骗取他人巨额财物并从中获取了巨额钱财，系民族资产解冻类犯罪链条的最顶端，也是打击的重点，人民法院对黄国良等人依法判处重刑，可谓罚当其罪。

七、童敬侠等7人诈骗案

（一）基本案情

被告人童敬侠（女）以前曾参与过号称“民族大业”的活动，随着类似活动的演变，从2015年12月开始，有所谓的“海外老人”“海外要员”与童敬侠联系，声称海外有三千多亿人民币要发放给老百姓，但不愿意通过政府，想邀请童敬侠具体实施。童敬侠表示同意后，对方发给童敬侠“大陆民族资产解冻委员会总指挥”的任命书。为获取群众信任，童敬侠等人在微信群内散发大量伪造的“任命书”“委托书”“中央军库派令”“梅花令”等身份证明及文件，伪造国务院、财政部、国家扶贫开发领导小组文件，以受中央领导和军委指示及国务院的指派来解冻民族资产为由，对外宣称只要民众交纳报名费、办证费、会员费加入“中华民族大业”组织后，就可以获得等次不同的扶贫款和奖励等高额回报。在童敬侠的领导下，被告人郃玉、张志峰等人先后加入“民族大业”组织，积极从事“解冻民族资产”活动。童敬侠所领导的整个组织实行层级负责制，管理层下设省、市团队负责人，每个团队下设若干大组长，大组长下设小组长，小组长之下就是会员。该组织运行方式为：“海外老人”们的助理将包含“民族资产解冻”内容的宣传资料发送到童敬侠邮箱，管理层人员把项目内容加工整理后以童敬侠名义在手机微信群里发布，要求会员按项目内容交纳几十元、几百元不等的办证费，称在短时间内可获得几十万、几百万不等的高额回报。该组织还以到人民大会堂开会为由收取统一服装费，以公证、转账手续费、保证金等理由收取费用。会员所交的费用由各省市负责人汇总后转款到童敬侠的银行卡上，童敬侠再把款项转到相应项目的“海外老人”助理的银行卡上，“海外老人”及其助理使用POS机套现后将资金隐匿。童敬侠所发展的“民族大业”组织遍布全国十多个省市，共骗取他人财物合计9 500余万元，其中4 800余万元转入“海外老人”助理的银行账户。

（二）裁判结果

本案由湖南省桑植县人民法院一审，张家界市中级人民法院二审。现已发生法律效力。

法院认为，被告人童敬侠等人以非法占有为目的，利用“民族资产解冻”的幌子，虚构事实骗取他人财物，诈骗金额特别巨大，其行为均已构成诈骗罪。童敬侠利用虚假的任命身份等文件，以“民族资产解冻”的名义开展各种以小博大的收费活动，在被群众揭穿及公安机关介入后，又编造谎言继续实施欺骗行为，且系犯罪组织的领导者，纠集、支配其他组织成员。据此，以诈骗罪判处被告人童敬侠有期徒刑十三年，剥夺政治权利三年，并处罚金人民币二十万元；以诈骗罪判处被告人张志峰等人六年至三年不等有期徒刑。

（三）典型意义

本案系被告人黄国良等人诈骗案的关联案件，被告人童敬侠系受民族资产解冻类犯罪代理人，即受幕后组织操纵者黄国良等人的指使，负责推广虚假项目，发展、管理会员，收取钱财的管理人员。各级代理人对幕后组织操纵者言听计从，建微信群、拉人头，大肆发展下线，收取各种名目的费用，沦为诈骗犯罪分子的工具。部分代理人甚至在识破幕后操纵者的骗局后，自行巧立名目，捏造各种虚假项目继续实施诈骗。代理人的存在，对于“民族资产解冻”类诈骗犯罪能够在短时间内迅速层层发展下线，呈裂变式传播，不断扩大涉案被害人规模起到巨大作用，危害后果十分严重，是司法机关依法从严打击的对象。

八、朱涛等人诈骗案

（一）基本案情

2013年5月，被告人朱涛出资组建榆林农惠现货交易平台，纠集和聘用被告人艾阳、陈超、姚伟林加入，与代理商勾结，先以可提供所谓的内幕交易信息为由，诱骗客户进入电子商务平台进行交易，后通过指令操盘手，采用抛单卖出或用虚拟资金购进产品的手段，控制产品大盘行情向客户期望走势相反的方向发展，通过虚假的产品行情变化，达到使被诱骗加入平台交易的客户亏损的目的。朱涛等人有时也刻意在客户小额投资后，促其盈利，以骗其投入大额资金，牟取大额客损。2013年9月至2014年2月期间，朱涛、艾阳、陈超、姚伟林通过上述以虚拟资金操控交易平台的手段，共骗取客户资金215余万元。按照事先与代理商约定的比例计算，朱涛、艾阳、陈超、姚伟林从中获得诈骗资金约75万元。

（二）裁判结果

本案由湖南省南县人民法院一审，益阳市中级人民法院二审。现已发生法律效力。

法院认为，被告人朱涛以非法占有为目的，纠集和聘用被告人艾阳、陈超、姚伟林，利用电子商务平台，操纵农产品行情诱骗客户交易，从客损中获利，数额特别巨大，其行为均已构成诈骗罪。在共同犯罪中，朱涛纠集人员参与犯罪，发起、组织和统筹运作交易活动，艾阳通过给操盘手下达指令控制平台虚拟行情走势，实施欺诈行为，均系主犯。据此，以诈骗罪判处被告人朱涛有期徒刑十四年，以诈骗罪判处被告人艾阳、陈超、姚伟林十一年至四年不等有期徒刑，并处十万元至六万元不等罚金。

（三）典型意义

电信网络诈骗案件的犯罪手法隐蔽性强，花样翻新快。本案中，被告人先成立网上交易平台，利用业务员及代理商吸收客户，以提供虚假内幕交易信息为由，骗取客户进入平台交易，当客户高价买入相关农产品后，再指令操盘手运作人为造成跌势，迫使客户低价卖出，以牟取大额客损。此种新型网络诈骗犯罪手段更加隐蔽，迷惑性强，容易使人上当受骗。虽然被告人是借助电子商务平台进行交易，但其行为本质仍在于虚构事实、隐瞒真相，以达到非法占有他人财物的目的，其行为完全符合诈骗罪特征，本案定罪准确。

九、邵庭雄诈骗案

（一）基本案情

2014年底，被告人邵庭雄受他人纠集，明知是通过电信诈骗活动收取的赃款，仍然从银行取出汇入上线指定的银行账户，并从中收取取款金额的10%作为报酬。之后，邵庭雄发展张阳作为下线，向张阳提供了数套银行卡，承诺支付取款金额的5%作为报酬，同时要求张阳继续发展多名下线参与取款。通过上述方式，邵庭雄逐步形成了相对固定的上下线关系。自2014年12月至2015年7月，被告人邵庭雄参与作案38起，涉案金额48.44万元。2016年2月，邵庭雄到公安机关投案。

（二）裁判结果

本案由湖南省津市市人民法院一审，被告人邵庭雄服判未上诉。现已发生法律效力。

法院认为，被告人邵庭雄以非法占有为目的，伙同他人利用电信网络采取虚构事实的方法，骗取他人财物，数额巨大，其行为已构成诈骗罪。本案系通过拨打电话、发短信对不特定的人进行诈骗，且系多次诈骗，酌情对被告人邵庭雄从重处罚。本案系共同犯罪，在犯罪过程中，邵庭雄仅参与了转移诈骗赃款的过程，起辅助作用，系从犯，可从轻处罚。且邵庭雄有自首情节，可依法从轻处罚。据此，以诈骗罪判处被告人邵庭雄有期徒刑五年三个月，并处罚金人民币五万元。

（三）典型意义

围绕电信网络诈骗犯罪，诱发、滋生了大量上下游关联违法犯罪，这些关联犯罪为诈骗犯罪提供各种“服务”和“支持”，形成以诈骗为中心的系列“黑灰色”犯罪产业链，如出售、提供公民个人信息、帮助转移赃款等活动。“两高一部”《关于办理电信网络诈骗等刑事案件适用法律若干问题的意见》对于全面惩处关联犯罪作出了明确规定。本案中，被告人邵庭雄明知赃款是诈骗犯罪所得，仍为诈骗分子转移犯罪赃款提供帮助和支持，对其以诈骗罪的共犯判处，体现了司法机关对电信网络诈骗关联犯罪从严惩处的态度。

十、杨学巍诈骗案

（一）基本案情

2018年7月，被告人杨学巍伙同他人在海南省儋州市兰洋镇，利用电信网络，实施招嫖诈骗活动。杨学巍等人冒充可上门提供性服务的女性，使用作案微信与被害人聊天，获取被害人信任后，其他同伙负责给被害人打电话并发送二维码诱骗被害人转账付款，诈骗所得款由杨学巍分得20%。通过以上方式，杨学巍共计骗取被害人12 696元。

（二）裁判结果

本案由海南省儋州市人民法院一审，被告人杨学巍服判未上诉。现已发生法律效力。

法院认为，被告人杨学巍以非法占有为目的，伙同他人通过互联网发布虚假信息，实施诈骗，骗取他人数额较大的财物，其行为已构成诈骗罪。杨学巍在犯罪过程中负责使用作案微信与被害人聊天，并分得诈骗所得款的20%，在共同犯罪中是主犯，且系诈骗累犯，依法应从重处罚。据此，以诈骗罪判处被告人杨学巍犯有期徒刑二年一个月，并处罚金人民币二万元。

（三）典型意义

近年来，微信招嫖类诈骗案件在多地发生。作为一种新型的诈骗案件，因案件受害人系招嫖被骗，发案后心存顾虑，多选择吃哑巴亏而不予报案，导致侦破和打击难度加大。此类案件虽然案值不大，但严重败坏了社会风气，对当地治安形势造成恶劣影响。本案的审理体现了人民法院对此类新型诈骗犯罪行为从严打击的决心和力度。

最高人民检察院发布10件检察机关打击治理电信网络诈骗及关联犯罪典型案例

（2022年4月21日）

4月21日，最高人民检察院发布10件打击治理电信网络诈骗及关联犯罪典型案例，以及加强司法办案、依法打击犯罪，开展能动履职、协同推进网络治理的相关成效。检察机关希望通过发布这批案例，起到警示犯罪分子、引导社会公众、推动行业治理的积极作用。

这10件典型案例分别是：魏某双等60人诈骗案，邱某儒等31人诈骗案，张某等3人诈骗案、戴某等3人掩饰、隐瞒犯罪所得案，刘某峰等37人诈骗案，吴某强、吴某祥等60人诈骗案，罗某杰诈骗案，徐某等6人侵犯公民个人信息案，施某凌等18人妨害信用卡管理案，唐某琪、方某帮助信息网络犯罪活动案，周某平、施某青帮助信息网络犯罪活动案。从案件类型看，有五件是电信网络诈骗犯罪，另外五件则是与之关联的网络黑产犯罪。10件典型案例较为全面反映了电信网络诈骗犯罪样态，深入揭示了此类犯罪的社会危害。

当前电信网络诈骗犯罪主要特点表现为领域广、手段新、危害深。在这批典型案例中，刘某峰等37人诈骗案的犯罪分子以组建网络游戏情侣为名引诱玩家高额充值骗取钱款，是一种新型的“游戏托”诈骗方式；魏某双等60人诈骗案的犯罪分子以投资虚拟货币为名，搭建虚假交易平台跨境实施电信网络诈骗，骗取700余名被害人1.2亿余元；徐某等6人侵犯公民个人信息案中，电信部门代理商和劳务公司内部人员相互勾结，利用工作便利，非法采集务工人员身份证、人脸识别信息激活手机卡，并被用于电信网络诈骗犯罪。

“公民个人信息已经成为电信网络诈骗犯罪的‘基本物料’，犯罪分子或是通过非法获取的公民个人信息注册手机卡、银行卡，以此作为诈骗犯罪的基础工具；或是利用这些信息对诈骗对象进行‘画像’实施精准诈骗。”最高检第四检察厅负责人表示，检察机关高度重视公民个人信息保护，下一步，检察机关将把惩治侵犯公民个人信息作为打击治理电信网络诈骗犯罪的重点工作，将行业“内鬼”和职业团伙作为重点从严惩治。有效防范电信网络诈骗犯罪，要从每个人做起，希望大家切莫贪图眼前蝇头小利，切莫追随不良网络文化，切莫轻信“前沿概念技术”，提升防范意识和能力，筑起防范诈骗的“防火墙”。

案例一

魏某双等60人诈骗案

——以投资虚拟货币等为名搭建虚假交易平台跨境实施电信网络诈骗

【关键词】

电信网络诈骗　跨境犯罪集团　虚拟货币　投资风险防范

【要旨】

跨境电信网络诈骗犯罪多发，受害范围广、涉及金额多、危害影响大，检察机关要充分发挥法律监督职能，依法追捕、追诉境内外犯罪分子，全面追查、准确认定犯罪资金，持续保持从严惩治的态势。对于投资型网络诈骗，会同相关部门加强以案释法和风险预警，引导社会公众提高防范意识，切实维护人民群众财产权益。

一、基本案情

被告人魏某双，无固定职业；

被告人罗某俊，无固定职业；

被告人谢某林，无固定职业；

被告人刘某飞，无固定职业；

其他56名被告人基本情况略。

2018年9月至2019年9月间，被告人魏某双、罗某俊、谢某林、刘某飞等人在黄某海（在逃）等人的纠集下，集中在柬埔寨王国首都金边市，以投资区块链、欧洲平均工业指数为幌子，搭建虚假的交易平台，冒充专业指导老师诱使被害人在平台上开设账户并充值，被害人所充值钱款流入该团伙实际控制的对公账户。之后，被告人又通过事先掌握的虚拟货币或者欧洲平均工业指数走势，诱使被害人反向操作，制造被害人亏损假象，并在被害人向平台申请出款时，以各种事由推诿，非法占有被害人钱款，谋取非法利益。

在黄某海组织策划下，被告人魏某双、罗某俊、谢某林、刘某飞担任团队经理负责各自团队的日常运营；其余56名被告人分别担任业务组长、业务员具体实施诈骗活动。该团伙为躲避追查，以2至3个月为一个作案周期。2019年10月，该团伙流窜至蒙古国首都乌兰巴托市准备再次实施诈骗时，被当地警方抓获并移交我国。

经查，该团伙骗取河北、内蒙古、江苏等地700余名被害人，共计人民币1.2亿余元。

二、检察履职过程

本案由江苏省无锡市公安局经济开发区分局立案侦查。2019年11月21日，无锡市滨湖区人民检察院介入案件侦查，引导公安机关深入开展侦查，将诈骗金额从最初认定的人民币1200万余元提升到1.2亿余元。2020年2月11日，公安机关以魏某双等60人涉嫌诈骗罪移送起诉。办案过程中，检察机关分别向公安机关发出《应当逮捕犯罪嫌疑人建议书》《补充移送起诉通知书》，追捕追诉共计32名犯罪团伙成员（另案处理）。同年5月9日，检察机关以诈骗罪对魏某双等60人依法提起公诉。2021年9月29日，无锡市滨湖区人民法院以诈骗罪判处被告人魏某双有期徒刑十二年，并处罚金人民币六十万元；判处被告人罗某俊有期徒刑十一年三个月，并处罚金人民币五十万元；判处被告人谢某林有期徒刑十年，并处罚金人民币十万元；判处被告人刘某飞有期徒刑八年，并处罚金人民币五十万元；其余56名被告人分别被判处有期徒刑十年三个月至二年不等，并处罚金人民币三十万元至一万元不等。1名被告人上诉，无锡市中级人民法院裁定驳回上诉，维持原判。

针对本案办理所反映的金融投资诈骗犯罪发案率高、社会公众对这类投资陷阱防范意识不强等问题，无锡市检察机关与公安机关、地方金融监管部门召开联席会议并会签协作文件，构建了打击治理虚假金融投资诈骗犯罪信息共享、线索移送、共同普法、社会治理等8项机制，提升发现、查处、打击这类违法犯罪的质效。检察机关会同有关部门线上依托各类媒体宣传平台，线下进社区、进企业、进校园，向社会公众揭示电信网络诈骗、非法金融活动的危害，加强对金融投资知识的普及，提高投资风险防范意识。

三、典型意义

（一）依法从严追捕追诉，全面追查犯罪资金，严厉打击跨境电信网络诈骗犯罪集团。当前，跨境电信网络诈骗集团案件高发，犯罪分子往往多国流窜作案，多地协同实施，手段不断翻新，严重危害人民群众财产安全和社会安定。对此，检察机关要加强与公安机关协作，深挖细查案件线索，对于集团内犯罪分子，公安机关应当提请逮捕而未提请的、应当移送起诉而未移送的，依法及时追捕、追诉。注重加强追赃挽损，主动引导公安机关全面追查、准确认定、依法扣押犯罪资金，不给犯罪分子在经济上以可乘之机，切实维护受骗群众的财产利益。

（二）加强以案释法，会同相关部门开展金融知识普及，引导社会公众提升投资风险防范意识。当前，投资类诈骗已经成为诈骗的重要类型。特别是犯罪集团以投资新业态、新领域为幌子，通过搭建虚假的交易平台实施诈骗，隐蔽性强、受害人众多、涉案金额往往特别巨大。为此，检察机关要会同相关部门加强以案释法，揭示投资型诈骗的行为本质和危害实质，加强对金融创新产品、新业态领域知识的普及介绍，提示引导社会公众提高风险防范意识，充分了解投资项目，合理预期未来收益，选择正规途径理性投资，自觉抵制虚拟货币交易等非法金融活动，切实维护自身合法权益。

案例二

邱某儒等 31 人诈骗案

——虚构艺术品交易平台以投资理财为名实施网络诈骗

【关键词】

网络诈骗　虚假投资　法律监督　追赃挽损

【要旨】

对于以频繁交易方式骗取高额手续费行为，检察机关要全面把握投资平台操作模式，准确认定其诈骗本质，依法精准惩治。准确区分诈骗集团中犯罪分子的分工作用，依法全面惩治集团内部各个层级的诈骗犯罪分子。强化追赃挽损，及时阻断诈骗资金的转移和处置，维护人民群众合法权益。

一、基本案情

被告人邱某儒，系广东创意文化产权交易中心有限公司（以下简称广文公司）股东；

被告人陶某龙，系广文公司后援服务中心总经理；

被告人刘某，系广东省深圳市恒古金实业有限公司（以下简称恒古金公司）股东、法定代表人；

被告人郑某辰，系广东省惠州惠赢浩源商务服务有限公司（以下简称惠赢公司）法定代表人；

被告人蒋某，系广西元美商务服务有限公司（以下简称元美公司）实际控制人；

其他 26 名被告人基本情况略。

2016 年 3 月，被告人邱某儒设立广文公司后，通过组织人员、租赁办公场所、购买交易软件、租用服务器，搭建了以“飞天蜡像”等虚构的文化产品为交易对象的类期货交易平台。陶某龙等人通过一级运营中心恒古金公司刘某发展了惠赢公司、元美公司等三十余家会员单位。为实现共同骗取投资者财物的目的，会员单位在多个股票投资聊天群中选择投资者，拉入事先设定的聊天群。同时，安排人员假扮“老师”和跟随老师投资获利的“投资者”、发送虚假盈利截图，以话术烘托、虚构具有盈利能力等方式，骗取投资者的信任，引诱投资者在平台上入金交易。

交易过程中，广文公司和会员单位向投资者隐瞒“平台套用国际期货行情趋势图、并无实际交易”等事实，通过后台调整艺术品价格，制造平台交易平稳、未出现大跌的假象。投资者因此陷入错误认识，认为在该平台交易较为稳妥，且具有较大盈利可能性，故在平台上持续多笔交易，付出高额的手续费。邱某儒、陶某龙、刘某、郑某辰、蒋某等人通过上述手段骗取黄某等6628名投资者共计人民币4.19亿余元。

二、检察履职过程

本案由广东省深圳市公安局南山分局立案侦查。2017年2月，深圳市检察机关介入案件侦查，引导公安机关围绕犯罪主体、诈骗手法、诈骗金额等问题夯实证据并及时追缴赃款。深圳市公安局南山分局于2017年7月至2018年6月分批以诈骗罪将邱某儒等237人向深圳市南山区人民检察院移送起诉。由于邱某儒以及陶某龙、刘某等7人（系广文公司后援服务中心及相关内设部门、恒古金公司主要成员）、郑某辰、蒋某等23人（系会员单位主要负责人）涉案金额特别巨大，深圳市南山区人民检察院依法报送深圳市人民检察院审查起诉。根据级别管辖和指定管辖，其余206人分别由南山区、龙岗区人民检察院审查起诉。2018年2月至12月，深圳市人民检察院以诈骗罪对邱某儒、陶某龙、刘某、郑某辰、蒋某等31人分批向深圳市中级人民法院提起公诉。

2019年1月至7月，深圳市中级人民法院以非法经营罪判处邱某儒有期徒刑七年，并处罚金人民币二千八百万元；以诈骗罪判处陶某龙、刘某等7人有期徒刑十年至三年六个月不等，并处罚金人民币三十万元至十万元不等；以非法经营罪判处郑某辰、蒋某等23人有期徒刑八年至二年三个月不等，并处罚金人民币一千万元至五万元不等。

一审判决后，邱某儒、陶某龙等10人提出上诉，深圳市人民检察院审查认为邱某儒、郑某辰、蒋某等24人虚构交易平台，通过多次赚取高额手续费的方式达到骗取投资钱款目的，其行为构成诈骗罪，一审判决认定为非法经营罪确有错误，对邱某儒、郑某辰、蒋某等24人依法提出抗诉，广东省人民检察院支持抗诉。2020年5月至2021年5月，广东省高级人民法院作出二审判决，驳回邱某儒、陶某龙等10人上诉，对邱某儒、郑某辰、蒋某等24人改判诈骗罪，分别判处有期徒刑十三年至三年不等，并处罚金人民币二千八百万元至五万元不等。

办案过程中，深圳市检察机关引导公安机关及时提取、梳理交易平台电子数据，依法冻结涉案账户资金共计人民币8500万余元，判决生效后按比例返还被害人，并责令各被告人继续退赔。深圳市检察机关向社会公开发布伪交易平台类电信网络诈骗典型案例，开展以案释法，加强防范警示。

三、典型意义

（一）以频繁交易方式骗取高额手续费行为迷惑性强，要全面把握交易平台运行模式，准确认定这类行为诈骗本质。在投资型网络诈骗中，犯罪分子往往以“空手套白狼”“以小套大”等方式实施诈骗。但在本案中，犯罪分子利用骗术诱导投资者频繁交易，通过赚取高额手续费的方式达到骗取钱款目的。与传统诈骗方式相比，这种“温水煮青蛙”式的诈骗欺骗性、迷惑性更强、危害群体范围也更大。检察机关在审查案件时，要围绕“平台操控方式、平台盈利来源、被害人资金流向”等关键事实，准确认定平台运作的虚假性和投资钱款的非法占有性，全面认定整个平台和参与成员的犯罪事实，依法予以追诉。法院判决确有错误的，依法提起抗诉，做到不枉不纵、罚当其罪。

（二）准确区分诈骗集团中的犯罪分子的分工作用，依法全面惩治各个层级的诈骗犯罪分子。电信网络诈骗集团往往层级多、架构复杂、人员多，对于参与其中的犯罪分子的分工作用往往难以直接区分。对此，检察机关要围绕平台整体运作模式和不同层级犯罪分子之间的行为关联，准确区分集团内部犯罪分子的分工作用。既要严厉打击在平台上组织开展诈骗活动的指挥者，又要依法惩治在平台上具体实施诈骗行为的操作者，还要深挖诈骗平台背后的实质控制者，实现对诈骗犯罪集团的全面打击。

（三）强化追赃挽损，维护人民群众合法权益。投资类诈骗案件往往具有涉案人数多、犯罪事实多、涉案账户多等特点，在办理这类案件时，检察机关要把追赃挽损工作贯穿办案全过程，会同公安机关及时提取、梳理投资平台的后台电子数据。从平台资金账户、犯罪分子个人账户入手，倒查资金流向，及时冻结相关的出入金账户；通过资金流向发现处置线索，及时扣押涉案相关财物，阻断诈骗资金的转移和处置，最大限度挽回被害人的财产损失。

案例三

张某等3人诈骗案、戴某等3人掩饰、隐瞒犯罪所得案

——冒充明星以投票打榜为名骗取未成年人钱款

【关键词】

电信网络诈骗　“饭圈”文化　未成年人 掩饰隐瞒犯罪所得罪

【要旨】

以“饭圈”消费为名实施的诈骗对未成年人身心健康造成严重侵害。检察机关要依法从严惩治此类诈骗犯罪，引导未成年人自觉抵制不良“饭圈”文化，提高防范意识。对于利用个人银行卡和收款码，帮助诈骗犯罪分子收取、转移赃款的行为，加强全链条打击，可以掩饰、隐瞒犯罪所得罪论处。

一、基本案情

被告人张某，男，系大学专科在读学生；

被告人易某，男，无固定职业；

被告人刘某甲，男，无固定职业；

被告人戴某，男，无固定职业；

被告人黄某俊，男，无固定职业；

被告人范某田，男，无固定职业。

被告人张某、易某、刘某甲单独或合谋，购买使用明星真实名字作为昵称、明星本人照片作为头像的QQ号。之后，上述人员通过该QQ号之前组织的多个“明星粉丝QQ群”添加被害人为好友，在群里虚构明星身份，以给明星投票的名义骗取被害人钱款。

2020年6月，被告人张某通过上述虚假明星QQ号，添加被害人刘某乙（女，13岁，初中生）为好友。张某虚构自己系明星本人的身份，以给其网上投票为由，将拟骗取转账金额人民币10099元谎称为“投票编码”，向刘某乙发送投票二维码实为收款二维码，诱骗刘某乙使用其母微信账号扫描该二维码，输入“投票编码”后完成所谓的“投票”，实则进行资金转账。在刘某乙发现钱款被转走要求退款时，张某又继续欺骗刘某乙，称添加“退款客服”后可退款。刘某乙添加“退款客服”为好友后，易某、刘某甲随即谎称需要继续投票才能退款，再次诱骗刘某乙通过其母支付宝扫码转账人民币1万余元。经查，被告人张某、易某、刘某甲等人通过上述手段骗取5名被害人钱款共计人民币9万余元。其中，4名被害人系未成年人。

应张某等人要求，被告人戴某主动联系黄某俊、范某田，利用自己的收款二维码，帮助张某等人转移上述犯罪资金，并收取佣金。期间，因戴某、黄某俊、范某田收款二维码被封控提示可能用于违法犯罪，不能再进账，他们又相继利用家人收款二维码继续协助转账。

二、检察履职过程

本案由黑龙江省林区公安局绥阳分局立案侦查。2020年9月28日，公安机关将本案移送绥阳人民检察院起诉。同年10月28日，检察机关以诈骗罪对张某、易某、刘某甲提起公诉；以掩饰隐瞒犯罪所得罪对戴某、黄某俊、范某田提起公诉。同年12月16日，绥阳人民法院以诈骗罪分别判处张某、易某、刘某甲有期徒刑四年六个月至三年不等，并处罚金人民币三万元至一万元不等；以掩饰、隐瞒犯罪所得罪分别判处戴某、黄某俊、范某田有期徒刑三年至拘役三个月不等，并处罚金人民币一万五千元至一千元不等。被告人戴某提出上诉，林区中级人民法院裁定驳回上诉，维持原判。其余被告人未上诉，判决已生效。

案发后，检察机关主动联系教育部门，走进被害人所在的学校，通过多种方式开展法治宣传教育活动，教育引导学生自觉抵制不良“饭圈”文化影响，理性对待明星打赏，提高网上识骗防骗的意识和能力。

三、典型意义

（一）依法从严打击以“饭圈”消费为名针对未成年人实施的诈骗犯罪。当下，在“饭圈”经济的助推下，集资为明星投票打榜、购买明星代言产品成为热潮，不少未成年人沉溺于此。一些犯罪分子盯住未成年人社会经验少、防范意识差、盲目追星等弱点，以助明星消费为幌子实施的诈骗犯罪时有发生，不仅给家庭造成经济损失，也使未成年人产生心理阴影。检察机关要加强对未成年人合法权益的特殊保护，依法从严惩治此类犯罪行为。坚持惩防结合，结合司法办案，引导未成年人自觉抵制不良“饭圈”文化影响，理性对待明星打赏活动，切实增强网络防范意识，防止被诱导参加所谓的应援集资，落入诈骗陷阱。

（二）对于利用个人银行卡和收款码，帮助电信网络诈骗犯罪分子转移赃款的行为，加强全链条打击，可以掩饰、隐瞒犯罪所得罪论处。利用自己或他人的银行卡、收款码为诈骗犯罪分子收取、转移赃款，已经成为电信网络诈骗犯罪链条上的固定环节，应当予以严厉打击。对于这类犯罪行为，检察人员既要认定其利用银行卡和二维码实施收取、转账赃款的客观行为，又要根据被告人实施转账行为的次数、持续时间、资金流入的频率、数额、对帮助对象的了解程度、银行卡和二维码被封控提示等主客观因素综合认定其主观明知，对于构成掩饰、隐瞒犯罪所得罪的，依法可以该罪论处。

案例四

刘某峰等37人诈骗案

——以组建网络游戏情侣为名引诱玩家高额充值骗取钱款

【关键词】

电信网络诈骗　游戏托　高额充值　网络游戏行业规范

【要旨】

“游戏托”诈骗行为隐蔽套路深，欺骗性诱惑性强。检察机关要穿透“游戏托”诈骗骗局，通过对“交友话术欺骗性、充值数额异常性、获利手段非法性”等因素进行综合分析，准确认定其诈骗本质，依法以诈骗罪定罪处罚。通过办案引导广大游戏玩家提高自我防范能力，督促网络游戏企业强化内控、合规经营，促进行业健康发展。

一、基本案情

被告人刘某峰，系辽宁盘锦百思网络科技有限公司（以下简称百思公司）实际控制人；

杨某明等36名被告人均系百思公司员工。

2018年8月至2019年4月，百思公司代理运营推广江苏某网络科技有限公司的两款网络游戏，被告人刘某峰招聘杨某明等36人具体从事游戏推广工作。为招揽更多的玩家下载所推广的游戏并充值，刘某峰指使杨某明等员工冒充年轻女性，在热门网络游戏中发送“寻求男性游戏玩家组建游戏情侣”的消息与被害人取得联系。在微信添加为好友后，再向被害人发送游戏链接，引诱被害人下载所推广的两款网络游戏。在游戏中，被告人与被害人组建游戏情侣，假意与被害人发展恋爱关系，通过发送虚假的机票订单信息截图、共享位置截图等方式骗取被害人的信任，诱骗被害人向游戏账号以明显超过正常使用范围的数额充值。部分被告人还以给付见面诚意金、报销飞机票等理由，短时间多次向被害人索要钱款，诱使被害人以向游戏账号充值的方式支付钱款。经查，刘某峰等人骗取209名被害人共计人民币189万余元。

二、检察履职过程

本案由天津市公安局津南分局立案侦查。2019 年 9 月 9 日，公安机关以刘某峰等 37 人涉嫌诈骗罪移送天津市津南区人民检察院起诉。同年 12 月 2 日，检察机关以诈骗罪对刘某峰等 37 人提起公诉。2020 年 12 月 21 日，天津市津南区人民法院以诈骗罪分别判处刘某峰等 37 人有期徒刑十三年至一年不等，并处罚金人民币三十万元至一万元不等。刘某峰提出上诉，2021 年 3 月 3 日，天津市第二中级人民法院裁定驳回上诉，维持原判。

结合本案办理，检察机关制作反诈宣传视频，深入大中专院校、街道社区进行宣传，警示游戏玩家警惕“游戏托”诈骗，对游戏中发布的信息要仔细甄别，理性充值，避免遭受财产损失。同时，检察人员深入游戏研发企业座谈，提出企业在产品研发、市场推广中存在的法律风险，督促企业规范产品推广，审慎审查合作方的推广模式，合理设定推广费用，加强产品推广过程中的风险管控。

三、典型意义

（一）以游戏充值方式骗取行为人资金，在“游戏托”诈骗中较为常见，要准确认定其诈骗本质，依法从严惩治。“游戏托”诈骗是新近出现的一种诈骗方式。犯罪分子在网络游戏中扮演异性角色，以“奔现交友”（系网络用语，指由线上虚拟转为线下真实交友恋爱）等话术骗取被害人信任，以游戏充值等方式诱骗被害人支付明显超出正常范围的游戏费用，具有较强的隐蔽性和欺骗性。检察机关要透过犯罪行为表象，通过对交友话术欺骗性、充值数额异常性、获利手段非法性等因素进行综合分析，认定其诈骗犯罪本质，依法予以严厉打击。

（二）强化安全防范意识，提高游戏玩家自我防范能力。网络游戏用户规模大、人数多，犯罪分子在网络游戏中使用虚假身份，运用诈骗“话术”，极易使游戏玩家受骗。对于广大游戏玩家而言，应当提高安全防范意识，对于游戏中发布的信息仔细甄别，对于陌生玩家的主动“搭讪”保持必要的警惕，以健康心态参与网络游戏，理性有节制进行游戏充值，防止落入犯罪分子编织的“陷阱”。

（三）推动合规建设，促进网络游戏行业规范健康发展。结合司法办案，检察机关协同有关部门要进一步规范网络游戏行业，严格落实备案制度，完善游戏推广机制，加强对游戏过程中违法犯罪信息的监控查处，推动网络游戏企业加强合规建设，督促企业依法依规经营。

案例五

吴某强、吴某祥等60人诈骗案

——虚构基因缺陷引诱被害人购买增高产品套餐骗取钱款

【关键词】

电信网络诈骗　网络销售　保健品　基因检测

【要旨】

准确认定网络销售型诈骗中行为人对所出售商品“虚构事实”的行为，依法区分罪与非罪、此罪与彼罪的界限，精准惩治。对于涉案人数较多的电信网络诈骗案件，区分对象分层分类处理，做到宽严相济，确保案件效果良好。

一、基本案情

被告人吴某强，系广州助高健康生物科技有限公司（以下简称助高公司）法定代表人、总经理；

被告人吴某祥，系助高公司副总经理，吴某强之弟；

其余58名被告人均系助高公司员工。

2016年9月，被告人吴某强注册成立助高公司，组建总裁办、广告部、服务部、销售部等部门，逐步形成以其为首要分子，吴某祥等人为骨干成员的电信网络诈骗犯罪集团。该犯罪集团针对急于增高的青少年人群，委托他人生产并低价购进“黄精高良姜压片”“氨基酸固体饮料”“骨胶原蛋白D”等不具有增高效果的普通食品，在其包装贴上“助高特效产品”标识，将上述食品从进价每盒人民币20余元抬升至每盒近600元，以增高套餐的形式将产品和服务捆绑销售，在互联网上推广。

为进一步引诱客户购买产品，助高公司私下联系某基因检测实验室工作人员，编造客户存在“骨密度低”等基因缺陷并虚假解读基因检测报告，谎称上述产品和服务能够帮助青少年在3个月内增高5-8厘米，骗取被害人信任并支付高额货款，以此实施诈骗。当被害人以无实际效果为由要求退款时，助高公司销售及服务人员或继续欺骗被害人升级套餐，或以免费更换服务方案等方式安抚、欺骗被害人，直至被害人放弃。经查，该犯罪集团骗取13239名被害人共计人民币5633万余元。

二、检察履职过程

本案由江苏省盐城市大丰区公安局立案侦查。2020年1月，公安机关以吴某强、吴某祥等117人涉嫌诈骗罪提请盐城市大丰区人民检察院批准逮捕。检察机关审查后，对吴某强、吴某祥等60人批准逮捕，对参与时间短、情节轻微、主观无诈骗故意的57人不批准逮捕；对2名与助高公司共谋、编造虚假基因检测报告的人员监督立案（另案处理）。同年6月16日至20日，公安机关先后将吴某强、吴某祥等60人移送检察机关起诉。同年7月13日至7月18日，检察机关先后对吴某强、吴某祥等60名被告人以诈骗罪提起公诉。2021年2月9日，盐城市大丰区人民法院以诈骗罪判处吴某强有期徒刑十四年，罚金人民币三百万元；判处吴某祥有期徒刑十二年，罚金人民币二百万元；其他58人有期徒刑九年至二年不等，并处罚金人民币九万元至二万元不等。部分被告人提出上诉，盐城市中级人民法院对其中一名被告人根据最终认定的诈骗金额调整量刑；对其他被告人驳回上诉，维持原判。

三、典型意义

（一）准确认定网络销售型诈骗中行为人对所出售商品“虚构事实”的行为，依法区分罪与非罪、此罪与彼罪的界限。在网络销售型诈骗中，被告人为了达到骗取钱款的目的，需要对其出售的商品进行虚假宣传，这其中存在着与民事欺诈、虚假广告罪之间的界分问题。在办理这类案件时，检察人员要从商品价格、功能、后续行为等角度综合考虑。对于被告人出售商品价格与成本价差距过于悬殊、对所销售商品功效以及对购买者产生影响“漠不关心”、采用固定销售“话术”“剧本”套路被害人反复购买、被害人购买商品所希望达到目的根本无法实现的，结合被告人供述，可认定其具有非法占有目的，依法以诈骗罪论处。行为人为了拓宽销路、提高销量，对所出售的商品作夸大、虚假宣传的，可按民事欺诈处理；情节严重的，符合虚假广告罪构成要件的，依法可以虚假广告罪论处。行为人明知他人从事诈骗活动，仍为其提供广告等宣传的，可以诈骗罪共犯论处。

（二）对于涉案人数较多的电信网络诈骗案件，区分对象分层处理。电信网络诈骗案件层级多、人员多，对此检察机关要区分人员地位作用、分层分类处理，不宜一刀切。对于参与时间较短、情节较轻、获利不多的较低层次人员，贯彻“少捕慎诉慎押”的刑事司法政策，依法从宽处理。对于犯罪集团中的组织者、骨干分子和幕后“金主”，依法从严惩处。对于与诈骗分子同谋，为诈骗犯罪提供虚假证明、技术支持等帮助，依法以诈骗罪共犯论处，做到罚当其罪。

案例六

罗某杰诈骗案

——利用虚拟货币为境外电信网络诈骗团伙跨境转移资金

【关键词】

电信网络诈骗　虚拟货币　资金跨境转移　共同犯罪

【要旨】

利用虚拟货币非法进行资金跨境转移，严重危害经济秩序和社会稳定，应当依法从严全链条惩治。对于专门为诈骗犯罪团伙提供资金转移通道，形成较为稳定协作关系的，应以诈骗罪共犯认定，实现罪责刑相适应。

一、基本案情

被告人罗某杰，男，1993年9月4日生，无固定职业。

2020年2月13日，被告人罗某杰在境外与诈骗分子事前通谋，计划将诈骗资金兑换成虚拟货币“泰达币”，并搭建非法跨境转移通道。罗某杰通过境外地下钱庄人员戴某明和陈某腾（均为外籍、另案处理），联系到中国籍虚拟货币商刘某辉（另案处理），共同约定合作转移诈骗资金。同年2月15日，被害人李某等通过网络平台购买口罩被诈骗分子骗取人民币110.5万元后，该笔资金立即转入罗某杰控制的一级和二级账户，罗某杰将该诈骗资金迅速转入刘某辉账户；刘某辉收到转账后，又迅速向陈某腾的虚拟货币钱包转入14万余个“泰达币”，陈某腾扣除提成，即转给罗某杰13万个“泰达币”。后罗某杰将上述13万个“泰达币”变现共计人民币142万元。同年5月11日，公安机关抓获罗某杰，并从罗某杰处扣押、冻结该笔涉案资金。

二、检察履职过程

本案由山东省济宁市公安局高新技术产业开发区分局立案侦查。2020年5月14日，济宁高新区人民检察院介入案件侦查。同年8月12日，公安机关以罗某杰涉嫌诈骗罪移送起诉。因移送的证据难以证明罗某杰与上游诈骗犯罪分子有共谋，同年9月3日，检察机关以掩饰、隐瞒犯罪所得罪提起公诉，同时开展自行侦查，进一步补充收集到罗某杰与诈骗犯罪分子事前联络、在犯罪团伙中专门负责跨境转移资金的证据，综合全案证据，认定罗某杰为诈骗罪共犯。2021年7月1日，检察机关变更起诉罪名为诈骗罪。同年8月26日，济宁高新区人民法院以诈骗罪判处罗某杰有期徒刑十三年，并处罚金人民币十万元。罗某杰提出上诉，同年10月19日，济宁市中级人民法院裁定驳回上诉，维持原判。

结合本案办理，济宁市检察机关与外汇监管部门等金融监管机构召开座谈会，建议相关单位加强反洗钱监管和金融情报分析，构建信息共享和监测封堵机制；加强对虚拟货币交易的违法性、危害性的社会宣传，提高公众防范意识。

三、典型意义

（一）利用虚拟货币非法跨境转移资金，严重危害经济秩序和社会稳定，应当依法从严惩治。虚拟货币因具有支付工具属性、匿名性、难追查等特征，往往被电信网络诈骗犯罪团伙利用，成为非法跨境转移资金的工具，严重危害正常金融秩序，影响案件侦办和追赃挽损工作开展。检察机关要依法加大对利用虚拟货币非法跨境转移资金行为的打击力度，同步惩治为资金转移提供平台支持和交易帮助的不法虚拟货币商，及时阻断诈骗集团的资金跨境转移通道。

（二）专门为诈骗犯罪分子提供资金转移通道，形成较为稳定协作关系的，应以诈骗罪共犯认定。跨境电信网络诈骗犯罪案件多是内外勾结配合实施，有的诈骗犯罪分子在境外未归案，司法机关难以获取相关证据，加大了对在案犯罪嫌疑人行为的认定难度。检察机关在办理此类案件时，要坚持主客观相统一原则，全面收集行为人与境外犯罪分子联络、帮助转移资金数额、次数、频率等方面的证据，对于行为人长期帮助诈骗团伙转账、套现、取现，或者提供专门资金转移通道，形成较为稳定协作关系的，在综合全案证据基础上，应认定其与境外诈骗分子具有通谋，以诈骗罪共犯认定，实现罪责刑相适应。

案例七

徐某等6人侵犯公民个人信息案

——行业“内鬼”利用非法获取的公民个人信息激活手机“白卡”用于电信网络诈骗犯罪

【关键词】

侵犯公民个人信息罪　手机卡　刑事附带民事公益诉讼

【要旨】

公民个人信息是犯罪分子实施电信网络诈骗犯罪的“基础物料”。特别是行业“内鬼”非法提供个人信息，危害尤为严重。对于侵犯公民个人信息的行为，检察机关坚持源头治理全链条打击。注重发挥刑事检察和公益诉讼检察双向合力，加强对公民个人信息的全面司法保护。

一、基本案情

被告人徐某，系浙江杭州某科技公司负责人；

被告人郑某，系浙江诸暨某通信营业网点代理商；

被告人马某辉，无固定职业；

被告人时某华，系江苏某人力资源公司员工；

被告人耿某军，系江苏某劳务公司员工；

被告人赵某，系上海某劳务公司员工。

2019年12月，被告人徐某、郑某合谋在杭州市、湖州市、诸暨市等地非法从事手机卡“养卡”活动。即先由郑某利用担任手机卡代理商的便利，申领未实名验证的手机卡（又称“白卡”）；再以每张卡人民币35元至40元的价格交由职业开卡人马某辉；马某辉通过在江苏省的劳务公司员工时某华、耿某军等人，以办理“健康码”、核实健康信息等为由，非法采集劳务公司务工人员身份证信息及人脸识别信息，对“白卡”进行注册和实名认证。为规避通信公司对外省开卡的限制，时某华、耿某军利用郑某工号和密码登录内部业务软件，将手机卡开卡位置修改为浙江省。此外，马某辉还单独从赵某处购买公民个人信息400余条用于激活“白卡”。

经查，上述人员利用非法获取的公民个人信息办理手机卡共计3500余张。其中，被告人徐某、郑某、马某辉非法获利共计人民币147705元，被告人时某华、耿某军非法获利共计人民币59700元，被告人赵某非法获利共计人民币7220元。上述办理的手机卡中，有55张卡被用于电信网络诈骗犯罪，涉及68起诈骗案件犯罪数额共计人民币284万余元。

二、检察履职过程

本案由浙江省杭州市公安局钱塘新区分局（现为杭州市公安局钱塘分局）立案侦查。2020年12月10日，杭州市经济技术开发区人民检察院（现为杭州市钱塘区人民检察院）介入案件侦查。2021年2月4日，公安机关以徐某等6人涉嫌侵犯公民个人信息罪移送起诉。刑事检察部门在审查过程中发现，被告人利用工作便利，非法获取公民个人信息注册手机卡，侵犯了不特定公民的隐私权，损害了社会公共利益，将案件线索同步移送本院公益诉讼检察部门。公益诉讼检察部门以刑事附带民事公益诉讼立案后，开展了相关调查核实工作。

2021 年 11 月 30 日、12 月 1 日，检察机关以徐某等 6 人涉嫌侵犯公民个人信息罪提起公诉，同时提起刑事附带民事公益诉讼。同年 12 月 31 日，杭州市钱塘区人民法院以侵犯公民个人信息罪对徐某等 6 名被告人判处有期徒刑三年至七个月不等，并处罚金人民币九万元至一万元不等。同时，判决被告人徐某等 6 人连带赔偿人民币 14 万余元，并在国家级新闻媒体上进行公开赔礼道歉。被告人未上诉，判决已生效。

针对通信公司网点人员“养卡”的问题，检察机关与有关通信公司座谈，建议加强开卡和用卡环节内部监管，切断电信网络诈骗犯罪黑产链条。针对不法分子通过“地推”［“地推”是指通过实地宣传进行市场营销推广人员的简称。］获取大学生、老年人、务工人员等群体个人信息的情况，检察人员在辖区大学城、社区、园区企业开展普法宣传，通过以案释法，提升民众的防范意识和能力。

三、典型意义

（一）公民个人信息成为电信网络诈骗犯罪的基础工具，对于侵犯公民个人信息的行为，坚持源头治理全链条打击。当前，非法泄露公民个人信息已成为大多数电信网络诈骗犯罪的源头行为。有的犯罪分子把非法获取的公民个人信息用于注册手机卡、银行卡作为实施诈骗的基础工具；有的利用这些信息对被害人进行“画像”实施精准诈骗。检察机关要把惩治侵犯公民个人信息作为打击治理的重点任务，既要通过查办电信网络诈骗犯罪，追溯前端公民个人信息泄露的渠道和人员；又要通过查办侵犯公民个人信息犯罪，深挖关联的诈骗等犯罪线索，实现全链条打击。特别是对于行业“内鬼”泄露公民个人信息的，要坚持依法从严追诉，从重提出量刑建议，加大罚金刑力度，提高犯罪成本。

（二）发挥刑事检察和公益诉讼检察双向合力，加强对公民个人信息的全面司法保护。加强公民个人信息司法保护，是检察机关的重要职责。个人信息保护法明确授权检察机关可以提起这一领域的公益诉讼。检察机关刑事检察和公益诉讼检察部门要加强协作配合，强化信息互通、资源共享、线索移送、人员协作和办案联动，形成办案双向合力，切实加强对公民个人信息的全面司法保护。

案例八

施某凌等 18 人妨害信用卡管理案

——多人参与、多途径配合搭建专门运输通道向境外运送银行卡套件

【关键词】

妨害信用卡管理罪　银行卡　物流寄递

【要旨】

当前，银行卡已成为电信网络诈骗犯罪的基础工具，围绕银行卡的买卖、运输形成一条黑色产业链。检察机关要严厉打击境内运输银行卡犯罪行为，深入推进“断卡”行动，全力阻断境外电信网络诈骗犯罪物料运输通道。结合司法办案，推动物流寄递业监管，压实企业责任，提高从业人员的法治意识。

一、基本案情

被告人施某凌，无固定职业；

被告人王某韬，无固定职业；

被告人吴某鑫，无固定职业；

被告人蔡某向，某快递点经营者；

被告人施某补，无固定职业；

被告人郑某，某快递点经营者；

被告人施某莉，无固定职业；

其他 11 名被告人基本情况略。

2018年7月至2019年10月间，时在菲律宾的被告人施某凌以牟利为目的，接受被告人王某韬以及“周生”、“龙虾”（均系化名，在逃）等人的委托，提供从国内运送信用卡套件到菲律宾马尼拉市的物流服务。

被告人施某凌接到订单后，直接或者通过被告人吴某鑫联系全国各地1000多名长期收集、贩卖银行卡的不法人员，通过物流快递和水客携带运输的方式，将购买的大量他人银行卡、对公账户通过四个不同层级，接力传递，运送至菲律宾。具体运输流程如下：首先由施某凌等人将从“卡商”处收购的大量银行卡以包裹形式运送至蔡某向等人经营的位于福建晋江、石狮一带的物流点；再由被告人施某补等人将包裹从上述物流点取回进而拆封、统计、整理后，乘坐大巴车携带运往郑某等人经营的广东深圳、珠海一带的物流点；后由往来珠海到澳门的“水客”以“蚂蚁搬家”方式，或由被告人郑某通过货车夹带方式，将包裹运往被告人施某莉在澳门设立的中转站；最终由施某莉组织将包裹从澳门空运至菲律宾。包裹到达菲律宾境内后，吴某鑫再组织人员派送给王某韬以及“周生”、“龙虾”等人。

经查，被告人施某凌等人参与运转的涉案银行卡套件多达5万余套，获利共计人民币616万余元。

二、检察履职过程

本案由福建省晋江市公安局立案侦查。2019年11月1日晋江市人民检察院介入案件侦查。公安机关于2020年4月20日、10月4日以妨害信用卡管理罪将本案被告人分两批移送起诉。检察机关于同年8月18日、11月4日以妨害信用卡管理罪对被告人分批提起公诉，晋江市人民法院对两批案件并案审理。2021年5月6日，晋江市人民法院以妨害信用卡管理罪判处施某凌、王某韬、吴某鑫、蔡某向、施某补、郑某、施某莉等18人有期徒刑九年至二年三个月不等，并处罚金人民币二十万元至二万元不等。部分被告人上诉，同年9月13日，泉州市中级人民法院二审维持原判决。

根据本案所反映出的物流行业经营的风险问题，晋江市检察机关会同当地商务、交通运输、海关、邮政部门联合制发了《晋江市物流行业合规建设指引（试行）》，通过建立健全物流行业合规风险管理体系，加强对行业风险的有效识别和管理，促进物流行业合规建设。同时，督促物流企业加强内部人员法治教育，加大以案释法，切实推进行业规范经营发展。

三、典型意义

（一）严厉打击境内运输银行卡犯罪行为，全力阻断境外电信网络诈骗犯罪物料运转通道。当前，境外电信网络诈骗犯罪分子为了转移诈骗资金，需要获取大量的国内公民银行卡，银行卡的转移出境成为整个犯罪链条中的关键环节。实践中，犯罪分子往往将物流寄递作为运输的重要渠道，通过陆路、水路、航空多种方式流水作业，将银行卡运送到境外。为此，检察机关要深入推进“断卡”行动，加强物流大数据研判分析，掌握银行卡在境内运转轨迹，依法严厉打击买卖、运输银行卡的犯罪行为，尤其是要切断境内外转运的关键节点，阻断银行卡跨境运转通道。

（二）推动社会综合治理，促进物流寄递业规范经营。物流寄递具有触角长、交付快、覆盖面广等特点，因而在运输银行卡过程中容易被犯罪分子利用。对此，检察机关要结合办案，主动加强沟通，推动物流寄递业加强行业监管，压实企业主体责任，严把寄递企业“源头关”、寄递物品“实名关”、寄递过程“安检关”。对于发现的涉大量银行卡的包裹，相关企业要加强重点检查，及时向寄递人核实了解情况，必要时向公安机关反映，防止银行卡非法转移。结合典型案例，督促物流企业加强培训宣传，通过以案释法，提高从业人员的法治意识和安全防范能力，防止成为电信网络诈骗犯罪的“帮凶”。

案例九

唐某琪、方某帮助信息网络犯罪活动案

——非法买卖 GOIP 设备并提供后续维护支持，为电信网络诈骗犯罪提供技术帮助

【关键词】

帮助信息网络犯罪活动罪　GOIP 设备［GOIP（Gsm Over Internet Protocol）设备是一种虚拟拨号设备，该设备能将传统电话信号转化为网络信号，供上百张手机卡同时运作，并通过卡池远程控制异地设备，实现人机分离、人卡分离、机卡分离等功能。］　技术支持　网络黑灰产业链

【要旨】

电信网络诈骗犯罪分子利用 GOIP 设备拨打电话、发送信息，加大了打击治理难度。检察机关要依法从严惩治为实施电信网络诈骗犯罪提供 GOIP 等设备行为，源头打击治理涉网络设备的黑色产业链。坚持主客观相统一，准确认定帮助信息网络犯罪活动罪中的“明知”要件。

一、基本案情

被告人唐某琪，系广东深圳乔尚科技有限公司（以下简称乔尚公司）法定代表人；

被告人方某，系浙江杭州三汇信息工程有限公司（以下简称三汇公司）销售经理。

被告人唐某琪曾因其销售的 GOIP 设备涉及违法犯罪被公安机关查扣并口头警告，之后其仍以乔尚公司名义向方某购买该设备，并通过网络销售给他人。方某明知唐某琪将 GOIP 设备出售给从事电信网络诈骗犯罪的人员，仍然长期向唐某琪出售。自 2019 年 12 月至 2020 年 10 月，唐某琪从方某处购买 130 台 GOIP 设备并销售给他人，并提供后续安装、调试及配置系统等技术支持。期间，公安机关在广西北

海、钦州以及贵州六盘水、铜仁等地查获唐某琪、方某出售的GOIP设备20台。经查，其中5台设备被他人用于实施电信网络诈骗，造成张某淘、李某兰等人被诈骗人民币共计34万余元。

二、检察履职过程

本案由广西壮族自治区北海市公安局立案侦查。2020年9月27日，北海市人民检察院介入案件侦查。2021年1月25日，公安机关以唐某琪、方某涉嫌帮助信息网络犯罪活动罪移送起诉，北海市人民检察院将本案指定由海城区人民检察院审查起诉。检察机关经审查认为，唐某琪曾因其销售的GOIP设备涉及违法犯罪被公安机关查扣并口头警告，后仍然实施有关行为；方某作为行业销售商，明知GOIP设备多用于电信网络诈骗犯罪且收到公司警示通知的情况下，对销售对象不加审核，仍然长期向唐某琪出售，导致所出售设备被用于电信网络诈骗犯罪，造成严重危害，依法均应认定为构成帮助信息网络犯罪活动罪。同年6月21日，检察机关以帮助信息网络犯罪活动罪对唐某琪、方某提起公诉。同年8月2日，北海市海城区人民法院以帮助信息网络犯罪活动罪分别判处被告人唐某琪、方某有期徒刑九个月、八个月，并处罚金人民币一万二千元、一万元。唐某琪提出上诉，同年10月18日，北海市中级人民法院裁定驳回上诉，维持原判。

三、典型意义

（一）GOIP设备被诈骗犯罪分子使用助推电信网络诈骗犯罪，要坚持打源头斩链条，防止该类网络黑灰产滋生发展。当前，GOIP设备在电信网络诈骗犯罪中被广泛使用，尤其是一些诈骗团伙在境外远程控制在境内安置的设备，加大反制拦截和信号溯源的难度，给案件侦办带来诸多难题。检察机关要聚焦违法使用GOIP设备所形成的黑灰产业链，既要从严惩治不法生产商、销售商，又要注重惩治专门负责设备安装、调试、维修以及提供专门场所放置设备的不法人员，还要加大对为设备运转提供大量电话卡的职业“卡商”的打击力度，全链条阻断诈骗分子作案工具来源。

（二）坚持主客观相统一，准确认定帮助信息网络犯罪活动罪中的“明知”要件。行为人主观上明知他人利用信息网络实施犯罪是认定帮助信息网络犯罪活动罪的前提条件。对于这一明知条件的认定，要坚持主客观相统一原则予以综合认定。对于曾因实施有关技术支持或帮助行为，被监管部门告诫、处罚的，仍然实施有关行为的，如没有其他相反证据，可依法认定其明知。对于行业内人员出售、提供相关设备工具被用于网络犯罪的，要结合其从业经历、对设备工具性能了解程度、交易对象等因素，可依法认定其明知，但有相反证据的除外。

案例十

周某平、施某青帮助信息网络犯罪活动案

——冒用他人信息实名注册并出售校园宽带账号为电信网络诈骗犯罪提供工具

【关键词】

帮助信息网络犯罪活动罪　宽带账号　通信行业治理　平安校园建设

【要旨】

为他人逃避监管或者规避调查，非法办理、出售网络宽带账号，情节严重的，构成帮助信息网络犯罪活动罪，应当依法打击、严肃惩处。检察机关要会同相关部门规范电信运营服务、严格内部从业人员管理。加强校园及周边综合治理，深化法治宣传教育，共同牢筑网络安全的校园防线。

一、基本案情

被告人周某平，系某通信公司宽带营业网点负责人；

被告人施某青，系某通信公司驻某大学营业网点代理商上海联引通信技术有限公司工作人员。

2019年上半年起，被告人周某平在网上获悉他人求购宽带账号的信息后，向施某青提出购买需求。施某青利用负责面向在校学生的“办理手机卡加1元即可办理校园宽带”服务的工作便利，在学生申请手机卡后，私自出资1元利用申请手机卡的学生信息办理校园宽带账号500余个，以每个宽带账号人民币200元的价格出售给周某平，周某平联系买家出售。周某平、施某青作为电信行业从业人员，明知宽带账号不能私下买卖，且买卖后极有可能被用于电信网络诈骗等犯罪，仍私下办理并出售给上游买家。同时，为帮助他人逃避监管或规避调查，两人还违规帮助上游买家架设服务器，改变宽带账号的真实IP地址，并对服务器进行日常维护。周某平、施某青分别获利人民币8万余元、10万余元。经查，二人出售的一校园宽带账号被他人用于电信网络诈骗，致一被害人被骗人民币158万余元。

二、检察履职过程

本案由上海市公安局闵行分局立案侦查。2021年6月4日，公安机关以周某平、施某青涉嫌帮助信息网络犯罪活动罪移送闵行区人民检察院起诉。同年6月30日，检察机关对周某平、施某青以帮助信息网络犯罪活动罪提起公诉。同年7月12日，闵行区人民法院以帮助信息网络犯罪活动罪判处周某平有期徒刑八个月，并处罚金人民币一万元；判处施某青有期徒刑七个月，并处罚金人民币一万元。被告人未上诉，判决已生效。

针对本案办理中所暴露的宽带运营服务中的管理漏洞问题，检察机关主动到施某青所在通信公司走访，通报案件情况，指出公司在业务运营中所存在的用户信息管理不严、业务办理实名认证落实不到位等问题，建议完善相关业务监管机制，加强用户信息管理。该公司高度重视，对涉案的驻某高校营业厅处以年度考评扣分的处罚，并规定“1元加购宽带账户”的业务必须由用户本人到现场拍照确认后，方可办理。检察机关还结合开展“反诈进校园”活动，提示在校学生加强风险意识，防范个人信息泄露，重视名下个人账号管理使用，防止被犯罪分子利用。

三、典型意义

（一）非法买卖宽带账号并提供隐藏 IP 地址等技术服务，属于为网络犯罪提供技术支持或帮助，应当依法从严惩治。宽带账号直接关联到用户网络个人信息，关系到互联网日常管理维护，宽带账号实名制是互联网管理的一项基本要求。电信网络从业人员利用职务便利，冒用校园用户信息开通宽带账户倒卖，为犯罪分子隐藏真实身份提供技术支持帮助，侵犯用户的合法权益、影响网络正常管理，也给司法办案制造了障碍。对于上述行为，情节严重的，构成帮助信息网络犯罪活动罪，应当依法追诉；对于行业内部人员利用工作便利实施上述行为的，依法从严惩治。

（二）规范通信运营服务，严格行业内部人员管理，加强源头治理，防范网络风险。加强通信行业监管是打击治理电信网络诈骗的重要内容。网络黑灰产不断升级发展，给电信行业监管带来不少新问题。对此，检察机关要结合办案所反映出的风险问题，会同行业主管部门督促业内企业严格落实用户实名制，规范用户账号管理；建立健全用户信息收集、使用、保密管理机制，及时堵塞风险漏洞，对于频繁应用于诈骗等违法犯罪活动的高风险业务及时清理规范。要督促有关企业加强对内部人员管理，加大违法违规案例曝光，强化警示教育，严格责任追究，构筑企业内部安全“防火墙”。

（三）加强校园及周边综合治理，深化法治宣传教育，共同牢筑网络安全的校园防线。当前，校园及周边电信网络诈骗及其关联案件时有发生，一些在校学生不仅容易成为诈骗的对象，也容易为了眼前小利沦为诈骗犯罪的“工具人”。要深化检校协作，结合发案情况，深入开展校园及周边安全风险排查整治，深入开展“反诈进校园”活动，规范校园内电信、金融网点的设立、运营，重视加强就业兼职等重点领域的法治教育。

最高人民法院发布10起依法惩治电信网络诈骗犯罪及其关联犯罪典型案例

（2022年9月6日）

一、被告人易扬锋、连志仁等三十八人诈骗、组织他人偷越国境、偷越国境、帮助信息网络犯罪活动、掩饰、隐瞒犯罪所得案

（一）基本案情

被告人易扬锋在缅甸创建“远峰集团”，采取公司化运作模式，编写话术剧本，开展业务培训，配备作案工具，制定奖惩制度，形成组织严密、结构完整的犯罪集团。易扬锋作为诈骗犯罪集团的“老板”，组织、领导该集团实施跨国电信网络诈骗，纠集被告人连志仁加入该集团并逐步成为负责人，二人系诈骗集团的首要分子。被告人林炎兴担任主管，负责管理组长，进行业务培训指导；被告人闫斌、伏培杰、秦榛、黄仁权等人担任代理或组长，招募管理组员并督促、指导组员实施诈骗；被告人易肖锋为实施诈骗提供技术支持。2018年8月至2019年12月，该集团先后招募、拉拢多名中国公民频繁偷越国境，往返我国和缅甸之间，用网络社交软件海量添加好友后，通过“杀猪盘”诈骗手段诈骗81名被害人钱财共计1820余万元。

（二）裁判结果

本案由江西省抚州市中级人民法院一审，江西省高级人民法院二审。现已发生法律效力。

法院认为，以被告人易扬锋、连志仁为首的犯罪集团以非法占有为目的，采取虚构事实、隐瞒真相的方法，骗取他人财物，数额特别巨大，其行为均已构成诈骗罪。易扬锋、连志仁还多次组织他人偷越

国境，并偷越国境，其行为又构成组织他人偷越国境罪、偷越国境罪。易扬锋、连志仁系诈骗集团首要分子，按照集团所犯的全部罪行处罚。被告人林炎兴、闫斌、伏培杰、秦榛、黄仁权、易肖锋等人是诈骗集团的骨干分子，系主犯，按照其所参与的或组织指挥的全部犯罪处罚。根据各被告人的犯罪事实、犯罪性质、情节和社会危害程度，以诈骗罪、组织他人偷越国境罪、偷越国境罪判处被告人易扬锋无期徒刑，剥夺政治权利终身，并处没收个人全部财产。以诈骗罪、组织他人偷越国境罪、偷越国境罪判处被告人连志仁有期徒刑十六年，并处罚金人民币五十八万元；以诈骗罪、偷越国境罪等判处被告人林炎兴等主犯十三年二个月至十年二个月不等有期徒刑，并处罚金。

（三）典型意义

以被告人易扬锋、连志仁为首的电信网络诈骗犯罪集团，利用公司化运作模式实施诈骗，集团内部层级严密，分工明确，组织特征鲜明。该诈骗集团将作案窝点设在境外，从国内招募人员并组织偷越国境，对我境内居民大肆实施诈骗，被骗人数众多，涉案金额特别巨大。跨境电信网络诈骗犯罪集团社会危害性极大，系打击重点，对集团首要分子和骨干成员必须依法从严惩处。人民法院对该诈骗集团首要分子易扬锋、连志仁分别判处无期徒刑和有期徒刑十六年，对其余骨干成员均判处十年以上有期徒刑，充分体现了依法从严惩处的方针，最大限度彰显了刑罚的功效。

二、被告人罗欢、郑坦星等二十一人诈骗案

（一）基本案情

2018年以来，黄某某组织数百人在柬埔寨、蒙古等国实施跨境电信网络诈骗犯罪并形成犯罪集团，该诈骗集团设立业务、技术、后勤、后台服务等多个部门。其中，业务部门负责寻找被害人，通过微信聊天等方式，诱骗被害人到虚假交易平台投资。后台服务部门接单后，

通过制造行情下跌等方式骗取被害人钱款。该犯罪集团诈骗被害人钱财共计6亿余元。2019年3月至10月，被告人罗欢、王亚菲等19人先后加入该集团的后台服务部门，罗欢任后台服务部门负责人，负责全面工作；王亚菲系后台服务部门的骨干成员，负责安排代理和接单人员对接等工作；其余被告人分别负责钱款统计、客服、接单等工作。罗欢等人涉案诈骗金额1.7亿余元。被告人郑坦星、郑文2人系地下钱庄人员，明知罗欢等人实施诈骗，仍长期将银行卡提供给罗欢等人使用，并对罗欢等人诈骗钱款进行转移。

（二）裁判结果

本案由江苏省南通市通州区人民法院一审，江苏省南通市中级人民法院二审。现已发生法律效力。

法院认为，被告人罗欢等人明知犯罪集团组织实施电信网络诈骗犯罪，仍积极参加，诈骗数额特别巨大，其行为均已构成诈骗罪。根据各被告人的犯罪事实、犯罪性质、情节和社会危害程度，以诈骗罪判处被告人罗欢有期徒刑十五年，并处罚金人民币一百万元；以诈骗罪判处被告人王亚菲、郑坦星等人十二年至三年不等有期徒刑，并处罚金。

（三）典型意义

电信网络诈骗一般是长期设置窝点作案，有明确的组织、指挥者，骨干成员固定，结构严密，层级分明，各个环节分工明确，各司其职，衔接有序，多已形成犯罪集团，其中起组织、指挥作用的，依法认定为犯罪集团首要分子，其中起主要作用的骨干成员，包括各个环节的负责人，一般认定为主犯，按照其所参与或者组织、指挥的全部犯罪处罚。本案中，黄某某犯罪集团各部门之间分工明确，相互协作，共同完成电信网络诈骗犯罪，其中后台服务部门和地下钱庄均系犯罪链条上不可或缺的一环。人民法院对负责后台服务的负责人罗欢、骨干成员王亚菲、地下钱庄人员郑坦星依法认定为主犯，均判处十年以上有期徒刑，体现了对电信网络犯罪集团首要分子和骨干成员依法严惩的方针。

三、被告人施德善等十二人诈骗案

（一）基本案情

2019年3月至5月，被告人施德善指使并帮助被告人刘登等偷越国境到缅甸，搭建虚假期货投资平台，组建以被告人沈杰等为组长、被告人余强等为组员的电信诈骗团队，通过建立股票交流微信群方式，将多名被害人拉入群内开设直播间讲解股票、期货投资课程，骗取被害人信任后，冒用广州金控网络科技有限公司名义，以投资期货为由，诱骗被害人向虚假交易平台汇入资金，后关闭平台转移资金。该团伙诈骗被害群众29人钱款共计820余万元。案发后，被告人施德善、刘登等的亲属代为退赔76万余元。

（二）裁判结果

本案由山东省济南市市中区人民法院一审。现已发生法律效力。

法院认为，被告人施德善、刘登纠集沈杰等10人以非法占有为目的，采取虚构事实、隐瞒真相的方法，在境外通过网络手段向不特定多数人骗取财物，数额特别巨大，其行为均已构成诈骗罪。施德善、刘登在共同犯罪中系主犯。刘登具有自首情节并如实供述其所知晓的施德善控制的赃款下落，为公安机关提供了侦查线索，对刘登依法予以减轻处罚。施德善等人通过亲属或本人退缴部分或全部赃款，依法予以从轻处罚。根据各被告人的犯罪事实、犯罪性质、情节和社会危害程度，以诈骗罪判处被告人施德善有期徒刑十一年六个月，并处罚金人民币三十万元；以诈骗罪判处被告人刘登、沈杰、余强等人九年六个月至三年不等有期徒刑，并处罚金。

（三）典型意义

本案被告人施德善、刘登组织人员前往境外实施电信网络诈骗犯罪，骗取境内被害群众钱款800余万元。人民法院准确认定案件事实，彻查涉案赃款流向，与公安、检察机关协调配合，及时查扣、冻结涉案赃款463万余元，并灵活运用刑罚调整功能，鼓励被告人退赃退赔。在审判阶段，被告人施德善、刘登等人的亲属代为退赔部分赃款，人民法院按照比例发还各被害人，不足部分责令本案主犯继续退赔，本案从犯在各自分得赃款范围内承担连带退赔责任。全案共计挽回财产损失539余万元，追赃挽损率较高。人民法院在依法审判案件的同时，坚持司法为民和全力追赃挽损，鼓励被告人积极退赃退赔，及时返还被害人，最大限度挽回被害群众的经济损失，取得了良好的法律效果和社会效果。

四、被告人吴健成等五人诈骗案

（一）基本案情

2020年10月，被告人吴健成为非法牟利，伙同吴健东在抖音上私信被害人，在得知被害人系未成年人后，假称被害人中奖并要求添加QQ好友领奖，之后向被害人发送虚假的中奖转账截图，让被害人误认为已转账。当被害人反馈未收到转账时，吴健成等便要求被害人使用家长的手机，按其要求输入代码才能收到转账，诱骗被害人向其提供的银行卡或支付宝、微信账户转账、发红包，骗取被害人钱财。被告人邱精友、李秋华、吕开泽按照吴健成的安排，为吴健成提供银行卡、支付宝、微信账户，帮助收款、转款，并按照诈骗金额分成。2020年10月至2021年1月期间，吴健成等人共计骗取5名被害人（10周岁至11周岁之间）的钱财6万余元。

（二）裁判结果

本案由重庆市武隆区人民法院一审，重庆市第三中级人民法院二审。现已发生法律效力。

法院认为，被告人吴健成、吴健东以非法占有为目的，利用电信网络技术手段，虚构事实，骗取他人财物；被告人邱精友、李秋华、吕开泽明知他人实施电信网络犯罪，帮助接收、转移诈骗犯罪所得，五被告人的行为均已构成诈骗罪。被告人吴健成在共同犯罪中系主犯。吴健成等人对未成年人实施诈骗，酌情从重处罚。根据各被告人的犯罪事实、犯罪性质、情节和社会危害程度，以诈骗罪判处被告人吴健成有期徒刑三年六个月，并处罚金人民币三万五千元；以诈骗罪判处被告人吴健东等人二年四个月有期徒刑至三个月拘役，并处罚金。

（三）典型意义

本案被告人吴健成等人利用未成年人涉世未深、社会经验欠缺、容易轻信对方、易受威胁等特点实施诈骗，严重侵害未成年人合法权益，犯罪情节恶劣。“两高一部”《关于办理电信网络诈骗等刑事案件适用法律若干问题的意见》规定，诈骗残疾人、老年人、未成年人、在校学生、丧失劳动能力人的财物，或者诈骗重病患者及其亲属财物的，酌情从重处罚。人民法院对吴健成依法从重处罚，充分体现了人民法院坚决保护未成年人合法权益，严厉惩处针对未成年人犯罪的鲜明立场。

五、被告人黄浩等三人诈骗案

（一）基本案情

被告人黄浩、刘仁杰、许俊在湖北省武汉市成立“武汉以沫电子商务有限公司”，招聘业务员从事诈骗犯罪活动。三人分工配合共同完成诈骗，并按诈骗金额比例提成，同时还发展“代理公司”，提供诈骗话术、培训诈骗方法、提供各种技术支持和资金结算服务，并从“代理公司”诈骗金额中提成。该公司由业务员冒充美女主播等身份，按照统一的诈骗话术在网络社交平台诱骗被害人交友聊天，谎称送礼物得知被害人收货地址后，制造虚假发货信息以诱骗被害人在黄浩管理的微店购买商品回送业务员，微店收款后安排邮寄假名牌低价物品给被害人博取信任。之后，业务员再将被害人信息推送至刘仁杰等人负责的直播平台，按诈骗话术以直播打赏PK为由，诱骗被害人在直播平台充值打赏。2020 年 4 月至 9 月，黄浩和刘仁杰诈骗涉案金额 365.2 万元，许俊诈骗涉案金额 454.2 万元。审判阶段许俊退缴赃款 8.1 万余元。

（二）裁判结果

本案由安徽省明光市人民法院一审。现已发生法律效力。

法院认为，被告人黄浩、刘仁杰、许俊以非法占有为目的，伙同他人利用电信网络实施诈骗，数额特别巨大，其行为均已构成诈骗罪。在共同犯罪中，黄浩、刘仁杰、许俊均系主犯。许俊自愿认罪认罚，积极退缴赃款，依法予以从轻处罚。根据各被告人的犯罪事实、犯罪性质、情节和对社会的危害程度，以诈骗罪分别判处被告人黄浩、刘仁杰有期徒刑十二年，并处罚金人民币十八万元；以诈骗罪判处被告人许俊有期徒刑十一年六个月，并处罚金人民币十五万元。

（三）典型意义

当前，电信网络诈骗的手法持续演变升级，犯罪分子紧跟社会热点，随时变化诈骗手法和“话术”，令人防不胜防。本案被告人将传统的结婚交友类“杀猪盘”诈骗，与当下流行的网络购物、物流递送、直播打赏等相结合，多环节包装实施连环诈骗，迷惑性很强。希望广大网友提高警惕，不要轻信网络社交软件结识的陌生人，保护好个人信息，保持清醒，明辨是非，谨防上当受骗。

六、被告人赵明云等九人诈骗案

（一）基本案情

2019 年 6 月至 10 月，被告人赵明云、杨智强等人出资组建诈骗团伙，先后招募郭松清、兰林峰担任团队组长，招募丁某某等多人为成员实施诈骗犯罪。该团伙通过社交软件聊天骗得被害人信任后，向被害人发送二维码链接，让被害人下载虚假投资软件，待被害人投资后，采取控制后台数据等方式让被害人“投资亏损”，以此实施诈骗。同年9月5日，丁某某得知被害人赵某某拟进一步投资60余万元后，在电话中向赵某某坦承犯罪，提醒其停止投资、向平台申请退款并向公安机关报案。之后，丁某某自行脱离犯罪团伙。

（二）裁判结果

本案由江苏省南京市江宁区人民法院一审，南京市中级人民法院二审。现已发生法律效力。

一审法院认为，被告人赵明云、杨智强、丁某某等人以非法占有为目的，利用电信网络技术手段多次实施诈骗，数额特别巨大或巨大，其行为均已构成诈骗罪。在共同犯罪中，被告人赵明云、杨智强起主要作用，系主犯，应当按照其所参与或组织、指挥的全部犯罪处罚；被告人丁某某等人起次要作用，系从犯，依法可从轻或减轻处罚。以诈骗罪判处被告人赵明云、杨智强等人十年六个月至一年一个月不等有期徒刑，并处罚金；以诈骗罪判处被告人丁某某有期徒刑三年九个月，并处罚金。

宣判后，丁某某上诉提出，其主动提醒被害人并自行脱离犯罪团伙的行为构成自首、犯罪中止和立功，原审量刑过重，请求从轻处罚。

二审法院认为，根据相关法律规定，被告人丁某某预警行为不构成自首、犯罪中止和立功，但其预警行为客观上避免了被害人损失扩大，也使被害人得以挽回部分损失，对案件破获及经济挽损等方面起到积极作用，应得到法律的正面评价，结合丁某某大学刚毕业，加入诈骗团伙时间较短，自愿认罪并取得被害人谅解等情节，对丁某某依法予以减轻处罚并适用缓刑。据此，以诈骗罪改判丁某某有期徒刑二年六个月，缓刑三年，并处罚金人民币二万元。

（三）典型意义

电信网络诈骗犯罪的涉案人员在共同犯罪中的地位作用、行为的危害程度、主观恶性和人身危险性等方面有一定区别。人民法院对电信网络诈骗犯罪在坚持依法从严惩处的同时，也注重宽以济严，确保效果良好。本案被告人赵明云系从严惩处的对象，对诈骗团伙所犯全部罪行承担刑事责任。被告人丁某某刚刚进入社会，系初犯，参与犯罪时间较短，且在作案过程中主动向被害人坦承犯罪并示警，避免被害人损失进一步扩大，后主动脱离犯罪团伙，到案后真诚认罪悔罪，对于此类人员应坚持教育、感化、挽救方针，落实宽严相济刑事政策，用好认罪认罚从宽制度，彰显司法温度，进而增加社会和谐因素。

七、被告人邓强辉等六人诈骗、侵犯公民个人信息案

（一）基本案情

2018 年 5、6 月份，被告人邓强辉、林松明共谋采用“猜猜我是谁”的方式骗取他人钱财。二人共同出资，邓强辉购买手机、电话卡等作案工具，纠集被告人陈锣、张万坤等人，利用邓强辉购买的涉及姓名、电话、住址等内容的公民个人信息，拨打诈骗电话，让被害人猜测自己的身份，当被害人误以为系自己的某个熟人后，被告人即冒充该熟人身份，编造理由让被害人转账。2018 年 6 月至 8 月，邓强辉等人采用此种方式大量拨打诈骗电话，骗取被害人罗某某等五人共计 39.2 万元。案发后，从邓强辉处查获其购买的公民个人信息 39482 条。

（二）裁判结果

本案由四川省泸州市纳溪区人民法院一审，泸州市中级人民法院二审。现已发生法律效力。

法院认为，被告人邓强辉、林松明等人以非法占有为目的，虚构事实，隐瞒真相，采用冒充熟人拨打电话的手段骗取他人财物，其行为均已构成诈骗罪；被告人邓强辉非法获取公民个人信息，情节严重，其行为还构成侵犯公民个人信息罪，依法应当数罪并罚。在共同犯罪中，邓强辉、林松明等人均系主犯。根据各被告人的犯罪事实、犯罪性质、情节和社会危害程度，以诈骗罪、侵犯公民个人信息罪判处被告人邓强辉有期徒刑九年六个月，并处罚金人民币六万五千元；以诈骗罪判处被告人林松明等人七年至二年不等有期徒刑，并处罚金。

（三）典型意义

本案被告人借助非法获取的公民个人信息，拨打诈骗电话，通过准确说出被害人个人信息的骗术，骗得被害人信任，实施精准诈骗。侵犯公民个人信息系电信网络诈骗的上游关联犯罪，二者合流后，使得电信网络诈骗犯罪更易得逞，社会危害性更重。"两高一部"《关于办理电信网络诈骗等刑事案件适用法律若干问题的意见》规定，使用非法获取的公民个人信息，实施电信网络诈骗犯罪，构成数罪的，应依法数罪并罚。法院对被告人邓强辉以诈骗罪和侵犯公民个人信息罪予以并罚，是从严惩处、全面惩处电信网络诈骗犯罪及其关联犯罪的具体体现。

八、被告人陈凌等五人侵犯公民个人信息案

（一）基本案情

被告人陈凌任职的广东海越信息科技有限公司（以下简称"广东海越公司"）与中国联合网络通信有限公司韶关分公司（以下简称"中国联通韶关分公司"）签订服务协议，由广东海越公司负责中国联通韶关分公司的线上订单交付服务。2019 年 11 月至 2021 年 4 月期间，陈凌利用担任广东海越公司电话卡配送员、配送组长、片区主管的职务便利，先后招揽被告人李武剑、左俊、梁业俊、曾嘉明等人，在向手机卡用户交付手机卡过程中，未经用户同意，擅自获取用户的实名制手机号码和验证码，出售给他人用于注册微信、京东、抖音等账号，其中一张手机号码注册微信账号后被用于实施电信网络诈骗，骗取被害人廖某某 10 万元。被告人陈凌等人涉案非法所得 20.1 万余元至 1.5 万余元不等。

（二）裁判结果

本案由广东省江门市新会区人民法院一审。现已发生法律效力。

法院认为，被告人陈凌、梁业俊、曾嘉明、左俊违反国家有关规

定，向他人出售或者提供公民个人信息，情节特别严重，被告人李武剑违反国家有关规定，向他人出售或者提供公民个人信息，情节严重，其行为均已构成侵犯公民个人信息罪。被告人陈凌等人将在提供服务过程中获取的公民个人信息出售和提供给他人，依法应当从重处罚。鉴于各被告人自愿认罪，积极退赃，依法可予以从轻处罚。根据各被告人的犯罪事实、犯罪性质、情节和社会危害程度，以侵犯公民个人信息罪分别判处被告人陈凌、梁业俊、曾嘉明有期徒刑三年九个月，并处罚金；判处被告人左俊有期徒刑三年，缓刑三年，并处罚金；判处被告人李武剑有期徒刑一年六个月，缓刑一年六个月，并处罚金。

（三）典型意义

被告人陈凌等人作为通信企业从业人员，利用职务便利，未经用户同意，擅自获取用户的实名制手机号码和验证码，非法出售给他人用于注册微信、抖音等账号，牟取非法利益，且其中一套手机号码和验证码注册的微信被诈骗分子利用，导致被害人廖某某被骗走巨款。为加大对公民个人信息的保护力度，最高人民法院、最高人民检察院制定出台的《关于办理侵犯公民个人信息刑事案件适用法律问题的解释》，将在履行职责或者提供服务过程中获得的公民个人信息出售或者提供给他人的，入罪的数量、数额标准减半计算。依法对被告人陈凌等行业“内鬼”从重处罚，充分体现了人民法院坚决保护公民个人信息安全的态度，也是对相关行业从业人员的警示教育。

九、被告人隆玖柒帮助信息网络犯罪活动案

（一）基本案情

2021 年 4 月，被告人隆玖柒通过微信与他人联系，明知对方系用于实施信息网络犯罪，仍商定以每张每月 100 元的价格将自己的银行卡出租给对方使用。之后，隆玖柒将其办理的 9 张银行卡的账号、密

码等信息提供给对方，其中6张银行卡被对方用于接收电信网络诈骗等犯罪资金，隆玖柒获利共计5000余元。

（二）裁判结果

本案由重庆市丰都县人民法院一审。现已发生法律效力。

法院认为，被告人隆玖柒明知他人利用信息网络实施犯罪，为他人提供帮助，其行为已构成帮助信息网络犯罪活动罪。隆玖柒经公安人员电话通知到案，如实供述自己的罪行，构成自首，且自愿认罪认罚并积极退赃，依法予以从轻处罚。根据被告人的犯罪事实、犯罪性质、情节和社会危害程度，以帮助信息网络犯罪活动罪判处被告人隆玖柒有期徒刑一年十个月，并处罚金人民币四千元。

（三）典型意义

非法交易银行卡、手机卡即“两卡”现象泛滥，大量“两卡”被用于犯罪，是电信网络诈骗犯罪持续高发多发的重要推手之一。加强对电信网络诈骗犯罪的源头治理，必须依法打击涉“两卡”犯罪。“两高一部”《关于办理电信网络诈骗等刑事案件适用法律若干问题的意见（二）》规定，为他人利用信息网络实施犯罪而收购、出售、出租信用卡（银行账户、非银行支付账户、具有支付结算功能的互联网账号密码、网络支付接口、网上银行数字证书）5张（个）以上，或者手机卡（流量卡、物联网卡）20张以上的，以帮助信息网络犯罪活动罪追究刑事责任。本案准确适用这一规定，对被告人隆玖柒依法定罪处罚。本案警示大家，千万不要因贪图蝇头小利而触犯法律底线，以免给自己和家人造成无可挽回的后果。

十、被告人薛双帮助信息网络犯罪活动案

（一）基本案情

2020年9月初，被告人薛双从淘宝上以13000元的价格购买了一套“多卡宝”设备，并通过其亲朋办理或购买电话卡26张。后薛双通

过聊天软件联系他人租用“多卡宝”设备，并约定租金和支付渠道。2020年9月8日至11日，薛双先后在湖北省襄阳市襄城区、樊城区等地架设“多卡宝”设备供他人拨打网络电话，非法获利28310元。不法分子利用薛双架设的“多卡宝”设备，实施电信网络诈骗犯罪6起，诈骗财物共计16万余元。

（二）裁判结果

本案由湖北省老河口市人民法院一审。现已发生法律效力。

法院认为，被告人薛双明知他人利用信息网络实施犯罪，为他人犯罪提供通讯传输等技术支持和帮助，情节严重，其行为已构成帮助信息网络犯罪活动罪。薛双到案后自愿认罪认罚，并退赔全部违法所得，依法予以从轻处罚。根据被告人的犯罪事实、犯罪性质、情节和社会危害程度，以帮助信息网络犯罪活动罪判处被告人薛双有期徒刑九个月，并处罚金人民币五千元。

（三）典型意义

由于电信网络诈骗犯罪的分工日益精细化，催生了大量为不法分子实施诈骗提供帮助并从中获利的黑灰产业，此类黑灰产业又反向作用，成为电信网络诈骗犯罪多发高发的重要推手。打击电信网络诈骗犯罪，必须依法惩处其上下游关联犯罪，斩断电信网络诈骗犯罪的帮助链条，铲除其赖以滋生的土壤，实现打击治理同步推进。“两高一部”《关于办理电信网络诈骗等刑事案件适用法律若干问题的意见》和《关于办理电信网络诈骗等刑事案件适用法律若干问题的意见（二）》对于惩处电信网络诈骗犯罪的关联犯罪作出了明确规定。本案中，被告人薛双为电信网络诈骗犯罪提供技术支持，对其以帮助信息网络犯罪活动罪定罪处罚，体现了人民法院全面惩处电信网络诈骗关联犯罪的立场。

最高人民法院发布6起惩治电信诈骗犯罪典型案例

（2016年9月30日）

电信诈骗犯罪典型案例（北京）

一、戴春波等32人诈骗案

（一）基本案情

2013年8月，北京市海淀区人民法院审结一起跨国团伙电信诈骗案，对戴春波等三十余名被告人以诈骗罪判处刑罚。

2011年8月底，被告人戴春波、王瑞讯、周娟受雇佣参加他人组织的针对中国大陆公民的电信诈骗团伙，并持旅游签证出境到老挝人民民主共和国，后被安排在位于万象市西沙达腊彭巴报村的24组一栋别墅内从事电信诈骗活动。三人主要负责接听被害人回拨的电话，并按月领取工资及提成。戴春波等实施诈骗行为的方式为：一名台湾男子每天通过互联网向全国各地发送语音包，内容是对方因涉嫌恶意透支信用卡被法院传唤，需要查询详情的就会给转接人工查询，戴春波等三人便冒充法院工作人员接听电话，并按照话术内容告诉对方恶意透支信用卡未还钱涉嫌刑事犯罪，若对方予以否认，便帮助对方将电话转接给二线人员，由二线人员冒充公安局工作人员继续进行诈骗，诱导被害人向指定账户内转账或汇款，从而骗取被害人钱财。同年9月26日，戴春波等三人在该别墅内被老挝国家警察局抓获，同年9月30日被移交我国公安机关。

2011年8月底至9月初，被告人黄辉云等二十九人相继受雇佣参加他人组织的针对中国大陆公民的电信诈骗团伙，并持旅游签证出境到老挝人民民主共和国，在位于万象市西沙达腊县撒潘通村19组的一栋别墅内从事电信诈骗活动。黄辉云等二十九人主要负责接听被害人回拨的电话，并按月领取工资及提成。诈骗团伙成员冒充公安局、检察院和法院等司法机关工作人员，按照话术要求，接听被害人回拨的电话，虚构被害人的信用卡因购物等被恶意透支的虚假信息，诱使对方向指定账户内转账或汇款，从而骗取被害人钱财。同年9月16日，该团伙于从被害人马某某处成功骗取人民币41万元。经马某某报案，9月26日，黄辉云等二十九人在该别墅内被老挝国家警察局抓获，9月30日被移交我国公安机关。

（二）裁判结果

海淀法院经审理认定，戴春波等三十二名被告人以非法占有为目的，利用拨打电话等电信技术手段对不特定多数人实施诈骗，构成诈骗罪；该诈骗团伙冒充公检法工作人员实施的跨国电信诈骗行为不仅损害司法机关声誉，而且严重干扰了广大群众的正常生活，故对三十二名被告人以诈骗罪分别判处二年六个月至六年不等的有期徒刑，并处罚金。

（三）典型意义

电信诈骗犯罪多为团伙作案，根据统计，北京法院有50%以上的电信诈骗案件出现三人及三人以上的诈骗团伙。本案系近年来北京法院受理的个案中被告人人数最多的跨国电信诈骗犯罪，诈骗团伙通过在互联网上发布“招聘信息”招揽人手并将其安置于境外，冒充公检法单位工作人员，通过向境内拨打电话的方式，形成严密的话术体系，从而获得被害人信任，诱使被害人向其汇款，达到诈骗钱款的目的。近年来，电信诈骗借助互联网技术的发展，愈发呈现出跨地域、团伙作案、难辨认、受害范围广等特点，给人民财产造成了巨大损失，社会危害性极大。海淀法院通过本案的审理给所有参与诈骗的犯罪分子以法律制裁，有效打击了电信诈骗犯罪，为办理跨国类电信诈骗案件积累了宝贵的经验。

二、吉秀燕等14人诈骗案

（一）基本案情

2011年8月至9月间，被告人吉秀燕、李开琴、欧阳秀真、夏凤仪、夏秋怡、赖炳同、赖庆汉、陈冬冬、赖韩韩、庄敬意、林智强、杨剑、张西、张叶伙同赖伟城（已判刑）先后出境前往印度尼西亚，于2011年9月16日至9月26日期间，在印度尼西亚雅加达市一别墅内，分别作为一线、二线、三线人员，冒充中华人民共和国公安机关工作人员身份，通过电信技术手段，采用向中国居民拨打电话的方法，向被害人虚构个人信息泄露、涉嫌犯罪、资产需要保全等事实，诈骗48名被害人共计人民币462万余元。其中被告人陈冬冬、赖韩韩、庄敬意、林智强参与诈骗金额共计人民币405万余元，被告人杨剑参与诈骗金额共计人民币303万余元。14名被告人于2011年9月26日被抓获。

（二）裁判结果

北京市东城区人民法院经审理认为，被告人吉秀燕、李开琴、欧阳秀真、夏凤仪、夏秋怡、赖炳同、赖庆汉、陈冬冬、赖韩韩、庄敬意、林智强、杨剑、张西、张叶以非法占有为目的，共同通过电信技术手段，采取虚构事实、隐瞒真相的方法，骗取他人钱财，且数额特别巨大，14名被告人的行为侵犯了公民的财产权利，均已构成诈骗罪，依法应予刑罚处罚。其中，被告人吉秀燕、李开琴共同负责对别墅内人员的诈骗活动进行管理，且作为三线话务员直接骗取被害人钱款，二被告人在共同犯罪中起主要作用，属于主犯。依照刑法有关规定，以诈骗罪判处14名被告人五年至十二年不等的有期徒刑，并处相应数额的罚金。

（三）典型意义

在电信诈骗案件中，诈骗金额、被害人人数、诈骗次数、诈骗手段、情节、危害后果等因素都会影响被告人的量刑。本案中，14名被告人在境外集中居住于别墅内，共同参与电信诈骗活动，且分工明确，有一定的组织性，已形成固定的犯罪团伙。每名被告人参与的诈骗金额均在百万元以上，且案发后赃款并未追回，给48名被害人造成了巨大的经济损失，故东城法院最终对14名被告人全部判处了有期徒刑五年以上的重刑，两名主犯被判处十二年有期徒刑，对于电信诈骗犯罪案件形成了极大的震慑。

电信诈骗犯罪典型案例（福建）

一、陈观湖、陈礼华、陈黄华诈骗案

（一）基本案情

2015年3月28日至4月16日，被告人陈观湖、陈礼华从陈某华、张某鑫（均另案处理）处拿来数十张银行卡，相互配合，共同保管、使用涉案银行卡，在福建福州、厦门、泉州等地将27名被害人因受骗汇入的钱款取出，收取相应提成后，汇入诈骗人员提供的账户，涉案金额人民币637721元。2015年3月2日至7日期间，被告人陈黄华伙同陈某华、张某鑫，明知是被害人因受骗汇入的钱款，仍驾驶车辆前往江西等地多次取款，涉案金额共计人民币108888元。

（二）裁判结果

本案由福建省闽侯县人民法院一审，福建省福州市中级人民法院二审，现已发生法律效力。

法院认为，被告人陈观湖、陈礼华、陈黄华明知他人进行电信诈骗，仍结伙对涉案诈骗款项实施取款并转移，致使被害人被骗款项无法追回，其行为已构成诈骗罪的共同犯罪，诈骗数额应当按照共同取款数额计算。三名被告人所实施的提取并转移被骗款项的行为，是诈骗集团成功控制诈骗款的最后一个环节，三人在整个电信诈骗的共同犯罪中仅有分工不同，并无主次之分。据此，依法以诈骗罪对被告人陈观湖判处有期徒刑十三年，并处罚金人民币十万元；对被告人陈礼华判处有期徒刑十三年，并处罚金人民币十万元；对被告人陈黄华判处有期徒刑四年三个月，并处罚金人民币二万元。

（三）典型意义

近年来，随着网络电信诈骗日益猖獗，此类犯罪行为形成的产业链也呈现出专业化、跨区域性、集团化之趋势，涵盖了购买设备、拨打电话、群发短信、假冒身份虚构事实、骗取钱款、转账取款等行为过程。为了逃避侦查，电信诈骗犯罪中的取款、转移赃款等行为往往由犯罪行为实施地以外的多个地方的专门取款人完成。本案中的三名被告人，虽未参与前一阶段对被害人的具体诈骗行为，但其明知所取款项是诈骗犯罪所得，而与前阶段诈骗犯罪人员相互配合，辗转各地为诈骗犯罪团伙转取款，其行为是整个骗局得逞、诈骗分子获得钱款的重要环节，应以诈骗犯罪共犯定罪量刑。

二、林炎、胡明浪诈骗案

（一）基本案情

2015年10月18日至21日，被告人林炎、胡明浪和杨东昊（另案处理）经事先共谋，由杨东昊提供伪基站并事先编辑好诈骗短信，指使被告人林炎、胡明浪在福州市鼓楼区、台江区、仓山区、闽侯县上街镇等地使用伪基站，屏蔽干扰以该伪基站为中心一定范围内的通讯运营商信号，搜取屏蔽范围内用户手机卡信息，冒充“95533、10086、95588”等相关客服号码向手机用户发送虚假短信30801条，企图骗取手机用户的信任，点击短信中的钓鱼网站、填写相关银行账户信息，以达到骗取手机用户钱款的目的。

（二）裁判结果

本案由福建省福州市鼓楼区人民法院一审，福建省福州市中级人民法院二审，现已发生法律效力。

法院认为，被告人林炎、胡明浪以非法占有为目的，伙同他人利用电信技术手段发送虚假短信，对不特定多数人实施诈骗，情节严重，其行为已构成诈骗罪。被告人林炎、胡明浪已经着手实行犯罪，由于意志以外的原因而未得逞，是犯罪未遂，可以比照既遂犯从轻处罚。被告人林炎、胡明浪如实供述自己的罪行，是坦白，可以从轻处罚。据此，依法以诈骗罪分别对被告人林炎、胡明浪判处有期徒刑三年七个月，并处罚金人民币五千元。

（三）典型意义

近两年来，利用伪基站实施电信诈骗的手段翻新、案件频发，最高人民法院、最高人民检察院专门出台了相关司法解释，加大对此类违法犯罪行为的打击力度，明确规定：对电信诈骗数额难以查证，但发送诈骗信息5000条以上，拨打诈骗电话500人次以上的，或者诈骗手段恶劣、危害严重的，即可以诈骗罪（未遂）追究刑事责任。本案被告人林炎、胡明浪通过“伪基站”，向不特定多数人发送冒充银行或移动运营商客服电话的虚假短信三万余条，诱骗手机用户点击短信中的钓鱼网站、填写相关银行账户信息以达到骗取手机用户钱款的目的。虽因意志以外的原因，被告人的犯罪目的未能最终得逞，但其犯罪行为仍具有严重的社会危害，公民个人若未及时查觉，其财产便会处于一种极不安全的状况。

三、邓之桂、龙碧燕、刘春艳、刘海英诈骗案

（一）基本案情

台湾地区人员“阿水”等人（均另案处理）组织犯罪团伙在老挝万象一栋别墅内进行电信诈骗活动，将事先编辑好的诈骗语音包通过网络电话向中国大陆各省市固定电话用户群发送语音信息，谎称被害人涉嫌用医保卡购买违禁药品需向公安机关报备。待被害人回拨时，电话转到冒充医保中心工作人员的被告人刘春艳、龙碧燕等一线人员，让被害人“报案”并让其拨打预先改好显示号码的“公安局号码”，

后由冒充公安机关工作人员的二线人员接听，谎称被害人银行账户存在安全问题，将电话转给冒充检察院工作人员的被告人邓之桂等三线人员要求被害人将银行卡内的存款转到指定账户进行资金清查比对，以此实施诈骗犯罪。被告人刘海英主要负责为该犯罪团伙做饭，同时亦冒充一线医保中心人员参与诈骗。邓之桂、刘海英、龙碧燕、刘春艳与其他同案人诈骗数额达人民币10369340元。

（二）裁判结果

本案由福建省晋江市人民法院一审，福建省泉州市中级人民法院二审，现已发生法律效力。

法院认为，被告人邓之桂、龙碧燕、刘春艳、刘海英的行为均已构成诈骗罪，且犯罪数额特别巨大。在共同犯罪中，四被告人受纠集在该团伙中按照分工，互相配合共同实施诈骗犯罪，获利相对较少，起次要、辅助作用，是从犯，予以减轻处罚。被告人龙碧燕、刘春艳犯罪后自动投案，并如实供述自己的罪行，是自首，可以从轻或减轻处罚。被告人邓之桂、刘海英归案后如实供述自己的罪行，是坦白，可以从轻处罚。被告人刘春艳、刘海英归案后协助公安机关抓获同案犯、其他犯罪嫌疑人，有立功表现，可以从轻或减轻处罚。本案部分赃款被追缴，可对四被告人予以酌情从轻处罚。综上，对四被告人均予以减轻处罚，以诈骗罪对被告人邓之桂、龙碧燕、刘春艳、刘海英判处有期徒刑七年至三年不等，并处罚金人民币八万元至一万元不等。

（三）典型意义

本案是台湾地区人员在境外组织实施的以发送医保卡出现异常的虚假语音信息进行诈骗的典型案件。被告人邓之桂等人受纠集参加他人组织的诈骗团伙，发送医保卡异常的虚假语音信息，而后分别冒充医保中心工作人员、公安人员、检察院工作人员进行连环诈骗，

套取被害人的个人信息，并诱骗被害人将存款转至“指定银行账户”，从而骗取钱款，社会危害性大。在此提醒广大参保人员不要轻信医保卡出现异常的电话语音信息，更不要轻易将银行账号、密码等个人重要信息告知陌生人，以免上当受骗。

四、杨海鸿、黄晋河、吴彩云诈骗，杨海鸿、黄晋河侵犯公民个人信息案

（一）基本案情

2015年7月至9月9日，被告人杨海鸿单独或伙同被告人黄晋河通过购买的方式非法获取公民个人信息2万余条，并雇用被告人吴彩云在福建省龙岩市武平县平川镇租住房等地，通过拨打上述公民个人信息中的手机号码，谎称可以向对方发放残疾人补贴、教育补贴等方式，骗取被害人将钱款转入指定的账户。截至2015年9月9日被查获时，被告人杨海鸿、吴彩云共骗取人民币70000元，其中，被告人黄晋河自2015年8月12日以来参与骗取17700元。

（二）裁判结果

本案由福建省安溪县人民法院一审，福建省泉州市中级人民法院二审，现已发生法律效力。

法院认为，被告人杨海鸿、黄晋河、吴彩云以非法占有为目的，采用虚构事实的方法，骗取公民财物，数额较大，其行为均已构成诈骗罪，属共同犯罪；被告人杨海鸿单独或伙同被告人黄晋河通过购买的方式非法获取公民个人信息，情节严重，其行为均已构成侵犯公民个人信息罪，部分属共同犯罪。在共同犯罪中，被告人杨海鸿、黄晋河起主要作用，是主犯，应按其参与的全部犯罪处罚；被告人吴彩云起次要作用，是从犯，依法从轻处罚。被告人杨海鸿、黄晋河在判决宣告前一人犯数罪，应当数罪并罚。归案后，三被告人如实供述自己的罪行，是坦白，可以依法从轻处罚。据此，以诈骗罪、侵犯公民个人信息罪判处被告人杨海鸿有期徒刑二年四个月，并处罚金人民币一万七千元，以诈骗罪判处被告人吴彩云有期徒刑一年三个月，并处罚金人民币三千元，以诈骗罪、侵犯公民个人信息罪判处被告人黄晋河有期徒刑八个月，并处罚金人民币六千元。

（三）典型意义

近年来，信息技术的广泛应用让我们的生产生活变得更高效便捷，但也给犯罪分子利用信息技术实施犯罪提供了便利条件。本案中，被告人杨海鸿、黄晋河通过互联网非法购买公民个人信息数万条，雇佣他人共同冒充政府工作人员拨打诈骗电话，通过提供被害人准确的身份信息，骗取被害人的信任，以达到实施诈骗犯罪的目的。公民个人信息权利保护已成为信息化社会中公民权利保护的一个重点。要从源头整治电信网络诈骗犯罪，信息安全保护是关键。除了公民要提高信息保护意识以外，各有关单位等也需加强信息管理与信息安全保护工作，不给犯罪分子以可乘之机。

最高人民检察院、教育部关于印发在校学生涉“两卡”犯罪典型案例的通知

（2021年6月17日）

各省、自治区、直辖市人民检察院、教育厅（教委），新疆生产建设兵团人民检察院、教育局，部属各高等学校，部省合建各高等学校：

近年来，电信网络诈骗犯罪屡禁不止，特别是不少在校学生被蛊惑利用向不法人员提供个人手机卡、银行卡（以下简称“两卡”），成为电信网络诈骗犯罪活动的“工具人”，严重影响人民群众安全感。党中央高度重视依法严惩电信网络诈骗犯罪工作，习近平总书记多次作出重要指示。各地检察机关与教育部门加强协作配合，坚持教育、挽救、惩戒、警示相结合，贯彻落实宽严相济刑事政策，依法妥善处理在校学生涉电信网络诈骗及“两卡”犯罪问题，取得积极效果。为进一步全面贯彻习近平法治思想，认真落实习近平总书记重要指示精神，深刻揭示犯罪危害，加强警示教育，努力为在校学生营造更加良好的成长成才环境，最高人民检察院、教育部联合编写了5个在校学

生涉“两卡”犯罪典型案例。现印发你们，供工作中参考借鉴。同时，就抓好典型案例的学习、运用，提出如下工作要求。

一是坚持惩治和教育挽救相结合，依法妥善处理在校学生涉“两卡”犯罪问题。对于涉“两卡”犯罪的在校学生，要坚持以教育、挽救、惩戒、警示为主，根据其犯罪情节、认罪认罚、退赃退赔、一贯表现等情况，认真落实“少捕慎诉慎押”理念，给予其悔过自新的机会。各级检察机关和教育部门要加强信息沟通和工作配合，对非法买卖“两卡”的学生，加强批评教育和监督管理，促使其深刻认识错误、悔过自新。

二是坚持预防为先，加强以案释法，深入开展校园法治宣传和思想教育。各级检察机关和教育部门要把反电信网络诈骗和防止成为办卡“工具人”作为当前校园法治教育的重要内容，通过法治进校园、检察长担任法治副校长等途径，结合典型案例，联合开展法治宣传。要结合案件所反映的学生奋斗观、价值观、消费观偏离、扭曲等问题，持续加强学生思想政治教育，引导学生形成积极、健康、向上的生活态度和价值追求。

三是坚持齐抓共管综合治理，共同督促学校加强日常管理。各地检察机关和教育部门要加强沟通协作，结合发案情况，深入开展对校园周边、校园内非法组织收购“两卡”情况的综合治理。要重视在就业指导中加强法治教育，及时揭露就业兼职“陷阱”和违法就业平台，引导学生增强辨别能力和防范意识。对于办案中发现的学校日常教育管理的漏洞，要及时督促整改提升，共同筑牢防范电信网络诈骗的校园防线。

案例1

涂某通、万某玲帮助信息网络犯罪活动案

一、基本案情

涂某通，1998年8月出生，系某大学在校学生。

万某玲，1998年9月出生，作案时系某职业技术学校在校学生，案发时系某医院员工。

2018年起，涂某通明知他人利用信息网络实施犯罪，为牟取非法利益，长期收购银行卡提供给他人使用。2018年，涂某通与万某玲通过兼职认识后，涂某通先后收购了万某玲的3套银行卡（含银行卡、U盾/K宝、身份证照片、手机卡），并让万某玲帮助其收购银行卡。2019年3月至2020年1月，万某玲为牟利，在明知银行卡被用于信息网络犯罪的情况下，以亲属开淘宝店需要用卡等理由，从4名同学处收购8套新注册的银行卡提供给涂某通，涂某通将银行卡出售给他人，被用于实施电信网络诈骗等违法犯罪活动。经查，共有21名电信网络诈骗被害人向万某玲出售的上述银行卡内转入人民币207万余元。

二、诉讼过程

2020年11月3日，四川省江油市公安局以涂某通、万某玲涉嫌帮助信息网络犯罪活动罪移送起诉。同年12月3日，江油市人民检察院以帮助信息网络犯罪活动罪对涂某通、万某玲提起公诉。鉴于万某玲犯罪时系在校大学生，因找兼职误入歧途而收购、贩卖银行卡，主动认罪认罚，江油市人民检察院对其提出从轻处罚的量刑建议。涂某通在审查起诉阶段不认罪，也不供述银行卡销售去向、获利数额等情况。2020年12月31日，江油市人民法院作出一审判决，以帮助信息网络犯罪活动罪判处涂某通有期徒刑一年四个月，并处罚金人民币一万元；判处万某玲有期徒刑十个月，并处罚金人民币五千元。涂某通、万某玲未上诉，判决已生效。

三、教育治理

针对在校大学生违法收购、贩卖银行卡被用于网络犯罪的情况，江油市人民检察院会同学校所在地检察院，向涉案学生所在高校制发检察建议，提示在校学生涉“两卡”违法犯罪风险。相关学校积极开展法治宣传，通过以案释法，加强对全校学生的教育引导。江油市人民检察院还会同本辖区内学校开展“断卡”宣传进校园活动，将包括本案在内的多个真实案例纳入宣讲；制作“断卡”普法小漫画进行推送宣传，着力提高在校学生学法懂法、遵法守法的意识。

四、典型意义

从近年来的办案情况看，手机卡、银行卡（以下简称“两卡”）已经成为电信网络诈骗犯罪分子实施诈骗、转移赃款的重要工具。为依法严厉打击非法出租、出售“两卡”违法犯罪活动，2020 年 10 月起，最高人民法院、最高人民检察院、公安部、工业和信息化部、中国人民银行等五部门联合部署开展“断卡”行动，以斩断电信网络诈骗违法犯罪的信息流和资金链。

工作中发现，部分在校学生由于社会阅历不足、法治观念淡薄，已成为非法买卖“两卡”的重要群体之一。在利益诱惑面前，有的学生迷失方向，一步步陷入违法犯罪泥潭，从办卡、卖卡发展到组织收卡、贩卡，成为潜伏在校园中的“卡商”。本案被告人即是这样的“卡商”，他们不仅出售自己的银行卡，还在学校里招揽同学出售银行卡。这些银行卡经过层层周转，落入到诈骗人员等犯罪分子手中，用于流转非法资金，危害不容小觑。对于从“工具人”转变为“卡商”的在校学生，应当综合其犯罪事实、情节和认罪态度，依法追究刑事责任。

对于办案中发现的在校学生涉电信网络诈骗以及“两卡”犯罪风险点，检察机关和教育部门要加强以案释法，深入校园开展形式多样的法治宣传教育活动。特别是对于案件相对多发的学校，要共同研究加强教育管理的意见，提升在校学生的风险意识和防范能力，避免成为犯罪“工具人”。办案地和学校所在地检察机关要加强沟通衔接，及时通报情况，积极提供协助，共同推动做好社会治理工作。

案例 2

郭某凯、刘某学、耿某雲帮助信息网络犯罪活动案

一、基本案情

郭某凯，1997 年 10 月出生，初中文化，无固定职业。

刘某学，1999 年 5 月出生，系某学院在校学生。

耿某雲，2000 年 6 月出生，高中文化，无固定职业。

2020 年 8 月，刘某学办理休学手续后到河北省石家庄市打工，在网上看到收购手机卡的信息后，办理多张手机卡出售给郭某凯所在的贩卡团伙。后为尽快挣钱，刘某学主动加入该团伙成为“收卡人”。该团伙长期在北京、石家庄等地收购手机卡，贩卖给电信网络诈骗等违法犯罪团伙使用。经统计，郭某凯通过自己及其下线收购、贩卖手机卡 3700 张，获利人民币 5.7 万余元；刘某学收购、贩卖手机卡 871 张，获利人民币 1.5 万余元。

2020 年 8 月 23 日，耿某雲在微信兼职群内看到郭某凯团伙发布的收购手机卡信息后，用自己身份证办理 9 张手机卡并按照郭某凯要求交给刘某学，由刘某学验卡、拍照后通过快递寄出，耿某雲获利人民币 450 元。其中一张手机卡被用于实施电信网络诈骗犯罪，导致河北省井陉县一名被害人被骗人民币 35 万余元。

二、诉讼过程

2020 年 10 月 9 日和 11 月 16 日，河北省石家庄市井陉县公安局以郭某凯、刘某学、耿某雲涉嫌帮助信息网络犯罪活动罪提请批准逮捕。井陉县人民检察院经审查，决定批准逮捕郭某凯、刘某学，不批准逮捕耿某雲。2021 年 3 月 10 日，井陉县公安局对耿某雲终止侦查，进行训诫。同年 3 月 25 日，河北省通信管理局对耿某雲作出惩戒决定，2 年内停止新入网业务，各基础运营商只保留 1 个手机号码。

2020 年 12 月 15 日，井陉县公安局以郭某凯、刘某学涉嫌帮助信息网络犯罪活动罪移送起诉。2021 年 1 月 12 日，井陉县人民检察院以帮助信息网络犯罪活动罪对郭某凯、刘某学提起公诉。2021 年 3 月 16 日，井陉县人民法院作出一审判决，以帮助信息网络犯罪活动罪判处郭某凯有期徒刑一年十个月，并处罚金人民币二万元；判处刘某学有期徒刑八个月，并处罚金人民币一万元。郭某凯、刘某学未上诉，判决已生效。

三、教育治理

井陉县人民检察院及时向刘某学所在学校制发检察建议，提示校方加强学生网络法治教育、严格日常管理，积极推动形成预防网络犯罪检校合力。校方高度重视，根据检察建议内容，立即下发通知，要求各系部、任课教师、辅导员强化对学生（包括因休学、实习等原因暂时不在学校的学生）的监督管理，及时了解、掌握学生动态；结合案例情况，完善思想政治、法律常识公共课程内容，有针对性地开展警示教育；积极对接当地司法机关，深入开展“法治进校园”活动，通过张贴海报、开展讲座、组织公开课等方式，推动法治教育走深走实。

四、典型意义

当前，手机卡是犯罪分子实施电信网络诈骗犯罪的重要工具。随着网络实名制要求的落实，办理银行卡、注册网络账号等基本都需要绑定实名制手机卡。司法实践中，犯罪分子为逃避打击，往往非法收购他人手机卡来实施电信网络诈骗，绕过实名制监管要求，成为网络黑灰产业链条上的重要一环。对于明知他人利用信息网络实施犯罪，仍然收购、贩卖他人手机卡的“卡头”“卡商”，构成犯罪的，要依法追究刑事责任。对于仅出售自己手机卡的，一般不作为犯罪处理，但需要同步进行信用惩戒，强化教育管理。

在深入推进“断卡”行动过程中，检察机关要会同相关部门综合运用好行政和刑事措施，加强行刑衔接，多管齐下，实现罚当其罪，发挥综合效应。对于涉案情节较轻不追究刑事责任的，检察机关要督促相关行政执法部门依法及时给予惩戒。既让违法者承担应有的法律责任，受到警示教育；也向社会传递依法从严惩治涉“两卡”违法犯罪、坚决遏制电信网络诈骗犯罪高发多发势头的立场，推动社会共治。

教育部门和大中专、高职院校，要加强对在校学生的关心、关怀、关爱。对于休学和因各种原因未在校学生，密切与家长、学生、实习单位的沟通，详细了解休学原因、生活近况、工作实习情况等，共同加强对学生的日常教育管理。

案例3

吴某豪等9人掩饰、隐瞒犯罪所得案

一、基本案情

吴某豪等9人，2000年至2001年出生，分别系某高校或中专在校学生。

候某，1993年出生，无固定职业。

杨某辉，1993年出生，某网络公司员工。

2019年10月至12月，候某、杨某辉伙同他人，通过在朋友圈发布付费交友的虚假信息，引诱被害人扫描二维码付款，并利用事先植入的“百倍跳转”软件，将实际扣款金额扩增至百倍，以此方式实施诈骗。为便于接收、转移赃款，杨某辉以人民币600元至1000元不等的价格，收购他人成套银行卡资料（含身份证复印件、银行卡号、手机号），用于注册微信商户号，并生成收款二维码，供诈骗团伙使用。其中，吴某豪等9人向杨某辉各出售一套银行卡资料。被害人扫描候某提供的二维码付款后，资金转入对应的微信商户号，并根据后台设置于次日凌晨自动转入该商户号绑定的吴某豪等人的银行账户内。

吴某豪等9人明知本人银行账户内转入资金系他人犯罪所得，仍按照杨某辉的要求通过手机银行转入指定账户，转移诈骗资金分别为人民币2.45万元至29.16万元不等。

二、诉讼过程

2020年3月19日、6月30日，浙江省绍兴市公安局上虞区分局分别以候某、杨某辉涉嫌诈骗罪，吴某豪等9人涉嫌掩饰、隐瞒犯罪所得罪移送起诉。同年8月3日，上虞区人民检察院以诈骗罪对候某、杨某辉，以掩饰、隐瞒犯罪所得罪对吴某豪等9人提起公诉。2020年9月14日，上虞区人民法院作出一审判决，以诈骗罪判处候某、杨某辉有期徒刑七年四个月和六年十个月，并处罚金人民币五万元和二万元；以掩饰、隐瞒犯罪所得罪分别判处吴某豪等9名被告人有期徒刑六个月至三年不等，均适用缓刑，并处罚金人民币一千五百元至三千元不等。各被告人未上诉，判决已生效。

三、教育治理

在办案过程中，上虞区人民检察院主动与涉案学生所在的外省学校加强联系，共同开展协同帮教等工作，通过了解学生在校表现材料、安排心理辅导老师谈心谈话等方式，对涉案学生行为危害、悔罪表现、能否继续接受教育等情况进行评估。同时，校方还制定罪错学生后续在校学习监督管理预案，并向当地教育部门汇报。最终，经三方反复沟通和教育部门同意后，所在学校对其中7名涉案学生保留学籍，上虞区人民检察院依法提出适用缓刑建议。目前，有3名涉案中专生顺利升为大专生。

上虞区人民检察院持续加强与校方跨省联系，通过微信公众号云分享“两卡”犯罪典型案例及“反诈”主题宣传视频等素材。同时，面向本地多所大学、高中近万名师生开展以防范“两卡”犯罪为主题的“开学第一课”宣讲活动，通过搭建检校协作平台，形成了“打击-协作-预防-宣传”于一体的社会综治型办案机制。

四、典型意义

从“断卡”行动情况看，犯罪分子大量收购银行卡、非银行支付账户等用于接收、转移赃款，绕过金融监管，导致诈骗资金迅速流转、拆解、混同，极大地增加了打击犯罪和追赃挽损的难度，社会危害巨大。对于非法出租、出售包括银行卡在内的“两卡”行为，检察机关要坚持源头打击、全链条惩治。既要依法打击涉“两卡”犯罪行为，又要深挖上下游犯罪线索，依法严惩电信网络诈骗、网络赌博等犯罪团伙，努力铲除整个犯罪链条。

对于涉“两卡”违法犯罪的在校学生，检察机关要坚持惩治与挽救相结合，全面、准确评价起诉必要性，依法、精准提出量刑建议。对于依法需要提起公诉，但被告人具有从犯、认罪认罚、退赃退赔等从宽情节的，可以提出轻缓的量刑建议。要注重做好办案“后半篇文章”，检察机关和教育部门、相关学校要加强沟通联系，根据涉案学生的犯罪情节、认罪悔罪态度、在校一贯表现等情况，在法律政策允许的范围内，给予犯罪情节较轻的涉案学生以继续留校完成学业的机会。同时，加强思想工作和批评教育，使其真正认识错误，悔过自新，努力成为合格守法公民。

案例 4

许某帮助信息网络犯罪活动不起诉案

一、基本案情

许某，2001 年 3 月出生，系某职业技术学院在校学生。

2020 年 6 月，许某高考后为寻找暑期兼职，联系朋友程某（另案处理）帮忙介绍工作，程某介绍许某办理银行卡出售给他人使用，每张卡价格人民币 100 元。许某按程某要求先自行办理了一张手机卡，后在程某带领下在 7 家银行各办理了 1 张银行卡，并将上述 7 张银行卡和手机卡交给程某，程某向许某转账人民币 200 元（另有人民币 500 元尚未实际支付）。交付银行卡后，程某告知许某银行卡系用于为他人转移赃款。许某为了赚钱，未采取补救措施。经查，上述 7 张银行卡被他人用于实施电信网络诈骗犯罪，被害人转入资金共计人民币 22 万余元。

二、诉讼过程

2020 年 10 月 12 日，安徽省合肥市肥东县公安局以许某涉嫌帮助信息网络犯罪活动罪移送起诉。肥东县人民检察院在审查起诉过程中，到许某所在学校调取相关资料。当地教育部门积极配合，提供了许某的在校证明和日常表现。经工作了解，许某在校期间表现良好，无其他前科劣迹。许某到案后如实供述了犯罪事实，认罪认罚并积极退赃。2020 年 11 月 11 日，肥东县人民检察院依法对许某作出不起诉决定。收卡人程某因涉嫌其他犯罪事实被另案处理。

三、教育治理

结合本案办理，肥东县人民检察院到许某所在高中及相关学校开展反电信网络诈骗和防范“两卡”犯罪宣讲。通过检察官讲述典型案例、揭示犯罪手法，教育引导学生树立正确的金钱观、消费观，提高风险防范意识。当地教育部门和相关学校高度重视，积极提供宣讲平台，加强检校合作，共同将“保护学生权益、加强网络空间治理”落实到日常教学管理中。

四、典型意义

实践中，在校学生容易被贩卡团伙拉拢、利诱，成为犯罪“工具人”。这之中，有的由于不正确的消费观、价值观，为了金钱利益，非法开办、出售“两卡”；有的在寻找实习机会、社会兼职过程中，由于法治观念淡薄，被犯罪团伙所利用，步入犯罪陷阱；有的交友不慎、识人不明，在所谓“朋友”“老乡”的引诱、教唆下出租、出售“两卡”。

办理涉“两卡”案件，对涉案学生要以教育、挽救、惩戒、警示为主，努力实现办案“三个效果”的有机统一。检察机关要加强与教育部门、相关学校的沟通联系，充分了解其学习情况、在校表现，是否具有帮教条件，综合评判起诉必要性。对于犯罪情节轻微，认罪态度较好的，检察机关可以依法作出不起诉决定，并会同教育部门和相关学校加强教育管理，帮助学生迷途知返、走上正途。

要坚持预防为先的理念，注重源头治理、综合治理，坚持齐抓共管、群防群治。检察机关和教育部门、相关学校要共同深入推动反电信网络诈骗和防范“两卡”违法犯罪校园宣传活动，发挥案例的教育警示作用，防止在校学生成为犯罪“工具人”。

案例5

郭某、张某诈骗不起诉案

一、基本案情

郭某，2000年6月出生，系某师范学校在校学生。

张某，2000年1月出生，系某师范学校在校学生。

赵某强、丁某、邵某飞、郭某立，1994年至2001年出生，均无固定职业。

2019年10月至12月，赵某强、丁某注册“古宝在线”“兴源在线”微信公众号，伙同邵某飞、郭某立，冒充古玩交易平台，以帮助被害人出售古董收藏品，需要缴纳“平台入驻费”“专家评估费”的方式实施电信网络诈骗，并招募郭某、张某等人作为财务人员提供微信二维码收取诈骗资金。郭某、张某明知郭某立等人从事诈骗犯罪，仍然按照授意将微信昵称和头像改为与诈骗平台同名的“古宝在线”，骗取被害人信任并收取诈骗资金。郭某、张某收款后，立即将被害人拉黑，并通过微信、支付宝全额转账给郭某立，郭某立给予郭某、张某每笔转账10元到30元不等的提成。

经查，郭某、张某参与诈骗金额分别为人民币1.6万余元和5800元。

二、诉讼过程

2020年1月15日，江苏省太仓市公安局以赵某强、丁某、邵某飞、郭某立、郭某、张某等6人涉嫌诈骗罪提请批准逮捕。同年1月22日，太仓市人民检察院依法对赵某强、丁某、邵某飞、郭某立等4人批准逮捕。鉴于郭某、张某系在校大学生，参与诈骗犯罪数额不大，获利较少，有自首情节，太仓市人民检察院主动联系二人所在的外省学校，开展社会危险性评估。综合二人的犯罪情节、悔罪态度，以及在校表现、校方帮教等因素，依法以无社会危险性不批准逮捕，公安机关对其取保候审。考虑到郭某、张某二人生活、学习均在外省，太仓市人民检察院建议太仓市公安局与当地公安机关、社区及所在学校建立联系，采用远程视频、微信、电话等方式加强日常沟通，了解二人在取保候审期间的思想状况和行为表现，防止出现监管“真空”。

2020年3月20日，太仓市公安局以诈骗罪对赵某强等6人移送起诉。2020年6月20日，太仓市人民检察院以诈骗罪对赵某强、丁某、邵某飞、郭某立等4人提起公诉。鉴于郭某、张某犯罪情节轻微，自首并认罪悔罪，在取保候审期间严格执行相关规定，积极配合公安、司法机关办案，综合全案情况，依法作出不起诉决定。2020年8月17

日，太仓市人民法院以诈骗罪分别判处被告人赵某强、丁某、邵某飞、郭某立等4名被告人有期徒刑一年三个月至三年不等，并处罚金人民币四千元至一万元不等。各被告人未上诉，判决已生效。

三、教育治理

针对本案反映出的在校大学生提供收款二维码参与诈骗犯罪的问题，太仓市人民检察院向涉案学生所在学校发出《风险提示函》，提醒学校加强学生兼职就业风险防范教育，提高学生辨别防范能力。该校以此案为契机，针对风险提示内容，通过开展主题班会、全校学生大会、家长座谈会等方式加大宣传力度。太仓市人民检察院积极通过法治进课堂、模拟法庭等举措，在本地学校开展以案释法，提升在校学生的法律意识。郭某、张某被不起诉后，二人已顺利毕业走上工作岗位。

四、典型意义

检察机关在审查逮捕时，要贯彻“少捕慎押”理念，全面准确把握逮捕条件。对于学校和居住地不在本地的学生，要加强与所在学校联系，综合评估其犯罪行为、社会危害、一贯表现、认罪态度等因素，充分考虑所在学校、社区管理教育能力，从能够保障诉讼办案、有利于学生完成学业的角度出发，对于采取取保候审足以防止发生社会危险性的，可以依法不批准逮捕。

犯罪嫌疑人被取保候审后，检察机关要会同公安机关，保持与涉案学生所在学校、居住社区和家长的联系，跟踪了解学生日常表现。相关学校和学生家长要共同承担起监督管理职责，加强教育挽救，促使涉案学生真诚悔过，督促其遵守取保候审规定，确保诉讼活动的顺利进行。

教育部门和相关学校要加强对学生兼职就业的教育引导，规范学校内的兼职就业活动，及时提示风险，帮助学生提高辨别违法犯罪的能力，防止在兼职就业过程中落入违法犯罪“陷阱”。

最高人民法院发布4起非法利用信息网络罪、帮助信息网络犯罪活动罪典型案例

（2019年10月25日）

一、黄杰明、陶胜新等非法利用信息网络案

发布有关销售管制物品的信息，情节严重的，构成非法利用信息网络罪

（一）基本案情

2017年7月至2019年2月，被告人黄杰明使用昵称为“刀剑阁”的微信，在朋友圈发布其拍摄的管制刀具图片、视频和文字信息合计12322条，用以销售管制刀具，并从中非法获利。被告人陶胜新、李孔祥、陶霖、曾俊杰在微信朋友圈发布从他人的微信朋友圈转载的管制刀具图片、视频和文字信息，数量分别为6677条、16540条、15210条、5316条，用以销售管制刀具，并从中非法获利。

2018年5月至7月，宋雨林（已判刑）先后三次通过微信联系陶胜新，购买管制刀具。陶胜新通过微信与黄杰明联系，由黄杰明直接发货给宋雨林，被告人陶胜新从中赚取差价。宋雨林购得刀具后实施了故意伤害致人死亡的犯罪行为。黄杰明违法所得人民币329元，陶胜新违法所得人民币858元。

（二）裁判结果

江苏省盐城市滨海县人民法院判决认为：被告人黄杰明、陶胜新、李孔祥、曾俊杰、陶霖利用信息网络，发布有关销售管制物品的违法犯罪信息，其行为已构成非法利用信息网络罪。被告人黄杰明、陶胜新归案后，如实供述自己的犯罪事实，构成坦白，且认罪认罚，依法可以从轻处罚。被告人李孔祥、曾俊杰、陶霖自动投案，如实供述自己的犯罪

事实，构成自首，且认罪认罚，依法可以从轻处罚。以非法利用信息网络罪分别判处被告人黄杰明、陶胜新有期徒刑八个月，并处罚金人民币一万元；被告人李孔祥、曾俊杰、陶霖有期徒刑七个月，缓刑一年，并处罚金人民币一万元。同时，禁止被告人李孔祥、曾俊杰、陶霖在缓刑考验期内从事网络销售及相关活动。该判决已发生法律效力。

二、谭张羽、张源等非法利用信息网络案

为实施诈骗活动发布信息，情节严重的，
构成非法利用信息网络罪

（一）基本案情

2016年12月，为获取非法利益，被告人谭张羽、张源商定在网络上从事为他人发送“刷单获取佣金”的诈骗信息业务，即通过“阿里旺旺”向不特定的淘宝用户发送信息，信息内容大致为“亲，我是×××，最近库存压力比较大，请你来刷单，一单能赚10-30元，一天能赚几百元，详情加QQ×××，阿里旺旺不回复”。通常每100个人添加上述信息里的QQ号，谭张羽、张源即可从让其发送信息的上家处获取平均约5000元的费用。谭张羽、张源雇佣被告人秦秋发等具体负责发送诈骗信息。张源主要负责购买“阿里旺旺”账号、软件、租赁电脑服务器等；秦秋发主要负责招揽、联系有发送诈骗信息需求的上家、接收上家支付的费用及带领其他人发送诈骗信息。

2016年12月至2017年3月，谭张羽、张源通过上述方式共非法获利约人民币80余万元，秦秋发在此期间以“工资”的形式非法获利人民币约2万元。被害人王某甲、洪某因添加谭张羽、张源等人组织发送的诈骗信息中的QQ号，后分别被骗31000元和30049元。

（二）裁判结果

江苏省宿迁市沭阳县人民法院一审判决、宿迁市中级人民法院二审判决认为：被告人谭张羽、张源、秦秋发以非法获利为目的，通过

信息网络发送刷单诈骗信息，其行为本质上属于诈骗犯罪预备，构成非法利用信息网络罪。虽然本案中并无证据证实具体实施诈骗的行为人归案并受到刑事追究，但不影响非法利用信息网络罪的成立。谭张羽、张源、秦秋发共同实施故意犯罪，系共同犯罪。在共同犯罪中，谭张羽、张源起主要作用，均系主犯；秦秋发起次要作用，属从犯，依法予以从轻处罚。综合考虑各被告人归案后如实供述罪行以及谭张羽、张源赔偿部分受害人经济损失的情节，以非法利用信息网络罪判处被告人张源有期徒刑二年一个月，并处罚金人民币十万元；被告人谭张羽有期徒刑一年十个月，并处罚金人民币八万元；被告人秦秋发有期徒刑一年四个月，并处罚金人民币三万元。

三、赵瑞帮助信息网络犯罪活动案

为他人实施信息网络犯罪提供支付结算帮助，
情节严重的，构成帮助信息网络犯罪活动罪

（一）基本案情

被告人赵瑞经营的网络科技有限公司的主营业务为第三方支付公司网络支付接口代理。赵瑞在明知申请支付接口需要提供商户营业执照、法人身份证等五证信息和网络商城备案域名，且明知非法代理的网络支付接口可能被用于犯罪资金走账和洗钱的情况下，仍通过事先购买的企业五证信息和假域名备案在第三方公司申请支付账号，以每个账号收取2000至3500元不等的接口费将账号卖给他人，并收取该账号入金金额千分之三左右的分润。

2016年11月17日，被害人赵某被骗600万元。其中，被骗资金50万元经他人账户后转入在第三方某股份有限公司开户的某贸易有限公司商户账号内流转，该商户账号由赵瑞通过上述方式代理。

（二）裁判结果

浙江省义乌市人民法院判决认为：被告人赵瑞明知他人利用信息

网络实施犯罪，为其犯罪提供支付结算的帮助，其行为已构成帮助信息网络犯罪活动罪。被告人赵瑞到案后如实供述自己的罪行，依法可以从轻处罚。以帮助信息网络犯罪活动罪判处被告人赵瑞有期徒刑七个月，并处罚金人民币三千元。该判决已发生法律效力。

四、侯博元、刘昱祈等帮助信息网络犯罪活动案

为他人实施信息网络犯罪提供开办银行卡帮助，
情节严重的，构成帮助信息网络犯罪活动罪

（一）基本案情

2018 年 5 月 28 日，被告人侯博元、刘昱祈在台湾地区受人指派，带领被告人刘育民、蔡宇彦等进入大陆到银行办理银行卡，用于电信网络诈骗等违法犯罪活动。刘育民、蔡宇彦明知开办的银行卡可能用于电信网络诈骗等犯罪活动，但为了高额回报，依然积极参加。当日下午，抵达杭州机场，后乘坐高铁来到金华市区并入住酒店。当晚，侯博元、刘昱祈告知其他人办理银行卡时谎称系来大陆投资，并交代了注意事项及具体操作细节。5 月 29 日上午，在金华多家银行网点共开办了 12 张银行卡，并开通网银功能。

另，2018 年 5 月 14 日至 18 日，被告人侯博元、刘昱祈以同样的方式在金华市区义乌两地办理银行卡，并带回台湾地区。

（二）裁判结果

浙江省金华市婺城区人民法院判决认为：被告人侯博元、刘昱祈、蔡宇彦、刘育民明知开办的银行卡可能用于实施电信网络诈骗等犯罪行为，仍帮助到大陆开办银行卡，情节严重，其行为均已构成帮助信息网络犯罪活动罪。以帮助信息网络犯罪活动罪判处被告人侯博元、刘昱祈有期徒刑一年二个月，并处罚金人民币一万元；被告人蔡宇彦、刘育民有期徒刑九个月，并处罚金人民币五千元。该判决已发生法律效力。

最高人民检察院发布11起充分发挥检察职能推进网络空间治理典型案例（节录）

（2021年1月25日）

1. 陈某、宋某琦等5人诈骗案

一、基本案情

2018年6月，陈某伙同他人套牌搭建了FXDD外汇投资平台，纠集宋某琦等人作为代理商，对外虚构系正规平台、大量交易可获利的信息，诱骗被害人向平台转入资金。该投资平台实行资盘分离，被害人资金并未进入真实交易市场，而是由陈某转移控制支配。陈某与代理商约定，以客户资金亏损数额为分成依据。

其中，2018年7、8月起，宋某琦在河南省许昌市购置电脑、租赁民房作为诈骗场所，招募郭某辉、卢某、胡某波等人作为业务员，以婚恋网站女性会员为目标实施诈骗。宋某琦安排业务员，使用虚假的身份信息，冒用他人头像，包装为投资经验丰富的中年成功男士，在某知名婚恋网站上搭识许某某等3名有经济实力的单身中年女性。业务员通过事先培训的话术与被害人建立虚假恋爱关系，骗取感情信任后，通过宣称自己是投资高手，有好的投资渠道，能够指导被害人投资快速赚钱，引诱被害人向陈某搭建的FXDD平台投资，并通过鼓励追加投资、代为操作等方式致其账面亏损，营造投资损失假象，以掩饰资金已被非法占有并分赃的事实，共计诈骗人民币774万余元。此外，陈某还通过其他代理商诈骗43名被害人资金，合计人民币534万余元。

二、诉讼过程

2019年10月16日，山东省泰安市公安局高新技术产业开发区分局以陈某等5人涉嫌诈骗罪，移送泰安高新技术产业开发区人民检察院审查起诉。本案在移送审查起诉时，涉嫌诈骗金额510余万元。检察机关审查后两次退回补充侦查，提出明确可行的补充侦查提纲，引导公安机关补充相关证据，深挖案件线索，认定诈骗金额1300余万元。2020年4月3日，泰安高新技术产业开发区人民检察院以诈骗罪对陈某等5人提起公诉。同年11月13日，泰安高新技术产业开发区人民法院作出一审判决，以诈骗罪分别判处陈某、宋某琦、郭某辉、卢某、胡某波等5名被告人有期徒刑五年六个月至十二年不等，并处罚金。

三、典型意义

（一）“杀猪盘”式诈骗多发高发，社会危害大，应当依法严惩。以网络婚恋交友为诱饵实施的虚假投资诈骗，俗称“杀猪盘”，已经成为电信网络诈骗犯罪的主要方式之一。犯罪分子为实现诈骗目的，招募人员在婚恋网站或使用即时通讯工具搭识被害人，通过将自己包装为成功男士或美貌女性，使用专门话术，骗取被害人感情信任、建立虚假恋爱关系，诱导、怂恿其到虚假交易平台大量投资，从而骗取钱财。当被害人察觉被骗或者已无钱可供诈骗后，犯罪分子即将被害人“拉黑”或关闭平台账号。与传统诈骗犯罪不同，“杀猪盘”式诈骗以感情为诱饵，迷惑性强，持续时间长，严重侵害被害人的财产安全，欺骗被害人感情，甚至可能造成被害人自杀等严重后果，应当依法严厉打击，斩断犯罪链条，全面查处犯罪黑灰产，形成有力震慑。

（二）切实提高防范意识，谨慎交友投资。单身男女在网络征婚交友中，要提高警觉性和防范意识，不要被网络爱情冲昏头脑，不轻信陌生人，不轻信花言巧语，认真核实对方真实身份。当对方提出带领自己投资时，要尤其慎重，投资前充分了解平台资质、投资方式、投资对象、获利模式以及国家的相关法律政策，防止误入骗局。一旦发现被骗，要第一时间向公安机关报案，有利于对犯罪行为的及时惩处。

（三）加强婚恋交友网站监管，防止成为犯罪“温床”。婚恋网站、交友平台要严格按照国家法律法规和行业规则，切实履行平台责任，加强注册人员管理和风险提示。对于会员的举报，及时受理核实，积极向有关部门提供相关证据材料。

2. 杨某瑞等 11 人诈骗案

一、基本案情

2017 年 11 月至 2019 年 5 月间，杨某瑞与他人合伙成立公司，在“乐趣”“一嗨么”等网络直播平台开设直播间，招募刘某醒、孙某林等人担任女主播，程某楠等人担任业务员。各被告人相互配合，由业务员使用女主播身份和头像照片，通过婚恋交友网站、微信摇一摇等途径结识赵某等被害人，加为微信好友后，使用话术引诱被害人在上述网络直播平台注册成为会员，进入直播间观看女主播直播。期间，业务员虚构女主播感情故事、个人遭遇等与被害人互动交流，博取同情信任。如被害人提出见面，则安排女主播与被害人视频聊天或线下见面。通过上述系列行为，女主播与被害人确立虚假恋爱关系。之后，女主播编造“完成平台业绩任务才能领取提成”“想与平台解约需要解约金”等理由，先后欺骗赵某等 4 名被害人在直播平台为主播打赏或者直接向主播转账，合计诈骗人民币 17.2 万余元。杨某瑞等人还涉嫌其他诈骗犯罪事实。

二、诉讼过程

2019 年 9 月 3 日，上海市公安局松江分局以杨某瑞等 11 人涉嫌诈骗罪，移送上海市松江区人民检察院审查起诉。检察机关通过梳理发现，其他多个直播间存在以类似手段实施诈骗的情况，遂向公安机关移送线索、提出进一步侦查取证建议，公安机关再破获类似案件 16 起，抓获直播平台经营者和多个直播诈骗团伙成员。同年 11 月 21 日，上海市松江区人民检察院以诈骗罪对杨某瑞等 11 人提起公诉。同年 12 月 30 日，上海市松江区人民法院作出一审判决，以诈骗罪分别判处杨某瑞、刘某醒、孙某林、程某楠等 11 名被告人拘役四个月至有期徒刑四年不等，并处罚金。

三、典型意义

（一）依法严惩以直播打赏为名实施的诈骗行为。对于犯罪分子虚构网络身份、冒充主播，使用话术建立虚假恋爱关系，采用线上线下相结合方式，使被害人陷入错误认识而骗取财物的，依法应认定为诈骗犯罪。这类诈骗犯罪不仅侵害人民群众财产安全，也严重危害网络直播行业生态，必须依法精准打击。

（二）理性参与网络直播，切实维护自身利益。网络直播在为用户提供更具参与性和人际互动性的良好体验的同时，也容易助长违法犯罪和社会不良风气。对于广大用户而言，关键是要以健康心态参与网络直播互动，切不可抱着“猎奇”“猎艳”等不良心态，落入违法犯罪分子精心编织的“陷阱”。

（三）加强平台监管治理，维护直播行业良好秩序。网络平台要切实担起主体责任，加大对直播行为的常态化排查和技术管控，强化各平台之间的信息共享，对列入“黑名单”主播施以严格联动管理，彻底封住其违规复活之路，净化网络直播空间生态。

3. 李某宁等5人诈骗案

一、基本案情

2017年下半年起，李某宁为实施电信诈骗活动，通过非法途径购买老年人客户资料，以每盒12元至100元不等的价格购入多种廉价保健品，订做抽奖卡、“纪念金币”等奖品，制作话术单，招录吴某倩、王某娜、裴某凤、王某娟为话务员，并为每人配备装有北京号码的手机。

2018年3月至9月，李某宁指使吴某倩等人按照事先购买的客户资料，通过装有北京号码的手机拨打电话，冒充北京沐某堂健康指导中心主任，与老年人沟通联络。在聊天过程中套取老年人身体状况等信息，骗得信任后，分步骤实施诈骗。一是谎称所售保健品有抗癌保健等功效，原价2980元的产品现在仅需支付298元的体验费或产品检测费即可获赠。老年人同意购买后，由李某宁联系快递公司负责配送和代收相关费用。二是在快递包裹中放置抽奖卡，均事先设置为一等奖。快递签收后话务员随即联系老年人，告知其中了一等奖，奖品为价格一万余元的“纪念金币”等，只需要支付个人所得税、保价费或奖品代销费等费用，即可获取，以此骗取钱财，而老年人实则仅获得廉价礼品。三是继续利用老年人信任，虚构帮助办理养老保险等理由实施诈骗。在此过程中话务员会根据每位老年人的被骗程度，随机调整收费名目和具体价格。吴某倩等话务员的工资包括底薪和提成，为便于计算销售业绩，每名话务员需记录下被害人相关信息。经审查，李某宁等人先后骗得266名老年人合计人民币66万余元。

二、诉讼过程

2018年11月12日，江苏省海安市公安局以李某宁等5人涉嫌诈骗罪，移送海安市人民检察院移送审查起诉。2019年3月12日，海安市人民检察院对李某宁等5人以诈骗罪提起公诉。同年6月10日，海安市人民法院作出一审判决，认定本案诈骗数额巨大，以诈骗罪判处李某宁有期徒刑七年，并处罚金人民币十五万元；分别判处吴某倩等4人有期徒刑三年六个月，并处罚金人民币三万元。海安市人民检察院审查认为，一审判决证据采信和事实认定确有错误，判决以话务员记录业绩的账本作为认定犯罪数额的主要依据，未结合快递信息进行综合认定，遗漏部分被害人，诈骗金额人民币33万余元认定不准确。同年6月18日，海安市人民检察院提出抗诉，南通市人民检察院依法支持抗诉。同年12月25日，南通市中级人民法院二审认为一审判决部分事实不清，裁定撤销原判决、发回重审。

2020年11月19日，海安市人民法院重新作出一审判决，诈骗数额重新认定为人民币66万余元，量刑档次由原审的“数额巨大”改为“数额特别巨大”，李某宁的刑罚由有期徒刑七年改为十年，并处罚金人民币二十万元；吴某倩等4人被分别判处有期徒刑四年至五年六个月不等，并处罚金人民币五万元至八万元不等。

三、典型意义

（一）电信网络诈骗手段层出不穷，要惩防并举、预防为先。当前，电信网络诈骗犯罪高发多发，犯罪手段不断更新迭代，老年人、在校学生、未婚青年等容易成为诈骗对象。犯罪分子多利用人性弱点实施诈骗，在依法严厉打击的同时，更需要广大民众提高防范意识，增强辨别能力，不让犯罪分子“花式”骗局迷惑了双眼。具体到本案，老年群体应当特别提防网上购物、电视购物、电话推销、直播带货等销售环节存在的陷阱，切忌迷信保健品功效，正确看待各种促销优惠。家庭成员要在精神上关心关怀老人，常回家看看，多与老人交流，多用典型案事例引导，发现老人上当受骗应及时劝解、制止和报警。

（二）加强源头管控，强化平台治理责任，防止公民信息泄露。目前，犯罪分子通过各种非法渠道获取公民个人信息、消费记录等资料，实施精准诈骗，话术更加周延，迷惑性也更大。本案中，犯罪分子专门从网上购买老年客户资料，有针对性地推销保健品，提高了诈骗的成功率。网络平台和网站经营者要真正落实治理责任，严密制度设计，堵塞系统漏洞，内防泄露，外防窃取，切实维护公民个人信息安全。

4. 周某奇、尤某杰帮助信息网络犯罪活动案

一、基本案情

2019年11月上旬，周某奇伙同尤某杰在杭州某职业技术学院设立学生兼职微信群，发布招聘话务员的消息，要求应聘学生到附近营业厅办理电话卡并将卡上交。周某奇、尤某杰以上述方式购得刘某欣等20余名学生办理的实名制电话卡75张，每张卡支付给学生人民币几十元至一百元不等的费用。

2019年11月中下旬，周某奇、尤某杰又通过类似方式招募了石某行等130余名社会人员，用大巴车将他们从河北省带至北京市办理400张左右实名制北京电话卡并收购，每张卡支付人民币几十元的费用。

周某奇、尤某杰明知他人利用信息网络实施犯罪，仍将上述电话卡出售供他人使用，违法所得人民币12万余元。上述电话卡通过非法途径流出境外，犯罪分子使用其冒充国家机关工作人员实施诈骗，骗取被害人李某等10余人钱款共计人民币200余万元。

二、诉讼过程

2020年3月3日，浙江省杭州市公安局余杭区分局以周某奇、尤某杰涉嫌诈骗罪，移送杭州市余杭区人民检察院审查起诉。同年9月21日，杭州市余杭区人民检察院对周某奇、尤某杰以帮助信息网络犯罪活动罪提起公诉。同年12月18日，杭州市余杭区人民法院作出一审判决，以帮助信息网络犯罪活动罪分别判处被告人周某奇、尤某杰有期徒刑二年二个月，并处罚金。针对本案犯罪分子向学生、社会人员大量收购实名制电话卡的情况，杭州市余杭区人民检察院一方面向相关学校制发检察建议，提出加强教育管理的意见；另一方面通过线上线下相结合的方式，走进学校、工地、城乡结合部，对青年学生、打工人员、无业人员开展警示教育，引导树立正确的就业观，防止落入“犯罪”陷阱。

三、典型意义

（一）涉“两卡”违法犯罪问题突出，社会危害严重。当前，非法出售、出租电话卡、银行卡（简称“两卡”）问题较为突出。不少犯罪分子将收购的“两卡”作为犯罪工具，用于骗取被害人资金或转移赃款，掩盖犯罪事实，逃避司法机关追查。这种行为严重危害社会安全稳定，严重侵蚀社会诚信根基，必须从源头管控，从严打击防范，多管齐下，坚决遏制“两卡”泛滥，防止电信网络诈骗犯罪滋生蔓延。

（二）积极开展“断卡”行动，全力斩断电信网络诈骗犯罪链条。为遏制涉“两卡”类犯罪，2020年10月起，最高人民法院、最高人民检察院、公安部、工业和信息化部、中国人民银行等部门联合部署开展“断卡”行动，依法从严打击非法出售、出租“两卡”违法犯罪活动，重点打击专门从事非法收购、贩卖“两卡”活动的犯罪团伙，以及与之内外勾结的电信、银行等行业从业人员。检察机关要加强协作配合，会同相关部门，依法查办涉“两卡”违法犯罪团伙，联合整治涉“两卡”犯罪猖獗的重点地区，推动惩戒涉“两卡”违法犯罪失信人员，全力斩断“两卡”开办贩卖的黑灰产业链，坚决铲除电信网络诈骗犯罪滋生的土壤。

（三）提升法治意识，防止被犯罪分子所利用。根据相关法律法规，手机卡、银行卡仅限于本人使用，不得非法出租、出售。一旦出租、出售，轻则泄露个人信息，受到限制办卡等信用惩戒或行政处罚，重则可能涉嫌犯罪。社会公众要提高防范意识，切莫贪图小利，成为犯罪的“帮凶”。一旦发现涉“两卡”犯罪线索，应当立即向公安机关举报。若已实施非法出租、出售、购买“两卡”的违法犯罪活动，必须立即停止，主动投案自首。各电信运营商、银行应当加强营业网点管理，加强内部人员教育和监督，严格防范内外勾结、规避管控的行为发生，防止非法“两卡”流入社会。

5. 林某甲等8人非法经营案

一、基本案情

2018年1月至9月，林某甲以杭州某智能科技有限公司名义，在未获得支付结算业务资质的情况下，伙同林某乙、张某等人，以支付宝、微信等第三方支付平台为接口，自建非法“第四方支付”系统。林某甲等人通过向他人收买、要求本公司员工注册等方式收集大量无实际经营业务的空壳公司资料（包括工商资料、对公银行账户、法人资料等），利用上述资料在支付宝、微信等第三方支付平台注册数百个公司支付宝、微信等账户，再将上述账户绑定在其自建的支付平台上，实现资金的非法支付结算。

上述非法“第四方支付”系统与境外赌博网站联通，协助资金支付转移。赌客在赌博网站点击充值后，赌博网站即向该系统发送指令，系统随机调用已接通的空壳公司支付宝、微信等账户，与赌客间生成一笔虚假商业交易（如购买电子书等），并给赌客发送收款码。赌客扫描收款码支付赌博资金，资金直接进入空壳公司支付宝、微信等账户，再转移到空壳公司的对公银行账户，经过层层转账后，最终转入赌博平台实际控制的账户。

林某甲等人以上述方法为境外赌博网站等非法提供资金支付结算服务，结算金额共计人民币46亿余元。

二、诉讼过程

2018年12月11日，浙江省杭州市公安局网络警察分局以林某甲等8人涉嫌开设赌场罪，移送杭州市西湖区人民检察院审查起诉。杭州市西湖区人民检察院经审查，追加认定17家空壳公司账户为涉赌账户并予以冻结，犯罪数额从人民币30亿余元增加至人民币46亿余元，追缴涉案资金人民币6000余万元。杭州市西湖区人民检察院经审查认为，林某甲等人的行为同时构成开设赌场罪和非法经营罪，按照想象竞合从一重处断的原则，应当以处罚较重的非法经营罪追究刑事责任。2019年6月19日，杭州市西湖区人民检察院对林某甲等8人以非法经营罪提起公诉。2020年6月18日，杭州市西湖区人民法院以非法经营罪判处被告人林某甲有期徒刑十二年六个月，并处没收财产人民币五千万元，对林某乙、张某等其他7名被告人分别判处有期徒刑二年至七年不等，并处罚金人民币五万元至七百万元不等。2020年6月22日，林某甲等人提出上诉。2020年9月14日，杭州市中级人民法院裁定，驳回上诉，维持原判。

三、典型意义

（一）非法“第四方支付”平台日益成为网络犯罪资金流转通道，危害经济金融安全。非法“第四方支付”平台为获取非法利益，在未取得国家支付结算许可的情况下，违反国家金融管理制度，以正常商业交易为掩护，依托正规第三方支付平台，利用收集的大量支付账户，短时间内快速流转资金，导致支付结算活动“体外”循环。这些非法第四方支付平台的存在，不仅极大地便利了赌博、电信网络诈骗等犯罪资金流转，成为网络犯罪产业链上的重要一环，还严重破坏金融管理秩序，威胁金融安全，必须依法严厉打击。

（二）坚持全链条打击，斩断非法支付结算通道。犯罪分子搭建非法“第四方支付”平台时，为规避国家监管，往往会大量收购银行卡、收款二维码、对公账户等形成“资金池”，伪造正常商业交易层层转账，以掩盖犯罪事实。尤其是对公账户可信度高、交易额度大，更为犯罪分子所青睐。非法“第四方支付”平台的存在，催生了工商资料、对公账户、非银行支付账户买卖的黑灰产业链。对此，要坚持源头管控、综合治理。既要严厉打击非法支付结算的行为，又要深挖线索，一体化打击买卖工商资料、对公账户、非银行支付账户的关联违法犯罪。对于不构成犯罪但违反行政法规的，及时移送行政机关加大行政处罚力度，摧毁整个违法犯罪链条。

（三）依法开立、使用支付账户，自觉防范抵制洗钱风险。社会公众要提高法治意识、风险意识，不能为了经济利益而注册空壳公司、出售工商资料、对公账户等，否则就要承担相应法律责任。银行和非银行支付机构在账户开立过程中，应严格遵守国家关于客户身份识别、风险防控和“反洗钱”的各项要求，加强对公账户内大额资金流转的监管，有效防范违法犯罪的风险。

6. 吴某等19人非法控制计算机信息系统、侵犯公民个人信息案

一、基本案情

2017年11月至2019年8月底，深圳云某科技有限公司（以下简称云某公司）实际控制人吴某等人在与多家手机主板生产商合作过程中，将木马程序植入手机主板内。装有上述主板的手机出售后，吴某

等人通过之前植入的木马程序控制手机回传短信，获取手机号码、验证码等信息，并传至公司后台数据库，后由该公司商务组人员联系李某理（在逃）、管某辉等人非法出售手机号码和对应的验证码。期间，云某公司以此作为公司主要获利方式，通过非法控制330余万部手机并获取相关手机号码及验证码数据500余万条，出售这些数据后获利人民币790余万元。

其中，李某理等人向云某公司购买非法获取的手机号码和验证码后，利用自行开发的“番薯”平台软件贩卖给陈某峰等人。陈某峰等人将从李某理处非法购买的个人信息用于平台用户注册、“拉新”、“刷粉”、积分返现等，非法获利人民币80余万元。管某辉从云某公司购买手机号码和对应的验证码后，也用于上述用途，非法获利人民币3万余元。

二、诉讼过程

2019年12月31日，浙江省绍兴市新昌县公安局将本案移送新昌县人民检察院审查起诉。2020年6月19日，新昌县人民检察院对吴某等5人以非法控制计算机信息系统罪，对陈某峰、管某辉等14人以侵犯公民个人信息罪提起公诉。2020年11月18日，新昌县人民法院以非法控制计算机信息系统罪分别判处吴某等5名被告人有期徒刑二年至四年六个月不等，并处罚金；以侵犯公民个人信息罪分别判处陈某峰、管某辉等14名被告人有期徒刑六个月至三年六个月不等，并处罚金。

三、典型意义

（一）利用公民个人信息实施网络犯罪日益高发，获取信息方式日趋隐蔽。当前，非法获取公民个人信息的现象屡见不鲜，手段花样翻新，往往成为网络犯罪的必备前置程序。违法犯罪分子有的通过手机APP、电脑软件，有的通过搭建钓鱼网站、发送木马链接，有的则在手机、智能手表、路由器等硬件设备的生产环节植入病毒程序，非法获取公民个人信息。这些行为侵害了公民个人隐私和人身、财产权利，滋生大量网络违法犯罪，社会危害巨大。

（二）依法严厉打击侵犯公民个人信息犯罪。根据《最高人民法院、最高人民检察院关于办理侵犯公民个人信息刑事案件适用法律若干问题的解释》，公民个人信息是指以电子或者其他方式记录的能够单独或者与其他信息结合识别特定自然人身份或者反映特定自然人活动情况的各种信息，包括姓名、身份证件号码、通讯联系方式、住址、账号密码、财产状况、行踪轨迹等。随着网络技术发展，逐步扩展到人脸、虹膜等生物识别信息，以及网络支付账户信息等，而且其范围仍在逐步扩展。违反国家规定，非法获取、出售或提供上述公民个人信息，情节严重的，构成侵犯公民个人信息罪，应当依法严厉打击。

（三）提高个人防范意识，规范企业行业数据收集使用。社会公众要提高对个人信息的保护意识，不轻易点击、下载来源不明的链接和程序，务必在正规商店购买正规厂家生产的电子设备，不轻易向外透露个人信息。相关部门要加强监管，从网络硬件的生产、流通、使用各环节规范数据收集，规范网络平台、APP 软件等收集、使用公民个人信息的行为，监督相关企业建立数据合规制度。

……

8. 张某勇、张某明等 25 人开设赌场案

一、基本案情

2018 年 6 月底，张某勇、张某明经共谋后，以“厦门市崇毅投资咨询有限公司”的名义，设立“易淘货栈”手机 APP 网购平台，对外名义上是销售茶叶、红酒、玉石等商品，实际上则是开设网络赌场。张某勇、张某明各占股 50%，公司下设四个市场部门，每个部门下设经理或主管、业务组长及业务员，分别按不同比例、按月或季度进行抽成。

公司招聘 60 余名业务员，使用年轻女性照片作为头像，通过网络即时通讯工具招揽客户，以“购物即能赚钱”“商城有转购活动”为

由，吸引客户到“易淘货栈”APP进行购物，平台提前将商品销售价格调整为进价的十倍至四十倍。在客户下单后，诱导客户以其所购的商品作为筹码进行“转购升级”，即以押大小的方式进行赌博，并按正规发售的彩票“重庆时时彩”开奖结果同步确定输赢，5至10分钟开奖一次。客户如果赌赢能把商品退货按原购买价格的1.6倍提领现金，赌输只可得到所下单的商品，且不能选择退货。2018年9月3日，公安机关查获该赌博平台。平台运行2个多月间，涉案赌资共计人民币810余万元。

二、诉讼过程

2018年11月23日，福建省厦门市公安局思明分局以张某勇等25人涉嫌开设赌场罪，移送厦门市思明区人民检察院审查起诉。针对犯罪嫌疑人在侦查阶段拒不认罪，辩解系新型网络购物模式、不具有开设赌场的主观故意的情况，检察机关通过对网站推广方式、运营模式、盈利手段和利益分配等方面的甄别分析，认定行为实质为吸引客户购买商品作为筹码参与赌博。2019年1月7日，厦门市思明区人民检察院以开设赌场罪对张某勇等25人提起公诉。同年1月24日，厦门市思明区人民法院作出一审判决，以开设赌场罪分别判处张某勇、张某明等25名被告人拘役四个月至有期徒刑三年八个月不等，并处罚金。

三、典型意义

（一）准确认定网络赌博本质，依法严惩新型网络开设赌场犯罪。近年来，网络赌博犯罪日益多发隐蔽，手段花样翻新。犯罪分子通过搭建网络赌博平台，打着网上购物、网络游戏等“幌子”，接受投注，吸引社会公众参与赌博。此类犯罪模式新颖，隐蔽性更强，赌客参与便利，危害性更大。要透过犯罪行为表象，通过对其运营模式、盈利手段、资金流向等的分析，认定赌博、开设赌场犯罪本质，依法从严惩处；敦促涉案人员主动退赃，不让犯罪分子从犯罪活动中获利，有力遏制网络赌博犯罪活动。

（二）树立正确的价值观财富观，远离网络赌博。赌博是社会毒瘤。广大民众要坚持勤劳致富、依法致富的理念，切勿心存幻想参与赌博。在面对层出不穷的网络赌博形式和营销手段时，要擦亮双眼，分清正规的购物、游戏平台与以购物、游戏为名的赌博网站，正常娱乐活动和聚众赌博的界限。一旦误入歧途，轻则遭受财产损失，重则倾家荡产，甚至可能构成犯罪。

（三）加强对网站软件的监管。相关部门要加强对购物网站、游戏平台等各类 APP 软件、小程序的日常监管，网络平台要加强技术管控，准确识别新型违法犯罪形式，及时处理举报线索，防止互联网为犯罪分子所利用，侵害社会公众利益，败坏社会风气。

……

最高人民法院、最高人民检察院发布 7 起侵犯公民个人信息犯罪典型案例

（2017 年 5 月 10 日）

一、邵保明等侵犯公民个人信息案

非法出售户籍信息、手机定位、住宿记录等个人信息，构成侵犯公民个人信息罪

（一）基本案情

2016 年初，被告人邵保明、康旭、王杰、陆洪阳分别以“大叔调查公司”的名义向他人出售公民个人信息，被告人倪江鸿不久后参与。五被告人通过在微信朋友圈发布出售个人户籍、车辆档案、手机定位、个人征信、旅馆住宿等各类公民个人信息的广告的方式寻找客户，接单后通过微信向上家购买信息或让其他被告人帮忙向上家购买信息后加价出售，每单收取 10 元至 1000 余元不等的费用。经查，被告人邵保明获利人民币 26000 元，被告人康旭获利人民币 8000 元，被告人倪江鸿、王杰、陆洪阳各获利人民币 5000 元。

（二）裁判结果

浙江省东阳市人民法院判决认为：被告人邵保明、康旭、倪江鸿、王杰、陆洪阳单独或伙同他人，违反国家有关规定，向他人出售公民个人信息，情节严重，其行为均已构成侵犯公民个人信息罪。综合考虑被告人的坦白、退赃等情节，以侵犯公民个人信息罪判处被告人邵保明有期徒刑一年零三个月，并处罚金人民币8000元；被告人康旭有期徒刑一年，并处罚金人民币4000元；被告人倪江鸿、王杰、陆洪阳各有期徒刑十个月，并处罚金人民币2000元。该判决已发生法律效力。

二、韩世杰、旷源鸿、韩文华等侵犯公民个人信息案

非法查询征信信息牟利，构成侵犯公民个人信息罪

（一）基本案情

2015年9月3日至4日，被告人韩世杰、旷源鸿、韩文华利用连光辉（湖北省巴东县农村商业银行沿渡河支行征信查询员）的征信查询ID号、密码及被告人李冲、耿健美（洛阳银行郑州东风路支行客户经理）提供的洛阳银行郑州东风路支行的银行专用网络，在该行附近使用电脑非法查询公民个人银行征信信息3万余条。

2015年9月5日至6日，被告人韩世杰、旷源鸿、韩文华利用连光辉的征信查询ID号、密码及被告人李楠、卢惠生（德州银行滨州金廷支行行长）提供的德州银行滨州分行的银行专用网络，在该行南面的停车场内，使用电脑分两次非法查询公民个人银行征信信息2万余条。

2015年9月8日，被告人韩世杰、旷源鸿、韩文华利用李涛（江苏省淮安市农村商业银行徐溜支行职工）的银行征信查询ID号及密码及被告人李楠、卢惠生提供的德州银行滨州分行专用网络，在该行南面的停车场内，使用电脑非法查询公民个人银行征信信息近3万条。

被告人韩亮、邓佳勇获得征信查询ID号、密码并非法提供给被告人韩世杰等人使用，双方通过被告人陈莎莎中转租金、传递密码。被

告人韩世杰、旷源鸿、韩文华将查询获得的上述公民个人银行征信信息出售给他人，向被告人韩亮、李冲、李楠支付了相关费用。

（二）裁判结果

湖北省巴东县人民法院判决认为：被告人韩世杰、旷源鸿、韩文华、韩亮、邓佳勇、李楠、陈莎莎、卢惠生、李冲、耿健美违反国家有关规定，非法获取公民个人信息出售牟利，情节严重，其行为已构成侵犯公民个人信息罪。综合考虑被告人自首、坦白、积极退赃等情节，以侵犯公民个人信息罪判处被告人韩世杰有期徒刑一年零六个月，并处罚金人民币2万元；被告人旷源鸿有期徒刑一年零三个月，并处罚金人民币2万元；被告人韩文华有期徒刑一年零二个月，并处罚金人民币1万元；被告人韩亮有期徒刑一年，并处罚金人民币1万元；以及其他各被告人相应有期徒刑、拘役和罚金。该判决已发生法律效力。

三、周滨城等侵犯公民个人信息案

非法购买学生信息出售牟利，构成侵犯公民个人信息罪

（一）基本案情

2016年4月，被告人周滨城向他人购买浙江省学生信息193万余条。后被告人周滨城将其中100万余条嘉兴、绍兴地区的学生信息以6万余元的价格出售给被告人陈利青，将45655条嘉兴地区的学生信息以3500元的价格出售给被告人刘亚、陈俊、周红云，将7214条平湖地区的学生信息以1400元的价格出售，将2320条平湖地区的学生信息以500元的价格出售，共计非法获利65400元。此外，2016年4月，被告人刘亚、陈俊、周红云以3000元的价格向他人购买嘉兴地区学生信息25068条。

（二）裁判结果

浙江省平湖市人民法院判决认为：被告人周滨城、陈利青、刘亚、陈俊、周红云违反国家有关规定，向他人出售或者以购买的方法非法获取公民个人信息，数量分别为193万余条、100万余条、7万余条、

7万余条、7万余条，其行为均已构成侵犯公民个人信息罪。综合考虑被告人自首、坦白等情节，以侵犯公民个人信息罪判处被告人周滨城有期徒刑一年零十一个月，并处罚金人民币4万元；被告人陈利青有期徒刑十一个月，并处罚金人民币10万元；被告人刘亚、陈俊、周红云有期徒刑九个月至七个月不等、缓刑一年，并处罚金人民币5000元至4000元不等。该判决已发生法律效力。

四、夏拂晓侵犯公民个人信息案

非法买卖网购订单信息，构成侵犯公民个人信息罪

（一）基本案情

2015年10月至2016年7月，被告人夏拂晓买卖大量含有公民姓名、收货地址、手机号码等内容的网购订单信息，非法获利约5万元。被告人夏拂晓在归案后如实供述自己的罪行。

（二）裁判结果

浙江省绍兴市柯桥区人民法院判决认为：被告人夏拂晓违反国家有关规定，非法获取公民个人信息并向他人出售，情节严重，其行为已构成侵犯公民个人信息罪。综合考虑全案情节，以侵犯公民个人信息罪判处被告人夏拂晓有期徒刑二年，并处罚金人民币2000元。该判决已发生法律效力。

五、肖凡、周浩等侵犯公民个人信息案

利用黑客手段窃取公民个人信息出售牟利，
构成侵犯公民个人信息罪

（一）基本案情

被告人肖凡、周浩预谋窃取邮局内部的公民个人信息进行出售牟利，共同出资购买了黑客软件。2016年5月至6月，二人通过黑客软

件侵入邮局内网，在邮局内网窃取邮局内部的公民个人信息103257条，并将窃取的公民个人信息全部出售给被告人李晓波。后李晓波将购买的公民个人信息出售给被告人王丽元4万条，王丽元又将购买到的公民个人信息出售给被告人宋晓波3万条。

（二）裁判结果

内蒙古自治区赤峰市红山区人民法院判决认为：被告人肖凡、周浩通过黑客手段窃取公民个人信息并非法出售，李晓波、王丽元、宋晓波通过购买方式非法获取公民个人信息，其行为均已构成侵犯公民个人信息罪。据此，以侵犯公民个人信息罪判处被告人肖凡、周浩、李晓波各有期徒刑二年，并处罚金人民币5万元；被告人王丽元有期徒刑一年，并处罚金人民币3万元；被告人宋晓波有期徒刑六个月，并处罚金人民币3万元。该判决已发生法律效力。

六、杜明兴、杜明龙侵犯公民个人信息案

通过互联网非法购买、交换、出售公民
个人信息，构成侵犯公民个人信息罪

（一）基本案情

被告人杜明兴、杜明龙加入涉及个人信息交换买卖的QQ群，通过购买、交换等方式获取大量公民个人信息，再在群里发布广告招揽买家。2015年11月至2016年3月，杜明兴向他人购买或者交换车主信息等公民个人信息28万余条，向他人出售关于期货、基金、车主、信用卡等公民个人信息42万余条；杜明龙向他人购买杭州地区新生儿及其父母信息等公民个人信息3万余条，向他人出售车主信息、小区业主信息等公民个人信息近40万条。

（二）裁判结果

江苏省南京市鼓楼区人民法院判决认为：被告人杜明兴、杜明龙违反国家有关规定，向他人出售或者以非法方法获取公民个人信息，

情节严重，其行为已构成侵犯公民个人信息罪。综合考虑被告人坦白、退赃等情节，以侵犯公民个人信息罪判处被告人杜明兴有期徒刑一年零四个月，罚金人民币 1 万元；被告人杜明龙有期徒刑一年零二个月，罚金人民币 1 万元。该判决已发生法律效力。

七、丁亚光侵犯公民个人信息案

非法提供近二千万条住宿记录供他人查询牟利，
构成侵犯公民个人信息罪“情节特别严重”

（一）基本案情

2013 年底，一家为全国 4500 多家酒店提供网络服务的公司因系统存在安全漏洞，致使全国高达 2000 万条宾馆住宿记录泄露。2015 年初至 2016 年 6 月，被告人丁亚光通过在不法网站下载的方式，非法获取宾馆住宿记录等公民个人信息，并上传至自己开办的“嗅密码”网站。该网站除了能够查询住宿记录外，还提供用户 QQ、部分论坛账号及密码找回功能。其中住宿记录共有将近 2000 万条，用户经注册成为会员后，可以在网页“开房查询”栏目项下，以输入关键字姓名或身份证号的方式查询网站数据库中宾馆住宿记录（显示姓名、身份证号、手机号码、地址、住宿时间等信息）。丁亚光自 2015 年 5 月左右开始对该网站采取注册会员方式收取费用 60 元每人，到 2016 年 1 月上调到 120 元每人。2015 年 11 月 1 日至 2016 年 6 月 23 日，“嗅密码”网站共有查询记录 49698 条，收取会员费 191440. 92 元。

（二）裁判结果

浙江省乐清市人民法院判决认为：被告人丁亚光非法获取住宿记录等公民个人信息后通过网站提供查询服务牟利，供查询的公民个人信息近 2000 万条，其行为已经构成侵犯公民个人信息罪，且属于“情节特别严重”。综合考虑退赃等情节，以侵犯公民个人信息罪判处被告人丁亚光有期徒刑三年，并处罚金人民币 2 万元。该判决已发生法律效力。

最高人民检察院发布6起
侵犯公民个人信息犯罪典型案例（节录）

（2017年5月16日）

……

典型案例之二

张某某、姚某某侵犯公民个人信息案

利用恶意程序批量非法获取网站用户个人信息的，
构成侵犯公民个人信息罪

一、基本案情

2015年6月，被告人张某某在登录浏览“魅力惠”购物网站时发现，通过修改该网站网购订单号可以查看到包含用户姓名、手机号、住址等内容的订单信息。为谋取利益，张某某委托他人针对上述网站漏洞编制批量扒取数据的恶意程序，在未经网站授权的情况下，进入该网站后台管理系统，从中非法获取客户订单信息12503条，通过QQ等联络方法将上述客户信息分数次卖给被告人姚某某，获利人民币5359元。被告人姚某某购得上述订单信息后，又在网络上分别加价倒卖从中牟利。

上海市黄浦区检察院于2015年9月30日以涉嫌非法获取公民个人信息罪对张某某批准逮捕，于同年10月20日以证据不足对姚某某不批准逮捕，并要求公安机关补充侦查。此案提起公诉后，2016年3月29日，黄浦区法院以侵犯公民个人信息罪，判处张某某有期徒刑一年零九个月，并处罚金人民币5万元，判处姚某某有期徒刑一年零六个月，并处罚金人民币2万元。

二、典型意义

本案是通过网络实施的侵犯公民个人信息犯罪，在远程、非接触的状态下跨省区、多地域完成，作案手段技术含量高，涉案人员关系松散，特别是犯罪活动涉及的电子证据源中电脑、QQ、移动存储介质、手机、银行卡等证据的数据提取、固定、转化和验证等给案件取证工作带来一定困难，增加了检察机关在案件审查逮捕中的工作难度。

检察机关从多个方面加强案件指导和审查，确保案件质量和监督效果。一是注重引导案件侦查，确保取证工作扎实到位。鉴于案件系当地首例以黑客手段窃取公民个人信息的案件，公安机关立案后即商请检察机关提前介入，检察机关高度重视，会同公安机关刑侦、网安等部门商讨案情、引导侦查。检察机关就捕前侦查取证方向、证据标准规定、所涉罪名法律适用等问题与公安机关进行详细分析沟通，有效提升案件侦办的效率和质量。如针对犯罪嫌疑人主要犯罪手法系利用恶意程序批量扒取网站用户信息的手段，检察机关对所涉现场勘验检查、远程勘验记录、电子证据检查、作案工具扣押等环节的取证要点与规范要求予以明确，确保证据收集工作的合法性和有效性。二是严格案件证据审查，确保核心证据固定。本案证据体系中，认定犯罪事实的核心证据之一系犯罪嫌疑人非法获取公民身份信息的电子数据。如果该核心证据缺失，即使犯罪嫌疑人作有罪供述亦难以定罪处罚。犯罪嫌疑人姚某某移送审查逮捕过程中，检察机关对电子数据仔细比对后发现，有关姚某某非法获取公民数据信息情况的鉴定意见存在重大瑕疵，难以作为定案依据，需重新鉴定，故综合案件证据情况，对姚某某作存疑不捕决定，同时向公安机关说明不捕理由并提出五条补侦建议。公安机关根据上述要求逐一进行补侦，待证据达到要求后移送起诉，后法院对姚某某作出有罪判决。三是重视后续跟踪指导，确保案件质量过硬。加强不捕案件补侦工作的指导监督。姚某某案中鉴定意见存在重大瑕疵，检察机关在该案补充侦查过程中多次与鉴定人员联系沟通，重新梳理证据情况，明确相关鉴定要求，及时修正证据瑕疵问题。加强捕诉联动交流。检察机关侦查监督部门与公诉部门围绕案件定性、证据认定、涉案情节等疑难问题进行充分沟通，形成统一意见。庭审中，公诉人运用充分证据指控犯罪，张某某、姚某某均供认指控事实，庭审效果良好。

典型案例之三

章某某等诈骗、侵犯公民个人信息案

非法获取公民个人信息后，实施电信网络诈骗等犯罪构成数罪的，依法予以并罚

一、基本案情

2016年初，被告人章某某到广东省河源市租住源城区建设大道德欣豪庭C2栋1201室，准备手机等作案工具并通过互联网非法购买公民个人信息12555条。2016年3月至4月间，被告人章某某先后雇用被告人汪某某等三人在该出租房内，通过拨打章某某事先从网上购买的学生个人信息上的家长联系电话，冒充“学校教务处”“教育局”工作人员，以获取国家教育补贴款为由，诱骗学生家长持银行卡到ATM机上转账至章某某掌控的银行账户，从中获取钱财。至被查获时，共拨打诈骗电话4392人次，骗取11.62万元。2016年4月期间，被告人章某某还伙同他人利用同样的手段实施诈骗行为，至被查获时，共拨打诈骗电话807人次，骗取他人钱财近3000元。

福建省安溪县检察院于2016年6月3日以涉嫌诈骗罪、侵犯公民个人信息罪对章某某、汪某某等人批准逮捕。此案提起公诉后，2016年12月14日，安溪县法院作出一审判决，以诈骗罪、侵犯公民个人信息罪判处被告人章某某有期徒刑五年，并处罚金人民币3.8万元；其他3名被告人以诈骗罪分别被判处二年零九个月至一年不等有期徒刑，并处罚金。

二、典型意义

随着现代通讯技术和互联网技术的快速发展，公民个人信息极易

泄露。公民个人信息通过信息网络传播、交易，往往被不法分子大量窃取、利用，催生电信网络诈骗等关联犯罪，严重威胁公民人身安全、财产安全和社会管理秩序。打击利用互联网出售、提供、非法获取公民个人信息等侵犯公民个人信息犯罪，切断其与电信网络诈骗等犯罪的犯罪链条，从源头上预防和减少犯罪发生，具有重要意义。本案中章某某等人通过百度及QQ向他人购买学生个人信息，拨打学生家长电话，先后冒充学校及教育局工作人员，以领取学生助学补助金为幌子，骗取钱财，不仅侵犯了学生及学生家长的个人信息和财产安全，还破坏了学校的正常教学秩序和教育系统声誉，社会危害极大。本案的查处震慑了利用互联网侵犯公民个人信息犯罪，也有力地打击了电信网络诈骗犯罪，取得了良好的法律效果和社会效果。

典型案例之四

郭某某侵犯公民个人信息案

将在提供服务过程中获得的公民个人信息出售、
提供给他人的，构成侵犯公民个人信息罪

一、基本案情

2015年3月至2016年9月1日间，被告人郭某某利用其原在某信息技术服务公司工作的便利和通过QQ群交换等途径，非法获取楼盘业主、公司企业法定代表人及股民等的姓名、电话、住址及工作单位等各类公民个人信息共计185203条，上传存储于“腾讯微云”个人账户内。后通过QQ群发布信息，将上述非法获取的公民个人信息出售给他人，从中非法获利人民币4000元。

厦门市思明区检察院于2016年9月30日以涉嫌侵犯公民个人信息罪对郭某某批准逮捕。同年12月30日，该院以侵犯公民个人信息罪向厦门市思明区法院提起公诉。2017年1月11日，厦门市思明区法院以侵犯公民个人信息罪判处被告人郭某某有期徒刑七个月，并处罚金2000元。

二、典型意义

当前，除行政管理机关和金融、电信、交通等单位接触大量的公民个人信息外，宾馆、快递等服务行业在提供服务的过程中，也会获取大量的公民个人信息。单位、公司的个别员工为了获取非法利益，违反职业道德和保密义务，将在工作中获得的公民个人信息资料出售或提供给他人，对公民的人身、财产安全及正常工作生活造成了严重威胁，应依法严惩。本案被告人郭某某原在某信息技术服务有限公司工作，该公司的业务主要是推广400电话服务。郭在工作中接触和获取大量包含公民姓名、所在公司、联系电话等信息，辞职后将工作中获取的公民个人信息上传至个人网络储存空间，利用QQ等社交软件与他人交换这些公民个人信息，并出售牟利。被告人郭某某出售、提供履职、服务过程中获得的公民个人信息，具有更大的社会危害性，应当从严惩处。本案的处理有力地打击了将在履行职责、提供服务过程中获得的公民个人信息出售、提供给他人的犯罪行为。

典型案例之五

鲁某等侵犯公民个人信息案

单位实施侵犯公民个人信息犯罪的，

依法追究单位和相关责任人员的刑事责任

一、基本案情

自2014年以来，犯罪嫌疑人鲁某利用网络QQ群寻找出售公民个人信息的网友，向王甲等人大量购买公民个人信息，通过QQ传输信息、支付宝转账、银行转账等方式进行交易。鲁某将获取的公民信息，按照类别通过QQ卖给一些电话促销人员，其中卖给王乙8万余条，非法获利6万余元。犯罪嫌疑人王甲通过QQ向他人购买“快递提取”软件程序，批量下载公民的快递订单信息10万余条。2016年5月8日，王甲将“快递提取”软件提供给鲁某，两人意图合作实现公民信息的资源共享。2016年5月11日，鲁某、王甲被山东省新泰市公安局民警抓获归案，查获两人存储的公民个人信息1000万余条。

山东省新泰市检察院于2016年6月16日以涉嫌侵犯公民个人信息罪对鲁某、王甲作出批准逮捕决定，同时向侦查机关发出《要求说明不立案理由通知书》，监督公安机关对另两名涉案犯罪嫌疑人新泰市某快递公司负责人和鲁某的下线王乙立案侦查。同年6月24日，新泰市公安局对该快递公司负责人和王乙以涉嫌侵犯公民个人信息罪立案侦查。目前，案件已提起公诉。

二、典型意义

检察机关注重发挥法律监督职能，加强刑事立案监督，确保案件监督效果。一是提前介入，适时引导侦查。鉴于本案案情复杂，检察机关提前介入，对已经形成的犯罪嫌疑人供述和证人证言进行审阅，同时查看了侦查机关扣押的犯罪嫌疑人电脑中所存储的公民个人信息，就取证方向和证据的收集、固定向侦查机关提出了固定公民个人信息数据、资金往来账单、“快递提取”软件，制作电子物证检查笔录等建议，提高了案件的办案质量和诉讼效率。二是有效沟通，统一司法认识。针对公民个人信息和定罪量刑标准的把握，检察机关与公安、法院及时沟通，统一了司法思想和司法尺度。三是深挖线索，加强立案监督。检察机关审查案件后发现涉案的新泰市某快递公司负责人将K8软件和工号出卖给鲁某，用于查看和复制该快递公司的订单信息。王乙向鲁某购买公民个人信息约8万余条，交易金额达6万余元，王乙将购买的公民个人信息用于电话促销保健品。该快递公司和王乙均涉嫌侵犯公民个人信息罪。检察机关启动了立案监督程序，新泰市公安局对该快递公司和王乙以涉嫌侵犯公民个人信息罪立案侦查。

典型案例之六

籍某某、李某某侵犯公民个人信息案

特殊主体将在履行职责过程中获得的公民个人信息出售，
数量达到一般主体立案追诉标准一半以上的，
依法追究刑事责任

一、基本案情

2015 年 9 月至 2016 年 4 月，被告人籍某某身为河北省高邑县王同庄派出所民警，利用其在高邑县王同庄派出所工作的职务之便，使用已调离的前所长段某某的数字证书查询公安系统内公民个人信息 3670 余条，并通过微信向被告人李某某出售公民个人信息，非法获利共计 19840 元；被告人李某某将从籍某某处购买的公民个人信息出售给他人，非法获利 42185 元。

河北省赵县检察院于 2016 年 5 月 21 日以涉嫌侵犯公民个人信息罪对籍某某、李某某批准逮捕。2016 年 12 月 14 日，以侵犯公民个人信息罪向赵县法院提起公诉。2017 年 3 月 9 日，赵县法院以侵犯公民个人信息罪分别判处被告人籍某某、李某某有期徒刑一年，各并处罚金 5000 元。

二、典型意义

检察机关认为被告人籍某某利用公安民警的特殊身份，在掌握全国人口信息的平台上任意查询，并非法出售 3670 余条，比一般人员非法收集信息具有更大的社会危害性，应当认定其属于刑法第 253 条之一第一款规定的情节严重的情形，依法予以惩处。本案的处理有力地打击了将在履行职责过程中获得的公民个人信息出售、提供给他人的犯罪行为。

最高人民检察院发布11件
检察机关个人信息保护公益诉讼典型案例

（2021年4月22日）

4月22日，最高人民检察院发布检察机关个人信息保护公益诉讼典型案例，包括浙江省杭州市余杭区检察院诉某网络科技有限公司侵害公民个人信息民事公益诉讼案等11件。发布透露，对互联网企业未履行个人信息管理和保护义务的，检察机关将通过公益诉讼要求其承担公益损害责任，推动落实企业主体责任。

在此次发布的余杭区检察院诉某网络科技有限公司侵害公民个人信息民事公益诉讼案中，余杭区检察院发现该公司开发的音乐视频教学类APP存在违法违规收集、储存、使用个人信息等情形，依法向法院提起民事公益诉讼。经调解，该公司自愿对APP进行全面整改，删除违法违规收集、储存的全部用户个人信息，公开赔礼道歉，并承诺不再侵害用户个人信息。对该APP后续整改情况，检察机关引入第三方代表评估，通过合规检测后才允许其重新上架。

在最高检发布的11件典型案例中，行政公益诉讼案件涉及教育、市场监管、公安、网信、农业农村等行政机关个人信息监管、政府信息公开问题；涉及快递、医疗机构、校外培训机构等泄露个人信息问题。民事公益诉讼案件包括互联网企业违法违规收集个人信息和非法获取个人信息并进行消费欺诈等问题。刑事附带民事公益诉讼案件涉及通过技术软件、物业服务等不同手段非法获取并交易个人信息问题，除了依法打击行为人侵犯公民个人信息的犯罪行为，检察机关还将网络运营者作为共同被告要求承担公益损害责任。

个人信息保护目前属于检察公益诉讼新领域。最高检2020年9月出台《关于积极稳妥拓展公益诉讼案件范围的指导意见》，明确将个人信息保护作为网络侵害领域的办案重点。截至目前，全国已有25个省级人大常委会作出关于加强检察公益诉讼工作的决定，其中有19个省份明确要求检察机关积极稳妥开展个人信息保护领域公益诉讼。

最高检第八检察厅负责人表示，下一步，检察机关将以全国人大常委会审议数据安全法草案、个人信息保护法草案为契机，持续跟进监督个人信息保护领域严重损害公共利益的突出问题，办理更多有影响力的典型案件，为个人信息保护贡献公益诉讼检察力量。

检察机关个人信息保护公益诉讼典型案例

案例1

江西省南昌市人民检察院督促整治
手机APP侵害公民个人信息行政公益诉讼案

【关键词】

行政公益诉讼诉前程序　APP违规收集使用个人信息　公开听证　委托检测

【要旨】

针对手机APP等互联网软件侵害公民个人信息损害社会公共利益的情形，检察机关督促行政机关依法履职。

【基本案情】

2020年7月，江西省南昌市人民检察院（以下简称南昌市院）从有关媒体报道中发现，本地部分手机APP存在侵害用户个人隐私和违规收集使用用户个人信息问题，损害了社会公共利益。

【调查和督促履职】

2020年7月，南昌市院委托专业检测公司在人民监督员及公证人员的见证下，对本地企业开发经营的“贪玩蓝月”“地宝网”“洪城乐骑行”“江教在线”“魔题库”等6款手机APP进行详细检测，发现上述APP均存在《APP违法违规收集使用个人信息行为认定方法》规定的违法违规收集或使用公民个人信息的情形，包括未明示收集使用个人信息的目的、方式和范围；未经用户同意收集使用个人信息；违反必要原则，收集与提供的服务无关的个人信息；未经同意向他人提供个人信息等。根据《中华人民共和国网络安全法》等法律规定，结合相关部门“三定方案”和权力清单，南昌市院确定江西省通信管理局（以下简称省通信管理局）、南昌市公安局（以下简称市公安局）、南昌市互联网信息办公室（以下简称市网信办）未履行个人信息保护监督管理职责，并于2020年8月20日立案。

因手机APP侵害公民个人信息监管涉及多个行政机关，存在职能交叉、监管部门层级不同等问题，南昌市院在与行政机关充分沟通磋商的基础上，决定通过公开听证的方式稳妥推进案件办理。2020年8月21日，南昌市院组织公开听证会，邀请人民监督员、高校教授、律师作为听证员进行听证监督，省通信管理局、市公安局、市网信办相关处室负责人参加听证会。听证会上，听证员一致表示，该类手机APP存在的问题已不是个案，侵害了社会公共利益，建议检察机关督促相关职能部门抓紧整改，妥善保护群众个人信息安全。

2020年8月27日，南昌市院分别向市公安局、市网信办发出诉前检察建议，要求两行政机关依法对案涉手机APP违法收集使用个人信息行为进行监管及处罚，并加强对本市辖区内APP收集使用个人信息等行为的监管，强化网络执法督查相关工作。同年10月23日，市公安局、市网信办回复南昌市院，已要求案涉手机APP运营主体针对检测发现的25个问题逐一开展对照整改及优化等工作，对其中4款手机APP运营主体予以警告处罚。

办案过程中，南昌市院还向省通信管理局移送案涉手机APP违规收集或使用个人信息的相关线索和证据材料。省通信管理局通过组织开展全省电信和互联网行业网络安全检查，现场督导案涉APP违规收集使用个人信息整改，对管辖范围内APP运营主体进行宣传教育等方式加大监管力度。为评估整改效果，南昌市院委托专业检测公司对案涉 APP 进行复测，确认相关问题已整改到位。

【典型意义】

APP 违规收集个人信息具有较强的隐蔽性和危害性。办理手机 APP 侵害公民个人信息案件，检察机关可以借助第三方检测机构的专业力量，调查收集 APP 违法违规收集使用个人信息的相关证据，确定侵害社会公共利益的违法事实。对手机 APP 侵害个人信息进行监管涉及多个职能部门，检察机关运用“磋商+听证”的监督模式，加强与职能部门的沟通协调，协同职能部门在各自职责范围内加强网络个人信息安全保护和监督管理，形成个人信息保护合力。

案例 2

浙江省温州市鹿城区人民检察院督促保护就诊者个人信息行政公益诉讼案

【关键词】

行政公益诉讼诉前程序　就诊者个人信息保护　源头治理

【要旨】

针对非法获取就诊者个人信息用于商业营销的市场乱象，检察机关督促行政机关依法履职，加强类案监督，完善社会治理，构建长效机制，形成个人信息保护合力。

【基本案情】

2016 年至 2018 年期间，温州某儿童摄影公司员工张某某、某儿童培训公司员工卢某某等人，为公司商业营销需要，采用购买、交换等方式从温州多家医院非法获取 1 万余条孕产妇个人信息，期间张某某等人还向他人出售、提供孕产妇个人信息。涉案两家公司对员工非法收集、使用、泄露孕产妇个人信息用于商业营销的违法行为未尽到个人信息保护义务，严重侵害就诊者合法权益。

【调查和督促履职】

浙江省温州市鹿城区人民检察院（以下简称鹿城区院）在刑事检察部门办理侵犯公民个人信息案件中发现本案公益损害线索，于2019年7月31日成立专案组立案调查。专案组通过调阅刑事卷宗、检索监管依据、搜集处罚案例、走访职能部门等方式，查明公益损害事实，明确监督对象，找准监督依据。《中华人民共和国消费者权益保护法》规定，消费者个人信息享有依法得到保护的权利，经营者收集、使用消费者个人信息应当遵循合法、正当、必要原则，并采取必要措施防止消费者个人信息泄露。市场监督管理部门对侵害消费者个人信息的行为负有监管职责。张某某等人因涉嫌刑事犯罪，依法被追究刑事责任，但涉案公司未因张某某、卢某某利用非法获取的孕产妇等个人信息进行商业营销受到相应处罚。2019年8月29日，鹿城区院向鹿城区市场监督管理局（以下简称区市监局）发出诉前检察建议，督促其对涉案公司违法行为予以查处，并采取有效措施加大对辖区内侵害消费者个人信息违法行为的打击力度。

检察建议发出后，受新冠肺炎疫情影响，查处工作一度停滞，鹿城区院持续跟进监督。2020年7月，区市监局对摄影公司作出责令改正、没收违法所得4000元、罚款34000元的行政处罚，对培训公司作出责令改正、罚款30000元的行政处罚。与此同时，区市监局开展全区侵害消费者个人信息违法行为专项行动，查处违法公司4家，罚没款16.8万元。其中一案获评浙江“亮剑2020”保护重点领域消费安全综合执法行动十大典型案例；开展“送法上门”宣传活动，督促重点领域和经营单位严格履行消费者个人信息保护义务。

办案过程中，鹿城区院针对就诊者个人信息主要从温州两家医院泄露这一情况，分别向两家医院发出社会治理检察建议，建议加强就诊者个人信息保护。两家医院通过案例开展警示教育，采取了加强信息查询权限分级管理、重要岗位人员定期轮岗、工作电脑加密等措施积极落实整改，完善个人信息安全源头管理。同时，鹿城区院结合办案，联合区公安分局、区市监局等部门在全省率先出台《关于加强消费领域个人信息保护执法司法协作的若干意见（试行）》，形成消费领域个人信息保护执法司法合力。

【典型意义】

检察机关针对非法获取就诊者个人信息用于商业营销的市场乱象，通过公益诉讼诉前检察建议和社会治理类检察建议，督促行政机关全面履行监管职责，推动医疗机构加强源头管理，构建执法司法长效机制，全方位保护就诊者个人信息安全，营造让人民群众放心的医疗就诊环境。

案例 3

甘肃省平凉市人民检察院督促整治快递单泄露公民个人信息行政公益诉讼案

【关键词】

行政公益诉讼诉前程序　快递单个人信息保护　隐匿化技术处理　公开听证

【要旨】

针对快递单直接显示用户个人信息的安全隐患，检察机关督促行政机关加强快递收发前端和末端的监管，避免个人信息泄露风险。

【基本案情】

甘肃省平凉市辖区内多家快递企业的快递单未对用户个人信息采取隐匿化等有效保护措施，直接显示客户姓名、电话号码等个人信息，存在泄露公民个人信息重大隐患。

【调查和督促履职】

2020 年 6 月 29 日，甘肃省平凉市人民检察院（以下简称平凉市院）收到群众举报上述线索并进行初步调查属实，于 2020 年 8 月 11 日立案调查。平凉市院通过对快递单拍照取证、走访营业网点、询问相关人员等方式，查明辖区各快递企业的快递单均未对收寄人姓名、手机号等采取隐匿措施，也未进行信息安全提醒。对此，平凉市院通过微信小程序开展随机问卷调查，参与调查的群众中，90.59%认为快递单可能泄露个人信息；98.82%希望对快递单上的个人信息采取隐藏等保护措施；100%认为有必要加大对快递行业个人信息保护的监管力度。

办案过程中，平凉市院与平凉市邮政管理局（以下简称市邮政局）就完善快递单个人信息保护措施进行多次磋商，并组织召开听证会，邀请人大代表、政协委员、人民监督员、律师、公益诉讼志愿者作为听证员。会上播放了快递单泄露公民信息新闻调查短片，讲解了相关法律政策，进行了多媒体示证，听取了市邮政局和快递企业代表意见。听证员一致认为：平凉市普遍存在快递单泄露公民个人信息风险，市邮政局对快递行业个人信息安全管理不到位，应当加强监管。2020 年 9 月 8 日，平凉市院向市邮政局发出诉前检察建议，建议其依法全面履行快递市场安全监督管理职责，督促快递企业采取有效手段保护用户信息安全。

收到检察建议后，市邮政局印发《关于切实做好邮政行业用户信息安全保护的通知》并进行专项整改。对快递企业负责人集体约谈，要求快递企业规范管理和定期销毁快递运单，杜绝倒卖用户信息前科人员从事快递行业，对快递单采取隐匿化技术处理等措施；开展公民个人信息安全法制宣传，对快递员进行用户信息安全培训。

2020 年 10 月 14 日，市邮政局就整改情况向平凉市院进行了书面回复。经抽样调查，快递企业有的在运单加盖了个人信息保护提示印章，有的在快递网点和快递车悬挂了信息安全提醒标语。顺丰快递单和快递员通信终端用户手机号已全部实现隐匿化技术处理。其他快递企业正在参照推进。各快递企业销毁纸质运单 105 万份，所有快递企业今后不再留存纸质运单。

【典型意义】

快递管理系统和运单存储大量公民个人信息，容易被不法分子获取、利用，危及公民人身、财产安全，侵害社会公共利益。检察机关围绕快递收发前端和末端的个人信息泄露风险，通过随机问卷调查听取社情民意，通过诉前磋商和公开听证与行政机关和快递企业代表进行会商，共同提出切实可行的保护方案。监督行政机关依法全面履行监管职责，督促快递企业多方面完善公民个人信息保护措施，消除安全隐患，以最小的司法投入取得最佳的办案效果。

案例4

江苏省无锡市人民检察院督促保护学生个人信息行政公益诉讼案

【关键词】

行政公益诉讼诉前程序　学生个人信息保护　圆桌会议　校外培训机构监管

【要旨】

针对校外培训机构非法获取学生个人信息用于营销招生、侵害学生合法权益的行为，检察机关通过诉前磋商和检察建议等方式督促教育行政部门依法履职，保护学生个人信息安全。

【基本案情】

2016年7月，甲培训机构总经理孟某购买中小学在校学生个人信息23万余条，并将上述信息用于其培训机构电话招生。2018年7月，孟某向王某出售、向乙培训机构总经理方某提供上述信息。甲乙两培训机构均无办学许可证，而上述信息多为格式统一、内容全面、精确度高的整个学校或整个班级的信息，内容包括学校、学生姓名、入学年份、班级、学号、邮寄地址及父母姓名、联系方式等，给广大学生个人信息保护带来严重安全隐患。

【调查和督促履职】

江苏省无锡市梁溪区人民检察院在办理孟某侵犯公民个人信息罪

案件中发现可能存在侵害社会公共利益的情形，将案件线索移送江苏省无锡市人民检察院（以下简称无锡市院）进行审查，该院于2019年10月28日立案调查。通过调取孟某侵犯公民个人信息罪案件卷宗，全面了解孟某违法事实；通过对办学场所实地调查，摸清两公司目前经营状况；通过走访市、区教育行政部门，了解对校外培训机构办学许可证发放、培训行为监管、学生个人信息保护等履职情况。2019年11月4日，无锡市院与无锡市教育局召开圆桌会议进行磋商，无锡市院阐述分析了教育行政部门未依法履职导致学生个人信息泄露的事实和理由，并听取了无锡市教育局的意见。无锡市教育局对检察机关的调查予以认可。2019年11月8日，无锡市院向无锡市教育局发出诉前检察建议，督促其加强对校外培训机构的监管和对学生个人信息的保护。

收到检察建议后，无锡市教育局成立调查组全面排查治理。根据涉案个人信息数据分析、排查市区两级学籍数据管理系统的数据使用情况，查找风险点，对相关信息数据采取集中登记备案。加快建设网络安全技防措施，新增城域网防火墙，升级数据中心保护等级。完善数据下载流程并全程留痕，对学生身份证号码、家长联系方式等信息加密处理。加强管理人员安全培训，组织校长、园长、网络与信息系统安全员进行网络数据安全专题培训，举办全市1.5万余名教师参与的网络和信息系统安全竞赛，提升教育系统网络安全意识。加大校外培训机构监管力度，重点整治非法获取学生信息营销招生行为，将其纳入年检和信用管理档案内容，并畅通举报投诉渠道。全面推行多部门联合“双随机一公开”执法检查，完善“互联网+教育监管”工作机制。甲培训机构被市场监管部门列入企业住所地失联异常名录，乙培训机构撤销方某职务，变更负责人并取得办学许可证。同时，无锡市教育局投入资金对教育城域网进行改造，并出台《无锡市教育数据暂行管理办法》，规范教育行政部门及学校对学生个人信息的管理。

【典型意义】

校外培训机构非法获取学生个人信息用于营销招生，不仅侵害公民个人信息安全，而且易引发电信诈骗等多种关联犯罪，对学生及家长的人身和财产安全构成重大威胁，损害社会公共利益。检察机关运用行政公益诉讼职能，督促教育行政部门依法全面履职，一方面，及时堵漏补缺、完善人防技防管理措施，加强自身及校园对学生个人信息的保护；另一方面，强化对校外培训机构的监管，保护学生个人信息不受非法侵害，切实维护社会公共利益。

案例 5

江西省乐安县人民检察院督促
规范政府信息公开行政公益诉讼案

【关键词】

行政公益诉讼诉前程序　政府信息公开　去标识化处理

【要旨】

针对行政机关在履行政府信息公开职能时泄露不应公开的公民个人信息的情形，检察机关通过制发诉前检察建议，依法督促行政机关履职整改，保护公民个人信息安全。

【基本案情】

2020 年 5 月，江西省乐安县农业农村局在乐安县人民政府官方网站“政府信息公开”栏目公布了四份内容为该县 2017 年至 2019 年农机购置补贴情况的政府信息，信息内容不仅包括购机农户姓名、购机型号、购机数量、补贴金额等基本情况，还含有未经去标识化处理的农户个人信息，侵害了公民个人信息安全。

【调查和督促履职】

乐安县人民检察院（以下简称乐安县院）在登录县政府官方网站时发现本案线索，于 2020 年 7 月 15 日立案调查。经调查发现，乐安县农业农村局于 2020 年 5 月先后制作了《2017 年第一批农机购置明细表》《2017 年第二批结算农户信息表》《2018 年度县级享受补贴农户信息表发布》及《2019 年度县级享受补贴农户信息表发布》等四份农机购置补贴政府信息，并公开在县政府官方网站“政府信息公开-乐安县农业农村局-农机信息”栏目中。上述公开信息未对其中的公民个人信息内容进行去标识化处理，相关农户的身份证号码、家庭住址、银行账户、手机号码等个人信息被完整公开，涉及农户（含部分单位）1044 人（次）。

乐安县院认为：根据《居民身份证法》和《政府信息公开条例》以及农业农村部《涉农补贴领域基层政务公开标准指引》等相关法律法规和文件规定，涉及公民身份证号码、银行账号等个人信息的政府信息属于依法不予公开的内容。乐安县农业农村局作为农机购置补贴政府信息的制发单位，未依法履行对拟公开的政府信息进行审查的责任，致使大量公民个人信息处于泄露状态，侵害了社会公共利益。2020 年 7 月 22 日，乐安县院向乐安县农业农村局发出诉前检察建议，建议其加强政府信息公开内容的审查，及时撤回泄露公民个人信息内容的政府信息。为尽快消除个人信息泄露风险，防止损害继续扩大，乐安县院要求该局在 15 日内依法办理并书面回复。

收到检察建议后，乐安县农业农村局及时将相关信息从政府网站上撤回，对涉及个人信息的内容进行去标识化处理后重新公开，并于 2020 年 7 月 24 日向乐安县院作出书面回复，表示今后将依法依规进行政府信息公开，确保公民个人信息安全。

【典型意义】

行政机关对在履行行政管理职能过程中制作或获取的信息，既要依法依规及时准确地予以公开，也要对拟公开的信息内容进行审查，确保不对公民合法权益造成侵害。检察机关在履职中发现行政机关公开政府信息工作中存在的公民个人信息泄露风险，可以通过履行公益诉讼检察职能督促行政机关进行整改，实现保护公民个人信息安全和依法公开政府信息职能的“双赢多赢共赢”。

案例 6

河南省濮阳市华龙区人民检察院督促整治装饰装修行业泄露公民个人信息行政公益诉讼案

【关键词】

行政公益诉讼诉前程序　骚扰电话　骚扰短信　行业治理

【要旨】

针对房地产及装饰装修等行业泄露消费者个人信息、导致大量骚扰电话短信推销的行为，检察机关通过诉前检察建议督促有关部门依法履行监管职责，推动行业治理，切实加强公民个人信息保护。

【基本案情】

董某某等三人系濮阳市房地产管理交易中心、房地产公司和装修公司工作人员。该三人相互勾结，利用职务便利，非法获取公民个人信息3万余条并进行买卖。上述个人信息被非法泄露后，业主频繁受到装饰装修企业电话骚扰，引起群众强烈不满，严重影响人民群众的正常工作和生活。

【调查和督促履职】

河南省濮阳市华龙区人民检察院（以下简称华龙区院）在审查起诉董某某等三人侵犯公民个人信息罪一案中发现可能侵害社会公共利益，遂将该线索移交公益诉讼部门审查，经初查后于2019年11月21日立案调查。办案人员通过发放问卷、走访群众等方式，查明房地产管理交易中心存在个人信息保护管理漏洞，致使房地产及装饰装修等行业泄露消费者个人信息事件频发多发，骚扰电话、骚扰短信已严重影响群众工作和生活。华龙区院审查认为，根据《中华人民共和国消费者权益保护法》《河南省建筑装修装饰管理办法》的有关规定，濮阳市房地产管理中心对其管理的个人信息负有依法保护职责；濮阳市市场监督管理局负有保护消费者个人信息安全的职责；濮阳市装饰装修行业管理办公室和华龙区住房和城乡建设局（以下简称区住建局）对辖区装饰装修从业者负有监督管理职责，均存在对消费者个人信息保护监管不到位的问题。华龙区院向濮阳市市场监督管理局发出诉前检察建议，要求其对企业经营中非法获取公民个人信息，以骚扰信息、骚扰电话等形式进行推销的行为，依法予以行政处罚；向市房地产管理中心发出诉前检察建议，要求加强信息安全管理，督促有关部门、企业建章立制，堵塞漏洞；向市装饰装修行业管理办公室和区住建局发出诉前检察建议，建议切实加强对装饰装修企业监管和宣传教育，引导其合法规范经营，加强行业自律。同时，向濮阳市室内装饰业协会发出工作函，建议依法加强行业自律，规范行业经营行为，切实加强公民个人信息保护检察建议发出后，濮阳市市场监督管理局组织辖区内商户开展公民个人信息保护集中宣传，并对有关企业约谈，督促其加强公民个人信息保护工作。市房地产管理中心加强职工教育，建立完善信息保护机制，并建议上级房产管理部门更新系统，增设个人信息保护模块，做到信息查询权责分明、全程留痕、动态预警。2019年12月10日，濮阳市、华龙区有关行政机关和装饰行业协会专门召开“濮阳市建筑装饰行业保护公民信息安全规范经营行为”会议，参会的20多家装饰装修企业作了表态发言并当场签订“加强信息安全、合法开展经营”承诺书。2020年5月，华龙区院跟进监督，针对公民个人信息安全保护情况进行“回头看”，电话回访120人次，调查问卷回访200份。受回访人普遍认为辖区内房产装饰装修等领域电话推销明显减少。

【典型意义】

近年来，因消费者个人信息泄露引发的骚扰电话、精准诈骗，给老百姓生活造成了极大困扰，威胁着人民群众的财产乃至生命安全。本案中，检察机关综合采取“刑事+公益诉讼”办案模式，摸清现状，找准症结，通过个案办理和专项整治，督促行政机关健全、强化监管制度，指导相关行业优化自律自治，推动消费者个人信息安全保护，取得良好的社会效果和法律效果。

案例 7

浙江省杭州市余杭区人民检察院诉某网络科技有限公司侵害公民个人信息民事公益诉讼案

【关键词】

民事公益诉讼　APP 违法违规收集个人信息　第三方调查评估　调解协议

【要旨】

针对 APP 违法违规收集、存储个人信息的侵权行为，检察机关在通过行政公益诉讼督促行政机关依法履职的同时，还可以对 APP 服务提供者的侵权行为依法提起民事公益诉讼，要求侵权者承担侵权责任，多维度保护众多不特定用户的合法权益。

【基本案情】

浙江省杭州市某网络科技有限公司开发经营的一款音乐视频教学类 APP，存在未经用户同意收集使用个人信息、违反必要原则收集与其提供的服务无关的个人信息、未公开收集使用规则等情形，违法违规收集、存储用户个人信息，侵害了不特定公民的合法权益，致使社会公共利益受到侵害。

【调查和诉讼】

2019 年 5 月，浙江省杭州市余杭区人民检察院（以下简称余杭区院）在开展公民个人信息保护专项监督行动中发现，APP 强制授权、过度索权、超范围收集个人信息等问题突出，针对辖区内企业开发经营的 10 余款 APP 存在违法违规收集用户个人信息的违法行为，向相关行政机关发出诉前检察建议，督促行政机关依法整治并开展专项治理。在跟进监督过程中，余杭区院发现，对于公民个人信息被 APP 违法收集后的处置问题，众多受侵害用户的合法权益无法通过行政公益诉讼得到维护，遂决定通过民事公益诉讼的路径解决这一问题。2019

年 10 月 16 日，余杭区院对某网络科技有限公司研发的音乐视频教学类 APP 侵害个人信息的违法行为立案调查。通过走访询问、提取电子数据、同步录像固证等方式，发现该款 APP 存在强制索取“访问设备上的照片、媒体内容和文件”及手机设备号等权限行为，涉及违法违规获取、存储用户个人信息数量千万条以上。

为进一步确定公益损害的后果，余杭区院委托第三方机构开展社会调查，近九成受访者认为个人信息被侵害对其正常生活和工作造成影响。先后两次组织论证会，邀请人大代表、政协委员、互联网行业代表、高校的专家学者、行政机关的技术人员，就网络侵权行为的界定、公民个人信息的范围、诉讼请求的确定等问题进行专题研讨和论证，并形成一致意见：该款 APP 违法违规收集个人信息的行为已侵害不特定多数个人信息权益，致使社会公共利益受到损害，应当由检察机关提起公益诉讼。

余杭区院经公告，没有法律规定的机关和有关组织提起诉讼。2020 年 6 月 23 日，余杭区院依法向杭州互联网法院提起民事公益诉讼，诉请被告某网络科技有限公司停止违法违规收集、储存、使用个人信息并公开赔礼道歉。同年 9 月 9 日，法院公开开庭审理本案。庭审中，公益诉讼起诉人出示案涉 APP 违法违规收集个人信息的电子数据等证据，充分阐述社会公共利益受损的情况，被告同意履行检察机关提出的全部诉讼请求。双方当庭达成调解协议：被告立即删除违法违规收集、储存的全部用户个人信息 1100 万余条；在《法治日报》及案涉 APP 首页公开赔礼道歉；承诺今后合法合规经营，若存在违反协议约定的行为，将自愿支付 50 万元违约金用于全国性个人信息保护公益基金的公益支出。

达成调解协议后，余杭区院引入第三方代表评估，由网信部门认可的检测机构对整改情况进行合规检测，确保调解协议执行到位。2020 年 11 月 18 日，经检察机关跟进监督，调解协议内容已全部履行到位。

【典型意义】

公民面对 APP 侵权行为存在取证难、维权成本高等问题，难以通过私益诉讼获得有效救济。检察机关回应民生诉求，在通过行政公益诉讼督促行政机关依法监管、保护公民个人信息安全的同时，针对APP过度采集并存储大量个人信息的公益侵害问题，通过民事公益诉讼追究APP服务提供者的侵权责任，保护公民个人信息不受继续侵害。同时，检察机关立足企业发展利益，在征询网信部门意见引入第三方合规检测的前提下，以调解方式实现全部诉讼目的，以最小成本获得最大效益的办案效果。

案例8

河北省保定市人民检察院诉李某侵害消费者个人信息和权益民事公益诉讼案

【关键词】

民事公益诉讼　消费欺诈　电子数据调查取证　惩罚性赔偿

【要旨】

针对非法获取消费者个人信息并进行消费欺诈的行为，检察机关提出惩罚性赔偿诉讼请求，加大侵害消费者个人信息和权益的惩治力度，维护消费者个人信息安全和合法权益。

【基本案情】

2017年以来，李某非法获取包含姓名、电话、住址等公民个人信息共计1290万余条，并伙同他人将其中1.9万余条个人信息非法出售获利。2018年1月至2019年4月，李某利用非法获取的公民个人信息，雇佣电话客服批量、随机拨打营销骚扰电话，并以收藏品公司名义，采用夸大收藏品价值和升值空间等方式，诱骗消费者购买肾宝片、纪念册、纪念币等商品，销售价款共计人民币55.4605万元。

【调查和诉讼】

河北省保定市人民检察院（以下简称保定市院）在审查郭某某侵

犯公民个人信息刑事附带民事公益诉讼请示案件时发现，李某被判处侵犯公民个人信息罪的同时，存在利用非法获取的公民个人信息进行消费欺诈的行为。经河北省人民检察院批准，保定市院于 2019 年 11 月 8 日立案调查。调查期间，保定市院通过调取刑事侦查卷宗、审查电子数据、询问被调查人和证人，查清李某非法获取、出售个人信息事实；通过委托公安机关依托异地协查平台调取 46 名消费者陈述，审查电话客服证言、话术音频、商品检测报告，证实李某利用个人信息批量、随机进行电话滋扰和欺诈的事实；通过调取快递公司快递收发记录、资金结算书证和李某银行账户流水资料，并委托出具会计专业分析报告，查清李某消费欺诈金额。同时，保定市院邀请河北大学公益诉讼研究基地的专家对该案进行论证并开展问卷调查，专家论证和调查结果均支持检察机关对李某的侵权行为提起民事公益诉讼并提出惩罚性赔偿诉讼请求。

保定市院经公告，并函询河北省消费者权益保护委员会意见，没有法律规定的机关和有关组织提起诉讼。2020 年 7 月 20 日，保定市院向保定市中级人民法院提起民事公益诉讼，请求依法判令被告李某支付三倍惩罚性赔偿金共计人民币 166.3815 万元；采取有效措施删除所有非法持有的公民个人信息数据；在国家级媒体上公开赔礼道歉。

2020 年 11 月 4 日，保定市中级人民法院公开开庭审理本案。庭审中，公益诉讼起诉人出示、宣读了上述调取的证据，证明李某非法获取、出售公民个人信息，并利用非法获取的公民个人信息进行消费欺诈，侵害公民个人信息安全和消费者合法权益，损害了社会公共利益。2020 年 12 月 30 日，保定市中级人民法院作出判决，支持了检察机关全部诉讼请求。目前判决已生效。

【典型意义】

个人信息泄露、电话营销欺诈严重侵害公民个人信息安全和消费者合法权益，是民生痛点。本案中，检察机关通过专家论证和问卷调查，对非法获取、出售公民个人信息，并利用个人信息进行消费欺诈的行为提起惩罚性赔偿公益诉讼，对充分运用公益诉讼职能惩治和预防个人信息保护领域的损害公益行为、真正实现“让违法者痛到不敢再犯”的目的，具有积极的引领、示范和指导作用。

案例9

上海市宝山区人民检察院诉H科技有限公司、韩某某等人侵犯公民个人信息刑事附带民事公益诉讼案

【关键词】

刑事附带民事公益诉讼　网络运营者责任　关闭网站　删除数据

【要旨】

针对网络服务提供者、网络用户利用互联网侵犯公民个人信息的犯罪行为，网络运营者未依法履行其社会管理职责的情形，检察机关在提起刑事附带民事公益诉讼时，可以依法追加其为附带民事公益诉讼被告，要求其承担侵权责任。

【基本案情】

H科技有限公司（以下简称H公司）主要从事网络游戏及相关产品研发和技术咨询，韩某某任经理。2019年2月，该公司设立“数迈网”，为数据信息交易提供平台，并雇用杨某某、黄某某、管某某参与运营。其间，韩某某明知用户上传数据中有大量个人信息，仍为非法交易个人信息提供平台。网站涉及确切有用的个人信息共37万余条，交易数量达3万余条。软件工程师管某某明知网站有买卖个人信息行为，仍帮助推送关键字搜索。2019年2月，陈某某注册“数迈网”会员，并上传其在“某公司天猫旗舰店”就职时获取的淘宝买家姓名、手机号、收货地址等数据信息5757条，欲贩卖牟利。

【调查和诉讼】

2019年9月，上海市人民检察院（以下简称上海市院）从办案系统和媒体报道中获知上海公安机关破获一起特大贩卖个人信息案，经

研判后将该案线索交由宝山区人民检察院（以下简称宝山区院）办理。宝山区院立案后，邀请专家辅助办案，对案件中涉及的 QQ 聊天记录、30 余万条公民个人信息、银行卡交易明细、交易台账等文件逐一梳理、交叉比对，查清非法获利数额，确定赔偿数额。宝山区院经审查认为，H 公司虽没有被追究刑事责任，但应承担民事侵权责任。

宝山区院经公告，没有法律规定的机关和有关组织提起诉讼。2019 年 11 月 25 日，宝山区院对韩某某等人以侵犯公民个人信息罪向宝山区人民法院提起公诉。同时，对 H 公司、韩某某等人侵害社会公共利益的行为提起刑事附带民事公益诉讼。针对本案中网站服务器、QQ 中保存的公民个人信息仍存在被传播、买卖的危险，宝山区院积极探索侵权责任承担方式，除了要求被告在国家级新闻媒体上向社会公开赔礼道歉、赔偿损失之外，还向法院提出要求关闭网站、注销侵权用 QQ 号码并永久删除保存在 QQ 内的公民个人信息数据的诉讼请求。

宝山区人民法院经公开开庭审理，于 2020 年 3 月 27 日作出一审判决，在附带民事公益诉讼部分，判决被告 H 公司、韩某某、杨某某、管某某连带赔偿损失人民币 3900 元，被告黄某某在上述赔偿款 3600 元范围内承担连带赔偿责任；H 公司关闭“数迈网”网站；H 公司、韩某某、杨某某、黄某某、陈某某注销买卖公民个人信息所用 QQ 号码，并永久删除保存在 QQ 内的公民个人信息数据；H 公司、韩某某、杨某某、黄某某、管某某、陈某某在国家级媒体上向社会公众赔礼道歉。一审判决后，刑事案件被告人提起上诉，二审判决维持原判。

为促进源头治理，宝山区院将案件中“某公司天猫旗舰店”涉嫌违法的线索移送有管辖权的广东省广州市白云区人民检察院（以下简称白云区院），并就调查取证等工作开展跨省协作。白云区院审查线索后以行政公益诉讼立案，并与负有监督管理职责的行政机关进行磋商。行政机关认定“某公司天猫旗舰店”的经营公司在执行网络安全信息制度的防范措施上存在明显漏洞，遂对该公司立案调查，并针对咨询、房地产中介、汽车销售、保险等重点行业发出预警信息公告，开展系统治理。

【典型意义】

对刑事附带民事公益诉讼被告的确定不能囿于刑事被告人范围，应结合个案情况具体明确侵权人。通过追究网络运营者的民事侵权责任，警示网络运营主体落实网络安全保护责任，加强内部安全管理、规范操作规程。对涉案的网站服务器，QQ 中保存的公民个人信息通过传统扣押方式不能消除危险的，检察机关可以提出关闭网站、注销侵权使用的 QQ 号码并永久删除保存在 QQ 内的公民个人信息数据等诉请，彻底消除危险。针对网络侵害的跨地域性等特点，检察机关协同相关行政机关治理侵害个人信息行为，有利于互联网领域损害公益问题的系统治理、综合治理、源头治理，彰显了公益诉讼的独特价值。

案例 10

贵州省安顺市西秀区人民检察院诉熊某某等人侵犯公民个人信息刑事附带民事公益诉讼案

【关键词】

刑事附带民事公益诉讼　公开听证　支付赔偿金

【要旨】

针对在互联网上非法获取、出售公民个人信息，损害社会公共利益的行为，检察机关在依法追究违法行为人刑事责任的同时，依法提起刑事附带民事公益诉讼，要求其支付赔偿金并公开赔礼道歉。

【基本案情】

2018 年 10 月，熊某某通过技术软件非法获取大量公民个人信息，并在网上出售给他人获利。同年 12 月，熊某某传授其女友王某甲，并由王某甲协助其在网上出售公民个人信息共同获利。其间，王某甲又传授给其弟王某乙，使王某乙亦在网上售卖公民个人信息获利。至 2019 年 4 月，熊某某、王某甲、王某乙非法出售公民个人信息获利共计 70 余万元。

【调查和诉讼】

贵州省安顺市西秀区人民检察院（以下简称西秀区院）在审查熊某某等3人涉嫌侵犯公民个人信息罪一案时，发现熊某某等3人的行为可能损害社会公共利益，遂将该案线索移送至公益诉讼检察部门审查。2019年11月13日，西秀区院对熊某某等3人以侵犯公民个人信息刑事附带民事公益诉讼立案。本案侵犯公民个人信息数量多、非法获利金额大。为确保证据充分，西秀区院在办理该案时提前介入、引导侦查，及时固定熊某某等3人出售公民个人信息和非法获利的相关书证和电子数据，查清侵害众多不特定人员个人信息安全的事实，并邀请区人大代表、政协委员、人民监督员、基层群众代表作为听证员进行公开听证。听证员在听取案情介绍、刑事附带民事公益诉讼立案的相关法律依据，并就相关问题进行询问后，一致认为西秀区院应该对熊某某等3人侵犯公民个人信息案提起刑事附带民事公益诉讼。

西秀区院经公告，没有法律规定的机关和有关组织提起诉讼。2020年6月1日，西秀区院向西秀区人民法院提起刑事附带民事公益诉讼，请求依法判令刑事附带民事公益诉讼被告人熊某某等3人自行彻底删除所有非法获取的公民个人信息；支付赔偿金共计人民币70余万元；在国家级媒体上公开赔礼道歉。

2020年7月23日，西秀区人民法院公开开庭审理本案。庭审中，公诉人及公益诉讼起诉人出示、宣读了本案被告人供述、证人证言、被害人陈述、鉴定意见及勘验检查笔录等证据，证明熊某某等3人非法获取、出售大量公民个人信息的行为，侵害公民合法权益，损害了社会公共利益。西秀区人民法院在当庭判决熊某某等3名被告人犯侵犯公民个人信息罪，判处有期徒刑及罚金的同时，全部支持了检察机关提出的附带民事公益诉讼请求。一审判决后，熊某某、王某甲提出上诉，二审法院维持了附带民事公益诉讼判决。本案判决现已生效并移送执行，赔偿金将存入检察机关与财政部门共同建立的公益诉讼专项资金账户。

【典型意义】

通过互联网非法获取、出售公民个人信息，导致众多不特定公民个人信息被泄露，侵害公民个人信息安全，损害社会公共利益。检察机关作为公共利益的代表，可以对侵犯公民个人信息的违法行为人依法提起刑事附带民事公益诉讼，要求其承担赔偿损失等公益损害责任，加重侵犯公民个人信息违法犯罪成本，全面维护公民个人信息安全。

案例 11

广东省广宁县人民检察院诉谭某某等人侵犯公民个人信息刑事附带民事公益诉讼案

【关键词】

刑事附带民事公益诉讼　业主个人信息保护　庭审观摩　行业治理

【要旨】

检察机关以侵犯公民个人信息刑事附带民事公益诉讼为切入点，通过诉讼判决被告承担停止侵害、消除危险等侵权责任，并督促行政主管部门全面依法履职，以案为鉴推动行业规范治理，全方位保护公民个人信息安全。

【基本案情】

2018 年至 2020 年 7 月，谭某某等 5 人违反国家规定，通过出售、购买、交换等方式非法获取广东省广宁县辖区多个住宅小区业主的个人信息共计 13784 条，并组建微信群用以分享、买卖所获取的业主信息。

【调查和诉讼】

2020 年 9 月 22 日，广宁县公安局将谭某某等 5 人以涉嫌侵犯公民个人信息罪移送广宁县人民检察院（以下简称广宁县院）审查起诉。广宁县院在履行批准逮捕职责中发现，谭某某等人存在侵犯公民个人信息行为，可能损害社会公共利益，于 2020 年 8 月 18 日作为刑事附带民事公益诉讼案件立案调查。在充分把握刑事案件证据的基础上，办案人员通过询问被告人、走访有关部门和企业等方式进行调查核实，补强民事侵权的证据，为提起刑事附带民事公益诉讼构建完整证据链条。广宁县院经审查认为，被告人谭某某等人所获取的小区业主信息，足以识别公民的个人身份，属于影响人身、财产安全的个人信息。上述被告人不仅侵害了业主及其同住人员的个人信息和隐私等人格权利，还具有危害其财产安全的可能性，损害了社会公共利益，除应受到刑事处罚外，还应当承担相应的公益损害责任。

广宁县院经公告，没有法律规定的机关和有关组织提起诉讼。2020 年 11 月 12 日，广宁县院向人民法院提起刑事附带民事公益诉讼，请求判令谭某某等 5 名被告解散用于收集、买卖公民个人信息的微信群，删除保存在微信的公民个人信息数据，在媒体上赔礼道歉，委托电信部门向被侵权人发送风险提示短信。

2020 年 12 月 4 日，广宁县人民法院对该案开庭审理，广宁县院检察长出席法庭履行职责，县法院院长担任审判长。县人大代表、政协委员，公安机关、住建部门有关负责人及县房地产企业、物业服务企业等代表受邀观摩庭审，庭审还通过现场网络直播形式向社会公开。经审理，法院当庭判决谭某某等 5 名被告人犯侵犯公民个人信息罪，分别判处有期徒刑及罚金，并全部支持检察机关提出的附带民事公益诉讼请求，目前已全部履行完毕。

针对本案暴露出的行业监管薄弱环节，广宁县院向广宁县市场监督管理局发出行政公益诉讼诉前检察建议，并召开听证会督促其依法履职，做好公民个人信息保护工作。县市场监督管理局依法对涉案装饰装修企业作出了停业整顿的行政处罚。同时，广宁县院向广宁县住房和城乡建设局发出社会治理类检察建议，县住房和城乡建设局于本案庭审当天召开全县物管企业整顿会议，并邀请检察官开展法治教育，教育警示物管企业采取措施预防公民个人信息被不当使用。

【典型意义】

在互联网时代，侵犯公民个人信息行为多发频发，严重侵害人民群众合法权益和社会公共利益。检察机关对侵犯公民个人信息违法犯罪采用“一案三查”模式，对刑事案件犯罪情节、民事公益诉讼案件侵权情形和行政机关及有关运营主体监管履职情况统筹把握，综合运用刑事检察、公益诉讼检察职能打击违法犯罪行为，弥补了公民个人维权相对困难的不足，有效维护了社会公共利益。同时，通过个案办理促进类案整改，结合庭审观摩等方式，以司法公开激活行政机关、相关运营主体的监管职责，取得良好的社会治理成效。

最高人民检察院发布
2016年度十大法律监督案例（节录）

（2017年1月10日）

……

2　检察机关依法审查徐玉玉被电信诈骗致死案事实、证据、定性，及时批捕7名犯罪嫌疑人

2016年9月30日，山东省临沂市罗庄区检察院对备受社会关注的山东考生徐玉玉被电信诈骗致死案的犯罪嫌疑人陈文辉等7人依法作出批准逮捕决定。

2016年8月19日，临沂市罗庄区高考录取新生徐玉玉被犯罪嫌疑人以发放助学金的名义，实施电信诈骗骗走9900元。案发后，徐玉玉与父亲到公安机关报案，回家途中心脏骤停，送医院抢救无效死亡。经过公安机关大力侦查，8月底，7名犯罪嫌疑人先后落网。

2016年9月25日，陈文辉等7名犯罪嫌疑人被提请检察机关审查批准逮捕。受理案件后，临沂市罗庄区检察院迅速组织专案组人员通过阅卷、讯问，依法对案件事实、证据、定性进行审查。经审查，2016年7月初，犯罪嫌疑人陈文辉租住房屋，购买手机、手机卡、无线网卡等工具，从犯罪嫌疑人杜天禹手中购买5万余条山东省2016年高考考生信息，雇用郑贤聪、黄进春冒充教育局工作人员以发放助学金名义对高考录取学生实施电话诈骗。其间，郑金锋又与陈文辉商议，由郑金锋负责提取诈骗所得赃款。在得到“得逞后抽成10%好处费”的约定后，郑金锋联系陈福地，由陈福地向郑金锋提供多张用于实施诈骗的银行卡。2016年8月19日16时许，郑贤聪拨打徐玉玉电话，骗取其银行存款9900元。得手后，陈文辉随即让郑金锋在福建省泉州市取款，郑金锋随后又指挥熊超将9900元提取。

临沂市罗庄区检察院审查后认为，陈文辉非法获取公民信息，冒充国家工作人员，以发放助学金名义骗取他人财物，涉嫌侵犯公民个人信息罪、诈骗罪；郑贤聪、黄进春冒充国家工作人员，以发放助学金名义骗取他人财物，涉嫌诈骗罪；郑金锋、熊超、陈福地明知他人从事诈骗活动，仍为其提供银行卡、提取赃款，均涉嫌诈骗罪；杜天禹非法出卖公民个人信息，涉嫌侵犯公民个人信息罪，依法对上述7名犯罪嫌疑人作出批准逮捕决定。

……

最高人民检察院发布3件依法严惩利用未成年人实施黑恶势力犯罪典型案例（节录）

（2020年4月23日）

……

案例三

靳某某妨害信用卡管理、非法拘禁、寻衅滋事案

【基本案情】

2018年10月以来，靳某某在QQ群发布收买银行卡的信息，纠集

周某某、张某某、肖某某等人，雇佣温某某、刘某某、安某某（三人均为未成年人）形成贩卖银行卡的恶势力犯罪团伙。该团伙以盈利为目的，在一些职业院校内非法收购学生银行卡、U盾、手机卡，持有并贩卖给境外赌博、诈骗组织。靳某某为防止倒卖的银行卡不能正常使用、违法所得不能取出，指使团伙成员纠集温某某、刘某某、安某某多次将挂失银行卡的未成年在校学生带至宾馆、学校偏僻处，采取语言威胁、扬言殴打、带至外地交给上家处理等手段进行威胁恐吓，为学生拍摄录像，强迫挂失银行卡的学生补卡并交回卡内被冻结的资金。

【检察机关履职情况】

2019年4月24日，河北省邢台市新河县居民常某某在博彩平台先后被骗60多万元，到新河县公安局报案。公安机关立案侦查发现被骗款项通过该犯罪团伙收购、贩卖的银行卡转到其他账户。新河县人民检察院针对公安机关发现涉恶、涉未成年人的案情，立即提前介入侦查活动，及时面见涉案未成年人，了解情况，适时释法说理，进行教育感化。

公安机关提请批准逮捕后，新河县人民检察院安排涉案未成年人的父母前往看守所开展亲情会见，共同对其进行心理疏导，温某某、刘某某、安某某等人当场痛哭悔过。审查起诉期间，检察机关从保护未成年人的角度出发，对涉案未成年人分案办理。主动联系未成年人户籍所在地河南省洛阳市老城区司法局、涧山区司法局，协作开展社会调查，分析未成年人涉罪原因、平时表现，根据调查结果，建议法院对未成年人温某某、刘某某、安某某适用缓刑。对该案主犯靳某某依法从严，向法院提出从重处罚的量刑建议。

2019年12月31日，新河县人民法院依法判处靳某某犯妨害信用卡管理罪、非法拘禁罪、寻衅滋事罪，数罪并罚，决定执行有期徒刑四年六个月，并处罚金人民币三万元。

【典型意义】

黑恶势力利用未成年人急于赚钱、自我控制能力不强的心理特点，常常以从事兼职的名义雇佣未成年人参与违法犯罪活动，为谋取非法利益提供便利。黑恶势力将黑手伸向未成年人和大中专院校，利用在校学生，针对未成年人实施违法犯罪，应当予以从重处罚。检察机关坚决遏制黑恶势力拉拢侵蚀未成年人，对黑恶势力利用未成年人实施违法犯罪活动严厉打击，依法坚决起诉，从重提出量刑建议。

对被利用的未成年人，要综合其犯罪性质、罪行轻重等因素，实行分级保护处遇。对行为性质较为恶劣、危害后果较大的涉罪未成年人，要全面了解其生理、心理状态及违法犯罪原因，通过亲情会见，教育、感化未成年人，积极促成和解，引导其认罪认罚获得从宽处理；对罪行轻微，属于初犯、偶犯的未成年人，要充分发挥不捕、不诉、刑事和解等制度机制作用，积极适用附条件不起诉；对未达到刑事责任年龄的未成年人，要与公安机关沟通，由其训诫，责令监护人严加管教，同时联合相关帮教主体，开展重点观护和帮教，预防再犯。

最高人民检察院发布7起检察机关依法追诉诈骗犯罪典型案例（节录）

（2021年10月26日）

……

典型案例六：

洪某源、张某发、彭某明等61人利用期货交易平台诈骗案

【基本案情】

2017年9月起，被告人洪某源、黄某龙、吴某嘉等平台方分别搭建BNP、RBS、Kentcarlyle、TRADEMAX等虚假期货投资交易平台，

嫁接于 MetaTrader4 交易软件，设 A、B 两个交易通道。A 通道连接真实期货交易市场，B 通道为封闭的交易通道，平台方可根据代理商要求修改后台数据，投资人的“入金”钱款进入平台方或代理商控制的公司、个人银行账户。被告人张某发、彭某明等平台代理商从洪某源等人处购买上述平台，招募业务员，发展下级平台代理商，要求业务员以微信虚拟定位、虚构“白富美”身份、发送虚假盈利截图等方式，诱使客户在平台投资。并使用 B 通道交易，通过设置高杠杆规则、诱导高频交易等方式使客户亏损，骗取客户交易损失及手续费。从 2017 年 8 月至 2018 年 5 月案发，张某发等人利用 BNP、RBS、TRADEMAX 平台骗取 37 名被害人共计 1047.1 万余元，被告人彭某明等人利用 Kentcarlyle 平台骗取 64 名被害人共计 295.4 万余元。

2018 年 11 月 22 日，上海市松江区人民检察院根据不同平台和代理商层级，以诈骗罪分 7 案对洪某源等 61 名被告人提起公诉。2019 年 8 月 23 日至 9 月 6 日，松江区人民法院对 7 起案件一审判决，全部采纳指控意见，以诈骗罪对被告人洪某源等 11 名平台方和代理商负责人判处有期徒刑十四年至十年不等，并处剥夺政治权利和相应罚金；对被告人刘某豪等 42 名业务员判处有期徒刑七年至一年四个月不等，并处罚金；对被告人王某萍等 8 名参与时间相对较短、涉案金额较小的业务员判处一年至八个月不等有期徒刑，适用缓刑，并处罚金。部分被告人提出上诉，二审维持原判。

【检察履职情况】

1. 提前介入，积极引导侦查。本案系利用虚假期货投资交易平台实施诈骗的新型网络犯罪，作案手法专业性强，电子证据多。案发后，松江区人民检察院第一时间提前介入引导侦查，建议公安机关第一时间扣押和封存电子数据，全程同步录音录像，并制作笔录，规范完整记录提取电子数据的过程及数据清单。厘清犯罪嫌疑人层级关系，根据不同层级特点针对性地制定讯问提纲。

2. 会商研判，精准适用法律。围绕本案系诈骗还是非法经营的争议焦点，多次召开联席会议会商，进一步证实涉案平台具有虚假性、犯罪嫌疑人诈骗行为与被害人的损失具有因果关系、洪某源等人主观上具有非法占有的目的。从平台真伪、犯罪行为因果关系、主观目的三个层面进行全面深入分析，准确认定犯罪嫌疑人的诈骗犯罪性质。

3. 延伸职能，扩大办案效果。注重发挥法律监督职能，坚持深挖犯罪与追赃挽损并重。积极引导公安机关依法及时对涉案财物采取查封、扣押、冻结措施，并通过强化资金流向审查完善涉案账户冻结工作。最终本案顺利冻结了银行账户内资金 300 余万元、扣押汽车 3 辆、被告人主动退出违法所得 60 余万元，最大程度减少被害人的经济损失。

【典型意义】

1. 加强电子证据收集、固定和审查。针对电子数据证据易篡改、易灭失的特点，引导公安机关第一时间对手机、电脑等原始存储介质规范扣押和封存，完整提取和固定后台数据。对平台电子数据委托专业鉴定机构提取、恢复，并全程同步录音录像，必要时通过邀请期货行业专业人员介入等方式，提高电子数据审查的专业性。

2. 把握犯罪特点确保精准打击。对期货投资交易平台类案要从平台真伪、被害人亏损原因、犯罪嫌疑人盈利来源厘清诈骗与非法经营等犯罪的界限，抓住涉案平台的虚假性、被告人虚构事实与被害人“入金”的因果关系、资金走向及盈利来源等关键点，依法准确定性。

3. 深挖犯罪与追赃挽损并重。针对网络诈骗案件涉案人数多、犯罪事实多的特点，检察机关全面梳理平台电子数据，厘清各平台、各层级、各角色人员的犯罪事实，及时发现纠正漏罪漏犯，从犯罪嫌疑人分赃、取现的资金账户入手，倒查资金流向，及时冻结关联账户，加强追赃工作，尽可能挽回被害人经济损失。

……

最高人民检察院关于印发最高人民检察院第三十四批指导性案例的通知（节录）

（2022年1月26日）

柯某侵犯公民个人信息案

（检例第140号）

【关键词】

侵犯公民个人信息　业主房源信息　身份识别　信息主体另行授权

【要旨】

业主房源信息是房产交易信息和身份识别信息的组合，包含姓名、通信通讯联系方式、住址、交易价格等内容，属于法律保护的公民个人信息。未经信息主体另行授权，非法获取、出售限定使用范围的业主房源信息，系侵犯公民个人信息的行为，情节严重、构成犯罪的，应当依法追究刑事责任。检察机关办理案件时应当对涉案公民个人信息具体甄别，筛除模糊、无效及重复信息，准确认定侵犯公民个人信息数量。

【基本案情】

被告人柯某，男，1980年出生，系安徽某信息技术有限公司经营者，开发了“房利帮”网站。

2016年1月起，柯某开始运营“房利帮”网站并开发同名手机APP，以对外售卖上海市二手房租售房源信息为主营业务。运营期间，柯某对网站会员上传真实业主房源信息进行现金激励，吸引掌握该类信息的房产中介人员（另案处理）注册会员并向网站提供信息，有偿获取了大量包含房屋门牌号码及业主姓名、电话等非公开内容的业主房源信息。

柯某在获取上述业主房源信息后，安排员工冒充房产中介人员逐一电话联系业主进行核实，将有效的信息以会员套餐形式提供给网站会员付费查询使用。上述员工在联系核实信息过程中亦未如实告知业主获取、使用业主房源信息的情况。

自2016年1月至案发，柯某通过运营“房利帮”网站共非法获取业主房源信息30余万条，以会员套餐方式出售获利达人民币150余万元。

上海市公安局金山分局在侦办一起侵犯公民个人信息案时，发现该案犯罪嫌疑人非法出售的部分信息购自“房利帮”网站，根据最高人民法院、最高人民检察院、公安部《关于办理网络犯罪案件适用刑事诉讼法若干问题的意见》的规定，柯某获取的均为上海地区的业主信息，遂对柯某立案侦查。

【检察履职情况】

（一）引导侦查取证

2017年11月17日，金山分局以柯某涉嫌侵犯公民个人信息罪向上海市金山区人民检察院提请批准逮捕。

11月24日，金山区人民检察院作出批准逮捕决定，并建议公安机关从电子数据、言词证据两方面，针对信息性质和经营模式继续取证。公安机关根据建议，一是调取了完整的运营数据库进行鉴定，确认了信息数量；二是结合“房利帮”网站员工证言，进一步向柯某确认了该公司是由其个人控制经营，以有偿获取、出售个人信息为业，查明本案属自然人犯罪而非单位犯罪。

（二）审查起诉

2018年1月19日，金山分局将本案移送审查起诉。经退回补充侦查并完善证据，查清了案件事实。一是对信息数据甄别去重，结合网站的资金支出和柯某供述，进一步明确了有效业主房源信息的数量；二是对相关业主开展随机调查，证实房产中介人员向“房利帮”网站上传信息未经业主事先同意或者另行授权，以及业主在信息泄露后频遭滋扰等情况。

7月27日，金山区人民检察院以柯某涉嫌侵犯公民个人信息罪提起公诉。

（三）指控与证明犯罪

2019年1月16日，上海市金山区人民法院依法公开开庭审理本案。审理中，柯某及其辩护人对柯某的业务模式、涉案信息数量等事实问题无异议，但认为柯某的行为不构成犯罪。

辩护人提出，第一，房源信息是用于房产交易的商用信息，部分信息没有业主实名，不属于刑法保护的公民个人信息；第二，网站的房源信息多由房产中介人员上传，房产中介人员获取该信息时已得到业主许可，系公开信息，网站属合理使用，无须另行授权；第三，网站对信息核实后，将真实房源信息整合，主要向房产中介人员出售，促进房产交易，符合业主意愿和利益。

公诉人答辩指出，柯某的行为依法构成犯罪。第一，业主房源信息中的门牌号码、业主电话，组合后足以识别特定自然人，且部分信息有业主姓名，符合刑法对公民个人信息的界定；第二，业主委托房产中介时提供姓名、电话等，目的是供相对的房产中介提供服务时联系使用，不能以此视为业主同意或者授权中介对社会公开；第三，柯某安排员工冒充房产中介向业主核实时，仍未如实告知信息获取的途径及用途。而且，该网站并不从事中介业务帮助业主寻找交易对象，只是将公民个人信息用于倒卖牟利。

（四）处理结果

2019年12月31日，金山区人民法院作出判决，采纳金山区人民检察院指控的犯罪事实和意见，以侵犯公民个人信息罪判处柯某有期徒刑三年，缓刑四年，并处罚金人民币一百六十万元。宣判后，柯某未提出上诉，判决已生效。

【指导意义】

（一）包含房产信息和身份识别信息的业主房源信息属于公民个人信息。公民个人信息，是指以电子或者其他方式记录的能够单独或者与其他信息结合识别特定自然人身份或者反映特定自然人活动情况的各种信息，包括姓名、身份证件号码、通信通讯联络方式、住址、账号密码、财产状况、行踪轨迹等。业主房源信息包括房产坐落区域、面积、售租价格等描述房产特征的信息，也包含门牌号码、业主电话、姓名等具有身份识别性的信息，上述信息组合，使业主房源信息符合公民个人信息“识别特定自然人”的规定。上述信息非法流入公共领域存在较大风险。现实生活中，被害人因信息泄露被频繁滋扰，更有大量信息进入黑灰产业链，被用于电信网络诈骗、敲诈勒索等犯罪活动，严重威胁公民人身财产安全、社会公共利益，甚至危及国家信息安全，应当依法惩处。

（二）获取限定使用范围的信息需信息主体同意、授权。对生物识别、宗教信仰、特定身份、医疗健康、金融账户、行踪轨迹等敏感个人信息，进行信息处理须得到信息主体明确同意、授权。对非敏感个人信息，如上述业主电话、姓名等，应当根据具体情况作出不同处理。信息主体自愿、主动向社会完全公开的信息，可以认定同意他人获取，在不侵犯其合法利益的情况下可以合法、合理利用。但限定用途、范围的信息，如仅提供给中介供服务使用的，他人在未经另行授权的情况下，非法获取、出售，情节严重的，应当以侵犯公民个人信息罪追究刑事责任。

（三）认定公民个人信息数量，应当在全面固定数据基础上有效甄别。侵犯公民个人信息案件中，信息一般以电子数据形式存储，往往数据庞杂、真伪交织、形式多样。检察机关应当把握公民个人信息“可识别特定自然人身份或者反映特定自然人活动情况”的标准，准确提炼出关键性的识别要素，如家庭住址、电话号码、姓名等，对信息数据有效甄别。对包含上述信息的认定为有效的公民个人信息，以准确认定信息数量。

【相关规定】

《中华人民共和国刑法》第二百五十三条之一

《中华人民共和国网络安全法》第四十一条、第四十二条

《最高人民法院、最高人民检察院关于办理侵犯公民个人信息刑事案件适用法律若干问题的解释》第一条、第二条、第三条、第四条、第十一条

ISBN 978-7-5216-2849-4

9 787521 628494 >

图书在版编目（CIP）数据

反电信网络诈骗工作常用法律法规汇编/《反电信网络诈骗工作常用法律法规汇编》编写组编．—北京：中国法制出版社，2022.9

ISBN 978-7-5216-2849-4

Ⅰ.①反…　Ⅱ.①反…　Ⅲ.①电信-诈骗-预防犯罪-法规-中国②互联网络-诈骗-预防犯罪-法规-中国
Ⅳ.①D924.339

中国版本图书馆 CIP 数据核字（2022）第 163188 号

统筹策划：丁舒　　责任编辑：程思　　封面设计：李宁

反电信网络诈骗工作常用法律法规汇编

FANDIANXIN WANGLUO ZHAPIAN GONGZUO CHANGYONG FALÜ FAGUI HUIBIAN

经销/新华书店
印刷/三河市紫恒印装有限公司
开本/880 毫米×1230 毫米　32 开　　印张/18.75　字数/419 千
版次/2022 年 9 月第 1 版　　2022 年 9 月第 1 次印刷

中国法制出版社出版
书号 ISBN 978-7-5216-2849-4　　定价：59.00 元

北京市西城区西便门西里甲 16 号西便门办公区
邮政编码：100053　　传真：010-63141600
网址：http：//www.zgfzs.com　　**编辑部电话：010-63141796**
市场营销部电话：010-63141612　　**印务部电话：010-63141606**

（如有印装质量问题，请与本社印务部联系。）